西安交通大学
人口与发展研究所·学术文库

农户生计与环境
可持续发展研究

黎　洁　李树茁　〔美〕格蕾琴·C. 戴利／著
（Gretchen C. Daily）

RESEARCH ON
RURAL HOUSEHOLD LIVELIHOOD
AND ENVIRONMENTAL SUSTAINABLE
DEVELOPMENT

社会科学文献出版社
SOCIAL SCIENCES ACADEMIC PRESS (CHINA)

本研究受国家自然科学基金项目（71273204，71573205）和陕西高校人文社会科学青年英才支持计划（HSSTP）资助。

总　序

　　西安交通大学人口与发展研究所一直致力于社会性别歧视与弱势群体问题的研究，在儿童、妇女、老年人、失地农民、城乡流动人口（农民工）和城镇企业困难职工等弱势群体的保护和发展领域进行了深入研究。研究所注重国内外的学术交流与合作，已承担并成功完成了多项国家级、省部级重大科研项目及国际合作项目，在弱势群体、人口与社会发展战略、公共政策研究等领域积累了丰富的理论与实践经验。

　　研究所拥有广泛的国际合作网络，与美国斯坦福大学人口与资源研究所、杜克大学、加州大学尔湾分校、南加州大学、加拿大维多利亚大学、圣塔菲研究所等国际知名大学和研究机构建立了长期的学术合作与交流关系，形成了研究人员互访和合作课题研究等机制；同时，研究所多次受联合国人口基金会、联合国儿童基金会、联合国粮农组织、世界卫生组织、国际计划、美国 NIH 基金会、美国福特基金会、麦克阿瑟基金会等国际组织的资助，合作研究了多项有关中国弱势群体问题的项目。国际合作使研究所拥有了相关学术领域的国际对话能力，扩大了国际影响力。

　　研究所注重与国内各级政府部门的密切合作，已形成了与国家、地方各级政府的合作研究网络，为研究的开展及研究成果的推广提供了有利条件和保障。研究所多次参与有关中国弱势群体、国家与省区人口与发展战略等重大社会问题的研究，在有关政府部门、国际机构的共同合作与支持下，在计划生育和生殖健康、女童生活环境等领域系统地开展了有关弱势群体问题的研究，并将研究结果应用于实践，进行了社区干预与传播扩散。1989 年以来，研究所建立了 6 个社会实验基地，包括"全国 39 个县建设新型婚育文化社区实验网络"（1998～2000 年，国家人口和计划生育委员会）、"巢湖改善女孩生活环境实验区"（2000～2003 年，美国福特基金会、国家人口和计划生育委员会）、"社会性别引入生殖健康的实验和推广"（2003 年至今，美国福特基金会、联合国人口基金会与国家人口与计划生育委员会）等。其中，"巢湖改善女孩生活环境实验区"在国内外产生了重要的影响，引起了国家和社会各界对男孩偏好问题的重视，直接推动了全国"关爱女孩行动"的开展。

近年来，研究所开始致力于人口与社会可持续发展的理论、方法、政策和实践的系统研究，尤其关注以社会性别和社会弱势人群的保护与发展为核心的交叉领域。作为国家"985 工程"研究基地的重要组成部分，研究所目前的主要研究领域包括：人口与社会复杂系统的一般理论、分析方法与应用研究——探索人口与社会复杂系统的理论和方法，分析人口与社会复杂系统的一般特征及结构，建立人口与社会复杂系统模型，深入分析社会发展过程中出现的重大人口与社会问题；人口与社会政策创新的一般理论、分析方法与应用研究——分析人口与社会政策创新的理论内涵与模式，人口与社会政策创新的政策环境、条件、机制、过程与应用，建立人口与社会政策创新评估体系；转型期面向弱势群体保护与发展的社会政策创新研究、评价与实践——以多学科交叉的研究方法，研究农村流动人口在城镇社会的融合过程，分析农民工观念与行为的演变及其影响机制，研究其人口与社会后果，探索促进农民工社会融合的途径，探讨适合中国国情的城镇化道路；国家人口与社会可持续发展决策支持系统的研究与应用——在人口与社会复杂系统和人口与社会政策创新研究的基础上，结合弱势群体研究所得到的结果，面向国家战略需求，从应用角度建立人口与社会可持续发展决策支持系统，形成相应的数据库、模型库、知识库和方法库，解决人口与社会可持续发展过程中的重大战略问题。

中国社会正处于人口与社会的急剧转型期，性别歧视、城乡社会发展不平衡、弱势群体等问题日益凸显，社会潜在危机不断增大，影响并制约着人口与社会的可持续发展。西安交通大学人口与发展研究所的研究成果有利于解决中国社会面临的、以社会性别和弱势群体保护与发展为核心的人口与社会问题。本学术文库将陆续推出其学术研究成果，以飨读者。

摘　　要

　　贫困与生态环境恶化是当前许多发展中国家面临的两大难题。我国在人口增长和经济快速发展的同时，也面临着自然资源的不合理利用、生态环境的破坏、生物多样性减少等问题。西部农村贫困人口面广、贫困程度深，这些地区往往也是生态脆弱地区，需要统筹解决人口、资源与环境可持续发展问题。我国政府在这些地区实施了许多生态保护政策、农村扶贫与发展干预项目。这些公共政策与项目需要兼顾实现农村减贫增收和生态保护双重目标。

　　生态脆弱地区农户的生计活动处于人口、经济与资源环境矛盾的核心，尤其值得关注。本书以可持续发展理论、微观发展经济学、农户可持续生计分析框架、公共政策分析等为理论指导，从微观农户生计分析入手，研究微观农户的生计行为，农户生计活动及其与环境的关系，农民对生态保护政策的态度与认知，生态保护政策对农户生计的影响、作用和公平性等问题。

　　在研究方法上，在对农户生计与可持续生计分析框架等进行理论研究的基础上，本书作者在西部森林丰富、生态服务功能重要的贫困山区，如陕西省安康市、西安周至县、延安吴起县等，多次组织了大规模农村入户问卷调查，以此进行农户生计、环境可持续发展与公共政策的实证研究。基于理论研究和实证分析的结果，本书也对西部农村扶贫与发展、山区林业与生态保护、相关公共政策创新提出了许多对策建议。

　　本书分为十章，围绕以下三个方面展开。首先，贫困山区农户的生计分析，尤其是农户的生计选择与决策过程。本书研究了农户生计与生计分析的基本理论和框架；在英国国际发展署可持续生计分析框架基础上，提出了西部山区农户生计资产、生计策略和生计后果的量化指标；分析了山区农户五类生计资产的数量和组合情况；研究了山区农户的生计选择类型及影响因素、农林业生产效率、多维贫困等。

其次，农户生计活动与生态环境之间的关系、农民对生态保护政策的态度与认知。本书研究了农户对森林资源的使用，如采药；研究了山区农户不同生计策略，如林业相关生计活动类型、单一以林业为主的生计、兼业或多样化生计等；分析了农户生计活动对自然资源的利用。由于我国西部山区广泛实行了各种林业与生态保护政策，如退耕还林工程、生态公益林、林木禁伐与天然林保护工程等，本书也分析了农民对这些林业与生态保护政策的态度与认知、农民的森林资源保护行为等。

最后，生态补偿政策的公平、效果与效率。本书研究了生态补偿政策、农村综合发展项目对农户生计的影响及公平性，如退耕还林、小流域治理、易地扶贫移民搬迁工程等对农户生计的影响和作用等。

生态服务与人类福祉是国内外生态经济学的热点研究问题之一。生态系统和生态系统服务与人类福祉关系的研究是现阶段生态学研究的核心内容，并引领 21 世纪生态学的发展。农户往往是生态服务的提供者。本书在生态服务与人类福祉这一大的研究主题之下，结合森（Sen）的可行能力理论，对福利、农户福利进行了界定，分析和评价了西部退耕还林地区的农户福利和影响因素，研究了小流域治理和农户福利的关系等，并提出了生态服务、人类福祉与公共政策的研究框架与研究方向。此外，基于投入产出表、社会核算矩阵，定量分析了实施森林生态效益税对陕西省价格水平的影响。

ABSTRACT

Poverty and deterioration of the ecological environment are two major problems in many developing countries. China is also facing the unreasonable use of natural resources, ecological deterioration, biodiversity loss and other issues with population growth and rapid economic development. There is large poor population in the western rural areas in China, and these areas are often ecologically fragile. It is necessary to integrate and solve the problems of population, resources and environment. Chinese governments have implemented many ecological conservation policies, rural poverty alleviation and development intervention programs in these areas, which need to take into account the dual objectives of rural poverty reduction and ecological protection.

The livelihood activities of rural households in ecological sensitive areas are at the core of the contradiction among population, economy, resources and environment, and they are particularly worthy of attention. Based on the theory of sustainable development, micro development economics, sustainable livelihood analysis framework, public policy analysis, etc. , the book includes the research on rural households' livelihood behaviors and livelihood activities, the relationships between household livelihood and environment, farmers' attitudes and perceptions towards ecological conservation policies, the impacts of ecological conservation policies on farmer's livelihood and the equity.

As regards to the research methods, based upon the theoretical research on the framework of rural household livelihood and sustainable livelihood analysis, the authors of this book organized several large-scale rural household questionnaire surveys in the poor mountainous and forest rich areas in west China, such as

Ankang City, Zhouzhi County, Wuqi County in Shaanxi Province, China, etc. so as to make empirical research on rural household livelihood, environmental sustainability and public policies analysis. Based on the results of theoretical and empirical research, this book also puts forward many suggestions on poverty alleviation and rural development, forestry and ecological conservation, and the innovations of related public policies in rural areas in west China.

The book includes ten chapters and focuses on following three aspects. Firstly, the book makes research on the theories and frameworks of rural household livelihood in poor mountainous areas especially their livelihood choices and decision-making process. Based upon the DFID's Sustainable Livelihood Analysis Framework, the book puts forward quantitative indicators of livelihood assets, livelihood strategies and livelihood outcomes of rural households in mountainous areas in west China, and their amounts and configuration of livelihood assets, types of livelihood activities choices and decision making process and influencing factors, agriculture and forestry production efficiency, multi-dimensional poverty, etc.

Secondly, the book studies the relationship between rural households' livelihoods and environment, farmer's attitudes and perceptions towards ecological conservation policies. The book examines the utilization of forest resources by farmers, such as collection of herbs; and studies different livelihood strategies of rural households, such as forestry-related livelihood, forestry-specified livelihood or diversified livelihood, etc. Due to the extensive implementation of various forestry and ecological conservation policies in the western mountainous areas of China, such as the Sloping Land Conversion Program, Ecological Forest Compensation, Natural Forest Protection Project and so on, the book also analyzes farmers' awareness and attitudes towards these forestry and ecological conservation policies and their forest protection behaviors.

Thirdly, the book makes research on the equity, effectiveness and efficiency of payment for ecological services (PES). The book studies the impacts on rural household livelihood and the fairness of PES Programs, rural integrated conservation and development projects (ICDP), such as the Sloping Land Conversion Program, Small Watershed Management Project and Anti-Poverty Relocation Project, etc.

Ecological services and human well-being are among the hot issues of ecological economics in China and abroad. The research on the relationship among ecosystems, ecosystem services and human well-being is at the core of ecology research currently and leads the development of ecology in the 21st century. Rural households are often the providers of ecological services. This book also belongs to the theme of ecological services and human well-being focusing on the well-being of rural households. The book conceptualizes the rural household welfare, evaluates the SLCP participating households' welfare based on Amartya Sen's theory of Capability Approach and its influencing factors, the relationship between Small Watershed Management Project and the rural households' welfare etc. Then the book also proposes the research framework for ecological service, human wellbeing and public policies. In addition, based on Input-Output Tables and Social Accounting Matrix, the book quantitatively analyzes the impacts of forest eco-benefit tax on industry price levels in Shaanxi Province, China.

前　　言

　　贫困与生态环境恶化是当前许多发展中国家面临的两大难题。我国在人口增长和经济快速发展的同时，也面临着自然资源的不合理利用、生态环境的破坏、生物多样性减少等问题，而生态脆弱地区的农村人口与农户生计活动处于人口、经济与资源环境矛盾的核心，尤其值得关注。如何改善和提高这些农村地区的人民生活水平、保护当地的生态环境、促进农村地区可持续发展，一直是政府部门和专家学者所关心的问题，需要建立农村减贫与生态保护的双赢机制，通过适当的政策干预来实现生态脆弱地区农户可持续生计和当地生态环境保护的双重目标。

　　本书以可持续发展理论、微观发展经济学、农户可持续生计分析框架、公共政策分析等为理论指导，从微观农户生计分析入手，研究微观农户的生计行为、农户生计活动及其与环境的关系、农民对生态保护政策的态度与认知、生态保护政策和农村综合发展项目对农户生计的影响、作用和公平性等问题。

　　本书包括了逻辑严密、内容上各有侧重的十章。在背景和内容概述、农户生计的理论研究之后，本书研究内容包括了贫困山区农户的生计选择，对森林资源的使用与多维贫困，生态补偿政策的公平、效果与效率，生态补偿政策对农户生计与福利的影响，以及农村综合发展项目，如易地扶贫移民搬迁工程、小流域治理与农户生计、若干拓展研究等。

　　第一章为研究背景与内容框架，阐述了本书的研究背景、内容结构；第二章为农户生计的理论研究及其应用；第三章为贫困山区农户的生计选择与多维贫困；第四章为贫困山区农户对森林资源的使用与生态保护政策态度研究；第五章为生态补偿政策的公平、效果与效率研究；第六章为生态补偿政策对西部山区农户生计影响的实证研究；第七章为退耕还林对西部山区农户福利影响与公平性研究；第八章为易地扶贫移民搬迁与农户生计研究；第九章为小流域治理与农户生计研究；第十章为农户生计与环境可持续发展的若干拓展研究。

本书由西安交通大学人口与发展研究所黎洁教授、李树茁教授、美国斯坦福大学 Gretchen C. Daily 教授撰写。其中，第三章第二节、第六章第二节由西安交通大学公共政策与管理学院博士生任林静撰写，第三章第三节由西安交通大学管理学院博士生刘伟撰写；第六章第三节由西安交通大学公共政策与管理学院博士生任林静、党佩英和郭华撰写。西安交通大学人口与发展研究所黎洁教授负责全书的审阅和定稿。

当然，农户生计与环境可持续发展的研究内容十分丰富。由于本书作者水平有限，本书内容必然有许多值得商榷之处，书中的错误和不足之处在所难免，恳请广大读者、专家、学者批评指正。

黎　洁

2017 年 1 月

目　　录

Contents

第一章 研究背景与内容框架

贫困与生态环境恶化是当前许多发展中国家面临的两大难题。我国在人口增长和经济快速发展的同时，也面临着自然资源的不合理利用、生态环境的破坏、生物多样性减少等问题。我国西部农村地区面临着日趋突出的人口与资源、生态环境的矛盾。而生态脆弱地区的农村人口与农户的生计活动处于人口、经济与资源环境矛盾的核心，尤其值得关注。如何改善和提高这些农村地区的人民生活水平、保护当地的生态环境、促进农村地区可持续发展，一直是政府部门和专家学者所关心的问题。为此，需要建立农村减贫与自然生态保护的双赢机制，通过适当的政策干预来实现生态脆弱地区农户可持续生计和生态环境保护的双赢目标。

第一节 本书的研究背景

一 我国的农村扶贫工作概况

改革开放以来，我国大力推进扶贫开发。我国扶贫开发工作取得了举世瞩目的成就，实现了从普遍贫困、区域贫困到基本解决贫困的转变，为世界反贫困事业做出了突出贡献。特别是随着《国家八七扶贫攻坚计划（1994—2000年）》和《中国农村扶贫开发纲要（2001—2010年）》的实施，扶贫事业取得了巨大成就。农村贫困人口大幅减少，收入水平稳步提高，贫困地区基础设施明显改善，社会事业不断进步，最低生活保障制度全面建立，农村居民生存和温饱问题基本解决。

(一) 我国农村贫困概况

改革开放以来，随着经济高速增长和大规模、有组织的国家扶贫行动的开展，我国反贫困工作取得了举世瞩目的成就。按照每人每天 1. 25 美元的国际贫困线标准测算，1978～2014 年中国减贫人口累计超过 7 亿人。若按中国贫困线标准测算，农村贫困人口从 1978 年的 2. 5 亿人减少至 2014 年的 7017 万人，贫困发生率相应地从 30. 7% 减少至 7. 2%[1]，成为全球首个实现联合国千年发展目标贫困人口比例减半的国家。依据贫困人口"建档立卡"数据，2014 年全国有 14 个集中连片特困地区、12. 8 万个贫困村、近 3000 万贫困户和 7017 万贫困人口。[2] 14 个集中连片特困地区有 680 个县，其中 440 个是国家扶贫开发工作重点县，而 592 个国家扶贫开发工作重点县中有 152 个不在片区内，所以片区县与重点县之和为 832 个，这是当前我国扶贫开发的重点县域。我国 7017 万贫困人口中，因病、因灾、因学、因劳动力致贫的人数分别占 42% 、20% 、10% 和 8% 。[3]

改革开放以来，我国农村贫困状况发生了很大的变化，这不仅表现为贫困人口的规模和贫困发生率的明显下降，而且表现为贫困人口的结构和贫困人口的地域分布的改变。在过去 10 年中，农村贫困人口的地区分布和人口结构出现了一些明显的变化。第一，在地区分布上，贫困人口进一步向西部地区和山区集中。我国西部地区包括重庆、四川、贵州、云南、西藏、陕西、甘肃、宁夏、青海、广西、内蒙古、新疆 12 个省（区、市），面积为 500 多万平方公里，占国土面积的 56. 4% ，自然资源和生物多样性资源都很丰富，同时也是我国贫困人口主要集中分布的区域。第二，剩余贫困人口分布日益集中到自然环境恶劣地区、边远地区、少数民族地区和难以参与到经济增长中的弱势群体中。第三，贫困人口生活环境及质量、人力资源条件、收入及财富水平方面都处于相对劣势，而且贫困程度越深、经历贫困年数越多，这种劣势表现得越明显。第四，贫困农户家庭人口多，低龄老年人口比重大，劳动力负担重。第五，贫困农户成人文盲率高，劳动力素质低，接受

培训少，就业面窄。第六，贫困人口大多集中在单一的农业经营户，其收入来源较为单一，收入稳定性差、波动性较大，更多依赖于农业。第七，贫困人口家庭经济基础薄弱，难以承受外界因素的冲击，遇到宏观经济波动或自然灾害就容易返贫。第八，农户贫困状态变化大，收入和支出水平年度间不稳定，这一现象增加了扶贫政策在瞄准贫困人群时的难度，同时也对针对不同类型的贫困农户采取不同的扶贫措施提出了要求。

（二）我国新时期《中国农村扶贫开发纲要（2011—2020 年）》的扶贫工作目标与方针

根据《中国农村扶贫开发纲要（2011—2020 年）》，我国扶贫对象规模大，相对贫困问题凸显，返贫现象时有发生，贫困地区特别是集中连片特殊困难地区（简称：连片特困地区）发展相对滞后。提高扶贫标准，加大投入力度，把连片特困地区作为主战场，把稳定解决扶贫对象温饱、尽快实现脱贫致富作为首要任务，坚持政府主导，坚持统筹发展，更加注重转变经济发展方式，更加注重增强扶贫对象自我发展能力，更加注重基本公共服务均等化，注重解决制约发展的突出问题。目标是到 2020 年，稳定实现扶贫对象不愁吃、不愁穿，保障其义务教育、基本医疗和住房。贫困地区农民人均纯收入增长幅度高于全国平均水平，基本公共服务主要领域指标接近全国平均水平，扭转发展差距扩大趋势。①

其中，连片特困地区包括：六盘山区、秦巴山区、武陵山区、乌蒙山区、滇桂黔石漠化区、滇西边境山区、大兴安岭南麓山区、燕山—太行山区、吕梁山区、大别山区、罗霄山区等 11 个集中连片特殊困难地区和已明确实施特殊扶持政策的西藏、四省藏区、新疆南疆三地州。国家将加大投入和支持力度，加强对跨省片区规划的指导和协调，集中力量，分批实施。

《中国农村扶贫开发纲要（2011－2020 年）》提出了以下工作方针，即坚持开发式扶贫方针，实行扶贫开发和农村最低生活保障制度有效衔接。把扶贫开发作为脱贫致富的主要途径，鼓励和帮助有劳动能力的扶贫对象通过自身努力摆脱贫困；把社会保障作为解决温饱问题的基本手段，逐步完善社会保障体系。

---

① http：//www.gov.cn/gongbao/content/2011/content_ 2020905.htm.

（三）"精准扶贫"的提出与内涵

"精准扶贫"的重要思想最早出现在 2013 年。习近平到湖南湘西考察时首次做出了"实事求是、因地制宜、分类指导、精准扶贫"的重要指示。

2014 年 1 月，中共中央办公厅详细规划了精准扶贫工作模式的顶层设计，印发了《关于创新机制扎实推进农村扶贫开发工作的意见》（中办发〔2013〕25 号），首次将建立精准扶贫工作机制作为扶贫开发工作六大机制之一，推动了"精准扶贫"思想落地。2014 年 3 月，习近平参加"两会"代表团审议时强调，要实施精准扶贫，瞄准扶贫对象，重点施策。2014 年 5 月，国家扶贫开发领导小组又发布了《建立精准扶贫工作机制实施方案》（国开办发〔2014〕30 号），进一步阐释了精准扶贫理念。

2015 年 6 月，习近平在贵州调研中强调扶贫开发"贵在精准、重在精准、成败之举在于精准"。2015 年 10 月，习近平在 2015 减贫与发展高层论坛上强调，中国扶贫攻坚工作实施精准扶贫方略，增加扶贫投入，出台优惠政策措施，坚持中国制度优势，注重六个精准，坚持分类措施，因贫困原因施策，因贫困类型施策，广泛动员全社会力量参与扶贫。

2015 年 10 月召开的党的十八届五中全会明确提出，至 2020 年我国现行标准下农村贫困人口实现脱贫，贫困县全部摘帽，解决区域性整体贫困。2015 年 12 月中央扶贫开发工作会议审议通过的《关于打赢脱贫攻坚战的决定》指出，确保到 2020 年农村贫困人口实现脱贫是全面建成小康社会最艰巨的任务，并进一步提出，要把精准扶贫、精准脱贫作为基本方略，坚持扶贫开发与经济社会发展相互促进，坚持精准帮扶与集中连片特殊困难地区开发紧密结合，坚持扶贫开发与生态保护并重，坚持扶贫开发与社会保障有效衔接，实现农村贫困人口不愁吃、不愁穿，义务教育、基本医疗和住房安全有保障的总体目标。《关于打赢脱贫攻坚战的决定》也提出了"五个一批"，即发展生产脱贫一批，易地扶贫搬迁脱贫一批，生态补偿脱贫一批，发展教育脱贫一批，社会保障政策兜底一批。按照我国扶贫标准，到 2014 年底全国还有 7017 万农村贫困人口，要在 2020 年实现小康目标，意味着每年减贫 1170 万人，平均每月减贫 100 万人，脱贫任务十分紧迫。

2016 年 7 月，习近平在银川东西部扶贫协作座谈会上发表了重要讲话，为全面打赢脱贫攻坚战做出重要战略部署。讲话指出，精准扶贫、精准脱贫是当前脱贫攻坚思想的核心内涵，是我国现阶段治理贫困的指导性思想，对我国扶贫成败起到了决定性作用。

总之，精准扶贫政策的核心要义在于"扶真贫、真扶贫"，将扶贫政策和措施下沉到村到户，通过对贫困家庭和贫困人口的精准帮扶，从根本上消除导致贫困发生的各种因素和障碍，从而拔出"穷根"，实现真正意义上的脱贫致富。精准扶贫政策的内容体系包括精准识别、精准帮扶、精准管理和精准考核四项内容。精准识别是实施精准扶贫政策的基本前提，是指明确贫困标准与规范，通过申请评议、公示公告、抽检核查、信息录入等步骤，将贫困户、贫困村有效识别出来，并建立贫困户和贫困人口档案卡，摸清致贫原因和帮扶需求。精准帮扶是精准扶贫政策的核心，是在准确识别贫困户和贫困人口基础上，根据贫困的成因采取针对性的措施进行有效帮扶。因贫施策、精准到户到人是精准帮扶的关键，重点通过发展生产脱贫一批、易地扶贫搬迁脱贫一批、生态补偿脱贫一批、发展教育脱贫一批、社会保障兜底一批。精准管理是实施精准扶贫政策的重要保障，精准管理的重点在于扶贫对象精准、项目安排精准、资金使用精准、措施到户精准、因村派人精准、脱贫成效精准。精准考核是提升精准扶贫工作成效的重要手段，是指针对贫困户和贫困村脱贫成效，建立贫困人口脱贫退出和返贫再入机制，完善贫困县考核与退出机制，加强对贫困县扶贫工作等情况的量化考核，强化精准扶贫政策实施的效果。精准扶贫政策适应我国贫困治理形势的变化，实现了扶贫对象瞄准化、帮扶措施具体化、管理过程规范化、考核目标去 GDP 化，是新时期我国扶贫开发政策的重大战略转型。

（四）对我国农村扶贫政策的若干典型研究

《中国农村扶贫开发纲要（2001-2010 年）》实施效果的评估报告 [范小建（2011）、刘坚（2006）以及 Li 和 Sicular（2014）等]，较全面地总结了 2001～2010 年我国政府所采取的主要农村扶贫政策、绩效、存在的问题等。《中国农村扶贫开发纲要（2001-2010 年）》实施效果的评估报告将我国的扶贫政策分为扶贫开发政策、贫困救助政策、惠农政策、一般宏观政策等，分析了我国农村贫困人口的结构和贫困的原因、农村扶贫标准的评估、收入增长与收入分配对农村贫困的影响、农村扶贫资金的分配效应和减贫效果，从全国层面对 2001～2010 年一般惠农政策及其减贫效果、整村推进扶贫战略、劳动力输出、培训、农村低保的扶贫效果进行了系统、权威的评估，认为整村推进对于提高贫困村的收入和改善其基础设施产生了良好的效果，有利于缩小贫困地区与非贫困地区的发展差距，但以往贫困村的确定存在一定的瞄准误差。报告还提出了未来改进我国扶贫政策的诸多建议，如提出未来扶贫战略的调整方向之一应该是扩大扶贫到户和扶贫到人的政策范围，提出扶贫到户政策可以在整村推进项目基础上加以实施；对各项惠农政策进行调整，让各项政策都能更多惠及穷人，并努力提高贫困地区的人力资本水平等。

汪三贵等对我国农村扶贫政策进行了大量研究。如汪三贵（2008）对我国改革开放以来大规模减贫经验作了总结与评价，认为大规模减贫的主要推动力量是经济增长，特别是农业和农村经济的持续增长，而农业和农村的经济增长又是在一系列的改革开放措施、持续的人力和物质资本积累和不断的技术进步下取得的，有针对性的开发式扶贫投资对减贫也起到了补充作用，我国需要调整经济增长方式以实现更加有利于穷人的经济增长，同时也要改变扶贫项目的实施方式以使贫困人口更多地受益。汪三贵等（2007）发现，整村推进战略下贫困村的农户平均收入增长高于非贫困村，但贫困村内受益的主要是富裕的农户等。汪三贵等（2007）也对我国农村贫困家庭的识别方法、农村扶贫与村级贫困瞄准等进行了很好的研究。

方黎明和张秀兰（2007）认为，我国农村制度化扶贫是一种开发式扶贫战略，其政策效应日益削弱：农村绝对贫困人口更为分散；相当数量的真正贫困人口没有能力从扶贫项目中受益；现行的扶贫策略也难以有效针对疾病、教育等致贫风险。现阶段中国扶贫政策在收入救助的同时，更应该注重提高贫困风险人群应对贫困风险的能力。

樊胜根等（2010）利用中国西部偏远山区、少数民族聚集地区的一手农户调查数据，全面分析了公共政策如何提高配置效率来实现对经济增长和减少贫困的多重目标，其研究方法和经验也值得借鉴。

二 我国自然生态保护与农村扶贫和发展之间的关系

我国自然生态保护与农村扶贫和发展之间存在密切的关系。我国重要生态功能区或禁止开发区内存在大量农村贫困人口，需要综合解决当地的人口、资源与环境可持续发展问题。但两者客观上存在一定的矛盾，一些限制性生态保护措施，如禁止伐木、矿产资源开发、土地利用方式等限制了当地农民的增收途径。农户生计是两者的结合点。政府试图以生态保护政策、扶贫发展干预等各种方式来协调两者之间的关系。

（一）生态环境保护地区与贫困地区在空间地理上具有一致性

重点生态功能区是我国生态环境保护的重点地区，而重点生态功能区在空间地理上与贫困地区具有高度一致性。我国的扶贫开发与生态建设间存在高度重叠。

在我国，贫困地区与生态环境脆弱地带具有高度的相关性，两者在地理空间分布上具有较高的一致性。环境保护部 2005 年统计数据显示，全国95％的绝对贫困人口生活在生态环境极度脆弱的老少边穷地区。我国最贫困的人口多生活在环境破坏最为严重、自然恢复能力最差的地区。恶劣的生态环境、贫乏的自然资源以及对外交通不畅是导致贫困的综合因素。因此，保护和治理生态环境是贫困地区的一项重要任务。[①]

另外，连片特困地区多位于重点生态功能区，绿色贫困问题突出。在贫困地区各类主体功能区中，重点生态功能区分布最广，占贫困地区总面积的76.52％。[②] 这些地区为了保护生态环境，丧失了许多发展机会、付出了机会成本。

根据《中国农村扶贫开发纲要（2011－2020 年）》以及《全国主体功能区规划》，西部地区 9 个全国连片特困地区多被列为国家重点生态功能区，成为国家重点保护和禁止开发区域，承担着为国家或地区提供生态服务的重要义务。在这些重要生态功能区，贫困既是生态环境脆弱的产物，又进一步加剧了生态环境的脆弱性。生态环境脆弱区域生产条件差，决定了当地农户只能采取一些简单粗放的生产方式来开发那些相对容易开发的水土、森林、草地等自然资源。落后的生产技术使贫困地区的自然资源未能得到有效利用，商品经济落后，贫困必然发生。同时，低下的生产力水平对劳动力需求增加，使人口压力持续增加，迫使人们高强度、过度地开发利用自然资源，导致生态退化乃至荒漠化，进一步加剧了生态系统破坏。贫困与生态环境脆弱陷入互为因果的恶性循环之中。

---

① 刘慧：《实施精准扶贫与区域协调发展》，《中国科学院院刊》2016 年第 3 期。
② 周侃、王传胜：《中国贫困地区时空格局与差别化脱贫政策研究》，《中国科学院院刊》2016 年第 1 期。

（二）生态扶贫是实现保护与发展的重要举措

新时期《中国农村扶贫开发纲要（2011－2020年）》指出，在贫困地区继续实施退耕还林、退牧还草、水土保持、天然林资源保护（又称：天然林保护、天保）、防护林体系建设和石漠化、荒漠化治理等重点生态修复工程；建立生态补偿机制，并重点向贫困地区倾斜；加大重点生态功能区生态补偿力度；重视贫困地区的生物多样性保护等。生态补偿政策本身是以激励生态保护为目的，通过外部性内部化来调节生态服务受益者和提供者之间的利益关系。生态补偿本身不是扶贫政策，但该种转移支付客观上具有一定的农村扶贫目的或效果。因此，近些年我国实施了一系列生态补偿项目或政策，如退耕还林工程、森林生态效益补偿基金、天然林保护工程等。一些是直接对从事生态服务的生产者农户进行补助，一些则通过纵向转移支付给予基层政府，如中央对生态功能区所在县的转移支付。

生态综合补偿扶贫是精准扶贫"五个一批"工程之一。如陕西2016年开启了"生态脱贫通道"。根据陕西省林业厅、陕西省扶贫办制定的《陕西林业精准扶贫实施方案》，陕西将按照"县管、乡建、站聘、村用"原则，从2016年起，在秦巴山、吕梁山、六盘山三个连片特困地区的43个贫困县及13个国家扶贫开发工作重点县，选聘1万名建档立卡贫困人口转为生态护林员。各县原则上将不少于20%的森林生态效益补偿基金中县级统筹管护费用于聘请建档立卡贫困人口从事护林员工作；各天保工程实施单位在新聘用管护人员时，须优先聘用符合条件的建档立卡贫困人口。按照"精准、自愿、公开、公平、公正"原则，不跨越乡镇聘用，每名生态护林员管护面积原则上不少于500亩。中央财政按每名生态护林员年工资1万元标准测算，各县根据下达的补助资金，统筹考虑管护面积与管护难度、现有护林员工资水平等因素，合理确定每名生态护林员年工资不超过1万元的具体补助标准，使更多的符合条件的建档立卡贫困人口就地转化为生态护林员。[①] 同时，陕西将在秦巴山、吕梁山、六盘山三个国家连片特困地区和白于山、黄河沿岸土石山两个省级连片特困地区，有计划、有步骤地将25度以上陡坡耕地全部实施退耕还林，并优先安排建档立卡贫困户退耕还林。到2020年，力争使连片特困地区建档立卡贫困人口户均拥有2亩退耕还林地。同时，林

---

① http://www.sxdaily.com.cn/n/2016/1020/c145-6020154.html.

业部门指导建档立卡贫困户科学经营退耕地，精准建设一批以山地苹果、核桃、花椒、茶叶、板栗、油用牡丹等为代表的优质高效经济林基地、木本油料基地和特色经济林基地。到 2020 年，努力使建档立卡贫困退耕人口人均拥有特色经济林面积达到 1 亩以上。[①] 以上是通过生态补偿脱贫一批的具体方法和途径。

总之，自然生态保护、农村扶贫是我国 21 世纪需要解决的重要问题，两者又有着内在的联系。需要将生态保护和农村扶贫、脱贫相结合，从农户生计入手，分析和研究能够提高生态建设、生态修复项目的贫困人口参与率和受益水平以及为农户生计带来积极影响的公共政策创新。

三 西安交通大学课题组研究工作的起源

西安交通大学人口与发展研究所自 2006 年起参加自然资本项目。"自然资本项目"（The Nature Capital：Putting Ecosystem Services to Work for Conservation）由美国斯坦福大学 WOODS 环境研究所、大自然保护协会（TNC）、世界自然基金会（WWF）三方合作开展，通过计量大自然的经济和其他价值、开发相应工具及方法，将自然资本更为容易地纳入决策体系，并在全球生物多样性保护重要地区展示这些工具的力量，将经济因素与保护有机结合。自然资本项目的目标是使政府、企业、农户以及其他利益相关者更多地了解生态环境服务的各类价值，将生态环境价值纳入政府、农户等利益相关者的决策和实际行动之中，促进农户在其家庭及生计活动中合理、有效地利用当地的生态环境资源。农户所在的社区及相关组织在这一过程中也发挥了积极的作用。"自然资本项目"在中国的主要研究合作方有中国科学院生态环境研究中心和西安交通大学人口与发展研究所等。

西安交通大学课题组的研究切入点集中在微观的农户生计选择与可持续生计上。以往研究者和有关国际组织对可持续生计及生计策略进行了大量研究，也提出了一些研究分析框架，如 Scoones（1998）的可持续农村生计分析框架、英国国际发展署（DFID，1998）的可持续生计分析框架、Bebbington（1999）所提出的以资本和能力为核心的框架、Ellis（2000）提

---

① http：//www.berry0123.cn/ac75roc620160605c6n453062447.html.

出的生计多样性分析框架等。在以往农户生计分析框架的基础上，西安交通大学课题组提出了农户生计研究的总体研究框架（见图1-1）。

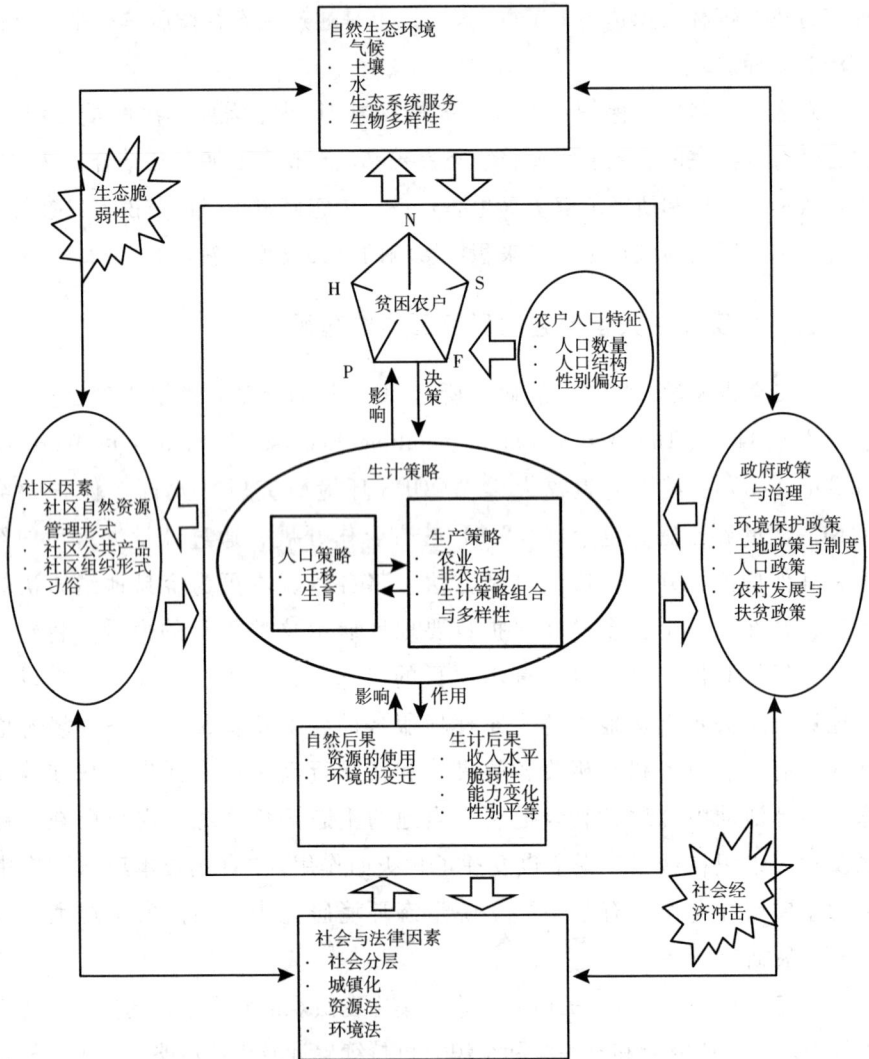

图1-1 西安交通大学农户生计研究课题组的研究框架

该框架从农户人口特征出发，农户对其所拥有的五种资本（自然资本、人力资本、社会资本、物质资本、金融资本）进行组合，进行不同的生计活动选择，并产生自然资源的使用、收入水平变化等生计活动结果。各类资产的可获取性及其利用也受到自然生态环境和社会因素、制度与政策、外在趋势和冲击等的制约。

对该框架还有以下进一步说明：

（1）该图的内循环从当地农户的人口特点出发，如人口的数量与结构、生育行为与性别偏好等对农户家庭的生计资产的利用、生计策略的选择有着重要的影响，进而作用于包括当地自然资源使用和生态环境变化在内的生计结果。因此，该框架突出了人口动态性，将人口特征、家庭决策与生计活动选择密切结合在一起。

（2）该图的外循环说明了农户生计策略的选择受到了社区、制度与政策、自然生态环境和社会环境等的影响。

（3）内外两个层次的反馈、动态性和相互作用。

农户自身的生计活动与外部因素之间有着相互作用的关系，农户的生产、生育与消费也会对当地生态环境等产生影响与作用。但外部因素的变化，如自然生态环境的变迁、政府环境保护政策或农村发展与扶贫等政策的变化也会对农户的生计资产、生计活动选择等带来影响。

总之，西安交通大学课题组以微观农户的人口动态特征为研究切入点，突出农村人口动态性（如迁移）、农户的贫困脆弱性、政策对农户生计影响等特点，目的是促进生态脆弱地区农户合理、有效地利用好当地的生态环境资源和保护生物多样性，促进西部贫困山区人口、资源与环境的可持续发展。

第二节 本书的研究内容与框架

一 本书的思路与研究问题

农村贫困人口面广、贫困程度深，所在地区往往也是生态脆弱地区，需要统筹解决人口、资源与环境可持续发展问题。国家在这些地区实施了许多生态保护政策、农村扶贫与发展干预项目等，需要兼顾实现农村脱贫攻坚和生态保护的双重目标，这也是我国建设生态文明、建成小康社会、促进社会和谐发展、在2020年解决区域性农村贫困的重要任务。

本书以可持续发展理论、微观发展经济学、农户可持续生计分析框架等为理论指导，从微观农户生计分析入手，研究微观农户的生计行为、农户生计活动及其与环境的关系、农民对生态保护政策的态度与认知、生态保护政策对农户生计的影响和作用等。

二 本书的研究方法、内容与框架

在研究方法上，在农户生计与可持续生计分析框架等理论研究的基础上，本书作者在西部森林丰富、生态服务功能突出的贫困山区多次组织农村入户问卷调查，进行农户生计与环境保护的实证研究。

本书实证研究的大部分数据来自课题组在 2008 年西安周至县、2011 年 11 月陕西安康地区的农户生计与环境调查。西安周至县和陕西安康调查地的基本情况以及两次调查的抽样方法、调查过程与问卷收集情况见第三章第一节。第七章部分数据来自 2015 年 10～11 月在陕西安康市、延安吴起县的调查。第八章小流域治理与农户生计分析的数据来自 2013 年 3 月西安交通大学人口与发展研究所课题组所组织的陕西安康市小流域治理与农户生计调查。课题组通过开展以上农村入户调查，以及对各类调查对象的组访和个访活动，获取了大量一手调查资料，从而较全面地掌握了西部生态脆弱地区农村的扶贫与发展现状、农户与生态环境的关系、农户对林业管理制度及生态保护政策的态度与响应等，从多个方面和角度研究了农户生计与环境可持续发展，并提出了对策和建议。

本书研究内容围绕以下三个方面：首先，贫困山区农户的生计分析，尤其是研究农户的生计选择与决策过程。分析了西部山区农户五类生计资产的数量和组合情况，生计资本的可获得性、转化、结合等特征，研究了西部山区农户的生计选择类型及影响因素、农林业生产效率、多维贫困情况等。

其次，研究农户生计活动与自然生态环境之间的关系及对生态政策的态度与认知。通过对农户不同生计策略类型的研究，如林业相关生计活动类型、单一以农业为主的生计或多样化的生计活动等，分析农户生计活动对自然资源的利用。由于我国山区实行了各种林业与生态保护政策，如退耕还林工程、生态公益林、林木禁伐与天然林保护工程等，因此也分析了农户对这些林业与生态保护政策的态度与认知。

最后，研究生态补偿政策的公平、效果与效率，分析自然生态保护政策对农户生计策略的作用和影响，如退耕还林和小流域治理等生态保护政策、农村综合发展项目对农户可持续生计的作用和影响等。

本书内容分为十章，内容框架见图1-2。以下简要说明本书各章的研究内容。

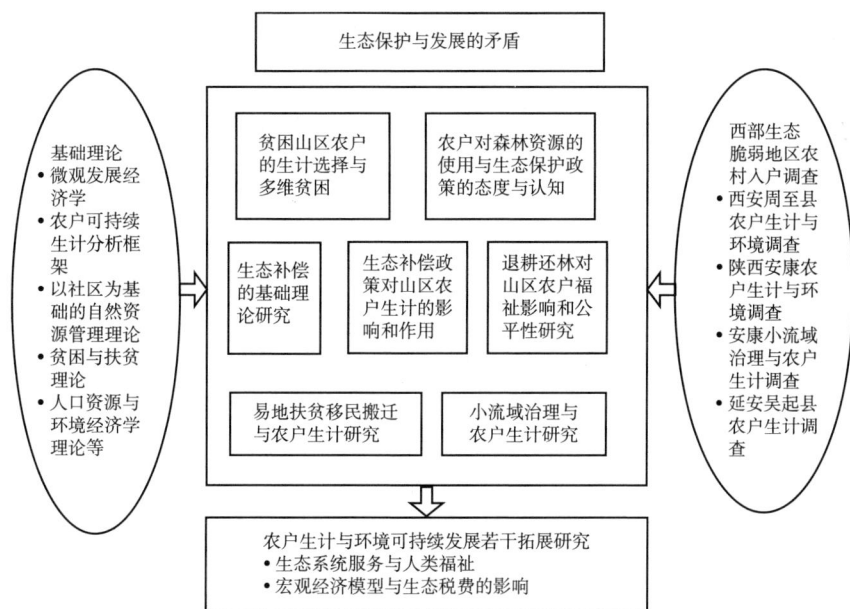

图 1-2 本书的内容框架

第一章为研究背景和内容框架。

第二章论述了本书的理论基础，如农户可持续生计分析框架及其应用、以社区为基础的自然资源管理研究进展等。

第三章为贫困山区农户的生计选择与多维贫困测度。这里首先说明了本书实证研究主要依托的两次农村入户调查，说明了调查地的背景、调查过程、问卷收集情况等，其次实证分析了陕西安康山区农户的生计选择及其影响因素，然后依据多维贫困的测度方法，测算了陕西安康山区农户的多维贫困状况。

第四章为贫困山区农户对森林资源的使用与生态保护政策态度研究。这里研究了贫困山区农户与环境的关系，一方面，集中表现在农户对森林资源的利用行为，如采药，以及农户对林业的生计依赖情况；另一方面，也体现在农户对山区生态保护政策、林业政策等的态度等方面的主观认知。

第五章为生态补偿基础理论研究，即生态补偿政策的公平、效果与效率研究。

退耕还林是世界上涉及人口最多、实施地理面积最大、资金规模最大的生态补偿项目，我国自 2014 年实施新一轮退耕还林工程，持续扩大退耕还林面积。退耕还林工程从政策设计本身来说，不仅具有水土保持等生态保护目的，政府还希望该工程可以促进农村地区的产业结构调整、直接和间接增加农民收入。本书第六章主要依据课题组调查数据，实证研究生态补偿政策对西部山区农户生计的影响。第七章分析退耕还林工程对农户福祉的影响及其公平性。

易地扶贫移民搬迁是精准扶贫"五个一批"工程之一。第八章研究易地扶贫移民搬迁与农户生计，包括我国易地扶贫搬迁工程的起源与概况、陕南避灾扶贫移民搬迁工程的概况与相关进展，如陕南避灾扶贫移民搬迁工程的资金筹措、土地利用与搬迁农户的土地权益，避灾扶贫移民搬迁工程对陕西搬迁农户家庭经济状况的影响等。

小流域治理是西部农村综合发展工程之一。第九章研究小流域治理与农户生计，分析了安康农户参与小流域治理的情况，研究小流域治理与农户福祉之间的关系。

作为全书的最后一章，第十章对于农户生计与环境可持续发展研究进行了若干拓展。农户生计与环境可持续发展研究也属于生态服务与人类福祉这一大的研究主题。这里首先分析和提出了生态服务与人类福祉的若干研究框架、值得关注的研究问题，说明了农户生计是生态服务与人类福祉研究的核心研究内容之一。其次，尝试采用宏观经济模型，即投入产出法和社会核算矩阵模型，以陕西省为例，利用投入产出乘数和社会核算矩阵乘数，模拟分析了生态税收，如森林生态效益税对陕西省产业和地区价格水平的影响等，在公共政策分析和评估方面拓展了研究内容。

第二章 农户生计的理论研究及其应用

第一节 农户生计与可持续生计分析框架

一 生计与可持续生计的定义与研究背景

作为一个词语,"生计"在中国从1978年版的《现代汉语词典》开始,就有两种定义:一是指维持生活的办法;二是指生活本身。这里的生活所取的意思是衣、食、住、行等方面的情况。而生计(livelihood)在英语词典里的含义也是维持生活的手段和方式。

许多研究贫困和农村发展的学者都认为生计概念有其丰富的含义,生计这个词比"工作"、"收入"和"职业"有着更丰富的内涵和更广的外延,更能完整地描绘出穷人生存的复杂性,更利于理解穷人为了生存安全而采取的策略。

"可持续生计"概念最早见于20世纪80年代末世界环境与发展委员会的报告。1992年,联合国环境与发展大会将此概念引入行动议程,主张把稳定的生计作为消除贫困的主要目标。1995年哥本哈根社会发展世界峰会和北京第四届世界妇女大会进一步强调了可持续生计对于减贫政策和发展计划的重要意义。总之,"生计"这一概念为研究者提供了一种研究农村经济发展和自然资源可持续利用的新视角,也引起了研究者、非政府组织和政府部门的广泛关注。

20世纪80年代以来，国外研究者和国际组织对农户的生计与可持续生计进行了大量研究。典型的生计定义如下：

Scoones（1998）认为，生计由生活所需要的能力、资产（包括物资资源和社会资源）以及行动组成。

世界著名的从事农村扶贫与发展研究的学者Ellis（2000）强调农村生计多样化的研究，认为"资产（自然的、物质的、人力的、金融的和社会的资产）、行动和获得这些的权利受到制度和社会关系的调节，这一切决定了个人和农户获得收入的活动"。

被广泛采用的生计定义是Chambers和Conway（1992年）提出的："生计是谋生的方式，该谋生方式建立在能力（Capabilities）、资产（Assets）（包括储备物、资源、要求权和享有权）和活动（Activities）基础之上。如果人们能应对胁迫和冲击，并从中恢复、维持和增加资产，保持和提高能力，并且为下一代生存提供机会，在长期和短期内以及当地和全球范围内为他人的生计带来净收益，同时又不损坏自然基础，那么该生计具有持续性。"

Sen（1987）把"能力"看作人能够生存和做事的功能。进一步来说，人具有自然属性和社会属性，应该拥有充足的营养和健康的身体，还应包括选择和从事某些活动的权利。

二 可持续生计的理论、分析框架及其发展

在生计与可持续生计概念基础之上，并依托诺贝尔经济学奖获得者阿马蒂亚·森（Sen）的可行能力理论，近年来一些国外组织和研究者发展了多个生计分析框架。如Scoones（1998）提出了可持续生计分析框架，Bebbington（1999）所提出了以资本和能力为核心、综合分析农户生计、脆弱性和贫困的框架，Ellis（2000）提出了生计多样性分析框架。此外，美国非政府组织CARE提出了以基本需要和权利为基础的生计途径等。这些生计分析框架以人的资产和活动为中心，从多个角度来理解贫困，并给予综合解决方案，也得到了世界银行和许多非政府组织的倡导。因此，在生计概念的基础上，可持续生计框架既是一个可以用来研究贫困与环境问题的学术分析框架，也是一个可以规划和指导经济资助与干预项目的工具。

从研究的角度来看，对于农户生计框架的发展，主要是针对生计框架某一部分，如生计资产或生计策略等进行操作化的过程。

（一）Chambers 和 Conway 对可持续生计的界定与框架

被广泛采用的生计定义是 Chambers 和 Conway（1992）提出的。"生计是谋生的方式，该谋生方式建立在能力（Capabilities）、资本（Assets）（包括储备物、资源、要求权和享有权）和活动（Activities）基础之上"。基于森（Sen，1984，1987）的理论，"能力"被看作人能够生存和做事的功能，除了自然属性的营养和健康等方面的含义外，还应包括选择和从事某些活动的权利等。Chambers 和 Conway（1992）概括了生计中能力的几种表现形式：在一定的生存环境中，个人处理胁迫和冲击的能力，发现和利用机会的能力等。

可持续生计被区分为环境可持续（Environmentally Sustainable）和社会可持续（Socially Sustainable）两方面。环境可持续是指能够维持和提升赖以生存的本地和全球资本，并产生生计的净收益；社会可持续是指可以对付压力和冲击，并从中恢复，为后代提供支持。基于这些基本概念的界定，Chambers 和 Conway 进一步解析了家庭生计的组成：人，活动，资本和产出（见图 2 - 1）。

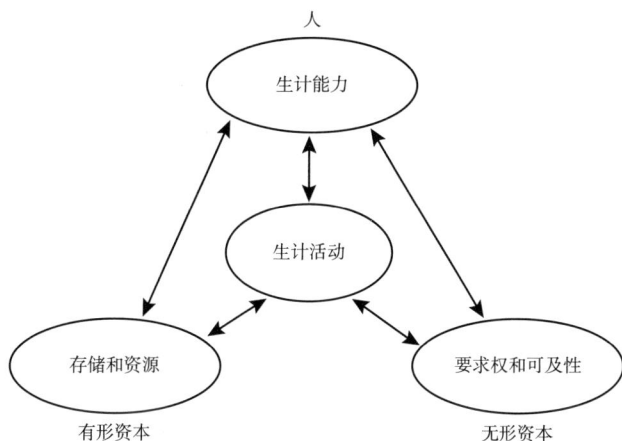

图 2 - 1 生计的组成要素及其转换

有形资本中，存储（Stores）包括食物和其他有价值的东西，如珠宝、现金储蓄等，资源（Resources）包括土地、水、树和牲畜等。无形资本包括要求权（Claims），包括对物质、精神和实际支持及可得性的需求和诉求等，要求权常常发生在压力和冲击背景下；可及性（Access）为使用资源、储存、服务或获取信息、物品、科技、就业、食物或收入等的实际机会。人们基于这些有形和无形的资本构建和设计出一种生计手段。农村生计常常包含着几类活动。当资本的积累超出即时消费时，投资便会产生（Swift，1989）。生计能力可以在投资中得到提升。

（二）Scoones 的可持续农村生计分析框架

Scoones（1998）的可持续农村生计分析框架显示，在不同的背景下，农户和其他决策主体通过获得生计资源与不同的生计策略相结合的方式来实现可持续生计（见图 2 - 2）。框架的中心是分析那些影响生计结果的正式和非正式的制度和组织因素。框架认为农户是在一定的背景下，如政策、政治、历史、农业生态和社会经济状况，结合生计资源（不同形式的资本）实现不同生计策略（农业集约化及扩大化、生计多样性和迁移），从而取得不同的生计结果。农户实现不同生计活动的能力依赖于个人拥有的有形和无形资本。为

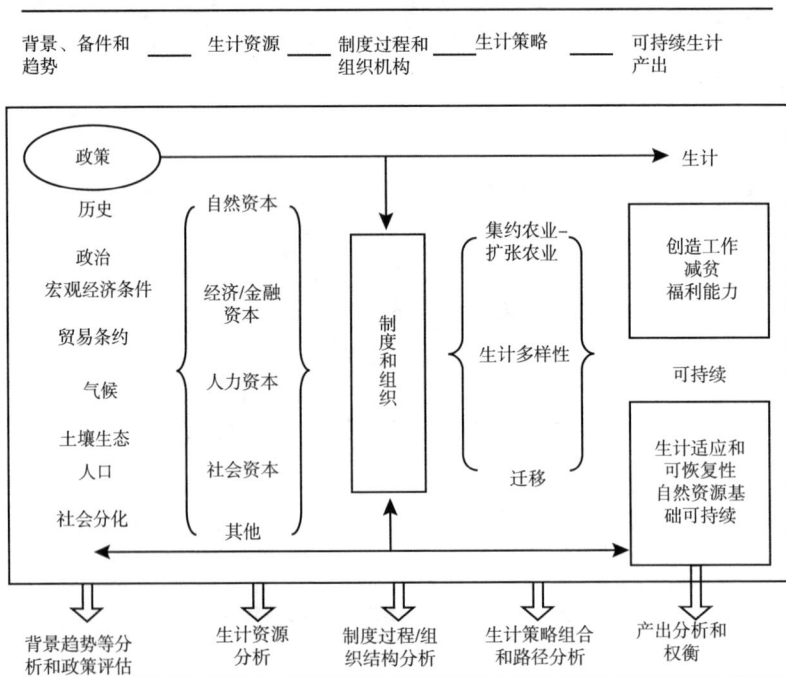

图 2 - 2 Scoones（1998）的可持续农村生计分析框架

了能够实证调查，他借用了经济学术语，重新划分了四种资本：自然资本、金融资本、人力资本和社会资本。对于各种资本之间的关系，如顺序性、转化、替代、结合、可获得性以及发展趋势等，Scoones（1998）进行了简要的解释。研究方法包括传统的调查法、适当的定性方法和参与式方法等。

该框架强调五个互相作用的因素：背景、资源、制度、策略和结果。认为可持续生计指农户"能够应付压力和冲击且能从中恢复，并在不过度消耗自然资源的同时，维持并改善能力和资本"（Scoones，1998）。

（三）DFID（1999）可持续生计分析框架

在众多生计分析框架中，英国国际发展署（DFID）的可持续生计分析框架使用最为广泛，最具有影响力。在 Scoones（1998）的可持续农村生计分析框架的基础上，结合 Sen、Chambers 和 Conway（1992）等对贫困性质的理解，DFID 进一步发展了可持续生计分析框架（Sustainable Livelihoods Framework），使之成为许多国际组织和非政府机构对发展中国家进行经济资助和干预性指导的发展规划工具（见图 2-3）。

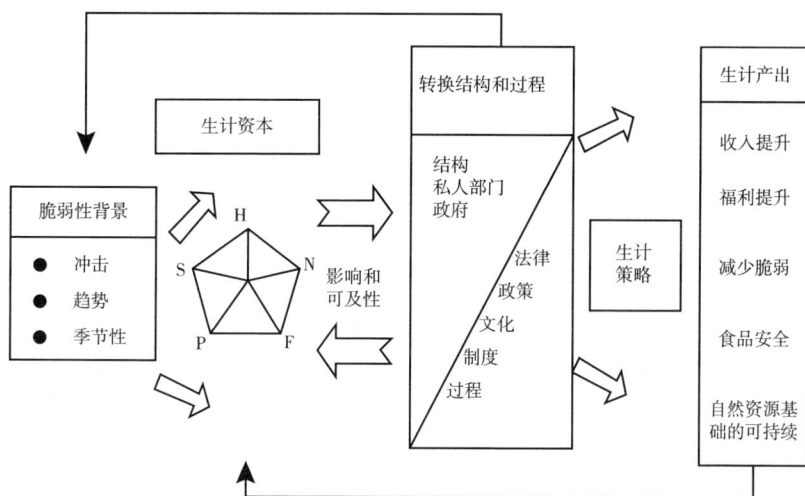

图 2-3　DFID（1999）的可持续生计分析框架

依据该框架，农户对其所拥有的生计资本进行组合，从事不同的生产活动从而追求某种生计策略；各类资产的可及性、可获取性及对各类资产的利用受到社会因素、外在趋势和冲击因素等的制约。

首先，DIFD 生计分析框架中的资本把 Scoones 的金融资本再次细分为金融资本和物资资本，即总共包括 5 个部分：自然资本、金融资本、物资资本、人力资本和社会资本。以往研究者普遍认为，家庭或个人的资本状况是理解家庭或个人所拥有的选择机会、采用的生计策略和应对所处环境风险的基础，也是针对农村扶贫和发展项目设计和政策干预的切入点。

其中，自然资本指能从中形成有利于生计的资源流和服务的自然资源的储存（如土地和水）及环境服务（如水循环）。自然资本是人们能够利用和用来维持生计的土地、水和生物资源，包含可再生资源和不可再生资源；物质资本是通过人类生产过程所创造出来的资本，包括房屋、灌溉系统、生产工具和机器等；金融资本通常指用于购买消费品和生产资料的现金以及可以获得的贷款或个人借款；人力资本指个人所拥有的用于谋生的知识、技能以及劳动能力和健康状况（李斌等，2004）；社会资本指人们为了追求生计目标所利用的社会资源，例如，社会关系网和社会组织（宗教组织、亲朋好友和家族等），它包括垂直的（与上级或者领导的关系）和水平的（与有共同利益人的关系）社会联系。

其次，生计后果是生计策略或目标的实现或结果。贫困农户所期望的生计成果可能包括：更多的收入；改善了的生活状况；减少了生计的脆弱性；更有保障的食物安全；对自然资源更加可以持续的利用等。

再次，可持续生计分析框架的重要组成部分是影响生计的社会、经济和政治背景。Scoones（1998）把背景分成两类，一类是条件和趋势，主要包括：历史、政治和经济趋势，此外还有气候、人口和社会差别；另一类是制度和组织。Ellis（2000）也把背景分成两类：社会关系、制度和组织；趋势和冲击因素。此外还有 Carney（1998）的脆弱性背景和转化过程的分类。可以看出，背景组成部分非常复杂，涉及诸多社会科学的研究领域，因此无论在研究过程中，还是在实践过程中都会面临许多困难。与此同时，这种复杂性也为不同学科带来了新的研究问题。在这些复杂的背景条件下，个人和农户的资本状况将会决定农户和个人的生计策略的选择和调整。

DFID 总结的生计的可持续性取决于以下几个方面：在面对外部的自然灾害和社会经济动荡的情况下，是可恢复的；不依赖于外部的支持（如果有依赖，其所依赖的支持本身也应该在经济和机制上是可持续的）；能够保持自然资源的长期可生产性；最后，不破坏他人的生计，或者说不损害他人的生计选择。

总之，可持续性生计框架，通过把对贫困的新理解集成到一个分析性工具之内，可以帮助人们理解生计的复杂性和影响贫困的主要因素。框架是对与农户生计，特别是贫困问题有关的复杂因素进行整理、分析的一种方法。在具体应用中，需要对它进行修改或适应性调整，使之适合当地的环境、条件，与实际情况相结合，并符合当地的优先需求。

可持续生计分析框架揭示了一个理解贫困的概念模型，展示了生计构成的核心要素及要素之间的关系，从框架图中可以看出，在制度和政策等因素造成的风险性环境中，在资本与政策和制度相互影响下，作为生计核心的资本的性质和状况，决定了采用生计策略的类型，从而导致某种生计结果，生计结果又反作用于资本，影响资本的性质和状况。

可持续生计分析框架对农村扶贫发展项目的设计、实施以及检测评估有指导作用：它能够清楚简洁并且具体地展现项目的核心成分；能够使不同人群知道项目如何运作和项目的目标是什么，帮助确保投入、活动、产出和目的不被混淆；确定项目成功的主要相关因素。

（四） Bebbington 框架

Bebbington（1999）强调了资本（Capitals）和能力（Capability）在生计分析中的作用，他认为资本为农户有成果、有意义地参与和改变世界提供了能力。他提出了以资本（Capitals）和能力（Capability）为核心的用于分析农民脆弱性、农村生计和贫困的框架（见图 2 - 4、图 2 - 5）（Bebbington，1999）。在框架中，资本是工具性活动、诠释性活动和解放性活动的载体。这三类活动分别对应谋生，使生活有意义，以及挑战现有生计结构。

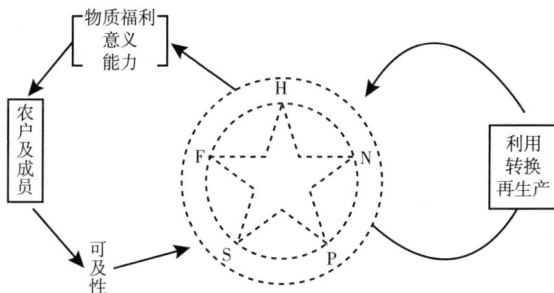

图 2 - 4 资本、生计和贫困

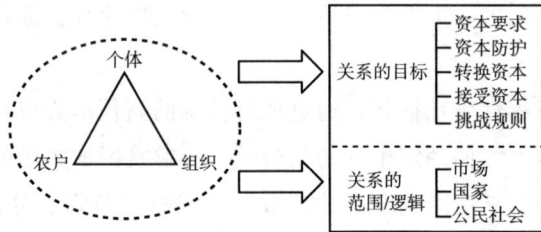

图2-5　资源可及、使用和转换

　　针对拉丁美洲的农村发展，此框架认为分析农户生计需要根据：①人们对于五种资本的可获得性（Access）。②农户结合和资本转化的方式。③农户扩展资本的方式，既是为了改善生活，也是为了改变主要的规则与关系，这些规则和关系掌管着农户资源被控制、分配和转化的方式。此框架特别强调社会资本对于农户获得其他资源的作用。生计分析强调，要认识到是政策、制度运作过程决定了人们对于资本的拥有与使用状况以及他们对生计策略的选择。可持续生计途径力求理解影响人们对生计策略选择的背后因素，以便强调那些积极的方面，减轻制约和消极因素，而不是因为存在某种"原料"，如林地、耕地或就业机会，就简单地推荐某种生计策略。

　　上述几个概念模型是对 Scoones（1998）所提出的可持续生计框架概念模型中的生计资产部分的扩展。在采纳以资产为基础的生计分析时，Scoones（1998）和 Ellis（2000）认为，应该考虑以下几方面问题：一是顺序性，指的是建立成功生计策略的开端是什么？对于随后获得的其他资产来说，哪一种资产与这些资产更相关？二是替代性，指的是一种资本能替代另一种资本吗？为了特殊的生计策略，这些资本是否需要结合在一起？三是集合性，指的是拥有获得一种资产的权利能否被赋予获得另一种资产的权利？存在与特殊生计策略相关的特殊资产组合吗？四是可获得性，导致不同群体获得特殊资产的因素是什么？五是交易性，在追求特殊行动组合的过程中，涉及交易的资产是什么？对于被采纳的生计策略的未来可持续性来说，这些资产交换意味着什么？六是趋势性，指的是资产如何耗尽和积累，以及由谁耗尽和积累？资产可获得性趋势是什么？随着时间的推移，被创造的新资产是什么？资本能力框架对这些问题有所阐述和发展。

　　（五）其他发展

　　非营利组织，如 CARE、Oxfam、非洲自然基金会（Africa Wildlife Foundation）和一些国际组织，如 DFID 和 UNDP 等对可持续生计框架进行了改进以适应其特殊要求（Ashley 和 Carney，1999）。

Dorward 等（2001）提出了资产功能框架（Asset Function Framework），将生计资产的功能和特点结合在一起，考虑其对人们生计策略的影响。强调资产对于生产率的提高和农户生计脆弱性减少的作用，有助于综合考虑贫困人群所拥有的不同资产，以利于以政策分析、能力建设和技术干预来扩大贫困人群的生计机会。他们将生计资产按生产和再生产进行分类，认为生产或收入的活动运用生产性的资产，并产生资源进行消费和社会再生产。

一些学者也根据研究需求强化了框架中的部分内容，在 Scoones 提出的可持续生计框架的基础上，Ellis（2000）提出了生计多样性分析框架。Ellis（2000）通过总结扶贫、脆弱性、可持续性和生计策略等相关研究认为，农户为了应对外界存在的各种风险，如事前风险和事后风险，往往采取多样化的生计策略。生计多样化被定义为农户为了生存或改善生活而构建的多样化的活动组合和社会支持能力的过程。Ellis 认为，生计的多样化并不单纯是收入的多样化，也指农户从事多样化的社会行为。

Soussan 等（1991）受 DFID 资助，在对南亚进行的生计过程和生计政策动态关系的研究中提出了一个生计的概念模型，并将其应用于尼泊尔的中部山区。模型能够提供一个农户生计过程如何受农户资产影响及其生计活动如何被干预影响的过程。值得注意的是他们对生计活动进行了生产和再生产活动的划分。生产活动指生产商品或服务、能够产生收入（实际上的和潜在的可以交易的商品和服务的价值）的活动。再生产活动也可称为农户的生活活动，如照料孩子、做饭、洗衣等不能交易但是对于农户成员的福利是不可缺少的，是家庭生存所依赖的生活条件。

（六）简短总结

可持续生计分析框架揭示了一个理解贫困的概念模型，展示了生计构成的核心要素及要素之间的关系。从这些框架图中可以看出，在制度和政策等因素造就的风险性环境中，在资产与政策、制度相互影响下，作为生计核心的资产的性质和状况，决定了采用生计策略的类型，从而导致某种生计结果，生计结果又反作用于资产，影响资产的性质和状况。

这些生计分析框架的共同点是这些机构和组织都采用以资产为基础的生计途径；它们强调理解微观和宏观政策层面之间联系的重要性并促进二者之

间的联系；认为向穷人赋权是生计途径的重要特征，是生计途径追求的目标。不同点是由于这些非政府组织和政府机构组织本身的差异，关注和解决问题的层面有所不同，主要表现在对可持续性的理解、干预生计活动的起点以及分析过程等方面。

总之，学者们（如 Carney，1998；Ashley 和 Carney，1999）普遍认为家庭或个人的资产状况是理解家庭或个人拥有的选择机会、采用的生计策略和所处风险环境的基础，也是针对农村贫困地区扶贫和发展项目设计与实施、政策制定的切入点。

三 农户的生计策略与多样化生计

生计策略常常指人们为达到生计目标而进行的活动和做出的选择与某种组合，包括生产活动、投资策略、再生产选择等（DFID，1999）。在许多研究中，策略和活动两个概念可以互换（Babulo、Muys 等，2008）。生计策略是人们对资本利用的配置和经营活动的选择，以便实现他们的生计目标。其中包括了生产活动、投资策略、生育安排等。在考虑制定农户生计时，人们考虑了脆弱性环境/背景的影响，以及从制度和组织的外部环境可能得到的支持或遇到的阻碍。农户生计策略是动态的，随着外部环境条件的变化而调整，改变着对资本利用的配置和经营活动种类、比例的构成。

大多数的研究和实践仍然将生计活动和生计策略的内容局限在农户的生产活动上，有代表性的如 Scoones（1998）和 Orr（2001）等把生计策略大体分为三大内容，包括农业的扩展和集约化，多样化和迁移等。Ellis（2000）等也用类似的分类方法对不同的生计策略进行了详尽的论述。

多样化生计对于农民特别是发展中国家的农民具有重要的意义，虽然研究中对这种意义的具体形式仍然存在争论。多样化生计策略既可能是农户基于一定经济条件的主动选择，也可能是对于脆弱性环境的被动适应。关于多样化生计的作用仍然存在争论，比如它是否有利于提高农户收入的稳定性（Stark，1991；Adams，1994；Davies，1996），是否扩大了农村的贫富差距或降低了农户的风险（Evans 和 Ngau，1991；Adams，1994），以及是否加强或分流了农业生产资源等（Low，1986；Carter，1997），但作为一种能力，农户能否从事多样化活动本身也是可持续生计的重要元素之一。构建农户的生计多样化能力，对于提升生计安全，增加农户收入等有着积极作用（Ellis，1998）。

农户的收入来源主要包括农业生产和非农生产两大类。一方面，农业多样化生计策略能够使农户在新的机会中，特别是在市场经济中获益。研究表明，多样化的农业生产在消除贫困的同时，也有利于生态环境的保护和可持续生计的构建，相关政策应当为这类多样化行为提供帮助（Ellis，1998；Perz，2005）。另一方面，许多贫困农民很难从现代经济发展过程中受益，其重要原因在于他们往往被市场排斥，生产方式仍然为自给自足，生产种类仍然以传统的粮食作物为主。市场的扩张既体现在生存农业向商业农业的过渡上，也体现在农户资本与收入来源的多样性上。非农活动是多样化的重要组成部分，相对于农业多样化和结构多样化，收入多样化意味着非专业农户资本被用到与农业无关的非农生产活动中。在经济转型地区特别是我国西部农村地区，土地相对不足，劳动力过剩，非农活动既是农户的重要收入来源，也是其风险规避的一个重要手段（Giles，2006）。可以说，非农多样化生计方式代表着农村经济发展的一种新前景（Xia 和 Simmons，2004）。

第二节　基于可持续生计分析框架的陕西安康退耕户与非退耕户的生计分析示例

一　西部山区农户生计资本、生计策略、生计后果的指标

结合西部山区的具体情况和以往研究文献，这里首先对可持续生计分析框架的核心概念——生计资本、生计策略以及生计后果进行详细的界定和指标设计。

（一）生计资本

生计资本包括自然资本、物质资本、金融资本、人力资本和社会资本。由于本书侧重于农户层面的分析，这里采用农户的土地资源禀赋，即耕地和林地的面积来测量自然资本，水资源和生物资源禀赋等内容没有被纳入。就物质资本而言，它一般指生产资料，而不是一种消费品。考虑到农户所拥有的房屋、家庭耐用消费品等可以在家庭面临风险或者危机的时候作为抵押品，从而成为农户的一种潜在资本，因此，将这些都归为物质资本，即物质资本包括农户的房屋、耐用消费品、大型生产工具等内容。就金融资本而言，它是农户所拥有并能够利用的金钱储备，主要指存款和以各种形式获得

的借贷。储蓄和贷款都不是直接的生产性资本，它们在农户生计资本组合中发挥的作用在于它们可以转化成其他形式的资本。就人力资本而言，一般包括家庭中劳动力的数量和质量，如年龄、受教育程度、健康状况、技能等方面。社会资本的作用在于它可以增强人们的相互信任和相互合作，降低交易成本，通过协调行动来提高效率。在农村社区，农户的社会资本主要表现为基于血缘关系的家庭网络、基于地缘关系的邻居网络和基于情感关系的朋友网络。这里利用农户参加各类协会组织的数量、亲戚中干部的人数和通信费用等指标来反映农户的社会资本禀赋。

（二）生计策略

农户的生计策略决定了其生产行为和消费行为，进而决定了其收入来源和消费状况。因此，本节通过农户的收入来源与消费状况等来分析农户的生计策略。由于农户家庭收入来源复杂，按照国家统计局对"农民纯收入"的有关界定，根据抽样调查资料对其进行推算。

"农民纯收入"指农民一年内从各种来源得到的扣除各项生产性费用支出后的纯收入，包括农业收入、林业收入、养殖收入、工资性收入（打工收入）、家庭经营收入、转移性收入和财产性收入。转移性收入即政府补助（包括退耕补助和粮食直补等），打工收入即汇款。对消费状况的测量，这里主要考察了人均消费水平和消费支出项目。同时，农户的生计策略还涉及其所从事的职业和行业，以及农户的时间安排情况。此外，由于农业生产活动受自然环境的影响很大，尤其是极易受到自然灾害和气候变化的影响，因此，在分析农户的生计策略时还需要考虑农户应对一些突发事件的措施与手段，以此来考察农户的抗风险能力。所谓风险应对策略是指家庭在遇到自然灾害或经济困难时所采取的应对方法，例如出售资产、减少消费、外出务工、借钱、动用储蓄等。

（三）生计后果

对于生计后果的考察，这里从农户是否陷入贫困和生计策略产生的环境影响两个方面进行分析。其中，农户生计策略对环境的影响通过农户生产中肥料使用、薪柴使用和采药三个方面来反映。农户对肥料、薪柴的使用和采药的数量越少，其对环境的影响就越小。

二 退耕户和非退耕户的家庭生计资本分析

结合前面的可持续生计分析框架，以西安交通大学人口与发展研究所课题组 2011 年 11 月在陕南安康四区一县的农户调查资料为示例，按照退耕户和非退耕户分列安康农户生计状况。收入和消费数据对应于调查前 12 个月，即 2010 年 11 月至 2011 年 10 月。具体的调查过程、样本情况说明见本书第三章第一节。其中，退耕户和非退耕户生计资本特征描述见表 2-1。

表 2-1　退耕户和非退耕户生计资本特征描述

项　目	全部样本 （1397）	退耕户 （1123）	非退耕户 （274）	LR/t 检验
1. 自然资本				
人均耕地面积（亩/人）	1.56	1.63	1.26	*
人均林地面积（亩/人）	10.26	11.41	5.52	***
2. 物质资本				
平均住房面积（平方米/户）	127.42	129.55	118.69	*
住房结构				ns
土木结构（%）	45.6	44.4	50.6	
砖木结构（%）	16.1	16.2	15.8	
砖混结构（%）	38.2	39.3	33.2	
其他（%）	0.1	0.1	0.4	
房屋估价				
10 万元及以下（%）	60.2	58.8	65.7	
11 万~20 万元（%）	28.7	29.9	23.7	ns
21 万~30 万元（%）	8.3	8.3	8.3	
30 万元以上（%）	2.9	3.0	2.3	
大型生产工具				
挖掘机（台/百户）	0.14	0.18	0.00	ns
铲车（台/百户）	0.36	0.45	0.00	**
机动三轮车（台/百户）	2.15	2.32	1.46	ns
拖拉机（台/百户）	0.64	0.71	0.37	ns
水泵（台/百户）	7.30	7.12	8.03	ns
耐用消费品				
摩托车（辆/百户）	38.94	41.76	27.37	***
汽车（辆/百户）	5.51	5.79	4.38	ns
电视机（台/百户）	95.42	99.82	77.37	***
电冰箱（柜）（台/百户）	44.45	47.82	30.66	***
洗衣机（台/百户）	78.02	81.66	63.14	***
电脑（台/百户）	10.31	11.04	7.30	**

续表

项　目	全部样本 （1397）	退耕户 （1123）	非退耕户 （274）	LR/t 检验
3. 金融资本				
在银行有贷款(%)	27.1	30.3	13.9	***
在银行有存款(%)	25.4	26.2	22.1	ns
年平均家庭现金收入(元/户)	15514.99	16575.85	11003.23	**
4. 社会资本				
从亲朋好友处借钱比例(%)	33.2	33.5	32.1	ns
需要大笔开支可求助的户数(户)	4.50	4.50	4.49	ns
上个月家庭成员通信费用(元/户)	111.48	117.02	88.72	***
参加了以下一种或几种协会(%)	4.7	5.4	1.5	***
参加种植或购销协会(%)	2.6	2.9	1.5	ns
参加农家乐等旅游协会(%)	0.7	0.9	0.0	**
参加农机协会(%)	0.3	0.4	0.0	ns
参加其他协会(%)	1.6	2.0	0.0	***
参加协会的数量(个/户)	0.05	0.06	0.01	***
5. 人力资本				
男性劳动力数量(人/户)	1.44	1.49	1.24	***
受初中及以上教育的人数(人/户)	1.66	1.74	1.34	***
掌握技能的人数(人/户)	0.38	0.41	0.26	***
接受培训的人数(人/户)	0.38	0.42	0.22	***

注: t 检验用于检验均值，LR（Likelihood Ratio）检验用于检验分布，以下同。

*** 表示 $p < 0.001$；** 表示 $p < 0.01$；* 表示 $p < 0.05$；+ 表示 $p < 0.1$；ns 表示不显著。以下本章各表同。

资料来源: 本书课题组调研数据。如未特别说明，本书所有图表的数据均来自课题组的调研数据。

从表 2-1 可以看到 1123 个退耕户和 274 个非退耕户之间五类生计资本的差异，退耕户的五大生计资本状况均显著好于非退耕户。具体情况如下:

（1）从退耕户和非退耕户自然资本情况来看，退耕户人均耕地面积和林地面积均显著高于非退耕户，尤其是退耕户人均拥有的林地面积高达 11.41 亩，而非退耕户平均每人只有 5.52 亩。

（2）在退耕户和非退耕户的物质资本方面，全部样本农户平均拥有的住房面积为 127.42 平方米，退耕户显著大于非退耕户；住房结构两者都主要集中在土木结构（45.6%），退耕户与非退耕户没有显著性差异；房屋估

价主要集中在 10 万元及以下（60.2%），退耕户和非退耕户之间无显著性
差异。从拥有的大型生产工具情况来看，农户拥有的数量较少。从农户拥有
的耐用消费品情况来看，农户平均拥有的电视机数量最多，几乎达到每户一
台，洗衣机、电冰箱（柜）、摩托车和电脑的平均拥有量依次递减，退耕户
对这些耐用品的平均拥有量均显著高于非退耕户；退耕户平均拥有的大型生
产工具和耐用消费品总数量显著高于非退耕户。

（3）根据金融资本信息可知，样本农户在银行有贷款的有 27.1%，退
耕户比例显著高于非退耕户；大多数农户家中没有存款，有存款的比例仅约
占 1/4，且退耕户与非退耕户的存款状况无显著性差异；在年平均家庭现金
收入上，退耕户显著高于非退耕户。

（4）由社会资本信息可以看出，约有 33% 的农户从亲朋好友处借钱，
退耕户与非退耕户之间无显著性差异；农户需要大笔开支可求助的户数
平均约为 4.5 户，退耕户和非退耕户之间无显著性差异；在家庭成员调
查前一个月通信费用上，退耕户的通信费显著高于非退耕户；在参与专
业合作协会方面，农户很少参加专业合作协会，参与比例不足 5%，但是
退耕户的参与比例显著高于非退耕户，退耕户参与协会的数量也显著高
于非退耕户。

（5）根据退耕户和非退耕户的人力资本信息可以了解到，平均每户
男性劳动力数量为 1.44 人，退耕户显著高于非退耕户；平均每户受初
中及以上教育的人数为 1.66 人，退耕户显著高于非退耕户；平均每户
掌握技能的人数和接受培训的人数约为 0.38 人，退耕户仍显著高于非
退耕户。

三 退耕户和非退耕户的家庭生计策略和生计后果分析

退耕户和非退耕户在户主职业和非农经营方面的差异见表 2 - 2。

从户主职业信息可以看出，将近一半的户主目前从事农业、养殖业。退
耕户户主在专业技术，行政管理，农业、养殖业，工人，业主或企业家，军
人等职业的从业比例均显著高于非退耕户，而非退耕户无工作的比例显著高
于退耕户。当地从事非农经营的农户很少（10.8%），且退耕户与非退耕户
之间无显著性差异。

退耕户和非退耕户在家庭收入方面的差异见表 2 - 3。

表 2 – 2　退耕户和非退耕户户主职业和非农经营特征描述

项　目	全部样本(1397)	退耕户(1123)	非退耕户(274)	LR/t 检验
户主目前职业				+
专业技术(%)	3.2	3.4	2.5	
行政管理(%)	1.0	1.1	0.4	
商业或服务业(%)	3.8	3.3	6.2	
农业、养殖业(%)	49.3	50.7	43.0	
工人(%)	13.9	14.0	13.6	
业主或企业家(%)	0.6	0.7	0.4	
军人(%)	0.1	0.1	0.0	
无工作(%)	17.6	16.2	24.0	
其他(%)	10.5	10.6	9.9	
从事非农经营活动				ns
是(%)	10.8	10.7	11.3	

表 2 – 3　退耕户和非退耕户家庭收入特征描述

项　目	全部样本(1397)	退耕户(1123)	非退耕户(274)	t 检验
农林产品现金纯收入(元/户)	2992.23	3449.98	1110.57	***
农林产品纯收入(现金和实物)(元/户)	7502.46	8499.90	3405.98	***
养殖现金收入(元/户)	983.59	1128.99	388.20	***
养殖收入(元/户)	1598.58	1800.09	773.42	***
打工成员汇款(元/户)	4662.00	4826.49	3987.13	ns
非农经营纯收入(元/户)	3224.80	3190.90	3364.37	ns
政府补贴和低保(元/户)	2350.67	2610.47	1252.21	***
其他收入(元/户)	1349.22	1494.56	755.11	***
家庭现金纯收入(元/户)	15514.99	16575.85	11003.23	**
家庭纯收入(元/户)	20647.37	22267.46	13763.57	***
人均现金纯收入(元/人)	5946.67	6322.76	4348.65	***
人均纯收入(元/人)	4396.35	4631.47	3396.38	*
贫困发生率(%)	34.0	31.0	46.7	***

农户家庭收入主要包括农林产品收入、养殖收入、打工成员汇款、非农经营收入、政府补贴和低保收入、其他收入。其他收入由土地转租收入、亲

友馈赠收入和采药收入构成。退耕户在农林产品纯收入（现金和实物）、养殖收入、政府补贴和低保、其他收入上均显著高于非退耕户。退耕户的家庭现金纯收入、家庭纯收入、人均现金纯收入、人均纯收入也均显著高于非退耕户。此外，农户总体上贫困发生率为34.0%，退耕户与非退耕户的贫困发生率有显著性差异，非退耕户的贫困发生率（46.70%）显著高于退耕户（$p < 0.001$）。

从家庭生活消费信息可以看出，被调查农户2010年11月至2011年10月年平均总消费为25538.01元，退耕户显著高于非退耕户。耐用消费品消费支出最多（11331.87元/户），其次是年平均食物消费，人情、礼金费用，医疗费用，子女上学支出和煤炭、煤气、电费用，办理婚丧嫁娶的费用最少（609.02元/户）。退耕户在年平均人情、礼金费用，医疗费用，子女上学支出，煤炭、煤气、电费用及婚丧嫁娶的费用均显著高于非退耕户（见表2-4）。

在农业机械等生产工具支出方面，被调查农户年平均花费153.78元，退耕户显著高于非退耕户。在生产资料及雇工支出方面，农户平均总花费为660.92元，退耕户显著高于非退耕户；其中化肥和农药费用最多，其次是种子和雇工费用，退耕户显著高于非退耕户，大棚费用比较低，退耕户和非退耕户在此项支出上无显著差别（见表2-4）。

表2-4　退耕户和非退耕户消费支出特征描述

项　目	全部样本（1397）	退耕户（1123）	非退耕户（274）	LR/t
家庭年平均生活消费				
食物消费（元/户）	5674.89	5778.88	5249.31	ns
耐用品消费（元/户）	11331.87	11901.12	8981.62	ns
子女上学支出（元/户）	2233.86	2393.19	1575.94	*
医疗费用（元/户）	2287.09	2412.05	1769.74	**
煤炭、煤气、电费用（元/户）	1028.69	1057.01	911.98	*
人情、礼金费用（元/户）	2372.59	2487.98	1896.13	**
婚丧嫁娶费用（元/户）	609.02	673.26	341.08	*
家庭年平均生活总消费（元/户）	25538.01	26703.49	20725.80	+
家庭年平均生产消费				
农业机械等生产工具支出（元/户）	153.78	189.60	163.92	*
生产资料及雇工（元/户）	694.01	754.09	420.97	***

项　目	全部样本 (1397)	退耕户 (1123)	非退耕户 (274)	LR/t
大棚费用(元/户)	36.14	36.01	36.73	ns
化肥和农药费用(元/户)	413.89	440.33	293.69	***
种子费用(元/户)	129.68	140.54	80.13	***
雇工费用(元/户)	114.30	137.21	10.42	***

第三节　以社区为基础的自然资源管理 （CBNRM）研究进展

参与是农村扶贫与发展的主题之一，也是发展经济学、参与式发展理论的核心内容。社区参与式管理的理论和方法诞生于一些国际发展援助组织20世纪60年代非洲森林管理实践中，之后广泛用于扶贫、农业、林业、城市环保、教育、卫生、自然资源管理等领域。20世纪80年代以来，随着人们对农村发展中"基层参与"概念的重新认识，以社区为基础的自然资源管理（Community-Based Natural Resource Management，CBNRM）作为实现农村自然资源可持续利用与管理的方法和分析路径，逐渐在全球范围内得到广泛的认可和实践。

尤其是根据公共经济学原理，对于社区公共池塘资源（Common Pool Resources）的管理，如集体林地、集体森林资源等，会出现"公共地的悲剧"，或自然资源的过度使用和开发。除了政府管理和私人经营外，也有社区利用和管理好自然资源的成功案例。

社区为什么能够利用和管理好自然资源？其理论基础在于"以社区为基础的自然资源管理"（CBNRM）以及社区社会资本理论。此外，国外学者一般将"以社区为基础的自然资源管理"（CBNRM）也作为农村综合发展计划的一部分，或者一种农村扶贫与发展项目的具体格式。本节将对国内外以社区为基础的自然资源管理研究进行综述。

一　以社区为基础的自然资源管理（CBNRM）的国内外研究综述

（一）国内以社区为基础的自然资源管理的研究进展

以社区为基础的自然资源管理（CBNRM）是一种积极的参与式方法，

其目标旨在可持续地利用自然资源，同时注重社区的生计发展。它在自然资源管理上强调应以社区为主体，要考虑到社区生计。从目标来看，CBNRM的实施主要是以自然资源的可持续利用、促进社会公正和减贫为目标。如在南非实施的 CBNRM 就有两条主线，一是在实施野生动物和其他生物资源的保护过程中，因为盗猎较多，于是采用 CBNRM 来促进当地社区居民与野生动物共处，并参与阻止非法偷猎；二是源于社会平等，目的是要改变在资源获取当中的不公正以及农村贫困问题（左停等，2005）。

以社区为基础的管理体系有诸多优势，主要表现在两个方面：一是强调当地人参与资源管理，二是强调集体行动。

常用来分析 CBNRM 的指标有：农户拥有的财富情况、资源总量、当地的收入、获得资源的途径、对资源的控制情况、村民影响社区事务的能力、社区冲突、社区对资源管理的认识以及资源消耗量。

左停等（2005）探讨了 CBNRM 的含义、产生背景、实施优势、分析的概念框架、实施的主要经验和面临的挑战等，总结了主要的研究和实践进展。文章特别概括了 CBNRM 中资源权属和获得途径、社区集体行动能力、生计空间和不同利益群体之间的伙伴关系等方面的问题和挑战。最后，文章综述了 CBNRM 在我国实践中的挑战，包括政府分权、对社区的财政支持、资源的权属安排、社区能力建设以及促进参与等。该文介绍了坦桑尼亚以社区为基础的自然资源管理的经验，对社区成功进行 CBNRM 实践的经验概括为以下三个方面。首先，在自然资源管理方面，认为获取成功的主要条件有：社区愿意采用此方法；社区对资源有所有权；对影响资源再生的决策由社区来决定；社区有有效的方法和技术来确保资源恢复；社区有自己的规章制度，并且能够有效地为资源的可持续服务；政府一直为社区提供支持。其次，在经济方面，所需的条件为：从 CBNRM 中获得的收益可以改变社区行为。最后，在治理方面，要有规范和民众积极参与的村民集会；做决策时要依靠村民；财务及村治要透明等。

张三的博士论文（2002）分析了可再生自然资源作为共有产权资源的特点，利用中存在的主要问题，社区管理的决策过程、决策效率以及管理可再生自然资源的收益和成本等；针对可再生自然资源的管理，采用了制度经济学分析方法，分析了社区集体管理自然资源所面临的制度供给、可信承诺以及制度实施的监督等主要困难。他认为，社区管理是市场机制和政府管理所不能替代的一种自然资源管理方式，自然资源的可持续管理需要资源所在社区的积极参与；外部干预可以重建有效的自然资源社区管理作用机制。他还进行了一些案例分析。

李志南（2004）等研究了村民选举与自然资源管理的关系，通过案例研究认为，农村经济近年来由自给自足的轮歇农业转化为经济作物的种植，造成地方经济发展对政府项目的依赖，从而使地方选举受到政府项目的影响。同时，由于国家天然林保护等政策的实施，村委会自然资源管理的权力受限。村委会的职责由管理地方事务和资源朝以发展地方经济为重点转移。对外的经济依赖和资源管理权利的丢失，使村民很难实现村民自治。同时，李志南等还分析了传统文化与社区自然资源管理的关系。

此外，我国一些研究者也提出了参与式林业概念，其基本理念可以概括为：森林经营必须和乡村发展紧密联系；农民必须积极参与森林经营活动并受益；应当进行土地权属、利益分配等社会制度方面的改革以密切森林经营和社区的利益关系。

总之，社区对自然资源管理的内涵丰富，可以进行跨学科研究。成功的以社区为基础的自然资源管理与社区集体行动能力、社区社会资本、合理的制度安排等密切相关。

（二）国外以社区为基础的自然资源管理（CBNRM）的相关研究

1. 社区对自然资源管理的组织、制度与治理因素

国外有较多研究分析了社区对森林资源的管理与公共地悲剧之间的关系，探索了社区对自然资源管理与环境可持续性的关系。

Agrawal（2001）研究了避免公共地悲剧中的社区治理因素。他通过对印度喜马拉雅95个以社区为基础的森林管理案例和数据的分析，辨别了影响这些社区森林资源状态的因素。除了地理、经济、人口、社会政治因素外，他突出研究了社区森林资源管理的制度和机构，即社区森林资源管理的治理因素对社区森林资源状况的影响。他的分析包括了比较详细的制度变量，如①是否有社区资源管理的相关组织，组织的历史与存在时间；②管理手段的多寡，如是否有专门的护林员；③合作式管理的情况，如是否有政府部门参与决策，从而反映社区管理与政府之间的合作关系与合作管理情况；④参与该组织的竞争程度，反映了组织的吸引力和组织的代表性情况；⑤组织的执行力，用过去两年罚款数量来表示。分析中考虑的其他社区变量有：

社区中的男女比例、是否发生过性别冲突，无土地农户比例等，也较多地考虑到社区的异质性，以及市场压力，如与市场的距离、粮食作物的种植比例等。这些社区层面的社会、政治、经济因素影响社区居民相互合作以及保护森林的能力。

Gibson 等（2005）分析了社区治理因素对森林资源可持续性的作用和影响。Clark 等（2005）研究了印度喜马拉雅地区社区森林资源管理的实施因素与森林覆盖率之间的关系。他们认为社区管理规则的定期监督和惩罚机制是社区自然资源管理成功的一个条件。他们使用了 178 个森林资源小组（User Group）的数据资料，同时，将社区规则的实施与其他影响因素（如社会资本、正式组织、对森林产品的依赖等）对森林资源管理的作用进行了对比分析。

一些国外研究者对社区组织的形成与组织结构进行了研究。Vishwa 等（2002）针对发展中国家的组织发育落后这一普遍现象，通过 2 个社区案例的对比分析，研究了印度社区自然资源管理组织的兴起和衰落的过程、组织的演进、管理系统、有效性以及社区组织在保护和管理森林资源过程中面临的问题。

Sunil 和 Mahendra（2007）以印度半干旱地区的某个社区为例，分析了社区权利关系以及保护集体草地的社区组织的运行情况，如公平性、集权。

Agrawal（2001）《集体财产制度与资源可持续治理》一文研究了社区森林资源管理的制度和组织，如权利、对森林的可及性、管理过程、排他性、资源分配规则等，分析了社区森林管理组织的持续性、规则实施强度、资源依赖的影响因素。

2. 社区自然资源管理所带来的利益分配、减贫与弱势群体

Thomas 和 Tan（2007）更为关注越南林地分配制度改革之后弱势群体从林业规制下移中是否受益这一问题。他们区分了森林赋权（Forest Endowments）、森林权利（Forest Entitlements）以及森林权利对农户生计的影响，认为当地的权利关系、生产性资源可及性的管理机构都会限制特别困苦的穷人从森林规制下移中受益。他们认为，世界林业发展的两个趋势值得研究：森林对农村贫困者生计的贡献和对森林控制权的分配。

Sanjay（2002）认为印度实施了参与式森林管理（Joint Forest Management，JFM），使森林资源退化停止，但它对于减贫的作用以往未得

到评估。论文比较了 JFM 与政府管理的森林制度，评估它们给当地不同类型社区居民所带来的社会净收益。他认为，JFM 实际上反映了农村非贫困居民的偏好，但在该项目实施 40 年的期限内农村贫困者仍为净受损者，未来的 JFM 规划中应该建立对最贫困者的补偿机制。

Bina（2001）关注了南亚（印度和尼泊尔）社区林业中的性别歧视问题，通过案例研究分析了社区林业机构排斥性别平衡对效率的影响，并提出了分析框架和改进措施。William（2006）则研究了东南亚柬埔寨、老挝和越南发展社区林业与减贫的潜力。

一些研究者关注不同社区人群对自然资源的可获得性情况。如 Bhim Adhikari（2004）等人认为，一般情况下大家认为社区自然资源管理是减贫的一个重要途径。但他分析了尼泊尔社区自然资源管理的实际情况后发现，至少对于某些森林产品来说，与不太贫困或者富裕户相比，贫困农户在社区森林的可获得性方面还有着更多的限制。

3. 社区参与自然资源管理的意愿与影响因素

Brooke 等（2004）对委内瑞拉的三个渔业社区居民参与社区资源管理的意愿进行了定量研究，采用了路径分析方法。该参与意愿的影响因素有：对渔业的生计依赖情况、渔业发展现状、关心程度、权威情况、社区归属感。结论是社区归属感和生计渔业依赖度对参与意愿有正向作用，而对于渔业的关心对参与意愿有反向作用，也意味着社区居民对未来渔业有着悲观主义的倾向。

Erdogan 等（2007）采用主成分分析方法研究了土耳其妇女参与林业的影响因素，包括森林依赖、合作组织、森林组织的情况以及森林质量。此外，年龄、婚姻状况、子女数和财富也影响着土耳其妇女参与林业。

4. 社区自然资源管理对森林保护与农户生计的作用

Constance（2003）通过开展个访、焦点小组访谈、会议等手段，研究了莱索托地区森林保护快速发展的原因。其中，社区组织、集体土地共有产权是原因之一。

Peter 和 Bruce（2007）通过津巴布韦的案例研究，强调管理好社区集体共有资源和必要的制度变化是促进农户生计提高的重要措施。

Tanvir 和 Munir 等（2007）采用焦点小组访谈的形式，研究了巴基斯坦西北部参与式森林资源管理（JFM）对农村社区金融资产和生计策略的作用和影响。结果显示，尽管实施了合作式森林资源管理，该地区森林覆盖率仍然下降了。大多数被调查者不依赖森林来获取现金收入。他们更多地采取了以非自然资源为基础的生计活动，如外出打工。JFM 项目更关心森林的保护和恢复，而居民更关注金融资产和食物安全。JFM 提高了居民的社会资本，但缺少对居民的经济激励。

5. 对森林资源管理下放权限

这里主要包括森林资源管理权限下放与森林可持续性之间的关系、林权下放后经济利益如何分配两个方面。如 Tan（2006）认为森林管理权下放是否促进了经济效率、是否为当地群众带来经济收益以及该收益如何分配等都是值得研究的。

Pamela 和 John 等（2005）研究了埃塞俄比亚林地资源管理赋权、农民收入机会与环境可持续性的关系。他们发现，林地资源管理权越下放，农民年净收入越提高，更本地化的管理将提高管理效率，但环境可持续性却与较少下放的林地管理权相关。这也意味着林地管理权下放与环境可持续性、农民收入之间存在一定的替代关系。他们比较了集体管理与家庭管理林地的环境可持续性情况，如水土流失、沟渠、溪流、野生动物、鸟类、害虫的出现等。

总之，从国外的社区林业和以社区为基础的自然资源管理的研究与实践来看，社区参与森林资源管理是森林丰富的贫困农村地区的一个重要发展途径，被认为是综合解决森林丰富地区生态环境保护与农户增收的"一石双鸟"的方法。同时，国外往往强调这种社区参与式管理在形成社区社会资本、提高社区治理水平、加强社区集体行动能力方面的作用，从而解决了"公共地悲剧"。也即，理想的以社区为基础的自然资源管理（CBNRM）有以下效果：一是促进森林资源的保护；二是提高农户收入；三是通过发展相关组织而提高社区治理水平。

二 我国以社区为基础的自然资源管理需要深入研究的几个问题

参与是农村扶贫与发展的主题之一，也是发展经济学、参与式发展理论的核心内容。其基本要求是赋予社区内部不同利益群体平等参与本社区集体森林资源经营管理的权利，增强集体资源经营管理与村民切身利益之间的关联度，以此调动社区村民主动、自觉地参与森林资源经营管理的积极性。无论国外还是国内，森林资源参与式管理都强调参与的重要性，突出社区的地位，以保护森林资源和分享利益。森林资源参与式管理有三个基本特征：一是主体广泛，在森林资源参与式管理中，参与主体可以是政府，也可以是社区农户、经济组织和群众个人，不再只有政府；二是非强制性，参与主体从事森林资源经营管理是一种自愿行为，不是在政府管理部门或者其他机构的强制下进行的；三是各参与主体能够作为伙伴积极参与森林资源管理，分享来自森林资源经营、管理和保护的利益。

未来我们对以社区为基础的自然资源管理、参与式森林资源管理的研究主要存在以下几个难点和值得深入的问题。

首先，在现有的制度和产权约束下，参与式森林资源管理在我国是否能够建立起来。

其次，目前对社区自然资源管理的研究需要对社区管理在我国自然资源管理中的作用情况做一个全面的调查评估，以探讨社区管理在新的社会经济条件下的有效实现形式。

再次，社区居民参与森林经营管理的内涵、现状与影响因素，如何确保社区居民参与的顺利开展，包括组织与制度建设（如社区参与自然资源管理的形式、内容、组织、执行力等）、经营形式（如联户经营、租赁、股份合作），以及不同森林的经营模式，如商品林/用材林、经济林、生态公益林等林业的分类经营问题。

最后，我国社区森林资源管理的基本模式到底是什么？它与当前的集体林权制度的改革到底是什么关系？有必要将现有的自然保护区的社区共管、集体林权改革、参与式发展等理念结合起来，论证和设计社区森林管理在新的社会经济条件下的有效实现形式和方法。

从国内外以社区为基础的自然资源管理的研究现状来看，对于我国集体林权制度改革有以下的经验借鉴：①林地、林木产权的明晰；②不仅仅是林权的下放和放松规制问题，关键是社区治理、社区组织和社区集体行动能力的形成和提高，要通过以社区为基础的自然资源管理来促进社区治理与社区社会资本的形成；③需要特别关注林权下放、分散化管理之后，也存在弱势群体问题，也有一些农户的收入受到损失；④林权下放以后，社区的森林管理，尤其是生态公益林的经营与管理问题是否能够得到保障？CBNRM 能否促进森林保护，这里既有成功的经验，也有失败的案例。

第三章　贫困山区农户的生计选择与多维贫困

农户生计选择是农户生计分析的核心内容之一。本章将从实证分析的角度研究西部贫困山区农户的生计选择情况。当前我国农村居民相对贫困的问题日益凸显，需要从多个角度对西部山区农户的贫困状况进行评估和测量。因此，本章内容包括三节，第一节说明了本书实证研究所主要依托的两次农村入户调查的背景和调查情况，第二节研究了安康农户的生计选择，第三节研究了农户多维贫困的测度方法。

第一节　农户生计与环境研究的调查地与调查过程

在理论研究的基础上，课题组通过设计结构化的问卷调查工具，采用科学合理的抽样方法，进行农户问卷调查，并辅之以半结构化的访谈收集数据。

自 2008 年以来，西安交通大学农户生计与环境课题组进行了多次大规模的问卷调查。调查地包括西安市周至县和陕西省安康市。安康市和周至县均是西部典型的生态服务功能突出、森林丰富、森林覆盖率较高，但同时贫困人口集中的地区。这些调查区域有着多个自然保护区，农村经济发展、自然资源利用也存在一定的限制。本书实证研究所采用的数据主要来自课题组2008 年 4 月在西安市周至县南部 5 个山区乡镇进行的调查，以及 2011 年 11月底在陕西省安康市 4 区 1 县进行的调查。此外，本书第八章的数据来自

2013 年 3 月西安交通大学人口与发展研究所、长安大学经济与管理学院组织的安康市小流域治理与农户生计调查。本节分别说明西安周至县、陕西安康调查地的基本情况、2008 年和 2011 年两次调查的抽样过程与问卷收集情况等。

一　西安周至县调查地概况、抽样方法与调查过程

（一）　西安周至县调查地概况

周至县是陕西省西安市的辖县，距西安市区 78 公里，面积 2949 平方公里，山区面积占总面积的 76.4%，所辖山区为秦岭山脉的一段，交通不便，山上终年积雪，融化后汇集成河，水质较好，是西安市最主要的饮用水源。

在财政收入上，周至县是西安市最贫困的县，其 2015 年的财政收入仅 39260 万元，而其财政支出则高达 341695 万元，大部分亏损要靠西安市财政补贴弥补。周至县农村居民的人均收入和人均消费也远低于全国平均水平。

西安交通大学人口与发展研究所课题组 2008 年选取了周至南部山区的四个乡镇，即厚畛子镇、板房子乡、王家河乡和陈河乡。自 2001 年起当地实施了退耕还林工程，坡地和林地全面种植了经济林、生态林。这一地区农户的自然资本较为匮乏，除经济林外，人均耕地面积较少，不能实现日常粮食消费的自给自足。另外，由于自然环境较为恶劣，交通不便，农林作物常受到灾害天气破坏，在一定程度上影响了农户的收入能力和脱贫进程。厚畛子镇在周至县的西南部，靠近太白山自然保护区，该镇部分村和农户开展了农家乐等旅游服务项目，得到了世界自然基金会（WWF）农户生计改良项目资助，经济条件在这四个乡镇中算是较好的。

板房子乡和王家河乡，地理特征是以山区为主。该区域也为世界自然基金会"秦岭保护与发展共进"项目的所在地。两个乡均靠近或位于太白山国家级自然保护区。而王家河乡由于地处西安市饮用水源头地区，属于生态保护区，农户的生活、生产均受到一定限制，加上地理条件和交通条件的制约，现为周至县最为贫困的乡镇，交通不便，贫困特征非常显著。陈河乡是距离周至县城最近的一个乡，但是由于自然条件恶劣，农业生产率十分低下，耕地质量较差，且全部为坡耕地。该乡三兴村等没有实行退耕还林，林地多为自留山，林地的经济效益较低，一般只能提供农户日常生活所需的

燃料。

总之，四个乡镇的耕地资源十分贫乏，人地矛盾特别突出，农业商品经济不发达，90%以上的农产品生产主要是满足自身消费的基本需要；农业经济结构比较简单，种植业长期占据农业生产经营的主导地位；养殖业局限于传统的家畜和家禽，农业生产技术落后，严重依赖传统的农耕生产方式，劳动生产率低下，"靠天吃饭"现象普遍存在，耕地亩产量十分低下。近些年来，受到国家天然林保护工程、建立自然保护区、西安水源地保护的影响，山区的可耕地面积有进一步减少的趋势，自然资源贫乏，山区经济发展与生态建设、环境保护之间存在一定的矛盾，制约了农民收入的增长。

此外，这四个乡镇的教育事业和医疗卫生设施落后，农户子女接受教育的机会和条件受限，四个乡镇无中学，农村社区缺乏公共设施，如灌溉条件差，农户无法利用公共设施提高农业生产率。

（二）抽样方法

课题组同时进行了问卷调查和访谈调查。农户的问卷调查采用多级整群抽样方法，即先确定拟调查的乡镇，再确定拟调查的行政村。对每个行政村调查期内的全部常住农户进行入户调查。首先，根据课题组调查所需要的特定的自然生态条件，即生态脆弱地区和水源地，确定了周至南部山区的4个乡镇，即厚畛子镇、板房子乡、王家河乡和陈河乡。其次，通过咨询乡镇、村干部及周至县环保局的相关人员，主要按照经济发展水平、地理条件两个标准，并考虑农村农户生计类型与人口数量等因素的差异性，将每个乡的行政村划分为收入水平高、低两个层次，每个层次包含基本相同数量的村，组成两个样本框。经济发展水平主要依据村民2007年的人均收入，地理条件则区分了是否临近自然保护区及行政村的交通便捷状况，生计类型包括农林业生产、迁移打工和非农经营。再次，使用随机抽样的方法在每层中抽取2个村，每个调查乡镇共有4个调查村。最后，对抽取到的调查村采用整群抽样方法，即调查该村所有的常住农户，并保证每个乡镇中一般有280个农户样本。由于王家河乡人口较少，王家河的计划样本量略少些。

实际调查中，由于山区经济条件落后，居住分散，信息不畅，存在农户离家外出、农户上山劳动难以被找到等情况。受所选取的调查点实际情况的约束，课题组做出了必要的调整，如板房子乡和厚畛子镇的农户居住极为分散，贫困村的人口少，为保证计划样本量和样本不出现偏差，课题组在这两个乡又各增加了2个贫困村作为调查点，实际调查村共20个，见表3-1。这20个行政村中，有15个临近自然保护区或在各级自然保护区内。其中，9个村在自然保护区内有30~1500亩不等的土地，一些村在自然保护区内有集体林或自留山；16个村子参加了退耕还林工程。

表3-1　周至县乡镇调查点和村级调查点

乡镇调查点	村级调查点
厚畛子镇	厚畛子村、殷家坪村、姜家坪、同力村、三河村、钓鱼台村
板房子乡	高潮村、清河村、东石门村、庙沟村、新红村、长坪村
王家河乡	十亩地村、双庙子村、玉皇庙村、王家河村
陈河乡	孙六村、新兴村、三兴村、共兴村

（三）调查过程与调查的基本情况

课题组前期开展了多次试调查。2007年8月，课题组在陕西周至县的板房子乡和王家河乡选取了4个行政村进行了小规模的试调查。工作内容包括对农户的问卷调查，对农户的个访及组访，并且对乡村社区负责人和县职能部门有关人士进行了访谈。通过小规模试调查，对研究工具进行了修改、完善，使得调查内容更切合理论研究，调查问题与当地情况更贴切。

2008年2月29日至3月1日，课题组经过咨询相关知情人、对乡镇调查点的现场考察和比较，最终确定了调查地点为周至南部的四个山区乡镇。2008年3月20日，课题组前往拟调查的乡镇，落实了当地调查人员，并进行了调查前的其他组织准备工作；2008年4月7日至4月12日，在西安市环保局和周至县环保局的协助下，此次调查在四个乡镇同时展开。课题组成员包括教师和研究生共18人，并在当地聘请了将近60个调查员。

本次调查共发放农户问卷1484份，回收问卷1078份，应答率为72.6%，其中有效或部分有效问卷1074份；收集了乡镇问卷4份，社区问卷24份。此外，课题组对不同类型的农户、社区和乡镇干部等进行了个人访谈22人次和3次组访，获取了大量一手调查资料。

二　陕西安康市调查地概况、抽样方法与调查过程

（一）陕西省安康市概况

安康市位于陕西省东南部，北靠秦岭、南依巴山，下辖汉滨区、汉阴县、石泉县、宁陕县、紫阳县、岚皋县、平利县、镇坪县、旬阳县、白河县共 1 区 9 县，国土面积 2.35 万平方公里。2010 年 12 月，国务院发布了《全国主体功能区规划》，将安康列入了国家级限制开发的重点生态功能区。全市除汉滨区外其他 9 个县划为秦巴生物多样性生态功能区，是国家"两屏三带"生态安全战略格局的重要组成部分。全市 2.35 万平方公里的国土面积中，重点开发区域仅占 8.1%，限制开发区域占 84%，其余 7.9% 为禁止开发区域。境内有多个国家级及省级自然保护区，如牛背梁国家级自然保护区、化龙山国家级自然保护区等。

安康市处于丹江口水库上游，属于国家南水北调中线工程和引汉济渭工程的核心水源区。2014 年底南水北调中线工程正式通水，其中，70% 丹江口水库多年平均入库水量来自陕西的安康、汉中和商洛。同时，安康市也位于国家秦巴山区连片特困地区，安康 10 县区全部属于国家级秦巴山片区集中连片贫困区；10 县区中有 9 个国家级贫困县区、1 个省级贫困县。安康市在 2.35 万平方公里的国土面积中，25 度以上的土石山区占 92.5%，水土流失面积 1.3 万平方公里，地质灾害高发易发区面积 6173 平方公里，防灾、避灾、减灾任务艰巨，责任重大，每年因灾返贫率高达 15%。[①]

因此，陕西安康市是西部典型的生态脆弱与贫困集中的地区。2012 年 5 月，国务院批复了《秦巴山片区区域发展与扶贫攻坚规划（2011－2020 年）》，安康全市 10 县区全部纳入了规划范围；同年 9 月，国务院批复了《丹江口库区及上游地区经济社会发展规划》，全市 10 县区全部纳入了南水北调中线工程水源区的影响区。2014 年 3 月，国家发展和改革委员会、环境保护部发布了《关于做好国家主体功能区建设试点示范工作的通知》（发改规划〔2014〕538 号），安康市被列为陕西省的三个国家主体功能区建设试点示范市（县）之一（其他两个为周至县和志丹县）。陕西安康市作为位

---

① 安康市人民政府：《安康市国家主体功能区建设试点示范实施方案》，2014 年 7 月，第 11 页。

于限制开发区和重点生态功能区的西部典型城市，其发展受到了限制，需要兼顾生态保护和发展的双重需要。

近年来，安康市经济发展速度明显提升，安康生产总值从 2000 年的 74.8 亿元增至 2014 年的 689.44 亿元，人均生产总值从 2000 年的 2561 元增至 2014 年的 26117 元。①

安康产业结构正进一步优化。2014 年，安康的三次产业比重分别为 13.5%、55.1% 和 31.4%。其中，新型材料、富硒食品等六大支柱产业占总产值的 92.8%。第一产业占比从 2000 年的 30.43% 下降到 2014 年的 13.5%；第二产业占比从 2000 年的 27.13% 增长到 2014 年的 55.1%，第三产业占比则从 2000 年的 42.45% 下降到 2014 年的 31.4%。②

安康的贫困面积大。2014 年全国城镇居民人均可支配收入 28844 元，农村居民人均纯收入 9892 元。安康城镇居民人均可支配收入 25011 元，农村居民人均纯收入 7468 元③，分别是全国平均水平的 86.7% 和 75.5%。截至 2013 年末，安康市常住人口 263.76 万人，城镇化水平 41.0%，低于国家总体水平（53.7%），城市空间人口密度为 18284 人/平方公里。社会经济发展水平较高的区域主要集中在月河盆地和汉江沿岸，社会经济较不发达的区域集中于秦巴山区。

以下为安康市在生态保护、农村扶贫与发展方面一些重要的地区政策背景。

1. 移民搬迁工程

为从根本上解决陕南灾害与贫困、生态保护问题，2011 年 5 月，陕西省委、省政府决定启动陕南移民搬迁工程，计划用 10 年时间，把居住在中高山地质灾害易发区的 240 万山区群众搬迁转到安全、宜居、宜业的浅丘或川道地带，旨在彻底解决陕南地区长期以来的地质灾害问题，以使普通民众生活在安全便利的居住环境中，同时也从源头上解决生态保护面临的难题。陕南移民搬迁工程涉及 60 万户，240 万人。④

从整体上看，安康生态移民属于陕南地区移民搬迁安置工程的一部分，安康市移民搬迁总数为 20.6 万户，共 88 万人。安康各区县均有所涉及。实施生态移民搬迁的目标是实现搬迁群众搬得出、稳得住、能发展、可致富。

---

① ② ③ 安康市统计局编《安康统计年鉴（2015）》，中国统计出版社，2015。
④ 《陕南地区移民搬迁安置总体规划（2011-2020 年）》。

2. 环境保护和灾害防治工程

《安康市国民经济和社会发展第十二个五年规划》阐明了生态建设和环境保护的目标，如"坚持绿色、低碳、循环发展理念，以节能减排为重点，加快构建资源节约、环境友好的生产方式和消费模式，增强可持续发展能力，提高生态文明水平"等。该规划确定了十大环境保护和灾害防治重点工程，如退耕还林工程规划退耕还林 155 万亩，其中退耕地造林 65 万亩，宜林荒山荒地造林 40 万亩，封山育林 50 万亩；天然林保护工程规划宜林荒山荒地造林 135 万亩，中幼林抚育 200 万亩；垃圾、污水处理工程规划建成 10 县区垃圾处理场，日处理能力 1366 吨；建成江北污水处理和 9 县城污水处理工程，日处理能力 11.7 万吨。其他，如长江防护林工程、生物多样性保护工程、水土流失及易灾地区生态环境综合治理工程、山洪地质灾害防治工程、汉江绿化工程、节能工程等。

3. 农村扶贫政策概况

近年来安康市增加扶贫资金总量，实行不同形式的扶贫项目，片区开发与扶贫到户相结合，开发式扶贫与救济扶贫相结合，整合专项扶贫、行业扶贫和社会扶贫资源，实施了避灾扶贫搬迁、教育扶贫、产业扶贫、健康扶贫、保障扶贫和社会扶贫六大工程。

目前安康市实施的开发式扶贫项目包括扶贫移民搬迁项目、扶贫连片开发（如整村推进扶贫重点村建设、特困村建设）、产业扶贫（贷款贴息、贫困户生产发展项目、产业化扶贫项目、互助资金项目等）、贫困户能力建设项目（雨露计划培训项目、农民实用技术培训项目、农村贫困大学生助学项目等）、农业综合开发、新农村建设等。

2011 ~ 2014 年，安康市按每村 100 万元的专项扶贫资金投入标准实施整村推进连片开发 89 个片区 321 个项目村；累计投入小额到户扶贫贴息资金 15.5 亿元，建设扶贫互助资金协会 180 个，扶持龙头企业 57 个，园区 21 个，合作社 33 个，建设标准农田 11 万亩，实施扶贫雨露计划培训 3.4 万人，农业实用技术培训 32 万余人次，资助农村贫困家庭大学生 7000 人，有力地促进了贫困村发展和贫困群众增收，3 年减少贫困人口 21 万人。[①]

（二）抽样方法

西安交通大学人口与发展研究所 2011 年 11 月在陕西安康市组织了一次

---

① 安康市统计局编《安康统计年鉴（2014）》，中国统计出版社，2014。

大规模农户问卷调查。该调查是在安康市统计局以及各区县统计局的配合下，主要以安康市农村住户为调查对象，采用调查员入户调查的方式进行的。调查区域覆盖安康市的 5 个行政区县：汉滨区、石泉县、宁陕县、紫阳县和平利县。

该次调研抽样的过程如下：首先，根据课题组的研究目的选择 5 个调查区县。研究目的要求选择森林丰富的贫困山区、自然生态保护突出或生态政策实施较多的地区，以及要有较多移民搬迁户的地区。结合大量调查地资料和实地考察，课题组选择了宁陕、石泉、汉滨、紫阳和平利 5 个调查区县。其中，除平利县为陕西省省定扶贫开发重点县之外，汉滨区、宁陕县和紫阳县均是国家扶贫重点县，石泉县也于 2012 年纳入国家扶贫重点县。

其次，考虑到实际调查的可操作性，在 5 个调查区县内分别选择了 3 个调查镇。结合研究目的需要，在查阅大量调查地资料的基础上依据以下标准对调查镇进行选择，如选择那些有移民搬迁集中安置点的镇，或者森林丰富、生态服务功能突出的镇，或是实施了退耕还林工程的镇。

再次，在选定的调查乡镇内，选择有移民安置点的行政村 10 个，非集中安置点的一般行政村 15 个，共计 25 个调查村。5 个调查区县共有 10 个有移民集中安置点的行政村，确定为调查村。15 个非集中安置点的一般行政村的抽样过程是根据安康市统计局所提供的行政村名单，随机抽取了 12 个行政村；另根据课题组的特定研究需求，补充了 3 个实施退耕还林突出，或者实施了退耕还湿或者有其他生态补偿项目的行政村，共计 15 个一般行政村。

最后，对选定的有移民集中安置点的行政村和一般行政村按照要求分别进行农户抽样。

15 个非集中安置点的一般行政村样本农户的确定依据为：根据安康市统计局所提供的行政村小组名单，随机抽取村小组。在村小组整群抽样的基础上，形成村级工作表。总体上，确保了一般农村住户样本在村小组整群抽样的基础上，实现随机抽样。

综上，此次调查共涉及安康市 5 个调查区县，15 个调查乡镇，25 个调查村，计划收集 1500 个农户样本。15 个调查乡镇的地理位置见图 3 - 1。

（三）调查过程与数据收集

2011 年 11 月 27 日至 12 月 4 日，课题组成员在安康市一区四县的 15 个

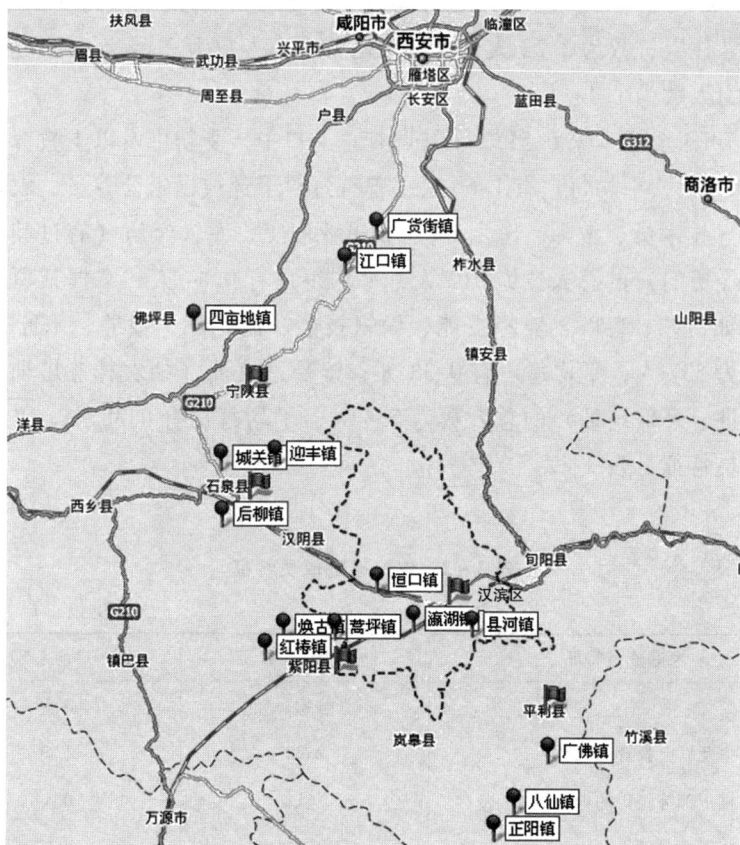

图 3 - 1　安康乡镇调查地的地理位置

乡镇 25 个村进行了为期 8 天的正式问卷调查。通过问卷回收、数据录入、数据清洗、数据修正与补救，本次安康地区农户生计与环境调查实际发放问卷 1570 份，回收数量 1410 份，问卷回收率为 89.8％，其中有效或部分有效问卷数量为 1404 份，问卷有效率为 99.6％。另发放乡镇问卷 15 份、村问卷 25 份，回收率和有效率皆为 100％。

本次调查的农户问卷见本书附录。

三　安康调查样本农户的基本情况

（一）被调查农户的家庭人口特征

调查收集的 1404 个农户样本中，合计总人口数为 5132 人，其中常住人口数为 4517 人。对于这 1404 户样本而言，家庭平均人口数为 3.66 人，家庭平均常住人口数为 3.22 人，家庭平均劳动力人数为 2.62 人，家庭平均男性劳动力人数为 1.44 人。

在 1404 个样本家庭 5132 个被调查总人口中，受初中及以上教育的总人数为 2328 人，平均每户有 1.66 人；曾有过村干部或国家公务员、农村智力劳动者（技术员、教师、医生等）、企事业职工、军人经历（有过其中一种或多种经历的）的总人数为 612 人，平均每户有 0.44 人；掌握某项手艺和技术（如厨艺、兽医、养蜂技能、编织技能、泥瓦匠、裁缝、木匠等）的总人数为 537 人，平均每户有 0.38 人；接受过培训（如农林业培训、外出务工培训、环保培训）的总人数为 534 人，平均每户有 0.38 人。以上这些家庭成员特征见表 3 - 2。

表 3 - 2　农户家庭成员特征

单位：户，人

家庭成员特征	户数/人数	户均人数
总户数	1404	3.66
受过初中及以上教育的人数	2328	1.66
曾有过村干部等经历的人数	612	0.44
掌握某项手艺和技术的人数	537	0.38
接受过培训的人数	534	0.38

（二）安康被调查农户的户主社会人口特征

户主通常是家中权力最高者，拥有对家庭重大事务的决策权。本次调查的户主基本特征包括：是否为常住人口、性别、年龄、民族、健康状况、文化程度、婚姻状况及政治面貌，具体情况见表 3 - 3。

（三）安康被调查农户的非农生计活动情况

1. 农户从事非农经营的情况

安康市所调查的样本农户涉及非农经营的仅占 11%。由图 3 - 2 可以看出，非农经营的农户中从事商业的比例最高，将近 30%，住宿餐饮和交通运输分别占 1/4 左右，从事农产品加工和汽车修理服务的农户较少，不到 10%。

表 3 - 3　户主基本特征

户主特征	样本情况统计				
是否常住人口	是	否			
人数（人）	1286	115			
比例（%）	91.8	8.2			
性别	男	女			
人数（人）	1244	157			
比例（%）	88.8	11.2			
年龄	40 岁及以下	41～50 岁	51～60 岁	61 岁及以上	
人数（人）	319	450	324	308	
比例（%）	22.7	32.2	23.1	22.0	
民族	汉族	少数民族			
人数（人）	1374	27			
比例（%）	98.1	1.9			
健康状况	好	一般	不好		
人数（人）	950	329	122		
比例（%）	67.8	23.5	8.7		
文化程度	文盲	小学	初中	高中	中专技校	大专及以上
人数（人）	235	601	470	87	5	3
比例（%）	16.8	42.9	33.5	6.2	0.4	0.2
婚姻状况	未婚	初婚	再婚	离异	丧偶
人数（人）	149	1008	40	56	148
比例（%）	10.6	71.9	2.9	4.0	10.6
政治面貌	中共党员	民主党派	共青团员	群众	
人数（人）	131	5	5	1185	
比例（%）	9.9	0.4	0.4	89.3	

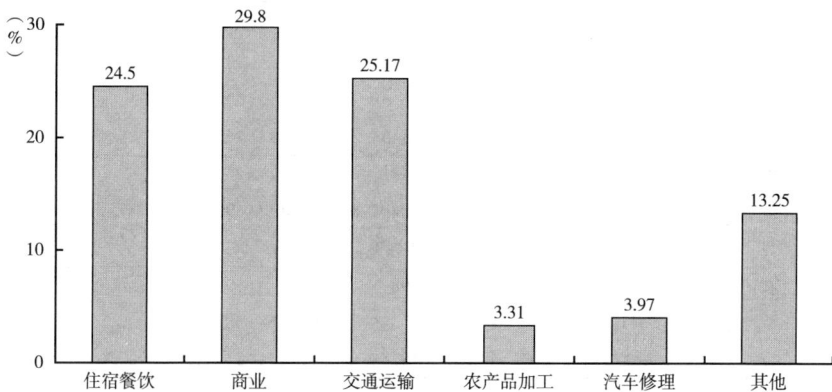

图 3 - 2　样本农户从事非农经营的类型

2. 农户打工情况与特征

从比较农户家庭层面的打工信息来看（见表3-4），超过一半的家庭有成员外出务工（约57%）；打工户的家庭规模显著大于非打工户。此外，对比劳动力数量可以发现，打工户的平均劳动力数量、男性劳动力数量均显著高于非打工户。

表3-4　打工家庭特征描述

家庭类型/特征	非打工户	打工户	t 检验
总户数（户）[占比（%）]	601（42.81）	803（57.19）	—
家庭平均人口（人）	3.08	4.09	***
家庭平均劳动力（个）	2.21	3.11	***
其中，男性劳动力（个）	1.22	1.70	***

注：*** 表示 $p < 0.001$。

表3-5显示了样本农户按照移民搬迁户、安置特征（集中安置或分散安置）、参与退耕还林情况分列的家庭打工情况。可以发现，搬迁户中有打工的比例（63.7%）高于非搬迁户有打工的比例（54.5%），而集中安置户中有打工的比例（69.1%）高于分散安置户有打工的比例（54.6%）。退耕还林户中有打工的比例（58.6%）略高于非退耕还林户有打工的比例（51.5%），从而初步可以看到政府政策对样本农户外出务工的影响。

表3-5　农户参与移民搬迁、参与退耕还林与打工情况

家庭特征/类型	总体	非打工户	打工户	LR 检验
是否搬迁户	1404	601	803	
是	408（100%）	148（36.3%）	260（63.7%）	***
否	996（100%）	453（45.5%）	543（54.5%）	
是否集中安置户#	408	148	260	
是	256（100%）	79（30.9%）	177（69.1%）	***
否	152（100%）	69（45.4%）	83（54.6%）	
是否退耕还林户	1397	598	799	
是	1123（100%）	465（41.4%）	658（58.6%）	*
否	274（100%）	133（48.5%）	141（51.5%）	

注：#早期陕南集中安置一般指安置户数在30户以上。

*** 表示 $p < 0.001$；* 表示 $p < 0.05$。

　　表3-6反映了按打工与非打工者分列的被调查样本的个人特征。可以看出，超过30%的劳动力有过打工经历，其中以男性劳动力为主，而女性打工的数量不足男性的一半，两者差异显著；从样本劳动力的婚姻状况来看，已婚者所占比例（71.56%）远高于未婚者（28.44%），但通过对比打工者和非打工者的婚姻状况发现，打工人群中已婚者所占比例（59.64%）显著低于非打工者中已婚者的比例（76.68%）。从打工者的年龄分布来看，样本中的打工者多集中在40岁以下，占总打工者的比例超过72.66%，其平均年龄（33岁）远低于非打工者的平均年龄（41岁）；从教育水平的分布来看，劳动力的平均受教育水平普遍较低，集中在初中水平（约41%），而对比打工者和非打工者的教育水平，初中以上文化程度的劳动者在打工群体中所占的比例显著高于非打工群体，显示了教育水平对个人进行外出务工决策的重要性。这一规律同样体现在打工人群在"手艺和技能"等特征的分布中。此外，在打工群体中接受过非农培训的劳动者的占比显著高于非打工群体，差异较为显著，而打工群体中接受过农业培训的劳动者所占比例却低于非打工者接受过农业培训的劳动者所占的比例，但差异不显著，这说明相关技能和培训对于外出务工能起到积极作用。

表3-6　打工者与非打工者的个人特征描述

个人特征　　家庭类型	总体	非打工者	打工者	LR/t检验
总人口数	(5132)	(3960)	(1172)	—
占比（%）	100	77.16	20.84	
总劳动力数	(3836)	(2684)	(1152)	—
占比（%）	100	69.97	30.03	
性别（劳动力）	(3836)	(2684)	(1152)	***
男性（%）	54.85	48.14	70.49	
婚姻（劳动力）	(3836)	(2684)	(1152)	***
已婚（%）	71.56	76.68	59.64	
年龄	(3836)	(2684)	(1152)	***
16~29岁（%）	31.23	25.82	43.84	
30~39岁（%）	19.86	16.02	28.82	
40~49岁（%）	23.72	25.86	18.75	
50~59岁（%）	16.84	20.86	7.47	
60+岁（%）	8.34	11.44	1.13	

个人特征＼家庭类型	总体	非打工者	打工者	LR/t 检验
平均年龄(岁)	38.76	41.21	33.07	***
教育水平	(3836)	(2684)	(1152)	***
文盲(%)	11.99	15.24	4.43	
小学(%)	32.77	34.65	28.39	
初中(%)	40.95	35.73	53.13	
高中及以上(%)	14.29	14.38	14.06	
手艺和技术	(3836)	(2684)	(1152)	***
无(%)	86.31	88.41	81.42	
政治面貌	(3836)	(2684)	(1152)	ns
党员或团员(%)	11.18	11.51	10.42	
农业培训	(3836)	(2684)	(1152)	ns
接受过(%)	4.17	4.51	3.39	
非农培训	(3836)	(2684)	(1152)	***
接受过(%)	9.41	6.59	15.97	

注：*** 表示 $p < 0.001$；ns 表示不显著；( ) 内为样本数；—表示数据不存在。

表 3 - 7 是以本地打工和外地打工分列的打工者特征描述。所谓本地打工是指在本镇以内打工，所谓外地打工是指在本镇以外的地方打工。可以看到，外地打工户的比例（81.09%）远高于本地打工户（18.91%）（其中有 3.86% 的农户家中既有成员在本地打工又有成员在外地打工，在此未列入统计）；从外出务工的人数来看，超过 80% 的人选择了去外地打工而非本乡镇；可以看出在外地打工者中矿工、工厂工人的比例较高，而本地打工者多以与建筑和服务业相关的工作为主；对比打工者日工资水平发现，外地打工者的工资水平（116.77 元/天）显著高于本地打工者（86.70 元/天）；从打工时间来看，外地打工者的年平均工作时间（9.13 个月）显著高于本地打工者（7.73 个月）；从打工者给家庭的年均汇款来看，外地打工者的汇款数量（3957 元/年）显著低于本地打工者（4456 元/年）。

表 3 - 7　本地与外地打工者特征描述

人口特征/打工类型	总体	本地打工者	外地打工者	LR/t 检验
总户数	(772)	(146)	(626)	—
占比(%)	100	18.91	81.09	
人数	(1172)	(219)	(953)	—
占比(%)	100	18.69	81.31	
目前职业	(1172)	(219)	(953)	***
与农业相关(%)	1.88	6.45	0.84	
矿工(%)	19.06	1.84	22.98	
建筑工人(%)	16.07	33.18	12.17	
工厂工人(%)	35.81	14.29	40.71	
服务人员及司机(%)	16.15	24.42	14.27	
其他(%)	11.03	19.82	9.02	
目前工资(元/天)	(1172)	(219)	(953)	***
	111.19	86.70	116.77	
平均每年打工时间(个月)	(1172)	(219)	(953)	***
	8.87	7.73	9.13	
年均汇款(元/年)	(1075)	(203)	(872)	*
	4051	4456	3957	

注： *** 表示 p < 0.001； * 表示 p < 0.05；（）内为样本数；—表示数据不存在。

第二节　西部山区农户生计活动模式研究
——以陕西安康市为例

本节首先研究农户的生计策略以及生计决策理论与模型。在此基础上，利用 2011 年安康山区农户调研数据，实证分析山区农户生计模式及特征，探究影响农户生计模式选择的关键因素。

一　农户生计策略与生计决策的相关理论研究

（一）生计策略及划分

生计策略一般是指人们为了实现一定的生计目标而对资产利用的配置和经营活动的选择，包括生产活动、投资策略、生育安排等。在制定农户生计策略时，人们考虑了脆弱性环境/背景的影响，以及从制度和组织的外部环境可能得到的支持或遇到的阻碍。因此，农户的生计策略是动态的，随着外部环境条件的变化而调整，改变着对资产利用的配置和经营活动种类、比例的构成。

关于生计策略的划分呈现出多样性。Ellis（2000）根据生计活动是否依赖自然资源将其归纳为两类，一类是建立在自然资源基础上的生计活动，包括采集、种植和养殖等；另一类是建立在非自然资源基础上的生计活动，如乡村贸易、农业服务业和农村加工制造业等。这些特定条件下的生计活动构成了生计策略的基本要素。从收入来源角度出发，Thomas 等（1995）把生计、贫困和环境联系起来进行考察，从收入策略角度，划分了非农策略、食物与燃料采集策略、种植业策略等。这些策略兼顾了投入要素（如劳动力或者资本密集）的影响，从而使得生计策略与环境的关系更加明了。农户的生计策略包括农业和非农两类，后者包括雇工策略（Wages）、自我雇用（Self-employment）和汇款（Remittances）等。这种分类方式也和特定的生计目标，如粮食安全、现金来源等联系在一起。从资产组合的角度看，由于农户的收入来源与生计活动是不可分割的，基于生计资产的生计活动也可以理解为资产的组合，这种组合支撑着农户达到一定的生计目标特别是反贫困方面的目标。与多样性的活动相对应，生计多样化被定义为，为生存与生活所构建的活动及社会支持能力的过程。多样化的构成内容和生计策略类似，一般可划分为农业、非农和汇款及其组合；也有按照时间标准分类的，如全职、兼职、季节等。生计多样化的研究具有一定的特殊性，按照多样化的产生，可以划分为"推""拉"两种分支（Ellis，1998）。总体而言，生计多样化的理论研究暗含了生计中的关键信息：资本、活动和能力，如 Perz（2005）提出的"多样化能力"，反映了农业和农村动态发展的微观基础。首先是农业多样化的发展，体现了农业生产率的进步；其次是结构多样化，专业化农户资源被用到与农业相关的非农生产和服务；最后是收入多样化，非专业农户资产被用到与农业无关的非农生产活动。这种多样化的演进机制，得益于农户在生计资本和能力方面的积累与相关活动的扩展。

而关于农户的投资决策研究集中在土地和人力资本投资两类。土地投资受到农户的投资动机、回报率、风险状况、投资能力及外部条件影响，围绕土地讨论水土保持和农业发展等问题；人力资本的投资与子女教育和家庭劳动力供给等联系在一起，我国学者对此也有较多专门研究。

总体来说，生计策略包括生产活动、投资策略、再生产选择等各方面的农户行为。在特定的研究目的下，可以根据收入来源和投入要素等标准进行划分，与其形成机制相关的重要生计策略包括各类资本的投入领域、投入数量及农户参与市场的状况。在中国的土地制度条件下，土地投入行为受到较大约束，农户的选择更加集中在劳动力供给与资本投入行为上，这两者更能反映我国农户的生计策略；同时，与一般情况类似，资本与市场对农户行为的影响也体现在生产供给与市场参与行为上。

（二）基于农户模型的生计决策分析

Barnum 和 Squire（1979）首先提出并经 Singh 等学者（1986）发展而成的新古典农户经济学理论中，农户是一个以追求家庭整体效用最大化为目标，由生产者、非农劳动者和消费者组成的特殊经济组织，其农业生产、非农劳动和消费需求之间存在着互为影响的联动关系，以致农民的农业劳动和非农劳动具有"不可分性"。Bowlus 等（2003）的研究证明了中国农户劳动力在农业劳动与非农劳动中存在明显的"不可分性"。农民劳动的"不可分性"理论将农户的农业生产和非农业生产问题纳入一个整体的分析框架。农业生产不仅影响农户的农业劳动投入，也影响农户在非农部门的劳动投入，农业劳动与非农劳动二者之间存在密切的联动关系。因此，农业劳动与非农劳动的比较报酬是影响农民就业行为的关键因素之一（陆文聪，2011）。

此外，个体劳动力的就业行为不仅取决于自身人力资本禀赋，还会受到家庭社会人口特征的影响。许多学者专门就人力资本和非农就业之间的关系进行了研究（李宪印等，2009；杨云彦，2008；等等）。同时，有很多研究结果表明，中国农村劳动力的就业决策以追求家庭收入最大化为直接目的。因此，家庭负担程度、家庭劳动力数量、家庭耕地经营规模、家庭收入水平等因素在很大程度上影响着农民个体的就业行为。如赵慧卿等（2006）从农户这一微观决策主体入手，考察了农户在从事农业、本地兼业和进城就业三种活动之间的理性决策过程及其主要的影响因素，有以下基本假设：

A. 农户拥有土地资源为 $Land$，人口数量为 N，其中经济活动人口为 N_a，其他人口如老人、儿童为 N_b。

B. 农户家庭的总效用函数是所有成员效用函数的某种形式的加总，取决于农户收入和闲暇时间。

C. 农业生产函数为 $F = F (Land, L, K)$，其中 L 为劳动投入，K 为资本投入。假设 L 与 K 呈线性关系，则农业收入函数可表示为 $f(L)$；农户本地兼业活动收入函数为 $g(L)$；农户进城就业收入函数为 $h(L) = \pi wL$，其中，π 是就业概率，描述进城就业的风险，w 为固定工资率。则农户生计决策机制表现为在面临劳动时间和收入双重约束的情况下实现家庭效用最大化。

$$\max_{Y,T} U(Y, T_e) \quad s.t. \quad T = T_f + T_g + T_h + T_e \qquad 式（3-1）$$

$$Y = Land[f(T_f) - C_f] + [g(T_g) - C_g] + [h(T_h) - C_h] \qquad 式（3-2）$$

其中，T_f、T_g、T_h、T_e 分别为农业、本地兼业、城市就业的劳动时间投入和闲暇时间。Y 是家庭净收入，决定了购买一般商品的能力。C_f、C_g、C_h 分别表示单位土地生产成本、兼业活动和进城就业的交易费用。理性选择的结果是农户从事各种活动的边际收益相同，从而确定最优的劳动时间分配。

首先，确定收入约束曲线和农户理性选择均衡点。收入约束曲线是三种收入曲线的组合，由三种生计活动相对边际收益的大小决定。假定一种情况：在劳动投入的最初阶段，农业生产较非农活动有着更高的边际收益 r_f，且随着投入的增加，递减的速度快于本地兼业活动，而进城就业边际收益 r_h 虽然较为稳定，但由于风险较大而小于初期本地兼业的边际收益 r_g，即劳动力投入初期 $r_f > r_g > r_h$。因此，收入约束曲线最初为农业收入曲线；当其边际收益递减等于兼业边际收益时，农户开始增加兼业活动，收入约束曲线转为农业收入和兼业收入组合；继续增加劳动投入，当兼业边际收益降低为进城就业的水平时，增加的劳动力就会选择从事进城就业活动，收入约束曲线为三种收入曲线的组合。结合表示农户效用的无差异曲线，确定其与收入约束曲线的切点，即为农户理性选择均衡点。

其次，构建时间分配模型。在农户家庭模型的基础上，Benjamin 和 Guoyomard（1994）提出了时间分配模型，家庭成员的时间分配包含农业劳动、非农劳动和闲暇时间。该模型假设某家庭有一男一女两个成员，则家庭关于闲暇时间和家庭收入的总效用函数为：

$$U(L_e^m, L_e^f, Y; E^m, E^f, H) \qquad 式（3-3）$$

其中，L_e^m、L_e^f 分别为男成员和女成员的闲暇时间，E^m、E^f 分别为他们的个体特征，Y 为家庭收入，H 为家庭特征。

$$s.t. \quad T^j = L_f^j + L_o^j + L_e^j \quad (j = m, f) \qquad \text{式}(3-4)$$

$$L_f^j \geq 0, L_o^j \geq 0, L_e^j \geq 0 \qquad \text{式}(3-5)$$

$$Y = \pi(p, v, L_f^m, L_f^f, E^m, E^f, H, A) + w_o^m L_o^m + w_o^f L_o^f + R \qquad \text{式}(3-6)$$

其中，T^j 表示家庭可供安排的总劳动时间，L_e^j、L_f^j、L_o^j（$j=m$，f）分别表示闲暇时间、农业和非农劳动时间，当 $j=m$ 时，表示男成员劳动时间分配，当 $j=f$ 时，表示女成员劳动时间分配。家庭收入 Y 由农业生产利润函数 π、非农劳动收入 $w_o L_o$ 和汇款 R 组成。利润函数取决于农业产出价格 p，可变投入价格 v，农业劳动时间 L_f，个体特征 E、家庭特征 H 和其他固定农业投入 A。非农收入受工资率 w_o 和非农劳动时间 L_o 的影响，且上标为 m 表示男成员的情况，如 w_o^m、E^m、L_o^m；上标为 f 表示女成员的情况，如 E^f、w_o^f、L_o^f（郑家喜等，2008）。

在此基础上，王军英等（2011）结合中国农村的实际情况，考虑到中国农村居民收入普遍较低，假定不存在闲暇时间，农户以家庭收入最大化为目标对家庭成员的总劳动时间在农业劳动与非农劳动之间建立了劳动时间分配模型：

$$Y = \sum_{i=0}^{n} \pi(L_{fi}, p, v, E_i, H, A) + \sum_{i=0}^{n} w_i L_{oi}(E_i, H) \quad (i = 0, 1, 2, \cdots, n) \quad \text{式}(3-7)$$

$$L_i = L_{fi} + L_{oi} \qquad \text{式}(3-8)$$

$$L_{fi} \geq 0, L_{oi} \geq 0 \qquad \text{式}(3-9)$$

其中，i 为第 i 个具有劳动能力的成员家，π 为家庭农业利润函数，L_{fi} 为农业劳动时间，L_{oi} 为非农劳动时间，p 为农业产出价格，w_i 为劳动力的工资率，v 为可变投入价格，E_i 为劳动力的个体特征，H 为家庭特征，A 为其他固定农业投入。

因此，农户生计活动的理性决策表现为劳动时间在农业与非农劳动之间进行分配，以达到农业生产的边际利润等于其非农就业的边际工资。这一过程及分配格局主要受到劳动力及农户自身禀赋和市场因素的影响，如我国的农村资本信用市场，劳动力市场和产品市场有着较多的约束，这种约束不仅仅体现在劳动力市场上的交易成本，也表现在失业风险、较高的资金成本等其他方面。因此，农户的生计策略，既是家庭成员对各类资本的组合配置，也是农户对市场约束的反应，对生计策略形成机制进行有效的解释需要在讨论生产要素投入或市场参与行为的同时考虑市场约束的差异。总之,农户模型需要考虑要素市场和产品市场的双重影响,并在此基础上考虑内生农户的资本禀赋及可及性的影响,才能体现出我国特定环境下农户的生计策略选择。

二 农户生计活动模式及影响因素研究

(一) 农户生计模式及特征

根据从事非农活动的程度将农户划分为三种生计模式,仅从事农业生产的纯农型农户、既从事农业生产又从事非农活动的兼业型农户、完全脱离农业生产仅从事非农活动的纯非农型农户。如表 3-8 所示,在 1356 个有效样本农户中,兼业为最主要的生计模式,占 59.66%,其次为纯农(34.07%),纯非农型农户仅占 6.27%。

表 3-8 农户生计模式

单位:户,%

生计模式	纯农型	兼业型	纯非农型	总体
户数	462	809	85	1356
比例	34.07	59.66	6.27	—

注:纯农是指农户仅从事农业生产,如农作物、林作物或养殖;纯非农是指农户仅从事非农活动,如非农经营、本地打工或外地打工;兼业是指农户既从事农业生产又从事非农活动。

表 3-9 和图 3-3 比较了三种生计模式的农户在家庭人口基本特征和主要生计资本状况方面的差异。在家庭特征方面,纯农型和兼业型农户户主为男性的占大多数(91%),而纯非农型农户男性户主的比例明显较低(67%);兼业型和纯非农型农户户主的平均年龄显著小于纯农型农户。搬迁户的比例也有显著差异,最高的为纯非农型(42%),其次为兼业型(32%)和纯农型(23%)。在生计资本方面,从事农业生产的纯农型和兼业型农户的自然资本水平(耕地和林地面积)均明显更高;而从事非农活动的兼业型和纯非农型农户在人力资本方面更有优势,家庭规模、劳动力、家庭教育水平以及掌握手艺和技术的状况均显著好于纯农型农户,且他们的住房面积及房屋价值也相对较大,有银行存款和贷款的比例也相对较高,通信费用明显最高。就地理位置来说,纯非农型农户村上距乡镇的距离最短,其次是兼业型,最远的为纯农型农户。

表 3 - 9 不同生计模式农户家庭人口及生计特征

生计模式	纯农型	兼业型	纯非农型	ANOVA	总体
男性户主比例	0.91	0.91	0.67	***	0.90
户主平均年龄(岁)	53.47	48.26	50.07	***	50.15
是否搬迁	0.23	0.32	0.42	***	0.29
耕地面积(亩)	4.43	4.14	0.74	***	4.03
林地面积(亩)	31.87	37.01	15.84	*	33.95
家庭规模(人)	3.03	4.12	3.62	***	3.72
家庭劳动力数量(个)	2.07	3.04	2.41	***	2.67
家庭最高教育年限(年)	7.47	9.58	9.99	***	8.89
家庭受初中及以上教育的人数(人)	1.16	1.96	2.02	***	1.69
家庭有手艺和技术的人数(人)	0.21	0.49	0.51	***	0.40
家庭住房面积(m²)	115.65	137.04	129.33	***	129.27
是否有银行存款	0.22	0.28	0.24	+	0.25
有无银行贷款	0.19	0.33	0.23	***	0.28
上月通信费用(元)	83.40	131.38	165.69	***	117.18
人均纯收入(元)	4933.05	6567.49	6356.47	***	5997.40
家庭总纯收入(元)	13688.11	25272.40	21748.32	***	21104.63
贫困发生率(%)	0.45	0.26	0.39	***	0.33
村上距乡镇的距离(里)	10.48	9.51	4.85	na	9.56

注：***、*、+分别表示在 0.1%、5%、10% 的置信水平下显著，na 表示不显著。

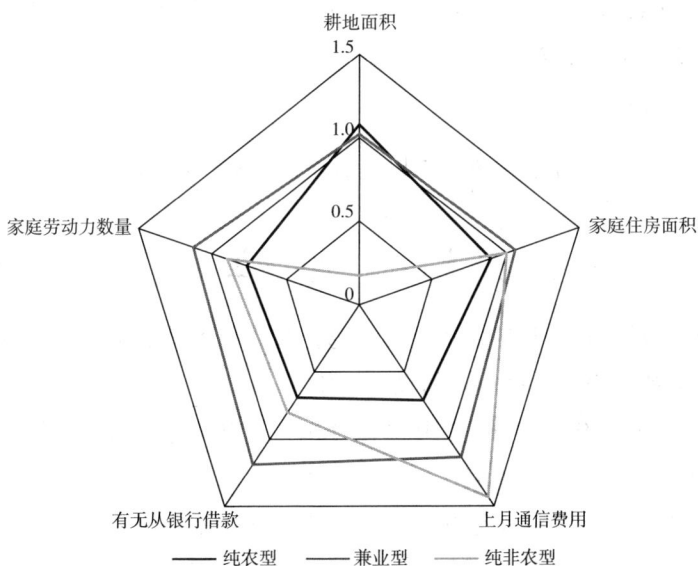

图 3 - 3 三种生计模式农户五大生计资本主要指标的比较

可见，在三类生计模式农户中，兼业型生计状况最好，各项生计资本均处于相对较高的水平，相应的家庭总纯收入和人均纯收入水平也最高，贫困发生率最低；纯非农型农户除自然资本以外的其他生计资本也均占有优势，且收入水平仅次于兼业型农户；而纯农型农户除了自然资本外生计状况整体处于较低的水平。

（二）农户生计模式选择的影响因素分析

以往学者对农户兼业经营行为的研究一般会涉及如年龄、性别、受教育水平、家庭规模、劳动力、资产水平等内部因素和农户所在的区位经济条件、非农产业发展状况等外部环境因素两个方面。因此，为探究影响农户在三种生计模式之间选择的因素，以下综合以往研究设计解释变量，以兼业型农户为参照组建立多项 Logistic 模型，纯农型和纯非农型分别与其相比，见式（3 – 10）、式（3 – 11）。

$$logit\left[\frac{p(y=1)}{p(y=2)}\right] = ln\left[\frac{p(y=1)}{1-p(y=1)-p(y=3)}\right] = \alpha_1 + \sum_{i=1}^{12}\beta_{1i}x_i \qquad 式（3-10）$$

$$logit\left[\frac{p(y=3)}{p(y=2)}\right] = ln\left[\frac{p(y=3)}{1-p(y=1)-p(y=3)}\right] = \alpha_2 + \sum_{i=1}^{12}\beta_{2}x_i \qquad 式（3-11）$$

其中，y 为因变量，反映农户生计模式的选择，1 = 纯农型，2 = 兼业型，3 = 纯非农型；x 表示反映家庭人口特征、生计资本因素和外部因素的自变量；β 为待估计参数。

风险比为：

$$RRR_1 = \frac{p(y=1)}{p(y=2)} = exp(\alpha_1 + \sum_{i=1}^{12}\beta_{1i}x_i) \qquad 式（3-12）$$

$$RRR_2 = \frac{p(y=3)}{p(y=2)} = exp(\alpha_2 + \sum_{i=1}^{12}\beta_{2i}x_i) \qquad 式（3-13）$$

RRR_1 表示农户选择纯农的概率与选择兼业的概率之比，RRR_2 表示农户选择纯非农的概率与选择兼业的概率之比。

运用 Stata10.0 软件对安康山区 1307 个有效农户样本进行了多项 Logistic 回归，估计结果见表 3 – 10。总体上，两个模型拟合效果良好，家庭人口特征和生计资本状况对农户生计模式选择基本有显著作用，但相对于选择兼业，农户选择纯农或选择纯非农的影响因素有所不同。具体分析如下。

表 3 – 10　多项 Logistic 模型估计结果

解释变量	模型一（纯农对兼业）		模型二（纯非农对兼业）	
	RRR_1	Z	RRR_2	Z
户主性别	1.06(0.25)	0.26	0.43(0.14) *	– 2.55
户主年龄	1.03(0.01) ***	4.50	1.02(0.01) +	1.85
是否为搬迁户	0.88(0.14)	– 0.77	1.00(0.29)	– 0.01
户耕地面积	1.03(0.02) +	1.69	0.46(0.05) ***	– 6.64
家庭劳动力数量	0.61(0.04) ***	– 7.32	0.59(0.08) ***	– 3.89
最高教育年限	0.93(0.02) **	– 2.82	1.09(0.06) +	1.71
全家有手艺和技术的人数	0.76(0.08) *	– 2.56	1.03(0.18)	0.18
住房价值等级	1.02(0.11)	0.19	1.77(0.30) **	3.41
银行是否有存款	0.81(0.13)	– 1.31	0.61(0.20)	– 1.50
家庭上月通信费用	1.00(0.00)	– 0.90	1.00(0.00)	0.52
是否有银行贷款	0.75(0.12) +	– 1.80	0.53(0.17) +	– 1.92
村上距乡镇距离	1.00(0.01)	0.15	0.98(0.02)	– 1.12
预测概率	33.36%		5.90%	
Log likelihood	– 900.48275			
LR chi² (24)	383.91 ***			
Pseudo R²	0.1757			
样本数	1307			

注：括号内为标准误。 *** 、 ** 、 * 、 + 分别表示 $p < 0.001$ 、 $p < 0.01$ 、 $p < 0.05$ 、 $p < 0.1$ 。

首先，家庭劳动力数量在两个模型中均有显著作用，且方向相同。农户家庭劳动力数量越多，不管是相对纯农还是纯非农型生计模式，农户选择兼业的概率会更高，即每增加一个劳动力，农户相对于兼业会选择纯农的概率就降低39%，选择纯非农的概率降低41%。

其次，相对于兼业型生计模式，农户会选择纯农的概率主要受户主年龄、最高教育年限、全家有手艺和技术人数的影响（模型一），即户主越年轻，家庭最高教育年限越高，掌握手艺和技术的人越多，农户相对于兼业选择纯农的可能性就越低。户主年龄每增加一岁，农户相对于兼业选择纯农的概率就会增加3%；最高教育年限每多一年，该概率就会降低7%；每增加一个有手艺和技术的成员，农户相对于兼业选择纯农的可能性就降低24%。

再次，相对于兼业型生计模式，农户选择纯非农的概率主要受户主性别、户耕地面积、住房价值等级的影响（模型二）。户主为男性、户耕地面积越大、房屋价值等级越低，农户相对于兼业选择纯非农的可能性就越小。男性户主家庭相对于兼业选择纯非农的概率比女性户主家庭低57%；户耕地面积每增加一亩，该概率就降低54%；房屋价值每增加一个等级，农户选择纯非农的可能性就增加77%。

最后，用该模型对农户生计模式选择进行预测得出，总体样本选择兼业的平均概率最高，为60.74%（1-33.36%-5.9%），其次为选择纯农的平均概率，为33.36%，选择纯非农的概率仅为5.90%。

综上，农户生计模式的选择会受到家庭人口特征和生计状况的影响，且随着从事非农活动程度的增加，影响因素也在发生变化。由纯农业转为兼业更受年龄、教育、家庭成员手艺和技术等因素的影响，而由兼业彻底转为纯非农生计，则更关注户主性别、自然资本和物质资本状况，但不管哪种转换均会受家庭劳动力数量的约束。

第三节　西部山区农户多维贫困测量

一　引言

我国政府对农村扶贫工作十分重视。贫困线确定和贫困测量方法是扶贫开发的基础。各级政府的扶贫政策和项目需要准确地甄别贫困对象，只有精确地瞄准穷人，才能提升项目的瞄准效率和实施效果。当前我国政府对贫困对象的识别依然采用收入贫困线，以此确定需要救助的贫困农户。中央政府为了加快推进农村的扶贫开发工作，提高贫困地区的经济文化水平，于2011年11月出台了新的国家扶贫标准（农民年人均纯收入2300元），将全国贫困人口数量和覆盖范围扩大到1.28亿人。

从我国西部山区农村当前的实际情况来看，经济飞速增长和收入分配差距促使贫困人口大幅减少，同时相对贫困的问题也凸显端倪，如农村居民主观感知的教育、健康和卫生等公共服务设施相对收入水平愈加重要。这种情形下，单从收入维度来理解和测量农户家庭的贫困情况就是片面和失准的，现实情况是农户更加渴求饮用水、通电、道路、教育和卫生等公共服务和基础设施的完善和提高（庄天慧等，2011）。因此，中央和地方政府要想有针对性地帮助贫困户，必须从多个角度对西部山区农户的贫困状况进行评估和测量。

陕西安康市属于秦巴山连片特困区，本章采用 Alkire 和 Foster（2008，2011）的多维贫困测量方法，利用西安交通大学课题组 2011 年安康农村入户调查数据，使用信息量丰富的微观一手农户调查数据，对调查区域进行农户家庭的多维贫困测量。此外，也尝试从家庭结构视角对多维贫困指数展开分解，为政府相关政策制定提供依据。

二　多维贫困理论与研究综述

一直以来，贫困作为一个多维概念被忽视，直到森提出重新定义贫困的"多维贫困理论"。森把贫困视为人的基本可行能力的被剥夺和权力的丧失，而不仅仅是收入水平低下。这种定义贫困的方法被称为能力方法（The Capability Approach）。"多维贫困理论"的核心观点在于，个体贫困不仅仅是收入的贫困，也包括饮用水、道路、卫生设施等其他客观指标的贫困和对福利的主观感受的贫困。

随着多维贫困概念的演进，人们逐渐认识到采用单一的以收入为货币标准来衡量贫困的方法越来越没有说服力，其有以下局限。第一，某些维度的贫困，比如饮用水、通电、道路和卫生等公共服务和基础设施的缺乏，并不能依靠提高收入水平去获得和改善；第二，收入作为一种生存手段不应被过多关注，相反我们应该更注重对生活质量、教育和健康等结果的评估，例如考察是否接受过高等教育和身体健康状况等；第三，收入维度方面的贫困信息比较单一。因此在分析收入维度的贫困之外，从多个维度去识别和瞄准贫困户的方法已经被广泛接受。

联合国千年发展目标认为，收入并非衡量贫困的唯一标准，贫困应该表现为福利的缺失。[①] 福利是个多维概念，相应地对贫困的理解和测量应从多个维度去识别和瞄准。自 1997 年建立人类贫困指数（Human Poverty Index，HPI）以来，联合国一直致力于该指数的开发和完善。人类贫困指数包括衡量生存、知识和拥有尊严而且体面的生活这三个指标，具体表现为：①预期寿命在四十岁以下（包括四十岁）的个体占全部人口的比例；②成年个体的

---

① UNDP, *Human Development Report 1997*, http：//hdr. undp. org, 1997.

不识字率；③不能获得医疗服务的人口比例、不能享有安全饮用水的人口比例和 5 岁以下儿童营养不良的人口比例。2011 年，多维贫困指数（Multidimensional Poverty Index，MPI）首次替代人类贫困指数出现在联合国人类发展报告中。与 HPI 由国家宏观层面数据汇总而得所不同的是，MPI 可以从微观层面（如农户个体或家庭）来测度，不仅能反映贫困剥夺的发生率，也能反映贫困剥夺的深度，能够进行多方面的分解（譬如年龄、性别、地区和维度等方面），从而了解贫困的相对构成比例。

越来越多的研究表明，对贫困的认识、测度和治理要超越单一的收入维度，而如何对多维贫困指数进行测度、加总和分解成为目前研究多维贫困的热点。[①] Bourguignon 和 Chakravarty（2003）首次使用贫困度量的公理性推导方法，通过可加贫困和不可加贫困将贫困的不同维度区别开来，解决了不同维度之间的替代性和内在相关性的问题。之后学术界开始使用不同种类的多维度贫困指数，在不同地域展开研究。根据满足相关贫困公理情况、指标维度与计算方法等的不同，常见的多维贫困指数有 H－M、HPI、Ch－M、F－M 和 W－M 指数等。如 Deutsch 和 Silber（2005）使用基于公理方法的 Ch－M 和 F－M 多维度贫困指数测算了以色列 1995 年的多维度贫困状况，Chakravarty、Deutsch 和 Silber（2005）将 Watts（1968）单维度贫困指数扩展为 Watts 多维度贫困指数，并使用世界各国的截面数据测算了 1993 年和 2002 年世界多维度贫困。[②] 尽管以上研究使用不同的多维贫困指数对全球不同区域进行了测算，但这些指数未能对贫困深度和强度进行清晰的说明，而且国际数据大多数情况下难以适合中国情境。

2008 年，Alkire 和 Foster 提出了多维贫困识别、加总和分解的方法。该方法克服了 FGT[③] 方法对贫困分布和剥夺的深度和强度都不敏感的缺点，满足了各个维度的单调性、可分解性，并能对多个方面进行分解。由于其对贫困深度和强度有非常直接的解释，因而在多维贫困测度中得到了广泛应用。

我国学者对多维贫困测度也开展了相关研究。尚卫平和姚智谋（2005）

---

① 张建华、陈立中：《总量贫困测度研究述评》，《经济学季刊》2006 年第 3 期。
② 陈立中：《转型时期我国多维度贫困测算及其分解》，《经济评论》2008 年第 5 期。
③ FGT 方法是在识别各维度被剥夺之后，对维度加总得到多维综合指数。加总方法是按人头计算的多维贫困发生率（H）：$H = H（y, z）$；$H = q/n$，其中，q 是在 Z_k 之下的贫困个体数（即同时存在 k 个维度贫困的个体数）。

初步分析了多维贫困程度测度指标的性质和具体表现形式，利用联合国开发计划署（UNDP）发布的数据比较分析了不同国家间的贫困程度。这是国内研究多维贫困最早的文献。张建华和陈立中（2006）系统地评述了有关总量贫困测度的研究，讨论了基于公理方法、福利方法的贫困测度和多维度的贫困测度这三种总量贫困测度的方法，分析了各种贫困指数的构造、优缺点和适用性等。陈立中（2008）首次采用 Walt 多维贫困指数研究我国贫困状况。该指数能反映收入分布的敏感性和可分解性，而且计算简单明朗并具备优良的理论性质。研究结果表明，1990～2003 年我国多维度贫困出现大幅度下降，其中收入贫困下降最多，健康贫困下降最少。

王小林和 Alkire（2009）采用 Alkire 和 Foster（2008）的方法对中国农村和城市家庭的多维贫困状况进行了测量，发现中国城市和农村家庭均存在收入之外的多维贫困。邹薇和方迎风（2011）对中国贫困状况的动态变化进行了多维考察，结果发现相对于单一的收入贫困，多维贫困程度波动性更大，贫困人口应对外部冲击的脆弱性更加明显。郭建宇和吴国宝（2012）利用 2009 年山西省贫困县的住户数据，通过调整多维贫困测量指标、指标取值和权重，表明调整后多维贫困指数值变化非常大。高艳云（2012）对 2000～2009 年中国城乡多维贫困进行了测度、分解及分析，认为总体上城乡贫困程度有所减轻，农村贫困严重于城市，应重视医疗健康保险、卫生设施、做饭燃料等维度上的贫困。方迎风（2012）采用 2006 年的调查数据，使用模糊集法中的 TFR 方法构造多维贫困指数用以反映中国的贫困状况。

通过对以往国内文献的研究回顾，发现学者们对城市和农村的多维贫困状况、城乡之间的比较进行了较多测量和评估（王小林等，2009；高艳云，2012），大多使用中国健康与营养调查、国家统计局的贫困监测调查数据，采用微观一手农村入户调查数据测量西部山区农户贫困状况的文献还很少。

三　数据来源及贫困各维度临界值的设定

（一）数据来源

这里采用的数据源于前述西安交通大学人口与发展研究所 2011 年 11 月底在安康所开展的农户生计调查。2011 年安康市被调查农户的人均纯收入为 5930.78 元。依据国家统计局《2011 年中国农村住户调查年鉴》对于人均纯收入五等分组的划分方法，低收入组农户的人均纯收入为 771.19 元，远远低于新的国家贫困线 2300 元,而中等偏下组农户的人均纯收入同样低于国家贫困线,为 2084.16 元,高收入组农户的人均纯收入达到 17051.17 元。从低收入组的人均纯收入水平来看,距离国家贫困线较远,收入贫困的状况非常严重,并且贫富差距悬殊。

（二）每一维度剥夺临界值的定义

在构造多维贫困指数时,维度的选择至关重要。在不同的地域、文化特征和消费习惯下,需要选择合适的维度来测量当地的贫困状况。在多维贫困的维度选择中,本书参照联合国千年发展目标中提出的各项计划以及联合国人类发展报告中 MPI（多维贫困指数）的构造,同时兼顾数据的可获取性及数据质量和安康地区的实际情况,最终确定了贫困的 3 个维度（教育、健康和生活质量）和相应的 7 个测量指标。教育维度采用家庭成员受教育程度这一指标;健康维度使用对自身的健康评价这一指标;生活质量维度包括土地、住房、生活燃料、家庭资产和脆弱性 5 个指标。

这里每一维度的剥夺临界值是多维贫困测量中用以划定一个家庭是否贫困的标准,当一个家庭在某一指标上达到该临界值时,就认为其在这个方面属于贫困家庭,赋值为 1,否则赋值为 0。多维贫困的维度、剥夺临界值见表 3-11。其中,人均耕地面积少于 1 亩借鉴王小林和 Alkire（2009）的文章。根据安康农户调查样本情况和课题组以往的研究①,脆弱性剥夺临界值具体体现为 2011 年家庭农林业因灾损失超过 1000 元这一现象。

表 3-11 农户多维贫困的维度、指标及剥夺临界值

维度	指标	剥夺临界值
教育	受教育程度	所有家庭成员中最高受教育程度为小学,赋值为 1
健康	健康状况	家中至少有一名成员身体健康状况不好,赋值为 1
生活质量	土地	人均耕地面积少于 1 亩,赋值为 1
	住房	住房结构为土木结构,赋值为 1
	生活燃料	家庭仅以薪柴作为做饭、取暖的生活燃料,赋值为 1
	家庭资产	家中没有挖掘机、铲车、机动三轮、拖拉机、摩托车、汽车、水泵、电视、冰箱/柜、洗衣机或者电脑中的任何一种资产,赋值为 1
	脆弱性	2011 年家庭农林业因灾损失超过 1000 元,赋值为 1

---

① 黎洁、邰秀军:《西部山区农户贫困脆弱性的影响因素:基于分层模型的实证研究》,《当代经济科学》2009 年第 5 期。

四　多维贫困指数测算与分解

（一）　本研究多维贫困指数的计算公式

Alkire 和 Foster 的多维贫困测量方法，首先是选择各个维度的贫困线，用以确定个体在每一维度下的贫困状况，再选择每一维度贫困的临界值，将一个或者多个维度处于贫困状态的个体确定为贫困者。测算多维贫困指数（M_0）的基本思路是对每一个维度定义一个贫困标准，然后根据这一标准来识别个体或家庭是否属于该维度上的贫困，最后再进行加总。在对贫困进行界定时，由于考虑的维度比较多，因此就需要分维度界定每个个体或家庭是否贫困，然后再在此基础上进行加总。本书基于 Alkire 和 Foster（2008，2011）提出的多维贫困测量方法，对安康农户的多维贫困指数进行理解和测算。

多维贫困指数（M_0）取决于给定维度剥夺临界值下的贫困发生率（H）和贫困剥夺程度（A），综合反映了个体或家庭的能力被剥夺情况。计算方式如下：贫困发生率（H）为多维贫困农户家庭人口占总人口的比例，贫困剥夺程度（A）为多维贫困农户家庭平均被剥夺的维度数与总维度数 d 的比值，这两个指标的乘积就是多维贫困指数值。具体计算公式为：

$$H = q/n \qquad\qquad 式（3-14）$$

$$A = \sum_{i=1}^{n} c_i(k)/qd \qquad\qquad 式（3-15）$$

$$M_0 = \sum_{i=1}^{n} c_i(k)/nd \qquad\qquad 式（3-16）$$

其中，n 为研究对象的总人口数量，q 为维度贫困线为 k 时的多维贫困人口数量，$c_i(k)$ 为在 k 个维度下界定为贫困的第 i 个个体或家庭被剥夺维度数的总和。在对维度进行加总时，需要考虑各维度下指标的权重，这里采用相等权重，即教育、健康和生活质量维度中 5 个指标的权重全部相同，为 1/7。

（二）　单维贫困测量结果

根据表 3-11 所设定的各个指标的贫困线，安康各区县农户单维贫困发生率见表 3-12。可以看出，在各维度的贫困中比较突出的是：48.15% 的农户人均耕地面积不足 1 亩，45.61% 的农户住在土木结构的房屋中，37.02% 的农户仅以薪柴作为做饭、取暖的生活燃料，无法使用清洁能源，28.42% 的农户家庭所有成员中最高受教育程度为小学，21.30% 的农户家庭中至少有一名成员身体健康状况不好。

此外，安康各区县在各个指标上的贫困发生率存在明显差异。宁陕县是所有区县中农户土地指标被剥夺程度最为严重的，贫困发生率达到81.15%，但其遭受自然灾害损失的程度最低；紫阳县农户的住房结构为土木结构的比例最高；石泉县农户生活燃料指标被剥夺的程度最高，贫困发生率为67.01%，而平利县是最低的；汉滨区农户的教育指标被剥夺的程度最低，贫困发生率仅为15.75%。显然，位于市区的汉滨区自身的教育环境好，收入水平高，因此有能力接受良好教育的农户群体多，而平利县的经济实力比较好，农户使用生活燃料的类型呈现多样化。

表 3-12　分区县农户单维贫困发生率

单位：%

指标	汉滨区	石泉县	宁陕县	紫阳县	平利县	平均
受教育程度	15.75	33.78	16.80	31.73	38.99	28.42
健康状况	17.32	12.04	15.98	22.88	35.12	21.30
土地	61.42	38.46	81.15	19.56	45.83	48.15
住房	18.18	44.63	43.51	64.07	53.94	45.61
生活燃料	42.62	67.01	37.13	35.96	7.01	37.02
家庭资产	4.72	9.03	4.10	12.55	14.29	9.33
脆弱性	4.35	3.68	0.41	9.96	1.79	3.99

（三）多维贫困测量结果

对多维贫困指数进行测算时，关键是对维度 k 的选择。下面利用安康四县一区 2011 年的农村入户调查数据，依照前面提到的多维贫困测量方法，在各指标等权重的情况下，当 k 的取值为 1、2、3、4、5 时，计算贫困发生率（H）、贫困剥夺程度（A）和多维贫困指数（M_0），以此估算安康地区的多维贫困结果（见表 3-13）。当 $k=1$ 时，也即考虑 7 个维度中任一维度的贫困，安康农户的贫困发生率（H）为 91.2%，贫困剥夺程度（A）为54.8%，多维贫困指数（M_0）为 0.500；而当考虑 3 个维度的贫困时，也即 $k=3$ 时，安康农户的贫困发生率（H）为 28.8%，贫困剥夺程度（A）为68.6%，多维贫困指数（M_0）为 0.198。可以看出，当 k 的取值越来越大时，贫困发生率和多维贫困指数都急剧下滑，而贫困剥夺程度却在大幅增加。

表 3 – 13   贫困发生率、贫困剥夺程度以及多维贫困指数

k	贫困发生率(H,%)	贫困剥夺程度(A,%)	多维贫困指数(M_0)
1	91.2	54.8	0.500
2	60.2	61.4	0.369
3	28.8	68.6	0.198
4	9.5	77.8	0.074
5	2.4	81.3	0.020

（四）多维贫困指数分解

通过对多维贫困指数指标和根据家庭结构类型进行分解，我们可以更加清晰地看出其在各指标和不同家庭结构类型之间的分布情况。

1．指标分解

表 3 – 14 的结果显示，k 取值不同时相应的多维贫困指数（M_0）和 3 个维度 7 个指标的贡献率也不同。例如，k 取值为 3 时，把 7 个指标当中同时存在任意 3 个贫困指标的农户视为贫困家庭。这里我们之所以选用 $k = 3$ 为例，不仅因为与现实生活中的实际情况吻合，而且其数值的大小更利于精确地分解。

表 3 – 14   安康多维贫困指数 （M_0） 以及各指标的贡献率

k	M_0	受教育程度（%）	健康状况（%）	生活质量（%）				
				土地	住房	生活燃料	家庭资产	脆弱性
1	0.500	4.83	8.05	50.80	19.77	14.25	0.23	2.07
2	0.369	12.70	10.43	28.80	25.17	19.73	1.93	1.25
3	0.198	19.63	12.35	16.05	24.81	20.00	5.19	1.98
4	0.074	18.25	12.00	13.25	23.25	18.75	11.50	3.00
5	0.020	20.00	13.33	10.67	18.67	19.33	14.00	4.00

表 3 – 14 的分解结果表明，在 3 个维度的贫困测量中，多维贫困指数（M_0）为 0.198。其中，在生活质量维度中，导致安康农户生活质量贫困的主要原因是土地、住房和生活燃料。住房贫困最为严重，对多维贫困的贡献最大，为 24.81%；其次是生活燃料贫困和教育贫困，它们对多维贫困的贡献率分别为 20.00% 和 19.63%；土地贫困的贡献份额为 16.05%。

可见，随着贫困维度的增加，同时存在多个维度的贫困农户中，每个维度的贡献率相对于 k 值较小的低维度情况更加平均。换句话说，k 值越大，相对贫困的农户家庭中，所考察的每一维度越会在一定程度的贫困现象和指标剥夺。

2. 家庭结构类型分解

为识别不同家庭结构农户的贫困状况，这里将农户样本分为六种类型：H1（老年人、成年人和孩子）；H2（成年人和老年人）；H3（成年人和孩子）；H4（老年人和孩子）；H5（仅成年人）；H6（仅老年人）。通过对多维贫困指数按照家庭结构类型因素进行分解，可以计算得到不同 k 值下安康市家庭结构类型的多维贫困指数和其对多维贫困指数的贡献率，同时能从中发现不同结构类型的特征。

根据表 3 - 15，家庭结构的分解结果表明，当 k 取值为 3 时，安康市农户家庭的多维贫困指数为 0.198，其中 H6 是所有家庭结构类型当中多维贫困状况最为严重的一种；H2 次之，多维贫困指数为 0.241；H3 的多维贫困指数最低，为 0.116。另外，其他两种类型的多维贫困指数也比较高。

表 3 - 15　安康多维贫困指数（M_0）以及不同家庭结构类型的贡献率

k	M_0						贡献率（%）				
	平均	H1	H2	H3	H5	H6	H1	H2	H3	H5	H6
1	0.500	0.435	0.746	0.635	0.825	0.714	11.52	16.36	30.65	39.63	1.84
2	0.369	0.309	0.530	0.435	0.477	0.652	13.15	17.46	27.44	38.10	3.85
3	0.198	0.144	0.241	0.116	0.209	0.504	9.67	21.93	21.56	37.55	9.29
4	0.074	0.046	0.075	0.019	0.067	0.261	11.00	20.00	9.00	43.00	17.00
5	0.020	0.004	0.021	0.006	0.014	0.063	3.33	26.67	16.67	36.67	16.67

注：1404 户样本农户中，H4 仅有 2 户，因此只对其他五种类型进行分析。

不同家庭结构类型对安康市多维贫困指数的贡献率方面，以 $k = 3$ 为例，H5 对安康市多维贫困指数的贡献率最高，可以解释安康市多维贫困指数的 37.55%；H2 次之，贡献为 21.93%，即解释了安康多维贫困指数的 21.93%；H6 的贡献率为 9.29%。以 $k = 5$ 为例，H5 对安康市多维贫困指数的贡献率最高，为 36.67%；H2 对安康市多维贫困指数的贡献率为

26.67%。分解结果可以表明，当考虑的贫困维度越来越多时，H6 的贫困状况越来越严重，H1 的贡献率越来越低，贫困程度减轻。

五　结论与建议

多维度贫困测算可以提供准确可靠的信息，从而帮助政策制定者更细致地辨识贫困农户的状态和特征，提高反贫困政策的瞄准效率。本书利用西安交通大学课题组 2011 年安康农村入户调查数据，基于 Alkire 和 Foster（2008，2011）的多维贫困测量方法，对样本调查区域进行了农户家庭的多维贫困测量。研究结果表明：

（1）依照 Alkire 和 Foster（2008，2011）的多维贫困测量方法，在各指标等权重的情况下，安康市农户家庭存在收入维度之外的多维贫困现象。测量的 7 个指标当中，28.8% 的农户家庭同时存在任意 3 个维度的贫困。

（2）在 3 个维度的贫困测量中，多维贫困指数（M_0）为 0.198。住房贫困最为严重，对多维贫困的贡献最大，其次是生活燃料贫困和教育贫困，再次是土地贫困。

（3）从家庭结构视角对多维贫困指数的分解表明，当 $k = 3$ 时，家中仅有老年人的农户多维贫困状况最为严重，由成年人和老年人组成的农户家庭次之，多维贫困指数最低的是有孩子的成人家庭。对多维贫困的贡献方面，当考虑的贫困维度越来越多时，仅有老人的农户家庭贫困状况越来越严重，而既有老人又有孩子的成人家庭的贡献率越来越低，贫困程度减轻。

基于以上研究结论，特提出改进我国西部山区扶贫工作的对策建议。

第一，加大生活质量维度的扶贫力度。根据《全国生态功能区划》和《秦巴山片区区域发展与扶贫攻坚规划》，秦巴山连片特困地区为限制开发的生态功能区，土地资源极度匮乏，农业生产条件恶劣，政府应该努力促进劳动力转移，鼓励农户外出打工，促使山区单一农业向非农产业转变，减轻农户对耕地的压力。

第二，山区农户教育维度的贫困状况亟待改善。解决这一问题的根本途径在于加强劳动力的职业教育和免费就业培训，继续推进贫困户能力建设项目（"雨露计划"培训），提高当地农户家庭劳动力的人力资本存量。

第三，扶贫和低保政策向贫困老年农户倾斜。如陕南移民搬迁工程作为秦巴山片区实施的最大规模扶贫措施，应该优先考虑解决孤寡残疾和老年人群的住房问题。在低保名额分配方面，政府应设置单独账户，及时了解当地居民尤其是老年人的家庭信息，将其纳入数据库，并及时更新，在优先照顾老人的同时确保瞄准的有效性。

第四章 贫困山区农户对森林资源的使用与生态保护政策态度研究

贫困山区农户与环境的关系，一方面，集中表现在农户对森林资源的利用和生产行为、农户的林业生产活动和森林资源的直接利用，如非林木森林产品、采药，以及农户对森林资源的生计依赖情况；另一方面，也体现在农户对山区生态保护政策、林业政策等的态度、满意度等方面的主观认知。

根据西安交通大学课题组 2008 年 4 月在西安周至县的农村入户调查数据，本章研究了西部贫困山区农户对森林资源的使用和对生态保护政策的态度等。本章内容包括三节，第一节为山区农户林业相关生计活动类型及影响因素研究；第二节为西安周至县农户的采药行为分析；第三节研究了西部山区农民对山区林业与生态保护政策的态度、认知与森林保护行为等。

第一节 山区农户林业相关生计活动类型及影响因素研究

一 引言

西方发展经济学家，尤其是研究贫困与生态保护的学者对森林丰富地区农户生计类型有着大量的研究。由于世界上许多地区禁止了商业性林木的采伐，或者实行较严格的林木采伐许可证制度，非林木森林产品（Non-Timber Forest Products，NTFP）就成为当地农户最主要的生计活动形式。非林木森林产品（NTFP）这一概念，尤其适用于限制林木采伐之后的农户生计活动。在有关发展中国家农户生计、森林与环境保护的一篇综述性文章中，Sunderlin、Angelsen 等（2005）通过大量文献检索和分析，试图梳理农户生计、森林资源使用与森林保护之间的关系，提出贫困的空间地理因素和与自然资源（如森林）相关的决定因素，分析了森林在减贫中的潜力和作用。他们认为，森林产品对农户有如下用途和形式：作为基本的生存使用、用于发展小型林业企业或小范围的伐木特许经营，获得生态系统服务付费等。

Belcher、Ruiz-Pe'rez 和 Achdiawan（2005）通过对亚洲、非洲和拉丁美洲 61 个商业化非林木森林产品（NTFP）生产案例的比较研究，分析了农户的家庭生计策略和 NTFP 生产情况，并根据 NTFP 的现金收入比例、NTFP 占家庭收入比例两项指标，将农户与森林使用相关的生计活动分为以下五种类型：专业化—种植型、专业化—自然生长型、综合型、补充型和生存型，同时辨别了这些活动的特点与生态保护的关系，如补充型生计的特征是农户是当地中等收入家庭、收入 50% 以上是现金、NTFP 收入占全部收入的比例小于 50% 等，此外还分析了外部因素（如当地条件、机会）如何影响该五种类型，农户的生计后果（如生产率、生产技术的集约程度等），以及在商业化背景下 NTFP 的发展前景等。

Vedeld、Angelsen 等（2007）通过对 17 个国家 51 个案例的荟萃分析（META），发现来自森林的收入平均占样本农户总收入的 22%，其主要形式是：薪柴、野生食物和草料。他们也研究了农户对森林依赖、生计多样化与家庭收入之间的关系，发现总收入增加使多样化下降；而随着森林依赖的增加，生计多样化程度先上升后下降。

我国学者对森林丰富地区农户的贫困状况、南方集体林区的林业生产效率进行了研究，同时也很关注当前集体林权制度改革、政府林业管理体制改革（如采伐制度、林业税费改革）等[1][2][3][4]，但并未关注在一些重大林业制度变迁和农村出现普遍的劳动力季节性外出务工之后，西部山区农户发展林业生产情

---

① 李周：《森林资源丰富地区的贫困问题研究》，中国社会科学出版社，2004。

② 刘璨：《社区林业制度绩效与消除贫困研究——效率分析与案例比较》，经济科学出版社，2005。

③ 李应春：《我国竹林产权的界定及绩效分析——以福建省三明市竹林产权制度改革为例》，《中国农村经济》2004 年第 11 期。

④ 王新清、孔祥智：《制度创新与林业发展》，中国人民大学出版社，2008。

况，以及山区农户在发展林业与兼业经营等生计多样化之间的选择情况等。

总之，在水源地或者自然保护区等森林资源丰富地区实施了林木的限额采伐和林地的限制性使用之后，分析我国山区农户与林业相关的生计活动现状、类型与影响因素，对于更好地引导农户发展相应的生计活动类型，实现农户的脱贫致富都有着重要的理论与现实意义。

本节将结合以往研究文献，通过在西安周至县大规模入户问卷调查，分析调查地农户与林业相关的生计活动类型与收入、社会人口特征、生计活动后果及其影响因素，并提出建议。

二　调查地农户对森林资源的利用活动与收入情况

（一）调查地、调查过程与数据的简要说明

本节所采用的数据源于西安交通大学人口与发展研究所 2008 年 4 月在陕西省西安市周至县南部四个山区乡镇（厚畛子镇、板房子乡、王家河乡和陈河乡）所开展的农户生计调查，共收集农户问卷 1074 份。周至调查地概况、调查过程、问卷设计及收集情况等见第三章第一节。

周至调查地为西安市的水源保护地，临近多个国家级和省级自然保护区。一些社区有集体土地和林地位于自然保护区内。在天然林工程实施后，部分社区的集体天然林被无偿划拨为国有林，造成当地集体林的数量减少。集体林的树种选择和砍伐也受到了限制。在林木禁伐之后，当地农户发展林业的主要形式是种植经济林，如山茱萸、板栗、核桃等林产品。当地部分群众也有上山采药的行为，且农户普遍将薪柴作为燃料。

我国山区农户往往"靠山吃山"，但调查地已经实施了林木禁止砍伐政策，调查地农户与林业相关的生计活动有经济林种植、政府所给予的退耕补助和薪柴，但薪柴只为满足农户日常使用和冬季取暖的能源需要，并不涉及农户的收入。

（二）周至调查地农户按照发展林业生产特征分类与描述性统计

当地农户在退耕之后大多发展了经济林业，由于退耕补助也是与林地密切相关的，这里将退耕补贴和林产品的纯收入（包括林产品现金和实物性收入，并扣除生产性支出）合并在一起作为农户的林业纯收入。由于调查地是山区，林多地少，且当地交通不畅，信息少，虽然一些成年劳动力有外出打工行为，农户最主要的生计活动仍是林业和农业，农户来自林业收入的

情况与家庭整体经济情况密切相关。

调查数据显示，被调查农户 2007 年来自林业的纯收入均值为 2598.9 元，林业纯收入占家庭纯收入的比例均值为 41.75%。这样，根据农户发展林业生产的特征，即家庭林业纯收入是否大于平均水平（2598.9 元）、林业纯收入占全部收入的比例是否大于样本平均数（41.75%），将全部被调查农户分为如下四类（见图 4 - 1）。

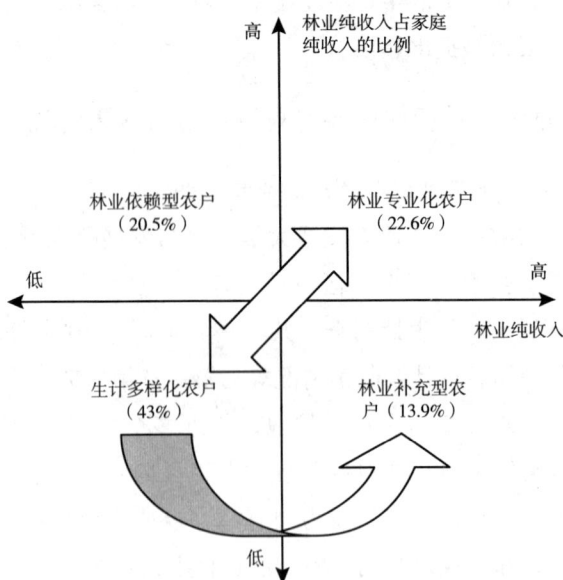

图 4 - 1 调查地农户与森林相关的生计类型

注：双箭头表示林业专业化与生计多样化农户两类之间的比较；曲线箭头表示生计多样化向林业补充型的转化。

第一类，高林业纯收入、高林业依赖水平。该类型农户发展林业生产的水平较高，但其生计较依赖林业，生计较为单一，可以称为林业专业化型。

第二类，高林业纯收入、低林业依赖水平。该类型农户既较好地发展了林业，林业收入水平高，同时，他们也实现了生计多样化，家庭收入不依赖林业，可以称为林业补充型。

第三类，低林业纯收入、高林业依赖水平。该类型山区农户发展林业生产水平低，林业收入也较低，同时，他们又不得不依赖林业，可以称为林业依赖型。

第四类，低林业纯收入、低林业依赖水平。该类型农户发展林业生产的水平低，但家庭生计实现了多样化，家庭收入不依赖林业，可以称为生计多样化型。此外，因为是按照林业收入来分类的，我们未包括耕地上的粮食生产。因此，这类农户其实包括了两种情况：既包括较多地发展了农业的农户，也包括较多从事外出务工或非农活动的农产。

以下对调查地以上四种类型农户的社会人口特征、户耕地和林地面积、家庭纯收入和收入来源等进行了对比分析（见表4-1），并得到了有意义的结论。

表4-1　根据林业发展水平和林业依赖程度分类的农户类型的基本特征

指　称　　　　　　　　农　户	林业专业化	林业补充型	林业依赖型	生计多样化	均值
所占样本比例(%)	22.6	13.9	20.5	43	/
户主年龄(岁)	44.9	45.1	44.1	44.3	44.5
家庭人口数(人)	4.44	4.24	3.71	3.81	3.99
家庭女性成员比例(%)	45.9	43.8	40.8	41.8	42.8
家庭劳动力数量(个)	3.03	3.19	2.43	2.61	2.75
其中:男性劳动力数量(个)	1.619	1.721	1.392	1.434	1.507
劳动力抚养比	0.434	0.334	0.492	0.446	0.437
家庭成员初中以上受教育程度的人数(人)	1.57	1.91	1.19	1.24	1.396
户耕地(亩)	48.98	52.8	45.76	59.36	53.3
户林地(亩)	171.7	172.5	138.4	89.4	129.6

注：劳动力抚养比指家庭中18岁以下儿童和65岁以上老人数除以家庭劳动力（18~65岁人口）数量的值。

（1）调查地存在林业专业化、林业补充型、林业依赖型和生计多样化四种类型农户。具体地，当地发展生计多样化的农户比例最高达43%，林业专业化的农户比例达22.6%，林业依赖型农户达20.5%，而林业补充型农户仅占13.9%。

（2）总体上，四种类型农户除户主年龄不存在显著差异外，四种类型农户的劳动力抚养比在0.05显著性水平下存在着显著差异，其余指标均在0.01显著性水平下存在着显著差异。

（3）从家庭人口结构上看，林业专业化型农户的家庭人口数、家庭女性比例、家庭成员初中以上受教育程度的人数最高；林业补充型的家庭劳动力和男性劳动力数量最高；林业依赖型的家庭人口数、女性比例、家庭劳动力和男性劳动力数量、家庭成员初中以上受教育程度的人数最低，而他们的劳动力抚养比最高；生计多样化型农户的家庭成员初中以上受教育程度的人数和劳动力抚养比较高。

（4）从户耕地和林地情况来看，生计多样化型农户拥有最多的耕地，从而可以更好地发展农业，林业专业化和林业补充型农户的林地面积较大，林业依赖型农户拥有最少的耕地。

（三）四种类型农户的收入来源与贫困状况等的综合分析

表4-2显示了四种类型农户的收入来源及其结构、贫困发生率与贫困距等情况。

表4-2　四种类型农户的收入来源和贫困情况的比较分析

农户类型 指称	林业 专业化	林业 补充型	林业 依赖型	生计 多样化	平均/全部 样本比例
户纯收入（元）	8174.6	17695.9	2300.8	8360.3	8363.8
其中：农产品纯收入（元）	365.3	1037.4	123.0	683.2	544.6
户非农经营纯收入（元）	4.18	2497.3	0.0	1248.0	884.3
户打工收入（元）	791.2	4010.9	99.1	2296.9	1743.6
其中：家庭成员外出打工者从事高收入回报的比例（%）	43.9	76.5	5.3	66.1	61.6
人均纯收入（元）	2030.70	4439.9	705.9	2390.7	2246.2
按人均年收入785元的极端贫困发生率（P_0）（%）	7.9	1.37	69.6	15.2	22.9
极端贫困距 P_1（贫困线同上）（%）	1.54	0.80	30.18	8.13	10.28
按人均年收入1196元的贫困发生率（P_0）（%）	33.89	2.05	85.71	29.8	38.5
贫困距 P_1（贫困线同上）（%）	7.83	1.07	46.5	12.87	17.16

注：①以上所有收入的对应年份为2007年。

②非农经营纯收入指农户从事农家乐、商店、汽车维护与修理服务、交通运输等经营性活动的纯收入。

③高/低回报打工收入的界定方法：家庭打工收入/家庭打工人数/12＝打工成员的月收入，如果打工成员月收入>185元，则为高回报的打工收入，其中185元＝全部样本农户的年平均种植业的纯收入/12个月。

④贫困发生率＝贫困人口数/总体人口数，贫困距＝贫困人口的贫困缺口与贫困线之比。

（1）针对非农收入，林业补充型的打工收入和非农经营纯收入最多，其次是生计多样化型农户，林业依赖型的打工收入非常少，林业专业化和林业依赖型基本都无非农经营性收入。

（2）以往的农村发展文献强调，农户的非农打工收入可以分为生存引致的和机会引致的两种情况，或存在高回报的非农活动和低回报的非农活动两种迁移类型。因此，这里也区分了农户外出务工从事高收入回报和低收入回报的打工活动。结果显示，林业补充型农户从事高回报的打工活动的比例要更高，其次为生计多样化型农户，再次为林业专业化和林业依赖型农户。

（3）林业补充型农户的纯收入最高，其次是生计多样化农户，再次是林业专业化农户和林业依赖型农户。

（4）针对贫困发生率，按照人均年收入 785 元的极端贫困发生率，或者按照 2009 年 3 月十一届全国人大二次会议所公布的人均年收入 1196 元的贫困发生率，林业依赖型农户的贫困发生率都是最高的。

（5）从农业和林业的生产率比较上看，林业补充型农户的耕地亩均收入最高，而林业专业化型农户的林地亩均收入最高（数据略）。

这里再着重比较分析一下林业专业化和生计多样化两类农户。根据多重比较检验结果，虽然生计多样化型农户的家庭纯收入高于林业专业化型农户，但统计上并不显著（$p > 0.1$）。生计多样化农户的极端贫困发生率要显著高于林业专业化农户（$p < 0.01$），而林业专业化农户按照人均年收入小于 1196 元所确定的贫困发生率要高于生计多样化农户，但统计上并不显著（$p > 0.1$）。从贫困距上看，无论是人均年收入 785 元还是 1196 元的贫困线，生计多样化农户的贫困距都大于林业专业化农户，也即，生计多样化贫困农户的贫困程度要高于林业专业化农户。

此外，这两种类型农户在劳动力抚养比上并不存在显著差异（$p > 0.1$），但他们在家庭总人口、女性比例、男性劳动力数量、家庭劳动力数量、家庭成员中初中以上受教育程度的人数则存在显著差异（$p < 0.01$）。以上指标均是林业专业化农户高于生计多样化农户。

将农户的人均消费视为一种福利状况，表 4 - 3 显示了调查地人均消费的分位数与不同类型农户的频数和频率分布情况。根据表 4 - 3，按照人均现金消费水平进行分组以后，林业补充型农户位于高消费分位水平的比例最高，林业依赖型农户位于最低消费分位的比例最高。相比于生计多样化农户，林业专业化农户位于较高消费分位水平的比例更高，他们位于最低消费分位水平的比例低于生计多样化型农户。此外，表 4-4 对比分析了不同分位水平下家庭纯收入的频率分布，当然，大多数林业补充型农户分布于高分位的家庭收入水平，大多数林业依赖型农户分布于低家庭收入的分位水平。值得注意的是：根据林业专业化和生计多样化型农户的对比分析，林业专业化型农户大多分布于家庭纯收入的中间分位部分，而生计多样化型农户则呈现出了突出的两极分化特征。

表 4-3 不同人均现金消费分位水平下的四种生计类型农户的频数与频率分布

人均现金消费分组	全部样本	林业专业化	林业补充型	林业依赖型	生计多样化
0~1500 元/年	34.9% (374)	33.6% (80)	24.5% (36)	41.5% (90)	35.9% (163)
1501~2000 元/年	20.2% (217)	21.4% (51)	18.4% (27)	15.7% (34)	22% (100)
2001~2400 元/年	5.5% (59)	6.7% (16)	6.12% (9)	5.1% (11)	5.1% (23)
2401~4000 元/年	23.9% (256)	21% (50)	31.3% (46)	25.3% (55)	22% (100)
4000 元/年以上	15.5% (167)	17.2% (41)	19.7% (29)	12.4% (27)	15% (68)
合 计	100% (1073)	100% (238)	100% (147)	100% (217)	100% (454)

注：括号内为有效样本数，下表同。

表 4-4 家庭纯收入不同分位水平下的四种类型农户的频数与频率分布

家庭年纯收入分组	全部样本	林业专业化	林业补充型	林业依赖型	生计多样化
1st(0~2534 元)	20% (214)	1.3% (3)	1.3% (3)	61.3% (133)	15.5% (70)
2nd(2535~4761 元)	20% (214)	24.3% (58)	0 (0)	35.5% (77)	16.8% (76)
3rd(4762~7346 元)	20% (214)	33.9% (81)	4.8% (7)	3.2% (7)	25.8% (117)

续表

家庭年纯收入分组	全部样本	林业专业化	林业补充型	林业依赖型	生计多样化
4th（7347～12287 元）	20% （214）	27.6% （66）	26.5% （39）	0 （0）	23.6% （107）
5th（12287 元及以上）	20% （214）	13% （31）	66% （97）	0 （0）	18.3% （83）
合　计	100% （1070）	100% （239）	100% （146）	100% （217）	100% （453）

此外，不同类型农户在自评的家庭近年来林业收入变化方面也存在显著差异（采用 LR 检验，$p < 0.01$，数据略）。林业补充型和林业专业化农户认为近年来林业收入有很大增加和有一些增加的比例最高，而生计多样化农户则认为林业收入增加的比例最少。

总体上，该森林资源丰富的山区确实存在发展林业生产有着不同情况的四种类型农户，也可以初步得到如下结论：林业仍然是当地山区农户的主要生计形式，农户林业纯收入占家庭全部收入的平均比例接近一半（41.75%）。但当地农户如果仅单一地发展林业则不能使其更加富裕，林业的规模化生产、技术水平和生产效率可能仍较低，林业仍具有"生存林业"的特征。而农户如果发展生计多样化，则出现了两极分化和容易陷入极端贫困，但选择生计多样化的农户在调查样本中是最多的。当地较富裕的是既较好地发展了林业，又较多地从事了打工和非农经营的农户。而占样本 1/5 的贫困农户的家庭生计很依赖林业，收入也非常单一，但受劳动力和技能等的限制，他们发展林业的生产水平低，无法摆脱贫困。

三　调查地农户与林业相关的生计活动选择策略的影响因素分析

（一）模型建立和变量的确定

由于农户生计选择更多的是一个家庭决策，农户生计选择分析中更多地考虑家庭因素，尤其是农户自身的生计资本特征。以往对社区因素在西部农户生计选择策略中的作用研究较少，因此，这里也特别增加了社区变量的分析。本模型所包括的变量见表 4 - 5。

表4-5 农户与林业相关的生计选择模型所包括的变量

解释变量	描述	均值	标准差
家庭因素:			
户耕地面积(亩)	自然资本	53.3	45.40
户林地面积(亩)	自然资本	129.6	223.9
是否为退耕户	政策因素,虚拟变量,如果是取值1,否则为0	0.749	0.434
家庭劳动力数量(个)	人力资本	2.75	1.12
家庭的女性比例	人力资本与社会性别因素	0.428	0.174
户主年龄(岁)	人力资本,也反映家庭生命周期	44.5	12.1
家庭成员初中以上文化程度比例	人力资本	0.35	0.297
本家庭的社会网络	社会资本,为寻找非农工作可以提供帮助的家庭数、急需大笔开支时丈夫的求助户数妻子求助户数三项之和	10.82	9.37
家庭成员是否有乡村干部	社会资本和人力资本,虚拟变量,如果是取值1,否则为0	0.064	0.245
社区因素:			
临近或位于自然保护区	地理位置、自然条件和政策背景	0.715	0.452
本村开大会的次数(次)	社区组织和社区治理	3.70	2.34
对社区凝聚力的评价	社区网络和社区社会资本	2.713	0.005

1. 农户的社会人口特征与家庭生计资本特征

这里包括了户耕地面积、户林地面积、家庭劳动力数量、户主年龄、是否参与了退耕、家庭初中以上文化程度成员的比例。由于山区女性更容易留守家中,男性外出打工比例更高,因此,女性成员比例可能会影响到生计选择策略,这里也包括了家庭成员的女性比例。此外,以往文献认为,选择NTFP相关的生计活动主要是发展机会成本较低的农村家庭,也体现在因为缺乏社会网络而没有非农就业机会,因此,这里考虑了农户的社会资本因素,具体用本家庭的社会网络、家庭成员是否有乡村干部来表示。

2. 社区因素

(1)是否临近或位于自然保护区。也表示为地理因素,如果某社区临近自然保护区,则该社区农户发展林业的机会更多。

（2）社区治理因素。这里使用了调查村前一年召开村民大会的次数表示。一般而言，我国农村对社区重要事情需要开展"一事一议"制度，社区大会召开得越多，表示该社区治理程度越规范，对农户的生计选择策略会有一定的影响。

（3）对社区凝聚力的评价。我国农村社区农户之间有着复杂的人际关系，家庭之间通过血缘、地缘等而联系紧密。社区的凝聚力越高，农户之间越容易互相介绍非农就业机会。这里采用 Buckner（1988）社区凝聚力测度指标，本研究具体包括7个指标，被调查者回答以下7个问题："①总体上，您很喜欢居住在本村；②您经常到邻居家串门；③与本村其他村民搞好关系对您很重要；④和您关系好的朋友都是本村的；⑤在思想和观念方面，您和本村其他村民都差不多；⑥当您需要帮助时，如需要修理房屋、地里农活需要帮助时，您想村民们会来帮忙；⑦您估计您未来若干年还会居住在本村庄。这里，采用了里氏评分方法，1 = 非常不同意，2 = 不同意，3 = 无所谓，4 = 同意，5 = 非常同意。"该7个指标的信度 Cronbach α 值为 0.65，达到了社会调查的信度要求，并将这7个指标的均值作为社区凝聚力均值。被调查者对社区凝聚力指标值越大，表示其对社区凝聚力的评价越高。

（二）模型的检验与结果

这里利用 Multinomial Logit（MNL）模型来分析与林业相关的生计活动选择的影响因素，建立标准化后的 Multinomial Logit 的模型为：

$$P\langle Y_i = m \mid X_i \rangle = P_{im} = \frac{e^{Z_i \beta_m}}{1 + \sum_{j=2}^{4} e^{Z_i \beta_j}}, m = 1,2,3,4 \qquad 式（4-1）$$

其中，1、2、3、4分别代表林业专业化、林业补充型、林业依赖型和生计多样化四种与林业相关的生计活动类型。Z_i 为表4-5中的各解释变量，Y_i 为一随机变量，表示第 i 个人选择第 m 种生计模式，P_{im} 表示第 i 个人选择第 m 种生计模式的概率。

运用 MNL 模型的一个重要前提是选择任何两种方式的概率之比与第三种选择无关（Independence of Irrelevant Alternatives，IIA），即备择无关假设。Hausman 和 Mcfadden（1984）指出，如果各备选项是真正独立的，则从模型中省略或者增加一项选择都不会改变参数的一致性，仅仅对参数估计的有效性产生影响。但如果备择无关假设（IIA）不满足，则将产生参数估计不一致性。

Hausman 和 Mcfadden（1984）的研究结论表明，MNL 模型的大样本一致性估计性质强烈地依赖于可供选择项目的不相关性假设。因此，可以运用 Hausman 检验对备择无关假设进行检验。该未受约束和受约束的方差—协方差矩阵之差要求为正定。如果非正定，则必须使用广义 Hausman 检验。

这里采用似不相关估计进行广义 Hausman 检验，利用 Stata10.0 软件，得到卡方值 chi^2（52）= 51.22，Prob > chi^2 = 0.5046，因此，我们不能拒绝原假设，即使用 MNL 模型对农户的林业生计选择分析是合适的模型设定。

表 4 - 6　农户与林业相关的生计选择模型的数据结果

变量	林业专业化		林业补充型		生计多样化	
	β	RRR*	β	RRR	β	RRR
户耕地	0.0041 (0.0026)	1.0041	0.0068* (0.0029)	1.0069	0.0024 (0.0025)	1.0024
户林地	0.0001 (0.0004)	1.0001	0.0001 (0.0004)	1.0001	-0.0012* (0.0007)	0.9988
是否为退耕户（参考类：非退耕户）	0.1449 (0.3093)	1.1559	-0.0229 (0.3456)	0.9774	-1.2056*** (0.2485)	0.2995
家庭劳动力数量	0.4351*** (0.1040)	1.5451	0.5273*** (0.1145)	1.6943	0.2433** (0.0941)	1.2754
家庭的女性比例	1.8736** (0.6401)	6.5117	0.5399 (0.7151)	1.7158	0.9044+ (0.5257)	2.4706
户主年龄	0.0102 (0.0090)	1.0103	0.0014 (0.0106)	1.0014	-0.0051 (0.0075)	0.9949
家庭初中以上文化程度比例	0.3942 (0.3772)	1.4831	1.3081** (0.4153)	3.6989	0.2733 (0.3274)	1.3143
本家庭的社会网络	0.0073 (0.0106)	1.0073	0.0038 (0.0115)	1.0038	-0.0448*** (0.0126)	0.9562
家庭成员是否有乡村干部（参考类：无）	1.0557* (0.4530)	2.874	1.0794* (0.4725)	2.9429	-0.1614 (0.4973)	0.8510
是否临近或位于自然保护区（参考类：非临近自然保护区）	0.5866* (0.2716)	1.7978	0.7534* (0.2997)	2.1242	0.0322 (0.2216)	1.0327
本村开大会的次数	0.1370* (0.0556)	1.1468	0.1242+ (0.0644)	1.1322	0.0402 (0.0551)	1.0410

续表

变量	林业专业化		林业补充型		生计多样化	
	β	RRR*	β	RRR	β	RRR
对社区凝聚力的评价	0.0856 (0.6810)	0.9180	−1.5869* (0.7809)	0.2046	0.5457 (0.6544)	1.7258
常数项	−3.7701* (1.7309)		−0.3561 (1.9737)		−0.3822 (1.6363)	
LR chi² (36)	304.31***					
Log likelihood	−1138.37					
Pseudo R²	0.1179					
观测数	989					

注：参考类＝林业依赖型生计；RRR（Relative Risk Ratio，即相对风险比例）；*** 、** 、* 、+ 分别表示 $p < 0.001$、$p < 0.01$、$p < 0.05$、$p < 0.1$；括号内为标准误。

此外，为了特别检验社区因素（本村开大会的次数、社区凝聚力）对生计选择的影响，也进行了以下假设检验。表 4 - 7 显示了两个社区变量对所有选择类型影响的显著性，而表 4 - 8 则进一步检验了社区变量对不同生计类型的影响是否相同。

表 4 - 7　社区变量对所有选择类型影响的显著性

变量	显著性检验
本村开大会的次数	$chi^2(3) = 7.72, Prob > chi^2 = 0.0523$
社区凝聚力	$chi^2(3) = 8.47, Prob > chi^2 = 0.0373$
本村开大会的次数和社区凝聚力	$chi^2(6) = 16.17, Prob > chi^2 = 0.0129$

注：原假设为变量的作用是显著的。

表 4 - 8　社区变量对部分选择类型的影响

社区变量	原假设 Null hypothesis		
	对第 1 和第 2 选择类别的影响相同	对第 1 和第 4 选择类别的影响相同	对第 2 和第 4 选择类别的影响相同
本村开大会的次数	$chi^2(1) = 0.05$ $Prob > chi^2 = 0.8253$	$chi^2(1) = 6.08$ $Prob > chi^2 = 0.0137$	$chi^2(1) = 3.72$ $Prob > chi^2 = 0.0537$
社区凝聚力	$chi^2(1) = 4.46$ $Prob > chi^2 = 0.0347$	$chi^2(1) = 0.02$ $Prob > chi^2 = 0.90$	$chi^2(1) = 4.13$ $Prob > chi^2 = 0.0421$

（三）分析结论

模型分析结果见表4-6、表4-7、表4-8，主要有以下分析结论：

（1）相比于林业依赖型农户，更多的家庭劳动力数量、更高的女性比例、家中有乡村干部会促使农户选择林业专业化生计。

（2）相比于林业依赖型农户，家庭劳动力数量、家庭成员初中以上文化程度比例、耕地面积的提高，家中有乡村干部会促进农户选择林业补充型生计。

（3）相比于林业依赖型农户，拥有更多的劳动力也会促进农户选择生计多样化策略，而林地面积和本家庭社会网络的增加、参加退耕则会减少农户选择生计多样化策略的概率。

（4）表4-7显示了两个社区变量对所有选择类型影响的显著性，结果拒绝了原假设，社区变量不是对所有选择类型都有着显著影响。表4-8说明了：①本村开大会的次数对农户在林业专业化和林业补充型生计之间选择的影响和作用相同，但它对于农户在林业专业化与生计多样化、林业补充型与生计多样化选择之间的影响和作用则显著不同；本村开大会的次数会促进农户选择林业专业化生计；②社区凝聚力评价对农户在林业专业化与林业补充型、林业补充型与多样化生计之间的作用显著不同，而它对于农户林业专业化与生计多样化之间选择的作用无显著差异；社区凝聚力评价的提高会显著降低农户选择林业补充型生计的概率。

四　小结、建议与展望

通过对西部典型的森林资源丰富地区西安周至县南部山区的入户调查，发现当地农户发展和利用林业有以下特点：

（1）由于林木采伐已经被禁止，农户利用森林资源的主要形式是经济林果业，部分农户的收入较多地依赖经济林果业收入和退耕还林的补助；农户林业纯收入占家庭全部收入的平均比例接近一半。

（2）调查地存在发展林业生产有着不同情况的四种类型农户，即林业专业化、林业补充型、林业依赖型和生计多样化四种不同农户。

（3）针对森林资源利用在农户脱贫致富中的作用，当地农户如果仅单一地发展林业则不能更加富裕，目前调查地林业的规模化生产、技术水平和生产效率仍较低，较多地处于温饱阶段，林业仍具有"生存林业"的特征。

而农户如果发展生计多样化，则出现了收入的两极分化且容易陷入极端贫困。总体上，选择林业专业化的农户收入水平和消费状况都要好于生计多样化农户。而当地较富裕的是既较好地发展了林业，又从事了较多的打工和非农经营的农户。占样本1/5的贫困户的家庭生计很依赖林业，收入也非常单一，但受劳动力和技能等的限制，他们林业的生产水平低，无法摆脱贫困。

（4）家庭劳动力数量、女性比例、是否参与退耕、土地林地面积、家庭社会网络等对农户选择不同类型的林业相关生计有着显著影响。而这一过程中，社区治理、社区社会资本等因素也发挥了一定作用。

针对本节的分析结果，有以下建议：首先，调查地山区林业目前的发展前景有限，还需要促进农户发展兼业经营，而提高农户的人力资本则会较好地促进农户开展非农活动；其次，应重视社区治理。由于人口流动等原因，目前我国西部山区农村社区的治理程度降低，农村基层组织职能下降，而农村的扶贫与发展需要提高农户的自组织化程度，需要更好地培育农村社区组织和提高其治理能力。

第二节　西部贫困山区农户的采药行为分析
——以西安周至县为例

一　引言与综述

我国西部森林丰富的贫困山区通常会面临着人口、资源与环境的矛盾，其中，农户不合理地利用森林资源，如砍伐薪柴、上山采药等，都会对自然保护区的自然生态环境产生破坏。由于数据和信息的限制，目前国内对于森林丰富地区的农民上山采药行为的专门研究尚缺乏。这里将对国外农村居民森林采摘活动的文献进行研究综述，在梳理其研究关键点、研究脉络的基础上，结合西安周至县南部山区的农村入户调查数据，对调查地农户上山采药行为进行量化分析。

国外一些从事自然生态保护与农村生计的研究者非常关注森林丰富的贫困地区农户使用非林木森林产品（NTFP）情况，如薪柴、草料等采摘活动，他们的研究集中在以下几个方面。

（一）农户在农业、非农与森林采摘之间的劳动力时间配置的研究

由于森林采摘也是一种谋生或生计活动，它往往与农户的外出打工、农林业生产等形成森林丰富地区农户生计活动的一种组合。一些国外研究者利用新古典经济学农户模型，考虑生产与消费的不可分性，研究了农户在农业、林业、森林采摘之间的劳动力配置活动。如 Lopez-Feldman 等（2009）分析了墨西哥热带雨林地区的农户对非林木森林产品（NTFP）采摘活动的劳动时间分配问题，发现机会成本和人力资本这两个与贫困密切相关的因素对农户参与森林采摘活动有着重要影响。Palmer 等（2009）依据不可分的农户模型，同时考虑薪柴砍伐与市场购买薪柴之间的替代关系，在控制变量的内生性和样本选择问题之后，分析了纳米比亚贫困农户生产和消费薪柴的影响因素。

（二）森林采摘的类型与家庭社会人口、生计资产的特证

Vedeld、Angelsen 等（2007）通过对 17 个国家 51 个案例的荟萃分析（META），发现森林收入平均占样本农户总收入的 22%，主要形式是薪柴、野生食物和草料，森林收入可以成为农户收入下降或者急需现金时的安全网，用于支持当期消费和脱离贫困的途径（如积累资金使生计转型，或者发展专业化、集约化生产活动等）。

Quang 和 Anh（2006）的研究报告区分了自用消费和销售性的 NTFP，分析了商业性 NTFP 的采掘量和森林依赖度（来自 NTFP 的现金收入和 NTFP 占家庭收入的比例）的影响因素。他们发现，农户的森林依赖度与家庭抚养比、贫困水平、距离省会城市的距离负相关，而与家庭女性劳动力比例正相关，并提出了要有针对妇女和贫困家庭的激励性公共政策。

Adhikari 等（2004）侧重于尼泊尔发展社区林业和给予社区自主权之后的生计研究，分析了农户的薪柴、树叶、草料等的使用量，研究了家庭社会人口特征与公共资源使用之间的关系，试图评估贫困家庭对于公共资源或社区森林是否有更多的权利。结果显示，土地和牲畜的拥有量、社会阶层、受教育程度、家庭经济地位对来自公共地的收益（森林公共资源）有着较大的影响，而穷人并未获得更多的机会。

此外，大量研究发现，森林资源采掘量更多地与生计资产（如捕捞工具、猎枪等）有关，而穷人由于资产少，其资源采掘量低于富人（Coomes 等，2004）。Shackleton（2006）也关注了使用、购买和销售非林木森林产品

（NTFP）的家庭与资产相关的特征。

　　（三）　森林采摘活动与农户的风险应对策略

　　国外研究者也关注森林产品在农户生计安全中的作用，尤其是关注农户所面临的风险与森林采伐或者野生林产品的采摘活动之间的关系。Delacote（2007）在 Angelsen 农户模型的基础上，在一个封闭的社区经济、社区缺乏正式信贷市场、厌恶风险的农户期望效用最大化模型基础上，分析了农户将森林产品作为安全网的情况，利用农户模型分析了农户的森林产品生产与风险管理策略，以及与此相关的土地利用策略。

　　Takasaki 等（2004）认为采摘是青年农民在面临洪灾和疾病之后的一个重要的风险管理策略，发现农户将 NTFP 作为风险应对策略与家庭资产贫困之间存在正相关关系。Mcsweeney（2005）分析了在飓风之后，洪都拉斯农户家庭所面临的风险（如疾病、家庭成员死亡）对家庭商业性伐木量的影响和作用。与上述研究相反，Fisher 和 Shively（2005）分析了在面临一个正向的收入冲击（如收入援助）之后，农户对森林资源的使用所发生的变化情况。

　　国内研究发现，我国农户容易陷入各类风险，如收入风险、消费风险、财产风险等。其中，信用约束、社区非正式风险分担机制与农民的风险管理行为密切相关。如甘犁等（2007）研究了个人和社会风险分担机制对中国农民消费保险的影响，发现当家庭拥有较多的财产、村民可以获得非正规贷款时，消费保险比较完全，而获得银行贷款不会影响消费保险。这些发现表明了流动性约束和借贷在保障农村消费保险方面的重要性。

　　总之，我国贫困农户在应对风险的过程中，公共资源的使用也是其策略之一。本节在收集一手调查数据的基础上，分析了西安周至县南部临近自然保护区的山区农户上山采药的数量和收入现状，比较采药农户和非采药农户的人口与社会特征、收入与消费等，并从生计活动、流动性资产、信用约束等方面研究农户的采药行为。

二　周至山区农户采药行为分析

　　本节数据同样来自课题组 2008 年 4 月在西安周至县的调查。调查地为西安市的水源保护地，附近有多个国家级和省级自然保护区，工业、采矿活动被严格禁止。采药行为会对动植物和自然生态环境有一定的破坏作用，目前我国各个自然保护区一般禁止农民上山采药、砍香菇棒等活动，同样，本调查地也禁止农民上山采药，但由于监管难度大和缺乏有效的惩罚措施，一些农户仍旧上山采药。

（一）调查地农户采药情况的描述性统计

调查地的行政村大多临近或者位于自然保护区内，按照4个乡镇分列的调查地农户2007年户均采药数量和采药收入见表4-9。

表4-9　按乡镇分列的调查地农户2007年采药数量和采药收入

单位：斤，元

乡镇	采药数量	采药收入	乡镇	采药数量	采药收入
厚畛子镇	64.59	508.61	王家河乡	51.03	248.55
板房子乡	11.12	206.81	陈河乡	6.21	57.70

根据表4-9，四个乡镇农户2007年的采药数量和采药收入有着显著差异（显著性水平分别为0.05和0.01），厚畛子镇由于距离太白山主峰较近，农户采药行为更为普遍些；其次是王家河乡。而板房子乡和陈河乡距离自然保护区和太白山主峰相对较远，这两个乡农户的采药数量和采药收入均较低。厚畛子镇有采药行为的农户约占本乡调查样本的27%，板房子乡是11.5%，王家河乡约20%，陈河乡约7%。全部样本中，2007年农户最大的采药量是8000斤，平均采药量32.3斤，而采药收入最多的是1.2万元，户平均采药收入256.78元，1/6的山区农户有采药行为。

按照2007年家中是否有采药数量来区分采药户和非采药户，被调查的两类农户的社会人口特征、收入来源、家庭收入与消费、贫困发生率、家庭负债情况等的比较与描述性统计见表4-10至表4-13。

表4-10　社会人口特征和家庭土地情况的比较

类型	户主年龄（岁）	成年劳动力（个）	家庭规模（人）	家庭成员受教育程度在初中以上的比例	女性家庭成员的比例	户林地（亩）	户耕地（亩）	退耕比例
非采药户	44.69	2.736	3.98	0.353	0.428	124.72	53.46	0.594
采药户	42.78	2.837	4.02	0.337	0.428	156.66	48.31	0.566

注：户林地和户主年龄存在显著差异（p<0.1），其他无显著差异。

表 4 – 11　家庭收入及收入来源比较

类型	打工收入（元）	养殖收入（元）	林产品纯收入（元）	农产品纯收入（元）	非农纯收入（元）	按年人均收入小于 785 元的贫困发生率	按年人均收入小于 1196 元的贫困发生率
非采药户	1796	1927.9	1683.6	544.3	3093.3	0.194	0.4065
采药户	1460	2809.3	1885.9	555.2	1719.2	0.0698	0.2849

注：我国 2008 年之前和 2008 年之后的农村贫困线标准分别为人均年收入 785 元和 1196 元。按照这两个贫困线标准，调查地采药户和非采药户的贫困发生率存在显著差异（$p < 0.001$ 和 $p < 0.01$）。此外，两者在养殖收入上存在显著差异（$p < 0.01$），非农纯收入上也存在显著差异（$p < 0.1$），其他无显著差异。

表 4 – 12　消费及消费结构的比较

单位：元

类型	2007 年户现金消费	2007 年人均现金消费	2007 年人均耐用品支出	2007 年人均子女教育支出	2007 年人均大病支出	2006 年人均耐用品支出	2006 年人均子女教育支出	2006 年人均大病支出
非采药户	10816	2793.23	384.50	594.77	318.07	928.95	2158.0	866.2
采药户	10073	2639.35	483.41	546.93	350.54	1008.9	2034.9	995.9

注：两类农户在以上指标上均无显著差异（显著性水平为 0.1）。

表 4 – 13　家庭负债情况比较

类型	总借债额（元）	其中		亩均借钱额（元）	户借债额≥平均水平比例	借过高利贷的比例
		银行借贷或世界自然基金会（WWF）资助额（元）	近三年从亲友处借钱额（元）			
非采药户	7447.56	953.16	6494.4	66.55	0.2783	0.11
采药户	7494.77	805.2	6689.5	63.78	0.3430	0.15

注：在户借债数≥平均水平比例和借过高利贷的比例上存在显著差异，其他无显著差异（显著性水平为 0.1）。

　　采药户居住地理位置有更高的比例靠近自然保护区，因此，地理位置也发挥一定的作用。描述性统计有如下发现：

　　（1）从社会人口特征上看，采药户的家庭规模、成年劳动力数量（18～65 岁）都大于非采药户，两类家庭的女性比例大致相同，非采药户的家庭成员初中以上受教育程度的比例高于采药户，但以上指标无统计上的显著差异，而采药户的户主年龄显著小于非采药户。

（2）采药户的户林地面积大于非采药户，但户耕地面积小于非采药户；非采药户的退耕比例高于采药户，但后两个方面无统计上的显著差异。

（3）采药户的贫困发生率显著低于非采药户。在大多数收入来源上，采药户优于非采药户。如采药户的养殖收入要显著高于非采药户，林产品纯收入、农产品纯收入也高于非采药户，但非采药户的打工收入、非农纯收入则显著更高。

（4）在消费支出上，非采药户的 2007 年现金总消费和人均现金消费均高于采药户。除人均子女教育支出外，采药户 2007 年和 2006 年的人均耐用品支出和人均大病费用均高于非采药户。

（5）在信用约束方面，两类农户在是否有过申请贷款却未获成功的经历方面大致差不多（约 20%），但在已获得银行或 WWF 贷款或者被其资助方面，非采药户优于采药户，非采药户和采药户获得贷款的比例分别为 15.2% 和 10.5%（似然比检验的 p 值 <0.1）。非采药户所获得的银行贷款或资助的平均金额也高于采药户。在借高利贷的比例方面，采药户高于非采药户，可以发现采药户更多地面临了信用约束。

（6）在家庭债务指标上，采药户的总借债额、近三年从亲友处借钱额、户借债额大于或等于平均水平的比例均高于非采药户。

与国外文献认为农户利用公共环境资源，大多与他们的资产贫困（如缺乏自然资产、人力资产）相关的情况不同，调查地农户采药与否，与家庭贫困或者收入状况无关，主要看其是否有空闲时间、有无其他增收渠道（如外出务工机会和非农经营）、劳动力和信用约束情况等。根据描述性统计结果，可以发现当地农户上山采药有以下影响因素：①家庭有剩余的劳动力，如家庭规模大、成年劳动力较多；②与家庭的生计活动相关，采药户更多地从事了空闲时间较多、传统的林业生产、养殖活动，而非采药户则较多地从事了打工、非农经营（如农家乐）；③农户的采药活动与家庭流动性资产、负债情况有一定的关系。此外，采药户的户主年龄更小，他们的盖房、家具电器等耐用品、大病住院支出等连续两年都更高。

（二）农户采药行为分析模型的构建

从调查数据中可以看到，实际发生采药行为的农户只占调查农户的一小部分（1/6）。通过农户实际发生的采药情况数据来分析农户采药行为的影响因素时，必须对没有采药行为农户的观察值进行审查，以保证对农户采药行为的估计是无偏估计。因此，在对农户采药行为影响因素的分析中，采用Tobit 模型。该方法可以在估计过程中将未发生采药行为农户的观测值也纳入估计范围。

根据以往文献和前面描述性统计的结果，采药行为的影响因素包括家庭结构、家庭流动性资产、家庭的生计结构（农林业生产、外出务工的时间）、地理位置等。我国农村存在比较严重和明显的"因病致贫"的情况。这里在模型中增加了 2006 年的家庭大病支出变量。

为分析流动性资产与农户采药行为的关系，这里参考了 Uchida 等（2009）退耕地区劳动力供给问题的文献。其中的流动性资产是家畜的价值、家庭的耐用消费品、生产性固定资产、生产性借款、消费性借款、银行存款的价值之和。这里流动性资产包括生产工具、耐用消费品、家畜三个方面。首先，流动性资产的标准化评分值，采用了家庭所拥有的生产工具、交通工具和耐用消费品（即电动自行车、机动四轮车、机动三轮车、拖拉机、摩托车、小汽车、水泵、电视机、冰箱/冰柜、洗衣机）十项数量之和的标准化值，以及家畜（猪和牛）数量的标准化值。其次，调查地为贫困山区，农户基本上无存款，但大多有借款行为。这里农户的信用约束与债务情况使用家庭借债额是否超过样本平均水平、是否借过高利贷、是否获得过银行或WWF 贷款或者被其资助过三个变量。本节农户采药数量和采药收入回归分析模型的变量见表 4 - 14。

表 4 - 14　农户采药数量和采药收入回归分析模型的变量

解释变量与控制变量	描述	均值	标准差
成年劳动力数量(个)	家庭结构与人力资本	2.75	1.12
户主年龄(岁)	家庭结构与人力资本	44.38	12.11
户林地面积(亩)	自然资本与生计活动类型	129.9	223.9
户耕地面积(亩)	自然资本与生计活动类型	52.7	45.4
家庭成员 2007 年的打工时间(个月)	生计活动类型,2007 年家庭成员外出打工月数之和	6.03	7.76
家庭是否有非农经营	生计活动类型,1 = 是,0 = 否	0.076	0.267
家庭的流动性资产	家庭的生产工具和耐用品、存栏牛、存栏猪的综合标准化评分值	0.163	0.152

解释变量与控制变量	描述	均值	标准差
是否获得过银行或 WWF 贷款或者被其资助过	信用约束或资金可获得性情况，1 = 是，0 = 否	0.144	0.352
是否借过高利贷	资金可获得性情况，1 = 是，0 = 否	0.118	0.323
家庭借债额（包括从亲友处借债和银行贷款）是否大于或等于平均水平	家庭所面临的总体风险，1 = 是，0 = 否	0.289	0.453
家庭 2006 年的大病支出（元）	消费风险情况	887.0	3474.0
是否临近自然保护区	社区地理位置变量，1 = 是，0 = 否	0.715	0.4516

（三）模型的结果

应用 Stata11.0 软件估计，结果见表 4 - 15。

表 4 - 15　调查地农户采药数量和采药收入 Tobit 方程的参数估计

变量	采药数量		采药收入	
	系数	t 值	系数	t 值
常数项	− 1198.583 ***	− 5.78	− 3614.59 ***	− 4.69
户成年劳动力数量	53.198	1.26	285.12 +	1.81
户主年龄	− 1.499	− 0.42	− 27.87 *	− 2.09
户林地面积	0.158	1.10	0.471	0.87
户耕地面积	− 1.795 +	− 1.93	− 6.681	− 1.94
家庭成员打工时间	− 21.194 ***	− 3.25	− 79.565 ***	− 3.31
家庭是否有非农经营	− 673.701 ***	− 3.40	− 2702.03 ***	− 3.7
家庭流动性资产	856.19 ***	3.38	4559.52 ***	4.87
是否获得过银行或 WWF 贷款或者被其资助过	− 92.165	− 0.79	− 905.58 *	− 2.01
是否借过高利贷	64.061	0.54	572.68	1.33
家庭借债额是否大于或等于平均水平	183.44 *	2.07	391.81	1.18
家庭前一年的大病支出	0.0002	− 0.79	0.002	0.05
是否临近自然保护区	309.57 ***	3.22	1168.77 ***	3.29
LL = − 1624.53			LL = − 1854.45	
Pseudo R^2 = 0.0151			Pseudo R^2 = 0.0186	

注：*** 、 * 、 + 分别表示显著性水平为 0.001、0.05、0.1。

根据表 4 - 15，有以下发现：

（1）总体上，农民上山采药数量和采药收入的影响因素有是否临近自然保护区、家庭是否有非农经营、家庭成员打工时间、家庭流动性资产、是否获得过银行或 WWF 贷款或者被其资助过、家庭借债额是否大于或等于平均水平、户成年劳动力数量、户主年龄、户耕地面积。尤其是前四个变量对农户采药数量和采药收入有着显著的影响和作用。

（2）在生计策略方面，是否从事非农经营和打工时间会显著降低农户的采药数量和采药收入；户林地面积会提高农户上山采药的数量或收入，户耕地面积则会降低上山采药的数量或收入，但统计上基本不显著。

（3）地理位置，如临近或者位于自然保护区内会显著提高农民上山采药数量。

（4）农户的流动性资产同样会对上山采药的数量有显著的促进作用。这里的解释是：如前面的描述性统计所示，本调查地上山采药的农民往往并不是最贫困的农户，流动性资产计算时包括了农户家中的生产工具、耐用消费品和家畜。这样，如果农户从事了较多的养殖活动或者近年购买了较多的耐用消费品或生产工具，则其流动性资产会提高其上山采药的可能性。

（5）采药是一项体力性工作，家庭成年劳动力的数量对采药收入有正向作用，而户主年龄则有负向作用。

（6）在信用约束方面，如果家庭获得过银行或 WWF 贷款或者被其资助过，则对降低农民上山采药有一定作用；而家庭借债额（包括亲友处借债和银行贷款）大于或等于平均水平、借过高利贷对农户上山采药有正向作用，但统计显著水平有限。

总之，在西安周至县的具体分析中，农户所面临的信贷约束各个变量中，家庭成员大病所带来的消费风险、借高利贷并不是影响农民采药行为的关键因素，但如果获得了银行贷款或 WWF 的小额资助则会显著地降低农民上山采药的可能性。

三 小结与建议

我国自然保护区实行严格的林木禁伐、林木采伐许可证制度，采药行为一般也被禁止。西安周至农民的上山采药行为呈现出了不同于其他发展中国家森林丰富地区农户非林木森林产品采集活动的特点，当地并不存在所谓贫困与环境保护的"恶性循环"。即：①当地农民并不是由于收入或消费贫困而上山采药，相反地，上山采药的农户相对地还更富裕些。②当地农民上山采药更多的是与他们目前生计活动状况有关。如果他们仍以从事传统的种植业活动为主，较少地从事非农活动经营或外出打工，有较多的空闲时间，则他们采药的可能性更大。③由于可能是借债购买生产工具或耐用消费品，包括生产工具和耐用消费品在内的家庭流动性资产会对采药数量和采药收入有显著正向作用。④家庭借债额大于或等于平均水平对采药数量有正向作用，而获得银行信贷等正式信贷机会则会减少农户采药行为。

总之，调查地农民上山采药与贫困状况无关，更多的是一种生存习惯，与家庭劳动力数量、是否外出务工、农林业生计活动的特征相关。因此，禁止当地农户采药行为关键在于农户是否可以实现其生计活动的转型，而且，帮助农户解决他们所面临的信用约束（无论是消费性支出还是生产性支出）会减少农民上山采药的行为。因此，促进当地的自然生态保护需要从改变农户生计策略入手。例如，鼓励农村剩余劳动力外出务工，帮助解决农民借贷难问题，并加强宣传教育、规范林业管理制度等。

第三节　西部山区农民对林业与生态保护政策的态度及森林资源保护行为研究

一　被调查农民对林业与生态保护政策的认知与态度

在山区，林木是农民最重要的资源。在山区森林资源管理和利用制度中，基层政府机构发挥了较大的主导作用，社区管理仅起配合作用。而在政府机构中，基层的乡镇政府、乡林业工作站（也称林业站）等各有职能。在当地林业管理中，乡政府有举报权，林业站有执法权。林业站为事业型单位，人员在乡里领取工资，监管林木的采伐和营运。乡政府非常重视生态政策的实施情况，林业站通过发放传单、喊喇叭、瞭望哨、巡逻等手段进行监督和管理。

为了解山区农民对林业政策的态度和认知，课题组 2008 年 4 月在周至县四个乡镇进行了调查。自 2000 年实行封山育林后，周至调查地实施林木禁伐，当地居民在生活用薪柴问题上跟林业部门产生了一定的矛盾。针对当地农民对林业与环境保护政策的态度与认知，我们调查了 6 个问题，内容涉及被调查者对林业部门和本村的森林资源管理与利用相关规定的认知和态度、对当地生态保护政策的态度等。

根据表4－16，约53%的被调查农民对林业部门和本村的森林资源管理与利用相关规定（如木材砍伐、薪柴收集、林产品利用等制度）非常了解或有一些了解，仍有约47%的被调查者对这些规定和制度表示了解得较少或几乎不了解。

表4－16　被调查者对林业政策的了解情况

单位：%

调查问题	非常了解	有一些了解	了解得较少	几乎不了解
对林业部门和本村的森林资源管理与利用相关规定（如木材砍伐制度、薪柴收集制度、林产品利用制度等）了解情况	6.7	46.1	27.2	19.9

根据表4－17，大多数农民对目前山区限制性生态保护政策习以为常或已经认可，即76.5%的被调查者满意或非常满意林业部门所制定的森林资源管理与利用相关规定（如木材采伐、薪柴收集、林产品利用等各项管理制度），但问及"对本地区设立自然保护区和实施天然林保护工程对生产和经营活动产生了限制的态度"，59.2%的被调查者认为建立自然保护区和实施天然林保护工程限制了他们的生产和经营活动；约88.8%的被调查者认为农户应有更多的林地使用和林木经营自主权；而对于本村划入天然林保护工程的集体林、自留山等，95.8%的被调查者认为政府应该给予农户一定的经济补偿。

表4－17　被调查者对林业政策的认知情况

单位：%

调查问题	非常满意（非常同意）	满意（同意）	无所谓	不满意（不同意）	非常不满意（非常不同意）
对林业部门和本村的森林资源管理与利用相关规定（如木材砍伐、薪柴收集、林产品利用等制度）满意情况	10.2	66.3	11.1	11.3	1.1
对本地区设立自然保护区和实施天然林保护工程对生产和经营活动产生了限制的态度	8.8	50.4	19.9	17.8	3.1

续表

调查问题	非常满意 (非常同意)	满意 (同意)	无所谓	不满意 (不同意)	非常不满意 (非常不同意)
对林业部门应该给予本村更多的林地使用和林木经营自主权的态度	24.0	64.8	7.7	3.0	0.5
对生态公益林,或者禁伐的集体林、自留山等,政府应该给予农户一定的经济补偿	47.4	48.4	2.8	1.1	0.3

根据表 4-18,针对当地自然生态保护政策(如退耕还林工程、天然保护林工程、建立自然保护区)的总体态度,约 92% 的被调查农民表示非常支持或支持,仅有 1% 的被调查者表示不支持或非常不支持。因此,当地实施限制性的林业政策多年,大多数村民已经习以为常,或者由于外出打工而转换了生计活动类型,对这些限制性林业政策已经接受了。

表 4-18 被调查者对当地自然生态政策的态度

单位:%

调查问题	非常支持	支持	无所谓	不支持	非常不支持
对当地自然生态保护政策(如退耕还林工程、天然保护林工程、建立自然保护区)的总体态度	29.4	62.4	7.2	0.6	0.4

总之,被调查农民基本上没有表示不支持当地林业或者生态保护政策的态度,但他们认为建立自然保护区和天然保护林工程对他们林业经营活动产生了较大限制,对于放活林地林木的使用权、经营权、给予生态补偿等仍有较大的期望。

二 被调查农民对当地林业政策的遵守情况、林业管理制度执行情况的感知

为了解农民对当地林业管理制度的遵守情况、当地林业管理制度执行情况的感知,课题组共调查了五个问题,结果见表 4-19 和表 4-20。结果显示,80.7% 的被调查农民认为本村或附近很少有偷伐或林木、砍香菇棒等活动;约 80.7% 的被调查者认为本人及家庭成员非常好或较好地遵守了林业部门和本村森林资源的各项管理规定或制度;约 70% 的被调查者认为其他农

户非常好或较好地遵守了林业部门和本村森林资源的各项管理规定或制度；超过 1/3 的被调查者认为管理部门对于村民偷伐林木、砍香菇棒等违反森林资源管理规定或制度事件的处理及其公平合理情况一般，而约 7% 的被调查者认为处理得不好或非常不好；大多数人评价本地区由林业部门制定和监督、村上负责配合的森林资源管理制度的执行和实施情况为一般以上，仅有 8% 的被调查者认为当地的森林管理制度的贯彻执行和实施情况不好或非常不好。

根据课题组对农村社区干部的调查，在所调查的 20 个行政村里面，调查前一年度，即 2007 年仅有板房子乡长坪村出现过 2 次、涉案 3 人的林木偷伐事件，偷伐林木约 1 立方米。调查地 2007 年全年从乡林业站得到的林木采伐指标为 77 立方米，而且全部用于农民自用住宅用材、无商业性用材指标。

因此，根据以上农户评价和从村干部那里了解的情况，当地村民遵守林业部门森林资源管理相关制度和规定的整体情况还比较好，村民已经普遍接受了各项限制性森林管理制度。

表 4 - 19　对偷伐林木、砍香菇棒等活动发生情况的评价情况

单位：%

调查项目	非常多	经常	有时	很少	几乎从不
您认为本村或附近偷伐林木、砍香菇棒等活动的发生情况	2.6	6.7	10.0	44.8	35.9

表 4 - 20　对林业管理制度遵守和执行情况的感知

单位：%

调查项目	非常好	较好	一般	不好	非常不好
对本人及家庭成员对于林业部门和本村森林资源的各项管理规定或制度遵守情况的评价	19.9	60.8	16.9	2.0	0.4
对其他农户对于林业部门和本村森林资源的各项管理规定或制度遵守情况的评价	8.0	61.9	26.4	3.6	0.1
管理部门对于村民偷伐林木、砍香菇棒等违反森林资源管理规定或制度事件的处理及其公平合理情况	4.1	51.0	37.7	5.1	2.1
总体上,您认为本地区由林业部门制定和监督、村上负责配合的森林资源管理制度的执行和实施情况	7.0	51.6	33.4	6.1	1.9

三 被调查农民对当地实施集体林权制度改革的认知

课题组也调查了周至山区农民对集体林权制度改革的态度与认知，包括5个问题。其中，对集体林权制度改革了解和满意情况的指标各1个，集体林权制度改革后农民生产经营行为意愿的指标3个。在2008年调查之时，仅有30%的被调查者对集体林权制度改革非常了解或有一些了解，大多数人对集体林权制度改革几乎不了解或了解得较少。80%以上的被调查农民表示，如果国家允许承包集体林，表示愿意或非常愿意承包集体林，同时承包了集体林之后，愿意继续发展林业经营（当地主要为发展经济林果业，如山茱萸、板栗、核桃等）。此外，当地土地流转行为较少，土地流转市场不发达，更无林地流转的情况，仅少部分被调查者表示对于所承包的集体林地有着流转的意愿，因此，大多数农户将发展林业作为基本的生存需要。当地农民发展农林业主要是用于自给自足（数据结果略）。

四 社区治理与农民的生态保护行为分析

（一）研究概述

哈丁（1968）的"公共地悲剧"认为，缺乏排他性但具有竞争性的集体公共资源会被滥用。哈丁的"公共地悲剧"一直是经济学理论与实践上都非常重要的问题，即作为森林资源直接利用的主体，农村社区是否可以利用和管理好公共资源（如森林、草原、草地等）？如果农村社区能够管理好集体的森林、草地、草场等，有计划地利用公共环境资源，则哈丁的"公共地的悲剧"就不会发生。国内外有很多的实例说明，农村社区可以管理好公共环境资源，可以避免公共资源使用的"公共地悲剧"。以社区为基础的自然资源管理（CBNRM）理论，见本书第二章第三节。

社区治理与农村的环境保护、农村环境公共物品的提供有着密切的关系。农村良好的社区治理是否可以促进农民的森林资源保护行为或者农村环境公共物品的提供？这一问题对我国西部山区具有重要的理论与现实意义。尤其是随着我国集体林权制度改革的深入，近年来我国许多地方政府已开始通过集体林地产权的明晰、农户承包集体林、林地林木的管理权下放等，调动农民的积极性来管理和保护好森林资源。

国外有较多研究分析了社区对森林资源的管理。如著名的社区自然资源管理专家 Agrawal 研究了避免"公共地悲剧"中良好的森林资源管理的社区治理因素（Agrawal，2006）。

对这一问题，Ostrom 等（1994）有着经典的研究。他们认为，对于公共池塘资源的合作式管理，该集体行动的激励因素至少包括三个方面：公共物品的特点、参与者的特征、外部机构环境。公共物品的特点指资源的物质特征，如公共资源的稀缺性、规模、基础设施条件、公共物品的排他性和竞争性情况。参与者的特征指群体或集团规模、集团或群体成员的来源，而外部机构环境则指政府部门的治理结构。上述因素独立或者共同影响着集体行动的激励特征。

根据上述框架，Araral（2009）对菲律宾农户参与农业灌溉协会，如缴费、提供劳动力等集体行动的研究发现，水资源的稀缺性、农户与市场的距离、成员与农场规模和治理结构均对该集体行动产生影响和作用，尤其是该农业灌溉协会如果采取自治或由农户自己管理将显著地提高其集体行动能力。这也说明农村社区自治或良好的治理将有助于提供公共物品和提高集体行动能力。

总之，农村基层社区组织、农村的社区治理将在农村环境公共物品的提供、社区森林资源管理方面发挥作用。以下以西部山区森林资源保护为例，实证分析西部山区农村社区治理与农民森林资源保护行为之间的关系。

（二）变量与分析

1. 模型中的变量

根据上述基本理论和相关的农村治理文献[①]，问卷设计了四个了解农民森林保护行为的具体题项，即"您是否宣传过有关森林资源管护或者环境保护方面的知识？您是否参加过林业部门或者其他组织所举办的森林资源管理方面的座谈会？您是否给村上提过森林资源管护或者环保方面的建议？您是否向有关部门举报或者阻止过偷伐林木、偷猎野生动物的现象？"

为分析农民的森林保护行为，实证分析考虑了以下变量：首先，与社区治理相关的变量。为突出社区治理因素与农民森林资源保护行为之间的关系，这里与社区治理相关的变量有：①村每年召开村民大会的次数。一般

---

① 陈潭、罗晓俊：《中国乡村公共治理研究报告（1998～2008）》，《公共管理学报》2008 年第 5 期。

地，村召开大会的次数越多，说明该村"一事一议"和民主情况越好，社区治理状况越好，应越能促进村民环境保护公共物品的提供；②被调查者对"本村上次所开展的土地承包过程是公平合理的"态度与感知；③家中是否有乡或村干部。

其次，社区凝聚力。本书参考社区归属感（潘允康，2007）和 Buckner（1988）社区凝聚力测度量表，并根据当地的实际情况做了一些修改，从而得到了被调查者对社区凝聚力评价的均值。该指标值越大，表示被调查者越认为本村有凝聚力；反之，该指标值越小，表示被调查者认为本村缺乏凝聚力。

再次，被调查农民的社会人口特征：①被调查者的年龄；②被调查者的性别；③家庭成员受初中以上教育程度占家庭人口的比例；④家庭生计活动特征。这里用林业纯收入占家庭纯收入的比例来反映对林业的依赖水平。一般地，对于林业越依赖的农民越有可能参与森林资源的保护。

最后，地理特征。这里指被调查者的居住地是否位于或临近自然保护区。

2. 数据来源与分析结论

数据来自课题组 2008 年 4 月在西安周至县山区的入户调查数据。这里使用了其中板房子乡和王家河乡 10 个行政村的入户调查问卷，删除部分有缺失值的问卷，有效问卷共 498 份。

结果显示，在这两个被调查的乡中，56% 的被调查者对周围的人宣传过有关森林资源管护或者环境保护方面的知识；9% 的被调查者参加过林业部门或者其他组织所举办的森林资源管理方面的座谈会；28.7% 的被调查者给村上提过森林资源管护或者环保方面的建议；16.1% 的被调查者向有关部门举报或者阻止过偷伐林木、偷猎野生动物的现象。从上面的数据来看，当地仍有部分农民主动参与森林资源的保护，或者主动提供生态保护公共产品。

该 2 个乡镇 10 个行政村中，每年开村民大会 0～6 次，平均 3 次。

被调查者的社会人口特征情况为：被调查者 79.4% 为男性，20.6% 为女性；被调查者的平均年龄为 43 岁；92.2% 被调查者家庭成员中无乡或村干部；87.8% 的被调查者临近或者在自然保护区内。被调查者的家庭林业纯收入占户纯收入的比例为 47.2%，即当地被调查者家庭纯收入的一半来自林业纯收入及退耕地的补助，当地农户对林业的依赖程度较高。此外，被调查者对社区凝聚力评价均值为 3.6295 分。针对"本村上次所开展的土地承包过程是公平合理的"所持的态度，被调查者持同意态度的占 75.3%，认为无所谓的占 13.6%，而持不同意态度的占 11.1%。

对于调查地农民的森林资源保护行为，笔者采用 Logistics 模型进行回归分析，得到了以下结果（见表 4 – 21）。

表 4 – 21　西部山区农民森林资源保护行为的 Logistics 回归分析结果

变量	是否宣传过管护或环保知识	是否参加座谈会	是否提出过建议	是否举报偷伐偷猎
截距项	– 1.262 (1.108)	– 5.42 *** (2.125)	– 2.187 * (1.188)	– 5.874 *** (1.623)
本村村民大会的次数是否大于平均水平 (参考类：小于和等于平均水平)	0.525 ** (0.234)	0.664 * (0.396)	0.221 (0.250)	0.136 (0.291)
对土地承包过程公平合理的认知 ①同意 (0.324) ②无所谓 (0.416) (参考类 = 不同意)	0.254 (0.324) – 0.524 (0.416)	– 0.318 (0.593) – 0.794 (0.825)	– 1.029 *** (0.316) – 1.280 *** (0.420)	– 0.646 (0.395) – 0.961 * (0.537)
本家庭成员是否有乡村干部(1 =是，0 =否)	2.02 *** (0.47)	2.714 *** (0.422)	1.669 *** (0.367)	1.442 *** (0.393)
社区凝聚力评价	0.420 * (0.250)	0.122 (0.450)	0.356 (0.264)	0.56 * (0.324)
被调查者年龄	– 0.006 (0.009)	0.023 (0.016)	0.002 (0.009)	0.008 (0.011)
被调查者性别(参考类 = 女性)	0.315 (0.253)	0.254 (0.503)	0.598 ** (0.287)	0.326 (0.357)
家庭成员初中以上受教育程度比例	0.548 * (0.329)	0.830 (0.597)	0.121 (0.354)	– 0.815 * (0.458)
林业纯收入占家庭纯收入的比例	0.008 (0.316)	– 0.848 (0.595)	– 0.021 (0.336)	0.959 ** (0.407)
是否位于或临近自然保护区(1 =是，0 =否)	– 1.247 *** (0.322)	1.266 (0.828)	0.138 (0.351)	1.921 ** (0.767)
似然函数极大值	615.2 ***	241.9 ***	560.2 ***	404.6 ***

注：林业纯收入包括农户种植林产品的纯收入和退耕地补助。括号内为标准误。

*** 、** 、* 分别表示显著性水平为 0.01、0.05 和 0.1。

（1）有关社区治理相关因素对于农民森林资源保护行为的分析有以下发现：首先，本村村民大会的次数大于平均水平有对于村民宣传有关森林资源管护或者环境保护方面的知识、参加林业部门或者其他组织所举办的森林资源管理方面的座谈会有显著的正向作用，且对农民提出森林资源管护或者环保方面的建议、举报或者阻止过偷伐林木、偷猎也有正向作用，但不显著；其次，对于本村上次所开展的土地承包过程是公平合理的持有不同态度对农民森林资源保护各行为基本上无显著作用，但相对于持不同意态度的人，持同意和无所谓态度对于农民提出森林资源保护建议行为有显著的负面作用，即越是认为上次土地承包过程是公平合理的农民反而提建议的行为越少，越不积极；再次，本家庭是否有乡村干部对于被调查者的森林保护行为有着非常显著的正向作用，能够显著地提高被调查者参与森林资源保护的行为；最后，农民对于本村社区凝聚力的评分值对于参与环境保护宣传、举报偷伐和偷猎行为有一定的正向作用，对参加座谈会和提出建议也有正向作用，但后者统计上并不显著。

（2）在被调查者的社会人口特征方面，被调查者的年龄对于其森林资源保护行为无显著作用；男性的森林资源保护行为要高于女性村民，但仅在提出森林资源管护或者环保方面的建议方面是显著的；家庭初中以上受教育程度比例对于环保宣传行为有一定的正向作用，但对于举报偷伐偷猎行为有一定的负面作用，其他无显著作用。

（3）家庭林业收入比例越高越能够促进村民的举报偷伐林木、偷猎行为，但对于其他森林资源保护行为无显著作用。

（4）位于自然保护区对于农民举报偷伐林木、偷猎行为有显著正向作用，但对于环保宣传有显著的负面影响，其他方面无显著影响。

五　小结与建议

本节依据以社区为基础的自然资源管理理论，实证分析了社区治理与农民森林资源保护行为的关系。结果显示，社区治理因素对于农民参与森林资源管理、农村环境公共物品提供方面发挥着一定的积极作用，尤其是本村村民大会召开的次数越多、社区凝聚力越强，农民主动提供森林保护公共物品的行为越多，而且在森林生态保护、提供森林保护公共物品方面，当地村干部能够发挥模范带头作用。因此，为实现我国山区的森林资源保护，不能仅依靠林业行政管理部门强制性的"管、卡、压"手段，应该积极发挥社区的作用。良好的社区治理将有助于我国森林丰富地区的环境可持续发展。

促进当地森林资源的保护和农户生计的可持续需要提高当地农民参与森林资源管理的程度。结合实证分析的结果，需要从提高当地社区的民主程度、提高地方认同感以及农民的参与能力这三个方面入手，具体建议如下。

1. 对农村社区赋权

山区森林资源管理的权力目前基本集中在县级政府和相关林业部门手中，乡镇政府乃至农村社区在森林资源管理方面基本上只有义务而没有权力。所谓赋权，就是将林地和林木产权确确实实地下放到农村社区手中。比如，在一定范围内赋予社区对森林资源、林地和林木的决策权、处置权和收益权等。

2. 建立沟通的平台和渠道

合理地运用各种正式或者非正式渠道，实现定期或不定期的沟通，谋求和谐发展。

3. 能力建设

能力建设不仅指农户管理技能（比如技术）的不断提高，也包括使每个农户不断加深对自身权利、义务及责任的了解。这不仅可以调动社区成员参与森林资源管理的积极性和主动性，也可以使社区成员对管理体制提出更多的建议。

此外，相关部门应扩大宣传，提高农民对于政府相关政策的了解。总之，森林资源管理必须与农村社区的发展紧密联系，促使社区积极参与森林经营管理活动并从中受益。

第五章　生态补偿政策的公平、
　　　效果与效率研究

　　以下用三章的内容研究目前我国学术界、政府和社会各界都非常关心，同时在我国也进行了广泛实践的生态补偿政策。生态补偿政策类型和实施机制多样。本书所研究的生态补偿主要针对采用了使用者付费（UPP）原则的生态补偿类型，如森林生态补偿、自然保护区生态补偿、中央财政对重点生态功能区的转移支付等，不涉及针对矿产资源开发所采取的污染者付费（PPP）原则生态补偿形式。本书生态补偿侧重于研究生态补偿对于微观农户生计的影响，或者生态补偿政策与农户生计之间的关系，即结合农户生计，尤其是农户可持续生计框架进行研究。

　　生态补偿研究结合农户生计有着重要的意义。这是因为随着我国社会经济发展和新型城镇化的进程，西部山区越来越多的农村劳动力脱离了土地的束缚而从事非农经营或外出务工活动，农户生计活动呈现出多样化的特点，而实施退耕还林工程、天然林保护工程等所带来的耕地面积的减少更加速了这一趋势。这本身也是生态补偿所带来的综合影响或效应之一。

　　本章论述生态补偿的基础理论。第一节探讨生态补偿的概念，简要分析我国生态补偿政策和实践进展，论证生态补偿的环境经济学理论基础，如外部性理论；第二节分析生态补偿政策的评估标准，即效率、效果和公平的含义，论证生态补偿的目标或综合评估标准，即生态补偿实现生态保护的效果、效率与公平等目标的理论依据，并综述以往实证研究的结论等。

第一节　生态补偿的概念与我国生态补偿政策进展

一　生态补偿的概念与基本原理概述

我国生态补偿的研究始于 20 世纪 80 年代在生态学和经济学意义上生态补偿的探索。联合国环境与发展大会后，进入基于环境损失赔偿的理论探讨阶段。随着我国生态保护工作的加强，生态工程的实施以及保护和发展矛盾的加剧，生态补偿含义拓展到对生态环境保护者进行补偿，进入理论和实践相结合的阶段，并成为社会各界的热点问题。但是目前我国理论界对生态补偿的含义、理论依据和补偿标准等核心问题仍然存在不确定性。我国生态补偿含义经历了从生态学意义到经济学意义的发展历程，目前阶段的生态补偿含义与国际上的"生态系统服务付费"比较接近。

生态补偿有着较为丰富的内涵，涉及生态补偿的主体、客体、对象、条件、目标、原则及内容等，生态补偿的核心本质是解决环境问题和相关利益者关系的理论和政策工具。由于侧重点的不同和概念本身的复杂性，学者们对其定义也有着不同的表述。

生态补偿在国外被称为"生态系统服务付费"（Payment for Ecosystem Service，PES）。早期对生态补偿的定义，如毛显强等（2002）从外部性理论角度出发，对补偿主体和客体的成本收益进行了分析，认为生态补偿是通过对保护（或损害）环境资源的行为进行补偿（或收费），以提高该行为的收益（或成本），从而激励保护（或损害）行为主体增加（或减少）因其行为而带来的正外部性（或负外部性），达到保护环境资源的目的。

环境保护部环境与经济政策研究中心（2006）认为，生态补偿机制是指为改善、维护和恢复生态服务功能，调整相关利益者因保护或破坏生态环境活动产生的环境利益及其经济利益分配关系，以内化外部成本为原则的一种具有经济激励特征的制度。

李文华等（2006）从经济学、环境经济学、生态学等不同学科角度对生态（效益）补偿概念进行了梳理，并综合大多数学者的意见，提出生态（效益）补偿是用经济的手段达到激励人们对生态系统服务功能进行维护和保育，解决由于市场机制失灵造成的生态效益的外部性并保持社会发展的公平性，达到保护生态与环境效益的目标。这是首次在概念中提出了生态系统服务（功能）维护和保育的目标，将生态补偿与生态系统服务（功能）联系在一起，与国际上的生态系统服务付费概念较好地衔接，也为生态补偿研究与生态系统服务研究的结合提供了广阔的空间。

国外学者 Wunder（2005）将生态补偿定义为至少有一个环境服务的提供者和一个购买者在清晰界定环境服务的前提下进行的一种自愿交易，并且环境服务的提供者能够保证环境服务的供给。Pagiola 等（2005）认为生态补偿是生态系统服务使用者进行付费、生态系统服务提供者得到补偿的经济行为。另外，国外生态环境服务付费与奖励山地穷人研究项目（RUPES）认为生态补偿应包括四点：一是在实际的生态系统服务案例中确实存在生态补偿的因果关系；二是参与生态补偿的服务提供者和服务使用者都是知情和自愿的；三是环境服务提供者的保护行为是可以监测的，可以依据监测结果进行补偿和付费；四是补偿制度应该考虑穷人的利益，公平地配置资源和分配利益。这一概念的内涵更为丰富，包括了生态补偿的生态保护效果和所带来的资源配置效应。总之，国外对于生态补偿概念是按生态服务付费（PES）来理解的，指依据生态服务功能的价值来补偿生态环境的保护者和建设者，以激发他们保护生态环境和进行生态建设的积极性。

根据上述定义，生态补偿应包括以下几方面的主要内容：一是对生态系统本身保护（恢复）或破坏的成本进行补偿；二是通过经济手段将经济效益的外部性内部化；三是对个人或区域保护生态系统和环境的投入或放弃发展机会的损失的经济补偿；四是对具有重大生态价值的区域或对象进行保护性投入。生态补偿机制的建立以内化外部成本为原则。

总之，生态补偿是一项环境经济政策，是以经济的手段解决环境问题的有效工具。作为一种处理环境问题的政策工具集，生态补偿的目的在于通过将生态系统外部价值转化为对参与者的财政激励而增加生态系统服务供给。生态补偿被视为一种提高生态保护经济效率的方式。对于不同的定义或形式，生态补偿政策都有一个共同的元素，即：生态补偿与其他基于经济激励的环境经济政策都是通过改变激励机制（尤其是价格机制），而不是通过明确的规则或指示生效的。

生态补偿的基本原则一般有：污染者付费（PPP）原则、使用者付费

（UPP）原则、受益者付费（BPP）原则和保护者得到补偿原则。

此外，生态补偿的方法和途径有很多，按照不同的准则有不同的分类体系。按照补偿方式可以分为资金补偿、实物补偿、政策补偿和智力补偿等；按照补偿条块可以分为纵向补偿和横向补偿；按照空间尺度大小可以分为生态环境要素补偿、流域补偿、区域补偿和国际补偿等；而补偿实施主体和运作机制是决定生态补偿方式本质特征的核心内容。按照实施主体和运作机制的差异，大致可以分为政府补偿和市场补偿两大类型。

（1）政府补偿。根据我国的实际情况，政府补偿是我国目前开展生态补偿最重要的形式。政府补偿是以国家或上级政府为实施和补偿的主体，以区域、下级政府或农牧民为补偿对象，以国家生态安全、社会稳定、区域协调发展等为目标，以财政补贴、政策倾斜、项目实施、税费改革和人才技术投入等为手段的补偿方式。政府补偿方式包括以下几种：财政转移支付、差异性的区域政策、生态保护项目实施、环境税费制度等。

（2）市场补偿。交易的对象可以是生态环境要素的权属，也可以是生态环境服务功能，或者是环境污染治理的绩效或配额。通过市场交易或支付实现生态（环境）服务功能的价值。典型的市场补偿机制包括以下几个方面，如一对一交易、市场贸易（如生态旅游）、生态标记等。

二　生态补偿政策的经济学理论依据

（一）外部性理论

外部性理论是生态经济学和环境经济学的基础理论之一，也是生态与环境经济政策的重要理论依据。在现实生活中，无论是在生产领域还是在消费领域，很多经济主体的行为都会对他人产生或正或负的影响，这种影响就是外部性。环境资源在生产和消费过程中的外部性主要反映在两个方面：一是资源开发造成生态环境破坏所形成的外部成本；二是生态环境保护所产生的外部效益。这些成本或效益在生产或经营活动中没有得到很好的体现，导致破坏生态环境的行为没有得到应有的惩罚，保护生态环境产生的生态效益被他人无偿享用，生态环境保护领域难以达到帕累托最优。

外部性是经济活动中私人边际成本（或收益）与社会边际成本（或收益）的不一致，即个人或厂商的经济行为影响了他人或其他厂商，却没有为之承担相应的成本或获得应有的报酬。当社会边际成本收益与私人边际成本收益相背离时，不能靠在合约中规定补偿的办法解决矛盾，因为这时市场机制无法发挥作用，即出现市场失灵，必须依靠外部力量，即通过政府干预加以解决。政府通过设立税费与补贴等经济干预手段使边际税费（或边际补贴）等于外部边际成本（或外部边际收益），从而使外部性"内部化"。这种外部性内部化的制度，就是制定生态补偿政策的核心。

（二）公共产品理论

公共产品是指那种提供给社会成员共同享用的产品。每个人可以自由享用这种产品，并且每个人对这种产品的消费，都不会导致其他人对该产品消费的减少。公共产品具有非排他性和非竞争性的特征。非排他性是指产品一旦被提供出来，就不可能排除任何人对它不付代价的消费；非竞争性是指一旦公共产品被提供，增加一个人的消费不会减少其他任何消费者的受益，也不会增加机会成本。这两个特性就意味着公共产品如果由市场提供，则每个消费者都不会自愿掏钱去购买，而是等着他人去购买而自己顺便享用它所带来的利益，这就是"搭便车"问题。如果所有社会成员都意图免费搭车，那么最终结果就是没人能够享受到公共产品，因为"搭便车"问题会导致公共产品的供给不足。

公共产品除了有纯公共产品，还有准公共产品，即不纯粹的公共产品，是处于公共产品和私人产品之间的一种形式，只具有有限的非竞争性或非排他性。只具有非竞争性的公共产品也称俱乐部型公共产品，是通过收费实现排他的。该准公共产品通过收费，将不愿付费者排除在对该准公共产品的消费人群之外，但在通过付费实现使用权的消费者之间是非竞争的。而只具有非排他性的公共产品称为公共资源型产品，这种产品超过一定使用水平后，增加一个消费者的边际成本大于零。它们在消费上具有竞争性，但是却无法有效地排他，如公共森林、公园，因而容易产生"公共地悲剧"问题，即如果一种资源无法有效地排他，那么就会导致这种资源的过度使用，最终导致全体成员的利益受损。

生态环境及其服务具有整体性、区域性和外部性等特征，具有公共产品的属性，需要从公共服务的角度出发，对其进行有效的管理，重要的是强调主体责任、公平的管理原则和公共支出的支持。在生态环境保护方面，基于公平性的原则，区域之间、人与人之间应该享有平等的公共服务，享有平等的生态环境福利。

（三）　生态环境价值论

长期以来，资源无限、环境无价的观念在人们的思维中根深蒂固。随着生态环境破坏的加剧和生态系统服务功能相关研究的开展，人们更为深入地认识到生态环境的价值，并认为它是反映生态系统市场价值、建立生态补偿机制的重要基础。Costanza 等（1997）和联合国千年生态系统评估（MA）的研究在这方面起到了划时代的作用。生态系统服务功能是指人类从生态系统中获得的效益。生态系统除了为人类提供直接的产品外，它所提供的其他各种效益，包括供给功能、调节功能、文化功能以及支持功能等可能更为巨大。因此，人类在制定与生态系统管理有关的决策时，既要考虑人类的福祉，同时也要考虑生态系统的内在价值。生态补偿是促进生态环境保护的一种经济手段，对于生态环境特征与价值的科学界定，则是实施生态补偿的理论依据。

三　我国生态补偿研究进展概述

我国对生态补偿的研究，主要集中在生态补偿的理论依据、补偿原则、补偿主体、补偿对象、补偿依据、补偿标准、补偿办法、资金筹措、资金管理等方面，并且探索了生态补偿的运行机制，如市场经济机制、政府引导机制、政府与市场并行的混合机制，以及法律保障机制等问题。此外，我国较早开展的排污收费制度的研究以及传统的环境价值研究，可以看成是生态补偿机制研究的一部分，但它们还不是明确意义上的生态补偿研究。以下重点说明生态补偿机制的两个研究问题。

第一，生态补偿标准或补偿强度，既是生态补偿的一个关键问题，也是难点问题。确定生态补偿标准的方法与依据，补偿标准一般参考以下四个方面的价值进行初步核算：生态保护者的投入和机会成本的损失、生态受益者的获益、生态破坏的恢复成本、生态系统服务的价值。

第二，生态补偿的定位问题。生态补偿的定位问题最主要的就是解决生态补偿费与排污费、资源费之间的关系问题。

关于生态补偿费与排污费、资源费的区别，不同的学者有不同的观点，但是其理论依据基本一致，环境经济学认为"商品价格不仅应当反映企业的商品生产成本，还应当反映由生产该商品所引起的有关环境成本"。具体地讲，商品的边际机会成本等于边际生产成本、边际外部成本与边际使用者成本之和。

边际生产成本是生产商品所发生的直接成本，即通常意义上的商品生产成本；边际外部成本是在商品生产过程中使用环境、资源所引起的环境质量退化，其主要表现为环境污染和生态破坏；而边际使用者成本则是由现在使用环境、资源而放弃的其未来效益的价值。一般来说，可再生资源不存在边际使用者成本，而不可再生资源则具有边际使用者成本。

此外，环境经济学认为生态补偿费与资源部门的收费本质一致，即都体现环境价值论和环境财富论思想。生态补偿费与资源部门收费之间的主要区别是，前者是人们经济活动中对环境条件无意识破坏的经济支付，而后者则是一种有意识破坏的经济支付。

我国已经实施的资源税实质上是把自然资源的固有利用价值（直接价值）以税收形式加以体现，或者说是对资源的耗竭以税收形式从经济上给予资源所有者（国家）补偿。但是许多地方的资源开发是以牺牲生态环境价值来赢得其现实经济效益的，致使整个生态环境破坏问题仍然无法解决。一些部门征收的资源费，只是考虑对本部门所管资源的保护或更新，而不考虑对其他资源或生态环境要素的破坏及其危害进行补偿。资源税和资源补偿费不考虑对资源开发所造成的地面塌陷、水土流失、泥石流、森林、草地及耕地破坏等的补偿。因此，需要通过征收生态补偿费或税对自然资源的生态环境价值进行补偿，把生态破坏的外部不经济性转化为企业内部的不经济性，促进其加强对生态环境的保护。而生态补偿费与资源费之间的关系主要在于是否将资源费拓展为包括外部成本（生态补偿费），还是专门针对外部成本进行生态补偿收费。

针对我国生态补偿的基本定位和外延，中国环境与发展国际合作委员会生态补偿项目组成员提出，中国的环境保护工作领域基本上划分为环境污染防治和自然生态保护（与建设）两大领域。无论从数量还是结构来看，中国的环境污染防治政策体系都是比较丰富和完善的。相比较而言，生态保护政策体系则比较薄弱，呈现出严重的结构短缺问题，基于市场机制的经济激励政策基本处于空白，因此提出较恰当的生态补偿外延主要针对生态保护领域，与排污费、资源费等制度并存（任勇、俞海等，2006；俞海、任勇，2008）。

四　我国生态补偿政策的实践进展

从 20 世纪 80 年代以来，我国开始启动大规模生态建设工程，包括防护林体系建设、水土流失治理、荒漠化防治、退耕还林还草、天然林保护、退牧还草、"三江源"生态保护等一系列生态工程。这些工程均具有鲜明的生态补偿意义，投入资金达数千亿元之多。

对于我国建立和完善生态补偿机制，业内呼吁已久。长年以来我国坚持施行大规模的生态建设工程，并取得了相应的生态效益。但一些生态补偿项目，如退耕还林、生态公益林等给予农户的生态补偿标准过低，甚至没有明确补偿机制的问题。由于缺乏动态、长效的生态补偿机制保障，生态建设区域的农民生计受到影响。同时，生态补偿目前基本限于政府部门行为，资金筹措渠道窄、总量少；尤其是一些补偿标准明显偏低，给生态效益的巩固带来挑战。

早在 2005 年，国务院《关于落实科学发展观加强环境保护的决定》（国发〔2005〕39 号）就要求"完善生态补偿政策，尽快建立生态补偿机制。中央和地方财政转移支付应考虑生态补偿因素，国家和地方可分别开展生态补偿试点"。通过试点工作，研究建立自然保护区、重要生态功能区、矿产资源开发和流域水环境保护等重点领域生态补偿标准体系，落实补偿各利益相关方责任，探索多样化的生态补偿方法、模式，建立试点区域生态环境共建共享的长效机制。

原国家环境保护总局《关于开展生态补偿试点工作的指导意见》（环发〔2007〕130 号）指出，生态补偿机制是以保护生态环境、促进人与自然和谐为目的，根据生态系统服务价值、生态保护成本、发展机会成本，综合运用行政和市场手段，调整生态环境保护，建设相关各方之间利益关系的环境经济政策。建立和完善生态补偿机制，有利于推动环境保护工作，实现从以行政手段为主向综合运用法律、经济、技术和行政手段的转变，有利于推进资源的可持续利用，加快环境友好型社会建设，实现不同地区、不同利益群体的和谐发展。

2010 年 12 月我国发布《全国主体功能区规划》，该规划将我国国土空间分为以下主体功能区：按开发方式，分为优化开发区域、重点开发区域、限制开发区域和禁止开发区域；按开发内容，分为城市化地区、农产品主产区和重点生态功能区。主体功能区规划也分为国家和省级两个层面。为维护国家生态安全，促进生态文明建设，引导地方政府加强生态环境保护，提高国家重点生态功能区所在地政府基本公共服务保障能力，我国中央财政对国家重点生态功能区实施转移支付。为规范转移支付分配、使用和管理，增强地方政府生态环境保护意识，提高国家重点生态功能区转移支付资金使用绩效，我国制定了《中央对地方国家重点生态功能区转移支付办法》（财预〔2012〕296号）。中央财政逐步加大对国家重点生态功能区的转移支付力度，并对其他重要生态功能区域给予适当补助。补助对象为《全国主体功能区规划》中限制开发的国家重点生态功能区所属县（县级市、市辖区、旗）和禁止开发区域。按主体功能区要求和基本公共服务均等化原则，适应主体功能区要求，我国近年来加大了均衡性转移支付力度。

十八届三中全会发布的《中共中央关于全面深化改革若干重大问题的决定》（以下简称《决定》）首次将"生态文明体制"概念纳入全面深化改革的目标体系，并首次提出建立系统完整的生态文明制度体系，明确提出实行资源有偿使用和生态补偿制度。《决定》指出，"建设生态文明，必须建立系统完整的生态文明制度体系，实行最严格的源头保护制度、损害赔偿制度、责任追究制度，完善环境治理和生态修复制度，用制度保护生态环境"，建立从源头到过程直至后果、全方位的自然资源和生态、环境保护的制度体系。具体地，在源头严防方面，有健全自然资源资产产权和用途管制等若干制度；在过程严管方面，有划定生态红线、实行资源有偿使用和生态补偿、充分发挥税收和价格的杠杆作用等若干制度；在后果严惩方面，有损害责任赔偿制度、对造成生态环境损害的地方领导终身追究责任制度、对违法违规企业严厉惩罚制度等。

2015年4月25日，中共中央、国务院发布了《关于加快推进生态文明建设的意见》，提出"到2020年，资源节约型和环境友好型社会建设取得重大进展，主体功能区布局基本形成，经济发展质量和效益显著提高，生态文明主流价值观在全社会得到推行，生态文明建设水平与全面建成小康社会目标相适应"，以及"生态文明重大制度基本确立，基本形成源头预防、过程控制、损害赔偿、责任追究的生态文明制度体系，自然资源资产产权和用途管制、生态保护红线、生态保护补偿、生态环境保护管理体制等关键制度建设取得决定性成果"。文件中提出了"加快建立系统完整的生态文明制度体系，引导、规范和约束各类开发、利用、保护自然资源的行为，用制度保护生态环境",包括:健全法律法规、完善标准体系、健全自然资源资产产权和用途管制、完善生态环境监管、严守资源环境生态红线、完善经济政策、推行市场化机制、健全生态保护补偿机制、健全政绩考核、完善责任追究等十项制度。

2016年4月国务院发布了《关于健全生态保护补偿机制的意见》(国办发〔2016〕31号),提出了"完善森林、草原、海洋、渔业、自然文化遗产等资源收费基金和各类资源有偿使用收入的征收管理办法;完善重点生态区域补偿机制,统筹各类补偿资金,探索综合性补偿办法。划定并严守生态保护红线,研究制定相关生态保护补偿政策。健全国家级自然保护区、世界文化自然遗产、国家级风景名胜区、国家森林公园和国家地质公园等各类禁止开发区域的生态保护补偿政策。结合生态保护补偿推进精准脱贫。在生存条件差、生态系统重要、需要保护修复的地区,结合生态环境保护和治理,探索生态脱贫新路子。生态保护补偿资金、国家重大生态工程项目和资金按照精准扶贫、精准脱贫的要求向贫困地区倾斜,向建档立卡贫困人口倾斜。重点生态功能区转移支付要考虑贫困地区实际状况,加大投入力度,扩大实施范围"。

我国近年来正在逐步推进和完善生态补偿制度。截至目前,全国共有17个省份推行了省域内流域生态补偿政策,新安江、渭河领域正在进行跨省流域生态补偿试点,其中,中央财政下达补偿资金3亿元继续推进新安江流域跨界水环境补偿试点;森林生态效益补偿制度不断完善,2013年中央财政森林生态效益补偿资金达149亿元,广东、福建等省提高了补偿标准;在内蒙古、新疆、甘肃、青海等13个省(区)实施草原生态保护补助奖励机制,2013年中央财政安排草原生态保护补偿奖励资金159.75亿元,按照目标、任务、责任、资金"四到省"和任务落实、补助发放、服务指导、监督管理、建档立卡"五到户"的基本原则,对牧民实行草原禁牧补助、草畜平衡奖励、牧民生产资料补贴等政策措施;江苏、湖北、广东等地在加快研究制订湿地生态补偿试点方案;2014年,中央财政下拨国家重点生态功能区转移支付480亿元,享受转移支付的县市已达512个。2008~2014年,中央财政累计下拨国家重点生态功能区转移支付2004亿元,多地因地制宜探索补偿模式。①

---

① http://news.xinhuanet.com/fortune/2014-07/01/c_1111402960.htm.

另外，针对重点生态功能区的转移支付，研究者提出要深化财政体制改革，完善公共财政体系。中央财政在均衡性转移支付标准财政支出测算中，应当考虑属于地方支出责任范围的生态保护支出项目和自然保护区支出项目，并通过明显提高转移支付系数等方式，加大对重点生态功能区特别是中西部重点生态功能区的均衡性转移支付力度。省级财政要完善对省以下转移支付体制，建立省级生态环境补偿机制，加大对重点生态功能区的支持力度。建立健全有利于切实保护生态环境的奖惩机制。同时，鼓励探索建立地区间横向援助机制，生态环境受益地区应采取资金补助、定向援助、对口支援等多种形式，对重点生态功能区因加强生态环境保护造成的利益损失进行补偿（李国平等，2014）。

第二节　生态补偿项目的效果、效率与公平
——生态补偿究竟能够实现什么目标？

一　引言与问题的提出

公平与效率的评估是近年来国内外生态补偿研究的热点问题之一。国外对生态补偿项目进行综合评估，主要是采用了 3E 评估标准，即平等（Equity）、效率（Efficiency）和效果（Effectiveness），而平等与减贫密切相关。这里首先需要厘清这几个相关概念的准确内涵以及研究这个问题的背景。本节关注以下几个问题。

（1）公平与平等的含义，进一步地，生态补偿政策评估中公平、正义、平等的含义。

（2）生态补偿项目效率的含义、关键影响因素。

（3）生态补偿一般是将具有外部性的生态效应内部化的政策工具，那么，生态补偿项目是否能够促进农村社区和农户减贫？生态补偿与减贫的关系，或者生态补偿项目减贫的内在机理是什么？

（4）生态补偿的效率、成本—有效性与减贫三者间的关系。生态补偿项目的减贫目标是否与其他目标（如生态建设与环境保护的效果）相违背，或者两个目标是否可以相协调？尤其是生态补偿项目的瞄准对象与项目效率、公平之间的关系。如国外一些研究者提出生态补偿项目要瞄准那

些生态服务价值高的地块，同时，这些地块刚好也为贫困农户所有。这样，生态补偿项目就可以兼顾生态效果与减贫目标，但这对项目瞄准的技术过程要求较高。找到生态补偿效率与公平的结合点具有重要的理论和现实意义。通常实践中生态补偿项目的生态目标往往具体落实到项目参与农户的土地利用用途（如农户对土地进行退耕还林还草、退牧还湿、退稻还湿等），或者参与农户的生产行为或投资行为（如使用化肥、农药情况，水土保持措施等）。

二　环境保护政策收入分配效应的理论基础

根据环境经济学原理，现有的环境规制管理工具包括三大类：强制性行政手段、以市场机制为基础将外部效应内部化的庇古税、环境损益双方科斯式的谈判解决方式。在环境经济学理论、教科书、以往研究文献中，大量研究和比较了这三类环境管理规制方式的异同、优劣势、现实可行性等，尤其是分析不同环境管理规制手段的效率和成本有效性。普遍认为，以市场机制为基础的环境经济政策工具，如庇古税在成本有效性、效率方面优于强制性行政手段。而在明晰产权基础上的科斯谈判式解决环境外部性的直接应用虽有限，但在界定和明晰产权基础上通过市场机制进行的排放权交易、森林碳汇等，在达到环境与生态保护目标方面也被认为具有较高的效率。有关环境管制手段、环境经济政策的公平性、对收入分配的影响和作用，则研究得较少。环境经济学家认为，作为一种公共政策，环境经济政策关注该政策总体上的资源配置与收入分配效应，包括对不同产业或地区间的资源配置效应的影响和作用，受研究方法、框架、数据等的限制，对于不同人群，尤其是穷人等弱势群体的分析则很少。

与能源政策、污染预防控制与治理的环境经济政策不同，自然生态保护政策，往往在贫穷、落后的农村地区实施，这样，生态保护政策不仅要达到保护生态环境的作用，研究它的平等（Equity）、公平（Fairness）、公正（Justness）、正义（Justice）、合法性（Legitimacy），及其对于农村贫困人口等弱势群体生计的影响也就非常重要了。

（一）社会福利函数、帕累托最优、福利标准与社会福利最大化

在西方经济学中，公平与资源配置的方式和结果有关。新古典经济学分析公平问题可以从帕累托最优、社会福利函数中发现其思路。

社会福利函数（或社会效用函数）根据次序关系进行定义。社会次序是某一社会发现自身所处的各种可能状况（社会状态或世界状态）的排列。通常这一种次序关系必须具有某种特定的性质，包括可传递性。如果某些条件得到满足（森，1970），社会次序就可以表达成一种函数，称之为"社会福利函数"（SWF）。

有关社会次序方面，以下问题也必须加以强调：在直接和间接社会次序之间做出选择；在间接次序的情况下，在加总个人偏好的方法之间做出选择。个人偏好的加总至少在以下三个方面引起争议：①个人偏好的表述，特别是表现在满足程度的测量上；②比较不同的个人状况的可能性；③加总规则。

在确定完整的社会次序时要利用某种个人间的比较方法，或者说，在界定完整社会次序时需要我们使用某种形式的个人间比较，这促使我们选择分配和社会公平的标准。

在个人间效用具有可比性的基础上有各种公平标准，这些标准所使用的加总规则是不同的。基于这些分配公平标准和加总规则，可以有功利主义社会福利函数，贝尔努利—纳什社会福利函数、罗尔斯社会福利函数、伯格森—萨缪尔森社会福利函数。

如果我们想加总个人效用或状况以构造一个社会福利函数，或者想从分配的角度对各种状况进行排序，通常依据两个能够被表示成社会福利函数的最著名的公平标准：功利主义标准、罗尔斯的公平理论。最后，在效用可能性边界的约束下，通过使所选择的社会福利函数最大化来获得社会最优。

西方经济学所定义的社会福利函数，包括：功利主义（边沁主义）、罗尔斯主义、折中主义、（绝对）平均主义四种社会福利函数。除了平均主义的观点完全否定了效率的考虑外，其他三种观点尽管在公平和效率之间的权重分配上有着相当的差异，但都兼顾了对公平和效率两者的考虑。公共经济学家阿特金森（Atkinson，1970）认为前三种观点可以统一表示为：

$$w = \frac{1}{1-v} \sum_h [(U^h)^{1-v} - 1]$$

其中，v 被阿特金森定义为"规避不平等参数"。v 越大，社会福利函数中赋予穷人的权重就越大，社会规避不平等的可能性就越大。在功利主义中，$v=0$；而在罗尔斯主义的观点下，$v\to\infty$。

社会福利水平和社会福利函数这一概念所隐含的问题是：①各人对社会福利函数的见解不同；②社会无差异曲线显然必须加总这些不同的个人对社会无差异曲线的观点，这很困难，经济学未解决不同个人之间效用相加的问题。公共经济学原理认为，最优分配可以用社会福利函数和效用可能性总边界的形式来说明。但不同的人对社会福利函数和总效用可能性边界的形式存在很大分歧。

帕累托标准是普遍认可的社会福利标准。为了避免对合意的效用分配做出结论，帕累托对社会福利制定了一个标准。帕累托标准规定，当群体中一个或更多成员的处境被改善而没有一个成员的处境被恶化时，社会福利就被增加了。在这种情况下就发生了帕累托改进。

在实践中对帕累托标准的反对意见关注这样一个问题，即遵守该标准的社会福利的变化并不经常发生。几乎每一次一些人的效用增进都会伴之以其他人的效用下降。在这些情形下，究竟社会福利是增进还是下降，帕累托标准没有给出决定性的回答。换句话说，帕累托标准没有给出完整的排序。

为回应这一反对意见，在经济学家卡尔多（1939）和希克斯（1939）设想的基础上（后来发展为补偿原则论，又称新帕累托标准），新帕累托学派探讨了由于经济变化而处境改善的人（受益者）能否补偿那些处境恶化的人（即受损者）这一问题。如果一个特定的改变使得受益者的福利改进很大，以至于在完全地补偿了受损者的福利损失后尚有剩余，这一改变就是一个潜在的社会福利改进。为了清晰地判断在社会福利中是否存在这样一个潜在的改进，美国当代著名经济学家西托夫斯基曾设想进行两个补偿试验。在第一个试验中，受益者被问及是否愿意在转变中对由他们所导致的受损者的损失进行补偿。在第二个试验中，受损者被问及如果改变不发生，他们是否愿意补偿受益者。如果第一个试验答案是肯定的而第二个是否定的，那么不能说改变将带来社会福利的增进，但是可以说基于帕累托标准，这一改变有可能增进社会福利。

补偿原则论并不要求补偿真的发生。其中一个理由是如果真的计算出补偿支付额并付诸实施，那将是一个难度高、成本大的操作。提出的第二个理由是补偿支付的实际实施只对福利分配有意义，而这恰是帕累托标准想要回避的；补偿问题应该是与福利分配无关的一个单独决策的主题。

（二）环境保护政策的收入分配效应

公共经济学家阿特金森认为，帕累托效率并不保证竞争过程所导致的分配与广为接受的公平概念相一致（不管公平是什么内容）。再分配是政府的主要活动之一。福利经济学很大部分是以假定能够实现非扭曲性税收和转移支付为基础的。

经济学理论分析了资源配置与收入分配之间的关系。福利经济学和公共经济学对效率和公平及其相互关系进行了大量研究。一方面，提出了帕累托效率、福利标准，如含有分配意义的李特尔标准等，将福利变化的量值（如消费者剩余、等价变化、补偿变化等）作为福利的衡量标准，提出收入的最优分配概念；另一方面，福利经济学通过构造社会福利函数来研究效率和公平，基于不同的公平观，有功利主义（边沁主义）、罗尔斯主义、折中主义、平均主义等四种社会福利函数，而阿特金森构建的社会福利函数中定义了"规避不平等参数"。最优分配可以用社会福利函数和效用可能性总边界的形式来说明。福利经济学的最优、次优、第三优理论的探讨可以推广到公平—效率的平衡问题。

农村生态与环境保护政策不仅会带来资源配置变化，如农户土地利用、生产要素投入、劳动力与家庭时间安排变化等，也会带来收入分配效应。环境经济学家、理论与实践者很早就关注了环境政策的分配效应。以往大多数研究者认为，环境税费具有累退效应。环境经济学家鲍莫尔和奥兹（2003）认为，环境政策实施起来会涉及收益的分配，如环境保护、公共产品在不同人群的收益和成本的分配，提出了要考虑环境保护政策的成本如何在不同收入人群中分担，分析了帕累托最优与环境政策中公平之间的关系，认为环境政策的转变成本、维持成本会有一定程度上的累退情况，认为应当在环境政策中包含有效的重新分配措施，提高环境质量的政策应包含特别的设计用来帮助抵消任何分配后果的措施。但他们侧重于从生产要素，如资本和劳动力之间的收入分配来研究。

新古典经济学关于帕累托最优的要素利用理论侧重于研究生产要素，如资本和劳动力之间的分配关系。而公平分配最终所关心的是个人之间与家庭之间的分配关系，而不是各组要素所有者之间的关系（平新乔，1992）。以往研究也多基于新古典经济学的理论探讨，较少进行环境或生态政策收入分配效应的实证研究和案例分析。

公共经济学家阿特金森认为，除了政策在分配方面的一般影响外，必须考虑对特定集团的效应，如特定地区、种族或家庭。政策制定者通过将社会所希望的分配措施与实现资源配置帕累托最优的手段相结合来提高社会福利。

三　生态补偿与平等、正义、公正

（一）生态补偿中的公平、平等、收入分配等研究的必要性

根据科斯定理，科斯对外部性的解决方法认为效率提高与产权分配无关，忽略了公平问题。从这个角度来看，重要的是不同经济主体的总收益和总损失，而不是其如何进行社会分配。这样，依据环境经济学原理，对生态补偿政策（PES）的评估传统上效率和平等的考量是分离的，也即生态补偿政策通常被认为是一种提高自然资源管理效率的手段，而并非必然能够减贫。这一传统观点将生态补偿政策的减贫效应视为一种受欢迎的"副作用"，穷人可以纳入生态补偿的瞄准目标，只要将其纳入不会带来效率的损失。

平等是可持续发展和全球环境公平的核心内容，与经济效率、环境有效性和政治可行性都是可持续环境治理的关键内容。分配因素在大多数生态补偿项目实践中是非常重要的。至少在发展中国家，生态补偿项目面临着与针对社会弱势群体的农村发展干预项目的比较、利益相关者对于生态补偿项目的成本、收益分配情况的感知，而且实践中所采用的公平原则也是决定生态补偿项目成败的关键因素之一。因此，发展中国家通常将生态补偿视为多目标的政策工具，往往需要同时实现生态保护和扶贫两个目标。生态补偿项目如果不能够将平等和公平考虑在内，则这些因素会在长期内阻碍生态补偿的可行性。即使从总体上看是有效率的生态补偿项目，但收益和成本分配不公平的生态补偿项目仍然可能不被利益相关者接受，也难以获得通过并被认为是合法的。若只将提高效率作为指导原则易造成理论和现实间的不匹配，尤其是考虑生态补偿机制设计的合法性时，公平性问题通常是重要因素。生态补偿项目可能调整或加强现有的权力结构，改变资源不均的现状（Corbera等，2007）。

我国一些研究者也关注到了生态补偿政策所具有的收入分配效应，认

为要进行基于利益相关方多方参与的生态补偿机制研究。生态补偿作为一种经济手段，是经济利益的重新分配，涉及众多主体的利益调整，因此在生态补偿机制确定过程中，需要有不同利益相关方的参与。尤其需要关注弱势群体在生态补偿中的参与，在保护生态环境的过程中要充分考虑弱势群体的生计对生态环境的依赖，考虑弱势群体的生存和发展权利（杨光梅等，2007）。

此外，研究者也关注生态补偿项目能够达到的其他社会发展目标，如增加农户的社会资本、提高谈判能力、促进农村治理、组织制度化与机构建设等。如生态补偿涉及生态服务供求双方的谈判过程，它有助于提高生态服务供给方的社会资本和制度建设，尤其是有助于明晰原先模糊的环境产权。

（二）公平与正义的内涵概述

公平与分配原则相关联。公平涉及对程序和结果进行成本和效益分配的社会观念，以及在特定的社会文化规范下，相关契约性权利和义务。人类社会资源在其成员间分配的规则在持续变化着，他们对分配结果的满意程度也是变化的（Leventhal，1980）。这就意味着关于公平和公正的含义不仅在每个社会中都是具体的，更是处在不断变化中。公平的概念与公正和正义紧密相关，有时甚至难以与二者区分开来。

早在 1965 年亚当斯提出了一种侧重于研究工资报酬分配的合理性、公平性及其对职工生产积极性影响的激励理论。公平理论是在社会比较中研究个人所做的贡献与所得的报酬之间如何平衡的。随后，公平理论逐步发展，除了亚当斯的社会比较理论外，还有程序公平理论以及互动公平理论，个体公平理论和群体公平理论。罗尔斯说："一个社会体系的正义，本质上依赖于如何分配基本的权利义务，依赖于在社会的不同阶层中存在着的经济机会和社会条件。"以罗尔斯的正义理论为指导思想，公共政策阶段公平论盛行，依据公共政策公平的实现阶段来划分，理论界将公共政策公平分为起点公平、过程公平和结果公平（李金龙等，2010）。阿尔蒙德又认为公共政策价值的形成过程将经历利益表达、利益综合、利益认定三个过程。

依据阶段公平理论，公平又分为起点公平、过程公平和结果公平。起点公平是指资源配置初始条件的公平，以及在初始条件不可能绝对平等的前提下，个体参与和享有机会的公平；过程公平是指实施公平的原则和执行公平的操作；结果公平是指对于个体而言，其所得结果与付出贡献相匹配。

公平是一个十分复杂、争议较大的概念。在不同的历史时期，为了要促进生产力的发展，会产生和使用不同的公平概念；对于不同类型的人群，从自身角度出发，会强调有利于自身的不同的公平概念；对于不同的政策问题，由于出发点和具体情况的不同，公平的概念也会存在差别。

在管理学和公共政策评估中，公平包括程序公平和结果公平两个含义。20世纪70年代中期，美国社会学家锡伯特（John Thibaut）和法学家华尔特（Laurens Walker）提出了程序公平的概念。

从经济学角度来看，经济公平是指不同利益主体在社会经济生活中合理分摊经济利益，包括经济竞争中的机会公平、规则公平和结果公平。其中，机会公平是指竞争机会的获得不受个人家庭背景、自然禀赋、特定环境等因素的影响；规则公平即规则的普适性；结果公平是指收入分配尺度的公平性。而市场经济条件下的公平则包含等价交换公平、权利公平、劳动公平以及分配结果公平这几个方面。

从伦理角度来看，社会公平包含以社会心理为核心的民众公平、法权意义上的社会价值体系公平、社会制度体系的社会公平三个层面。在公共政策层面上，因为其价值取向受政策主体价值选择的影响表现为公平、效率、民主、秩序等多元性，所以公平体现为利益表达、利益综合、利益认定这一政策价值形成三个阶段过程中政策主体（即政策制定者）与政策客体（即公众）的关系及价值的选择。

在环境公平的研究中，其含义包括了"环境政策中人的公平待遇"，同时，在公共参与和环境资源代内和代际利用方面的含义也逐渐为人们所重视。可以看出，环境公平本质上同样从待遇、参与、分配等方面体现了公平的内涵。

此外，公平分为主观公平和客观公平，即评判公平的标准是主观的还是客观的。主观公平是指以主体的价值需要为轴心来评价公平，而客观公平的提出主要是由于公平的本质内容是调节人们之间的社会关系和财富分配关系的一种规范，具有也应该具有客观的标准和内容。

（三）生态补偿公平性的多个维度与原则

1. 生态补偿公平性的内涵

Corbera 等（2007）提出"公平是指依据一系列既成原则或标准对社会

经济因素和商品进行分配",认为公平分为程序公平(参与决策)和分配公平(结果分配)。遵循和引用从制度和社会公平视角研究生态补偿的国外专家 Corbera 等(2007)的定义,公平是"社会群体对分配公平性的共同观点和看法,公平与社会—经济要素禀赋和商品的分配有关"。其中,程序公平通常指生态补偿设计和实施的程序、相关利益群体的参与情况。分配公平考虑的是结果的分配。也就是说公平的概念通常聚焦于对收益和损失的分配,经济公平和分配公平主要用于引导在给定的生态补偿机制中的资源分配过程。

公平也是在既定生态补偿方案中指导资源分配的公平原则和分配正义评价。现有的国内外生态补偿研究文献中,结果公平通常指生态补偿供给方和需求方的收益和损失的分配情况。从广义上看,经济公平与分配规则(对于结果和分配成本收益的程序)的社会认同密切相关。同时,程序公平情况也可能会影响到结果公平。在实证研究中,公平也经常用利益相关者(如农村居民、政府官员等)的感知公平来表示。

Corbera 等(2007)从过程公平出发,提出了一个三层次的生态补偿公平分析框架,包括参与公平、决策公平和结果公平三个层次,分别对中美洲三个生态补偿案例进行了评估。

McDermott 等(2012)总结了分配公平的原则(见表5-1)。表5-2也说明了分配公平的代表性原则。研究者也提出了生态补偿项目评估中三个维度的公平概念,即情景公平、程序公平和结果公平,以及它们之间的关系(见图5-1)。

表 5-1　公平分配的原则

类型	理论	原　则
结果导向	功利主义	实现最大多数人的最大幸福
	福利经济学	实现个人福利的增加有助于总体福利的增加
规则导向	自由主义	平等的权利
	平等主义	平等的份额
	基于价值、功绩	报酬按投入的比例分配
	基于需求	报酬按需要分配

资料来源:McDermott 等(2012)。

表 5 - 2 分配公平代表性原则的内涵

理论	利益和成本分配的原则
基于价值、功绩	利益应按股东投入或贡献的比例分配(Pascual 等,2010);Konow(1996)用"责任原则"这一术语表明分配应该与工作努力程度有关;Miller(1999)提出"赏罚",好的绩效应获得好的赞誉;Pascual 等(2010)区分了两种分配标准:按提供服务的机会成本"补偿"和按"实际供给"的服务分配
基于需求	分配应基于需求并且需求最多的人应得到更高的报酬,以确保受益最少的人能保持尽量高的地位
平等主义	同一种服务的所有提供者应平等分配,不考虑其提供服务的成本和水平
自由主义	分配应基于产权和道义上的自由行动。右派自由主义支持私人权利并主张自然资源应该适当地分配给发现资源、声称具有资源的合法权利或在其中投入劳动的人们;左派自由主义则赞成资源共同所有并且那些宣称拥有所有权的人应该支付其他人相应权利的报酬

资料来源:根据 McDermott 等 (2012) 和 Pascual 等 (2010) 编写。

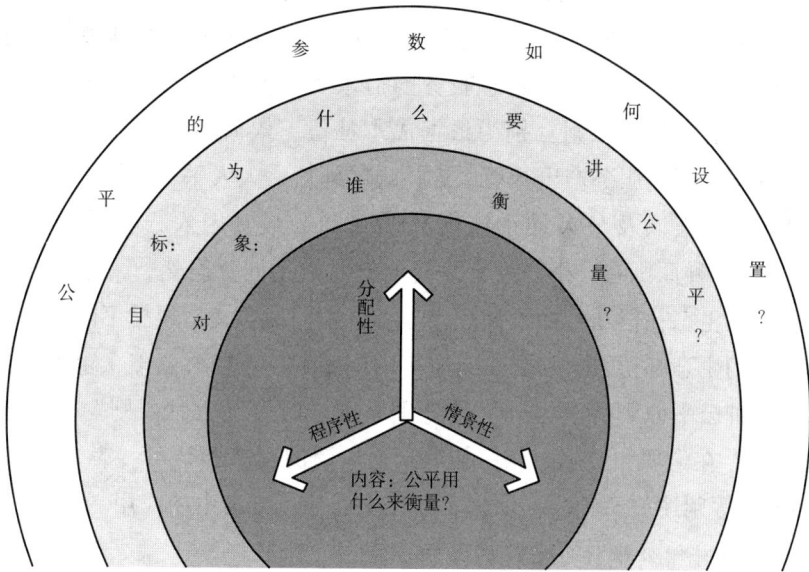

图 5 - 1 生态补偿项目的公平性分析框架

资料来源:McDermott 等 (2012)。

结果公平与分配正义,传统上与平等或平等主义思想相关。公平也包括更多的内涵和哲学意义。如公平原则也包括了承担责任的程度(问责原则)、基本需要原则。一方面,问责原则指的是奖励(或者惩罚)必须与当事人的投入或贡献（如生产水平）相一致。针对生态补偿政策，问责原则指的是生态补偿要依据土地使用者（如农户）通过土地管理工作或者投入而产生的额外环境服务，此时该标准等同于"贡献原则"（Leventhal，1980），也与我们通常所采用的各种公平原则，如"补偿"和"实际提供"原则相一致。另一方面，需要原则也被认为要确保基本生存需求可以平等地被满足。基本需求原则通常关注社会中弱势群体的福利。与贡献原则相反，基本需要原则通常也意味着那些有着最大需要的补偿接受者应该接受一个较高的补助以确保弱势群体、最不利人群的地位尽可能地高。这一原则类同于罗尔斯主义的公平原则，以及"最大最小原则"。

此外，国外研究者也认为生态补偿政策可能涉及合法性问题。例如，某个流域生态补偿项目可以提高上游地区贫困的生态服务提供者的能力和地位，但通过付费机制也可使下游地区大规模的用水合法化。

Pascual 等（2010）总结了生态补偿项目的七种补偿原则，它们或显性或隐性地应用于许多发展中国家的生态补偿项目。这些公平原则既应用于生态服务的生产者，也适用于生态服务的需求者及其他利益相关者。Pascual提出的 7 种生态补偿原则分别为依据成本补偿、依据实际环境服务产出补偿、依据预期环境服务产出补偿、维持现状补偿、人人平等补偿、为社区提供公共产品补偿以及最大最小原则补偿（如为最贫困农户提供最多的补偿）。上述 7 种原则在公平与效率之间的侧重点不同。当然，采用不同的公平原则会对生态补偿项目的设计和实施有着不同的含义。根据不同的公平原则，不同的生态补偿方案对公平与效率的侧重程度不同。当然，也无法比较或判断哪种公平原则优于另外一种公平原则，因为"贡献原则"和"基本需要原则"在伦理和实际操作中都得到了广泛的支持和认可。表 5 - 3 显示了 Pascual 等阐述的 7 种公平原则及其在生态补偿方案中的应用。

2. 生态补偿公平标准选择的影响因素

首先，生态补偿作为一项环境经济政策，制度安排会影响生态补偿对公平与效率的倾向。制度包括了产权设计与安排、组织等。不同的制度，如在市场、科层行政体制、集体社区这三种最基本的制度环境下，生态补偿的程序和结果公平性可能有所不同。其次，在一个既定的生态补偿项目中，采用何种公平标准不仅取决于制度、技术因素及利益相关者之间的权力关系，也出于实践考虑（如特定标准是否能与现实情况相容）。一些标准，如补偿原则和实

表 5 – 3　生态补偿项目中的公平原则

公平原则	如何影响生态补偿项目的设计和实施
补偿成本原则	为土地所有者因提供生态服务而放弃的利益提供补偿,补偿根据其所提供的生态服务生产成本不同而存在差异
公共利益原则	补偿应投资于公共产品,所有生态服务生产者都将由其对公共产品的使用而间接受益。补偿是无差别的(或无直接补偿)
平等主义	生态补偿项目应为所有生态服务生产者均等分配资金,如根据每单位的土地面积,与生态服务提供的水平和成本无关,即补偿无差别
最大最小原则	补偿目的是使最贫困农户的净利润最大化,即使以效率降低作为代价。补偿根据生态服务生产者的收入不同而存在差别
实际供给	对利益相关者的资金分配依据生态服务提供的真实结果水平,补偿根据实际生态服务供给水平而存在差别
预期供给	对生态服务生产者,如农户的补偿可依据在给定的土地利用方式下预期的生态服务供给水平。补偿由于生态服务提供的预期水平而存在差别,目的是补偿农户改变特定的土地利用行为,以期望生产生态服务
维持现状	补偿应当维持生产者原有收入分配的相对水平。补偿根据其对收入不平等的影响而存在差别

资料来源：Pascual 等（2010）。

际供给标准,尽管从效率角度来看可能更加合适,但其实施过程中面临困难。这是因为评估与特定土地利用形式相关的生态服务存在生物、物理上的困难,且在不完全信息（如供给成本）下预测和确定农户或生产者的补偿标准具有较大困难。当然,由谁掌握公平原则或标准的决定权也很重要。

生态补偿方案所采纳的公平标准也反映了赋予效率与公平的相对权重。如在一个极端情况下,采用最大最小公平原则的生态补偿方案的目的是提高符合条件的最贫困农户的净收益,即使环境额外性是微不足道的。相反,采用实际供给原则的生态补偿方案,当较富裕的农户以最低成本方式提供生态服务时,可以对生态补偿效率产生积极的影响,但对公平会有潜在的消极影响。类似的,当采用维持现状原则时,也存在潜在风险,即目前收入分配往往代表了最有权力的群体意愿,并将有偏见性的分配形式合法化。其他公平原则,如生态补偿成本原则、实际供给原则、期望供给原则,基本依据了环境额外性而非公平性的原则,更强调了生态补偿的效率。其他原则,如最大最小原则或公共利益原则,更关注使穷人受益的社会分配效应,而非出于环境效率的考虑。

现实中，生态补偿政策设计或实施过程很少明确地考虑特定的公平原则，但这些项目往往是在含有某个公平原则的收入分配规则下进行的。例如，墨西哥一个以固碳为目标的生态补偿项目，由于土地的集体产权以及国家未直接将资金分配给个人而是给予社区，在对社区公共资源（基础设施、教育、健康等）进行集体决策的过程中，该项目采用了公共利益原则（Corbera 等，2007）。类似的，我国的退耕还林工程以及其他许多国家的生态补偿项目，为简便操作，对每亩退耕土地采用了相同补偿标准，即与生态服务供给中的空间差异和不同的土地所有者或农户退耕的成本无关，这意味着采用了平等主义的公平原则。Jesus de Otoro 实施的流域保护生态补偿项目根据农民提高水质的行为和数量而确定不同的补偿支付标准，即该项目采用了预期供给原则（Kosoy 等，2007）。厄瓜多尔的一个生态补偿项目为每个土地所有者或农户补偿的资金是根据土地上固碳的数量来确定的，即采用了实际供给原则（Wunder 和 Alban，2008）等。

以 Muñoz-Piña 等（2008）分析的一个墨西哥森林生态补偿项目为例，该项目的主要目的是促进原住民社区对森林的保护。由于该方案中大部分森林并未受到明显的威胁，该项目所能产生的环境额外性受到质疑；但该项目的大多参与者属于贫困者，该生态补偿项目作为一种收入再分配机制是有效的。因此，该案例的生态补偿效率为负，而公平效应为正。

（四）生态补偿项目效率与公平之间的关系

由于西方主流的生态补偿研究来自基于科斯定理的产权经济学和制度经济学，其主要将生态补偿视为提高环境保护的经济效率手段（如 Engel 等，2008），将生态补偿解释为一种基于市场机制的政策工具：它通过"使价格正确，为环境服务正确定价"将环境外部性内部化，同时建立一个环境服务市场，该补偿价格至少能够弥补生产者为生产和提供生态服务、改变土地使用方式等而发生的机会成本。

总体上，科斯的环境产权理论和相关环境经济政策强调效率目标，不考虑公平因素，效率目标可以独立于产权分配方式而达到。这里关注的是不同经济主体的总收益和损失，而非总收益或总成本如何在社会内分配。但是，以提高生态服务生产效率为目的的 PES 有可能会改变甚至强化现有的权力结构，以及拥有资源权力的不平等，这些都有着显著的公平与平等含义。PES 与贫困的生态服务生产者如农户有着密切的关系，同时，PES 项目设计者考虑到项目的立法合理性和可接受性，也往往需要兼顾贫困农户参与 PES 的资格、条件、能力和意愿，需要考虑 PES 可能扶贫的途径与影响因素等。

　　生态补偿的实施中存在效率和公平不同组合的各种结果，公平原则将影响 PES 项目设计过程中赋予效率与公平的相对权重。Pascual 等（2010）分析了 PES 公平和效率的关系，并强调了制度因素在公平—效率关系中的影响和作用，提出要正确理解分配正义的不同含义。他们提出了一个 PES 公平与效率关系的概念框架图（见图 5-2）。该图中两条正交坐标轴划分出四个象限，分别代表了效率和公平正负效应的理论组合。出于例证性分析目的，该曲线在效率与公平二者效果均为正的第一象限。图 5-2 的这条生态补偿项目公平—效率曲线由不同的部分组成，点沿曲线的运动受到点 a 和点 d 位置的限制，显示了 PES 效率与公平效应之间的协同或权衡。该曲线的形状是不同的，包括非线性等多种情况，该曲线的形状取决于许多因素，其中之一是 PES 项目所采用的公平原则。

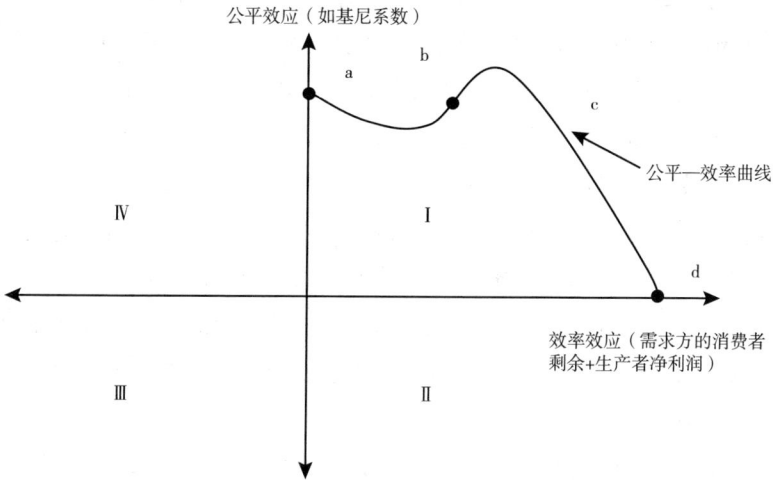

图 5-2　生态补偿项目公平—效率曲线

资料来源：Pascual 等（2010）。

　　（五）国外研究者对 PES 平等、公平与正义的研究综述

　　以往研究大多集中于分析 PES 的效率、成本—有效性，或者单独分析 PES 的公平性、利益相关者对 PES 公平的感知等，而将 PES 的公平和效率连接起来的综合分析则较少见。

Sommerville 等（2010）以当地农户的主观感知为依据，分析了马达加斯加一个以社区为基础的 PES 项目所带来的利益分配的机会、挑战，从 PES 项目是否使社区受益、是否使农户受益以及是否公平分配三个维度评估了当地 PES 的实施效果，具体分析了农户自身社会经济特征与社区特征对农户主观感知的影响，并进一步讨论了不同社区之间评估结果不同的原因，强调了 PES 利益分配是否会顾及贫困农户以及是否会考虑高机会成本农户，提出了一些可能的解决方案，指出应当重视 PES 的前期设计与后期监管。

Clements 等（2010）比较了柬埔寨的三个 PES 项目，并依据三个原则进行了比较：制度安排、成本和收益的分配、生态保护结果。柬埔寨的案例分析表明，在达到环境保护的效率目标和社会包容之间会有一定的替代关系，从长久来看会影响到 PES 的实施效果。越复杂的 PES 项目设计（如规则、组织）越需要较长时间来建立，也越被当地群众所支持。

Jack 等（2008）发表于《美国科学院院刊》（PNAS）上的综述论文《PES 设计：以往基于激励机制的经验启示》分析结果显示，同指令控制方法相比，生态服务生产者成本的异质性越大，PES 项目符合成本有效性的潜力越大；当最穷的生产者同时也是最低机会成本和最高生态服务的潜在提供者时，PES 政策最有可能达到扶贫；资源被许多小的拥有者拥有时，交易成本可能会更高，这意味着成本有效性和扶贫之间的权衡；价格变化增加了政策的总体成本，这将影响分配结果，并可能危及项目的环境效益。

Gonget 等（2010）研究了在《京都协议书》清洁生产机制下注册的一个再造林项目。他重点关注了社会资本在形成合同、影响当地村民、伐木公司和碳需求方中的作用。

Corbera 等（2007）分析了中美洲流域交易和森林固碳的四个 PES 案例，也对 PES 的公平性进行了评估，从参与公平、决策公平和结果公平三个层次分别对调查案例进行评估。他们的研究显示，PES 项目的参与和发展受到组织的网络情况以及农户对现有的土地森林资源产权、可及性的强烈影响。程序公平有较大的差异，如保护区管理者和中介主导了决策过程，生态补偿未能弥补个体农户的生产机会成本，将导致不平等的结果。Kosoy 等（2007）也提出，当前 PES 的决策过程和结果的不平等来自制度设计中的缺陷，尤其是产权。

　　总之，PES 的公平问题，大多数学者认为是 PES 减贫目标的实现、政策干预下不同人群的损益情况，如 Wunder 等（2008）。尤其是国外大多数 PES 评估研究特别关注穷人，也将穷人或贫困者的参与情况、穷人最终受影响情况（受益或受损）作为该项目实施结果或绩效是否公平的一个重要标志。

（六）小结

　　PES 本身是为生态服务生产者提供的经济激励以纠正外部性、增加具有正外部性的公共产品的生产，以及实现帕累托最优和社会福利最大化基础上的资源配置。同时，PES 与公平密切相关。由于生态服务和生态产品丰富地区也是贫困地区，许多理论研究者和实践者将 PES 也作为农村发展干预、缓解农村贫困的一种手段。这方面也有着大量理论研究、综述性文献和以案例研究为主的文献（Engel 等，2008；Grieg-Gran 等，2005；Subhrendu 等，2010；Vincent，2010）。国外研究认为 PES 不单纯是实现环境保护目标，还应有农民增收与减贫、促进土地产权安全性、提高农户能力与福利、发展非农活动与替代生计、使用新燃料、制度与机构建设等作用。这样，研究者评估了 PES 对减贫的作用、制约贫穷农户参与 PES 项目的影响因素，如资格、能力、意愿等（Grieg-Gran 等，2005；Pagiola 等，2005）。从这个角度来说，生态服务的提供与减贫双重目标可能达成一个双赢的局面。此外，"公平"应当考虑贫困的多元维度。贫困是一个超越了经济与安全维度（如收入和脆弱性），包括了社会文化因素，如地位、尊严和授权等的政治性维度。

　　综上，PES 公平性研究通常应包括以下四个方面：①补偿标准的确定。补偿标准的确定要考虑参与农户的机会成本，补偿标准要大于农户的机会成本。但难点在于准确测算农户的机会成本，农户的机会成本存在较大的差异。②PES 最后的结果对穷人有益，至少不能对穷人有伤害。以往学者对于 PES 的社会经济影响进行了大量评估，包括对增收减贫的影响和作用。如果是专门针对贫困参与者的分析，则需要比较贫困户在参与 PES 项目前后的变化情况。③PES 签约过程的合法、公平与正义情况。④参与者的感知公平情况。⑤PES 公平与效率的关系。PES 项目的瞄准情况与其公平和效率密切相关，即贫困农户能否成为生态服务的有效提供者。

四　生态补偿政策实施效率的含义与关键影响因素

（一）PES 所能达到的环境效果、成本—有效性

生态补偿项目对生态系统服务功能的影响是衡量 PES 项目是否环境有效的重要指标。随着生态补偿的概念在全球广泛传播，不同尺度的生态补偿项目也越来越多，但由于政策工具与生态效果因果关系的复杂性，这些项目普遍缺乏对保护效果的评估，证明这些项目在保护自然资源方面的效率的实验数据仍不足。此外，自然界的不确定性水平、生态服务供给过程中的变化水平和价值需要收集更多的关于生态和经济的信息，这影响了进一步科学研究进而提高了交易成本（例如，数据收集、监控、建模等）。因此，在更好地确定实际的成本和收益（或效率水平）与实施 PES 方案二者之间通常存在一个平衡的问题，而且方案的可行性与交易成本紧密相关（Vatn，2010）。

为了有效地保护环境，一个项目应提供其被物理测量方法精确定义的环境效益水平。为了有效地节约成本，一项政策必须以比别的可行政策更低的成本去完成同等水平的环境效益。从全社会的角度来看，PES 项目的成本，不仅包括直接实施的成本，还有项目的交易成本和放弃替代资源的生产性用途的成本，而这通常被称为"机会成本"。交易成本包括合同谈判费用、科学基础研究费用以及监测和执法费用。最后，尽管公平的很多方面都是重要的，但我们仍把重点放在扶贫上，因为它是 PES 项目研究的热点问题。我们将公平看作一种相关的政策结果，但还是有很多国家的 PES 政策，尤其是发达国家，并不把它当作一个明确的目标。

总之，从 PES 环境效果的角度上看，需要进一步完善生态系统服务价值评估体系，在此基础上更多地从生态系统服务功能的角度来评价项目实施的效果，以便进行合理的后续政策筛选，促进可持续的管理。

（二）PES 效率的内涵

生态补偿作为一种解决环境问题的政策工具，旨在通过将生态系统服务的外部价值转化为对参与者的财政激励来增加生态系统服务供给。因此，生态补偿效率成为生态补偿理论与实践领域关注的焦点与热点，提高生态补偿效率也成为生态补偿实践者的目标。

通常，生态补偿的环境效率包括了三个内涵：①额外性，即生态服务所带来的额外正外部性，即生态服务本身是增量的；②条件性，即遵从性，合约

的双方将遵从有关生态服务供给量的条件；③降低 PES 本身的实施成本，如考虑农户的机会成本（生态补偿标准要弥补农户的机会成本，或者大于农户的接受意愿），以及减少 PES 本身的行政成本（监督、实施成本，交易成本等）。

环境效率效应至少与三方面的因素有关。首先，PES 所带来的环境额外性。对环境额外性的评估也需要对基准情境的定义，并可能随着时间发生变化。其次，揭示环境效率需要对其所提供的服务的经济价值进行了解。最后，实施成本，需要分别识别和评估所有类型的交易和机会成本。原则上，对成本和效益的测算都应在考虑净现值的前提下进行。这就带来了选择折现率的额外挑战。这也不可避免地意味着在对成本和收益进行分配时考虑代际公平标准。实施成本很大程度上取决于 PES 实施中收集和管理的信息质量和数量，以及进行谈判和建立契约的情况。反过来，后者也依赖于 PES 项目中利益相关者的数量和差异性，以及中介组织的结构和性质。再将合同实施的成本考虑进来，包括实际的执法及监督活动等（Ferraro，2008）。

基于国际上生态补偿效率理论研究与实践进展，赵雪雁（2012）介绍了生态补偿效率分析框架，分析了生态补偿无效率状况，较为系统地总结了影响生态补偿效率的因素，从生态补偿基线的建立、生态系统服务供给量与生态服务供给成本的影响因素出发，分析各种因素对生态补偿效率的影响机制与作用大小，寻求提高生态补偿效率的方法；同时，认为还需要深入研究生态补偿效率与公平性之间的关系，提出应从建立准确的生态补偿基线、进行生态补偿对象空间定位、合理估算真实机会成本、降低交易成本等方面出发，提高生态补偿效率。

生态补偿方式可以分为直接补偿和间接补偿，这种制度上的不同会直接影响 PES 公平与效率的效果。通常 PES 的补偿标准对每一位环境服务提供者都相同。Southgate 等（2009）认为农户需要不同的生态补偿，因为他们的收入来源和面对的风险都不同。PES 采用统一的补偿标准通常会产生低效率，对于不同生计策略的农户，生态补偿也应做相应的调整。

通常，PES 项目中最成本有效和环境效率高的生态服务生产者未必是低收入的农户和社区组织。我们关注的是：贫困的 PES 利益相关者是否可以成为环境服务的高效率提供者。这样，就可以达到生态保护和减贫（通常是生态服务的生产者）的双赢目标。

总之，PES 政策期望实现环境效益、成本有效性和公平。这三个目标实现的可能性取决于 PES 项目的设计特征和实施背景。尤其是 PES 也可能存在平等、经济效率和环境效果之间的替代关系。这也是 PES 评估研究的前沿和关键问题。

至于评估 PES 效率的方法，常见的有社会成本收益分析（CBA）、成本有效分析（CEA）等。

第六章 生态补偿政策对西部山区农户生计影响的实证研究

本章利用西安交通大学课题组在陕西安康、延安等地的农户调查数据，实证分析西部山区生态补偿政策对农户生计及减贫的作用和影响。第一节，论述我国及陕西安康山区森林生态效益补偿政策与农户生计现状；第二节，实证分析退耕还林政策与西部山区农户收入及农业生产技术效率；第三节，分析陕北陕南退耕农户参与新一轮退耕还林的成本与收益，农户新一轮退耕还林的参与意愿及退耕成果的巩固意愿。

第一节 陕西安康山区森林生态效益补偿政策与农户生计现状

本节首先从我国天然林资源保护工程、退耕还林工程、国家和地方生态公益林建设和森林生态效益补偿基金三个方面的政策措施来总结我国森林生态效益补偿政策的实施进展。在此基础上，利用本课题组 2011 年陕西安康山区实地调查数据，分析调查地森林生态效益补偿政策与当地农户生计的现状，并基于农户生计视角总结我国森林生态效益补偿政策存在的主要问题，提出完善我国森林生态效益补偿的政策建议。

一 我国森林生态效益补偿政策的实施进展

20 世纪 80 年代末 90 年代初，我国政府开始逐步建立森林生态效益补偿机制。1998～2004 年我国政府先后开展了天然林资源保护、退耕还林和生态公益林补偿的试点，随后在试点的基础上我国全面正式启动相关工程，并颁布了一系列法规制度，为森林生态效益补偿机制的顺利实施提供了法律保障。

（一）天然林资源保护工程

天然林资源保护工程自 1998 年试点。2010 年中央一号文件明确要求"延长天然林保护工程实施期限"，2011 年 2 月，国家林业局、国家发展和改革委员会、财政部、人力资源和社会保障部印发了《关于继续组织实施长江上游黄河上中游地区和东北内蒙古等重点国有林区天然林资源保护工程的通知》，标志着天保工程二期建设（2011～2020 年）的全面启动，加大并加强了保护范围和力度，旨在至 2020 年完成新增森林面积 7800 万亩、森林蓄积净增 11亿立方米、增加森林碳汇 4.16 亿吨、林区就业岗位 64.85 万个目标。二期工程更加重视以人为本，完善了社会保险补助政策、森林管护补助政策、公益林建设投资补助政策、森林培育经营补助政策等。2014 年天保工程完成造林面积 41.05 万公顷，其中人工造林 11.49 万公顷，飞播造林 6.40 万公顷，无林地和疏林地新封山育林 23.16 万公顷，中、幼龄林抚育面积 169.51 万公顷。森林管护面积为 11458 万公顷，其中国有林管护面积 7072 万公顷，集体和个人所有的国家级公益林面积 2059 万公顷，集体和个人所有的地方公益林面积2327 万公顷。自 1998 年工程实施以来，17 年间工程已累计完成人工造林333.67 万公顷、飞播造林 354.40 万公顷、新封山育林 858.76 万公顷。[1]

2016 年，国家林业局部署开展天保二期工程中期评估，四川、甘肃、陕西等省级单位相继评估并发布天保工程二期的实施进展。[2]

天保工程实施以来，在森林资源恢复与生态改善方面，工程区森林植被恢复和生态环境改善状况良好，扭转了水土流失持续扩张的势头，工程建设取得阶段性成果。然而在社会发展方面，天保工程相关政策措施强制改变了工程区森林资源保护与利用的关系，尤其是在工程初期引发了许多社会问题。此外，在经济发展方面，工程实施改变了工程区就业和收入结构，减轻

---

① 《2014 年全国林业统计年报分析报告》，http：//www. forestry. gov. cn/main/225/content－763186. html.

② 国家林业局经济发展研究中心：《2014 国家林业重点工程社会经济效益检测报告》，中国林业出版社，2014。

了社会经济发展对森林资源的压力，短期内制约了林业产业发展，给区域经济发展带来了一定的负面影响，如财政减收和职工下岗待业等，但与此同时，工程资金也给国有林区改革与长期可持续发展注入了活力。

（二）退耕还林工程

退耕还林工程自 1999 年开始试点。截至 2015 年 8 月，第一轮退耕还林工程建设中，中央已累计投入 4056.6 亿元，完成退耕还林任务 4.47 亿亩，其中退耕地造林 1.39 亿亩、配套荒山荒地造林和封山育林 3.08 亿亩，直接惠及 3200 万农户 1.24 亿农民。[①] 工程建设取得了显著的生态效益、经济效益和社会效益，工程区森林覆盖率平均提高 3 个多百分点；国家通过退耕还林发放补助，直接惠及 1.24 亿农民，为解决农民温饱问题、优化农村产业结构、促进农业增产做出了重要贡献。见图 6-1，15 年间退耕还林补助对退耕农户纯收入的贡献率最高达到 27.81%。由于退耕还林后期工程补助标准的降低，以及农户生计重点的转移，退耕补助在样本农户收入中的比重也有所降低，但对于一些耕地面积大、地处边远贫困地区的农户，退耕补助仍发挥着重要的减贫作用。[②]

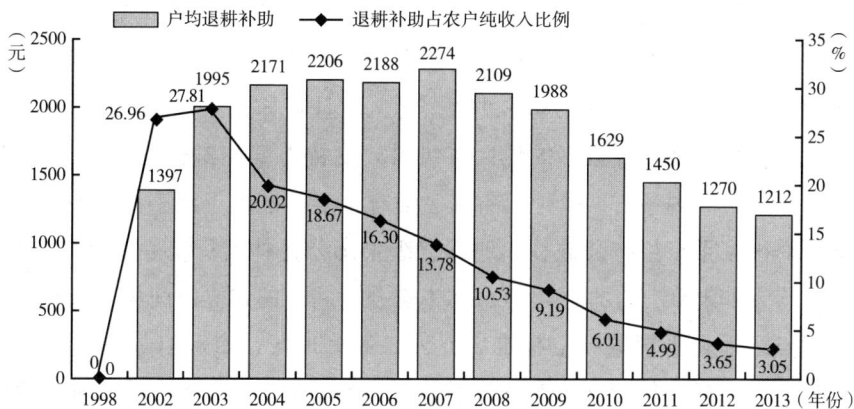

图 6-1 样本县退耕补助及其占农户纯收入比重的变化

资料来源：国家林业局经济发展研究中心、国家林业局发展规划与资金管理司《2015 国家林业重点工程社会经济效益监测报告》，中国林业出版社，2015。

[①] http://xbkfs.ndrc.gov.cn/gzdt/201508/t20150807_744874.html.

[②] 国家林业局经济发展研究中心：《2014 国家林业重点工程社会经济效益检测报告》，中国林业出版社，2014。

随着新一轮退耕还林还草工程的启动，2014 年、2015 年、2016 年我国新一轮退耕还林任务逐年增加，分别为 500 万亩、1000 万亩、1500 万亩（2016 年根据国务院要求，实际安排了新一轮退耕还林还草任务 1510 万亩）[①]；同时，自 2007 年，巩固退耕还林成果专项建设项目（2008~2015年）完成情况基本良好，在粮食安全保障、能源结构优化、农户增收方面均有显著成效，但仍需进一步完善专项资金分配与管理、加强后续产业扶持等。

（三）国家和地方生态公益林建设和森林生态效益补偿基金

森林生态效益补偿基金自 1989 年首次提出，2001 年全国 11 个省区试点、补偿资金 10 亿元、补偿面积 2 亿亩；2004 年全国推广、补偿资金 20亿元、补偿面积 4 亿亩。[②] 森林生态效益补偿制度在我国不断完善，2013 年中央财政森林生态效益补偿资金达 149 亿元。[③]

国家生态公益林的划分依据是 2010 年开始施行的《国家级公益林区划界定办法》，截至 2012 年 9 月全国已有国家级公益林 186685.24 万亩。[④]

地方生态公益林补偿实践最早在广东（1998 年）和浙江（2001 年）开展，多数省区于 2004 年正式启动。截至 2009 年 2 月，全国约 22 个省（区、市）都建立了省级森林生态补偿基金制度并出台了相关的部门规章。[⑤] 整体上看，东部和中部经济相对发达地区建立省级森林生态效益补偿制度步伐要明显快于西北、西南、华北和东北四个地区，且森林资源丰富、森林覆盖率高、区域生态环境条件较好的地区省级财政支持力度相对较大。除了辽宁、宁夏、黑龙江和内蒙古四个地区省级公益林补偿标准低于国家标准外，大多数省区对国家重点生态公益林和地方省级生态公益林实行统一的补偿标准。北京、广东和浙江三个地区不但森林生态补偿基金的建立时间早，且补偿标准的起点远远高于国家补偿标准。此外，部分地区、市政府如福建省厦门市、湖北省武汉市等设立生态林补偿基金，为国家、省级重点公益林提供额

---

① 课题组在国家发改委西部司的调研数据。
② 徐明史：《国务院关于生态补偿机制建设工作情况的报告》，http://www. mep. gov. cn/gzfw_ 13107/zcfg/hjjzc/gjfbdjjzcx/stbczc/201606/t20160623_ 355510. shtml。
③ 《2013 年中国环境状况公报》，中华人民共和国环境保护部，http://jcs. mep. gov. cn/hjzl/zkgb/2013zkgb/。
④ 《我国国家级公益林总面积已突破 18 亿亩》，中国农业信息网，http://info. china. alibaba. com/news/detail/v0-d1050791811. html。
⑤ 孔凡斌：《中国生态补偿机制：理论、实践与政策设计》，中国环境科学出版社，2010。

外补偿，提高了重点公益林生态补偿标准，形成国家、省、地市三级联合补偿机制（黎洁、任林静，2013）。

二　陕西安康山区生态公益林补偿政策实施现状分析

这里的数据来自本课题组 2011 年安康 5 个调查区县的调查数据。具体见本书第三章。首先，分析安康山区生态公益林补偿政策的现状，如生态公益林分布情况和补偿标准等；其次，分析所有农户（包括参与者和非参与者）对生态公益林补偿政策的态度和参与意愿。通过数据对比，分析被调查农户的态度和参与意愿差异的可能原因。

（一）调查地生态公益林补偿政策的基本情况

在安康市四县一区所调查的 1404 个样本中，共 326 个农户有生态公益林，最多拥有公益林面积高达 427 亩，最少有 0.2 亩；对于全部 1404 个样本来说，每户平均拥有生态公益林 8.54 亩。对于拥有生态公益林的 326 个样本农户，每户平均拥有 36.72 亩生态公益林。由于调查地的地形等地理特点、是否位于自然保护区等不同，5 个调查区县生态公益林分布情况也不同（见图 6 - 2）。宁陕县拥有生态公益林的农户比例最高（占宁陕县所调查农户的 48.77%），平均拥有生态公益林近 50 亩；其次为石泉县农户；紫阳、汉滨、平利的农户拥有生态公益林的较少。

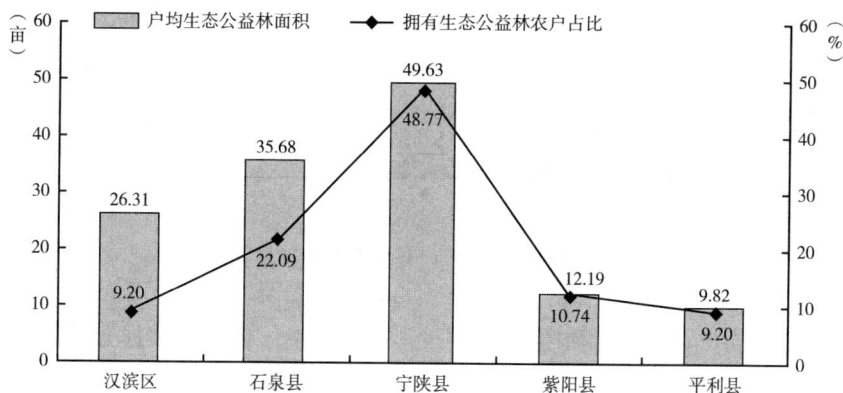

图 6 - 2　生态公益林在安康 5 个调查区县的分布情况

根据与安康市林业局的访谈，2009 年每亩生态公益林的补助标准是 3 元/亩·年；2010 年每亩生态公益林的补助标准是 6 ~ 7 元/亩·年。而农户对生态公益林的实际补偿的回答有低估的倾向。根据调查结果，2010 年农户平均每亩得到的生态公益林补偿不足 2 元；有生态公益林的农户 2010年获得的生态公益林补偿在 0 ~ 3500 元，平均每户 62. 47 元。

（二）被调查农户对生态公益林政策的态度

第一，分析调查地农户对本地区生态公益林政策的总体性看法以及 5 个区县农户对该政策的支持情况。结果显示，"非常支持、支持"的比例分别为 22.4% 和 68.3%，"无所谓"的占 6.8%，"不支持"的仅占 2.5%。5 个调查区县均有超过八成的农户对生态公益林政策表示支持，石泉县农户支持生态公益林政策的比例最高，汉滨区和平利县持支持态度的农户比例也超过九成，紫阳县支持比例最低，但也达到了 84.8%。

第二，分析农户是否有生态公益林是否影响其对生态公益林政策的态度。见图 6 - 3，无论农户是否有生态公益林，对该政策支持和非常支持的比例均占绝大多数；相比较而言，由于享受到了政策支持，已经有生态公益林的农户（参与户）对该政策支持的比例要稍高于非参与户。

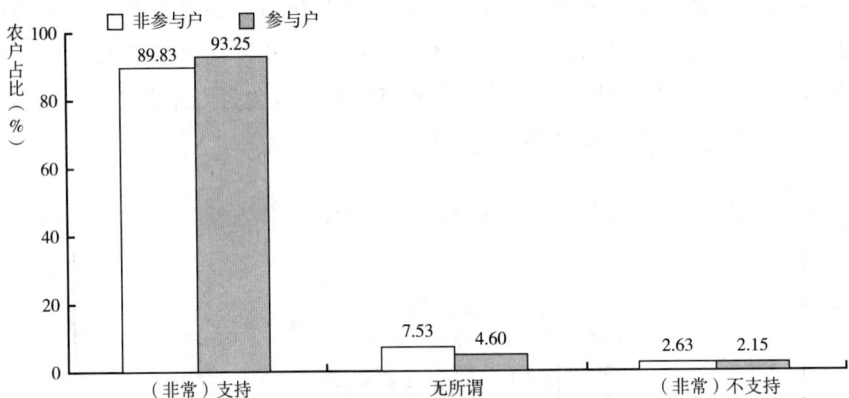

图 6 - 3　参与户与非参与户对生态公益林政策的态度

第三，分析农户经济水平对其政策态度的影响。但调查数据分析结果显示，贫困户（人均年纯收入小于 2300 元）与非贫困户对生态公益林政策的总体态度并无显著差异，支持和非常支持的比例均达到 90% 以上，说明农户自身经济状况对其政策支持度的影响并不明显。

第四，比较分析不同生计依赖型农户对生态公益林政策的态度。见图 6 - 4，在 1131 个有效样本中，农业依赖型、林业依赖型、养殖依赖型、兼业依赖型、补贴依赖型的农户比例分别为 33.69%、7.25%、4.42%、36.60%、18.04%;不同生计依赖型的农户持支持态度的占绝对优势,其中农业依赖型农户支持比例最低,其他依赖型农户支持比例均超过九成,且差异不大,尤其是林业依赖型农户并没有像预期的那样对生态公益林建设支持度较低。

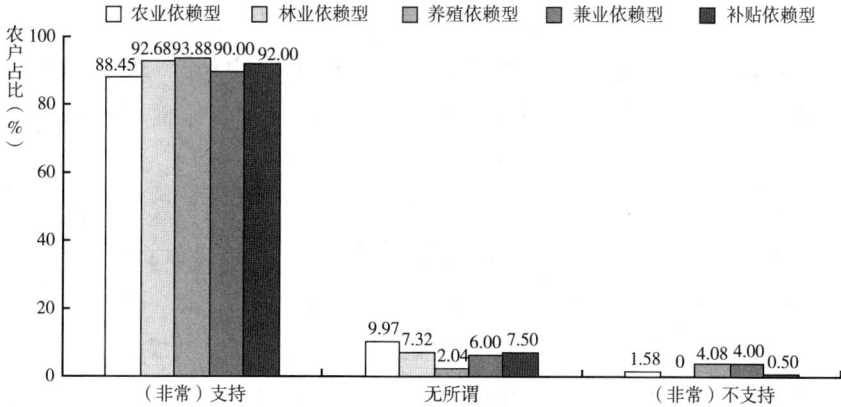

图6-4 不同生计依赖型农户对生态公益林建设的态度

(三)被调查农户对生态公益林的参与意愿

通过生态公益林参与意愿调查可以了解到所有样本农户的参与意愿以及安康5个区县农户的参与意愿情况。调查结果显示,愿意和非常愿意将自己的林地纳入生态公益林的农户占大多数(73%),也有部分农户不愿意参与,占16.1%;且5个区县均有超过一半的农户愿意和非常愿意参与生态公益林建设,其中宁陕县农户参与意愿最高,汉滨区和紫阳县也均超过整体水平,石泉县和平利县愿意参与生态公益林的农户也超过六成。尤其是家中已有生态公益林的农户对生态公益林政策的参与意愿(86.3%)显著高于非参与者(68.8%)(p<0.001)。因此,无论从整体上,还是从各个区县来看,农户参与生态公益林建设的意愿很高,安康山区未来的生态公益林发展比较乐观。

三 陕西安康山区天然林保护工程的实施概况

安康市天然林保护工程于2000年启动,规划公益林建设16.8万公顷,落实森林资源管护面积98.12万公顷。自工程实施以来,按照陕西省人民政府1998年发布的《陕西省人民政府关于实施天然林资源保护工程立即停止省属森工采育企业采伐天然林的命令》，全面停止了天然林的商品性采伐，严格执行商品材生产零计划和农民自用材、烧材审批计划，加强了森林资源保护和管理，落实森林资源管护面积 150.37 万公顷，建立护林站 302 个，聘请护林员 3091 人，管护率达到了 153%。截至 2010 年底，累计完成公益林建设 340.73 万亩，其中人工造林 45.7 万亩，封山育林 83.85 万亩，飞播造林 211.18 万亩；新建天保工程苗圃 5 个，总面积 515.4 亩，完成 6 个采（良）种基地建设，面积达 14.3 万亩。组建护林站 302 个，聘请专兼职护林员 3000 余人，落实森林资源管护面积 2255.49 万亩，全面完成天然林保护一期工程建设各项目标任务。①②

2011 年，天保工程二期建设（2011～2020 年）启动，安康各区县相继通过天保工程二期实施方案。如汉滨区规划到 2020 年森林面积增加 44 万亩，森林蓄积量增加 85252 万立方米，农民人均纯收入净增 1986.5 元，森林覆盖率由 52% 提高到 60%，增加碳汇 1194 万吨；石泉县汉江两岸绿化治理 1.36 万亩、封山育林 1.04 万亩；白河县对 141.4 万亩公益林加强保护，新建人工公益林 8 万亩、封山育林 4 万亩，增加林区就业，将增加森林碳汇 85 万吨等。③④⑤

四 农户生计视角下我国森林生态效益补偿政策存在的问题

我国近些年来实施的大型林业生态工程多集中在森林丰富的贫困山区，这些项目给农民收入增长、农村农业产业结构调整等方面带来一定的影响和作用。以下根据调查情况，以陕西安康市为例，从农户视角来分析我国森林生态效益补偿政策存在的问题。

---

① 安康市天保中心：《安康市天保工程实施情况总结》，国家林业局网站，http://www. forestry. gov. cn/portal/main/s/3213/content – 484280. html。
② 张宏伟：《我市全面完成天保一期工程各项建设任务》，安康市林业局网站，http:// www. ankang. gov. cn/zwgk/bmdt/2010/12/29/17001436592. shtml。
③ 谢恩、柳俊峰、刘舰：《我区召开天然林保护工程一期总结表彰暨二期工程启动会议》，汉滨区林业局网站，http://www. akly. gov. cn/Article/ShowArticle. asp? ArticleID = 2281。
④ 冯俊：《石泉县扎实推进天然林资源保护二期工程项目实施》，石泉县林业局，http:// www. akly. gov. cn/Article/ShowArticle. asp? ArticleID = 1830。
⑤ 禹世斌、雍红焱：《白河县天然林资源保护二期工程实施方案通过评审》，白河县林业局网站，http://www. akly. gov. cn/Article/ShowArticle. asp? ArticleID = 1918。

（一）森林生态效益补偿标准过低，不能满足大多数农户的意愿

本课题组 2011 年调查数据显示，退耕农户期望政府对退耕还林地的补贴的平均水平（众数）为 300 元/年·亩，高于当时的退耕还林补偿标准。被调查农户退耕还林补偿意愿基本都高于实际接受的补偿标准，但大多数农户的实际补助与意愿之间差额不大，个别农户的补偿意愿远远高于实际补偿水平和现行的补偿标准（数据略）。其中，农户实际接受的退耕还林补助有波动或与政策执行标准不完全一致，原因在于，课题组调查的是过去 12 个月实际获得的补助，不同区县和乡镇可能存在补助发放时间和方式不一致，或者农户估算不准确，有低估倾向等。

类似地，农户生态公益林补偿意愿的平均水平（众数）为 50 元/年·亩，远高于现行的公益林补偿标准，说明农户对生态公益林的补偿意愿普遍偏高。对比生态公益林参与者实际获得的补助与其补偿意愿，可以了解到，大多数农户实际过去 12 个月并没有获得生态公益林补助，占 84.4%；有 1/5 的农户生态公益林补偿意愿与现行的生态补偿标准基本相符，其余农户的补偿意愿均远远高于现行补助标准和实际获得的补助水平。

（二）森林生态补偿方式单一，且农户"造血"意识差

我国现阶段的生态补偿方式是以资金补偿和实物补偿（粮食、苗种等）为主的输血式补偿。这种补贴方式短期内可以极大地提高农民参与退耕还林工程的积极性，在一定程度上也缓解了退耕农户经济上的波动，维持退耕前原有的生活水平；但从长期来看，这种输血式补偿方式不能激发农民的自我发展能力，对补助形成较强的依赖性，难以形成可持续生计策略。为了保证退耕还林工程的可持续性，形成一种能够引导退耕农户实现生产结构转化的造血式补偿方式就显得尤为重要。

在针对安康市调查地退耕户补偿方式偏好的调查中发现，现阶段资金补偿在农户心目中占有绝对优势，超过九成农户偏好资金的补偿方式，其次是实物补偿和发展非农产业补助，但是选择资金以外补偿方式的农户占比不到 10%，尤其对技术培训的偏好最小，还不到 1%（见图 6-5）。进一步分析显示，五种生计依赖型农户（农业依赖型、林业依赖型、养殖依赖型、兼业依赖型、补贴依赖型）对退耕补偿方式偏好并无显著差异，资金补偿方式均占绝对优势（数据略），可见大多数退耕农户的观念仍旧比较保守，更加信赖资金和实物这种补血型补偿方式，而对技术培训等造血型补偿方式无

明显偏好。即使是家庭有非农经营的农户或者打工户，也对资金补偿有明显偏好，而对有助于其长远发展的产业补助和技术培训的方式不够重视。由此可见农户偏好短期利益，对自身造血能力培养意识薄弱，不利于其长期可持续性生计模式的形成。

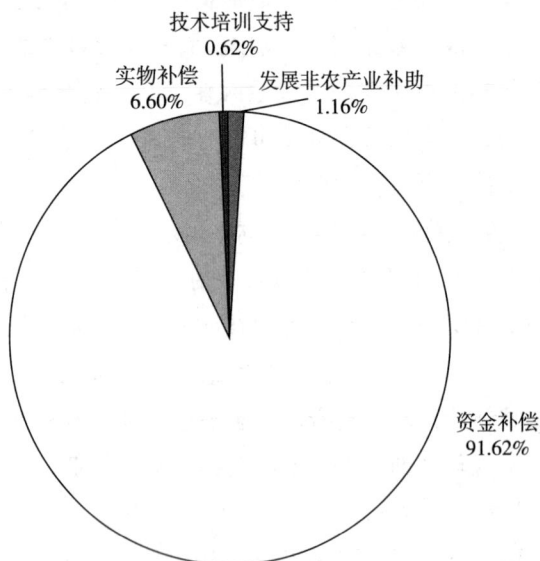

技术培训支持
0.62%

实物补偿
6.60%

发展非农产业补助
1.16%

资金补偿
91.62%

图 6 – 5　退耕户对退耕还林补偿方式的偏好

（三）补偿期限设计缺乏科学依据，难以形成长期激励机制

2008 年，国家决定延长退耕农户补偿粮食和现金的期限至 2015 年。这在一定程度上推动了退耕农户退耕还林的积极性，但由于林木生长的周期长，以及受地区自然和社会经济条件限制，新的产业结构短期难以构建。能够有效促进农户生计转型的补偿方式的缺失使得农户对政府补贴有较高的依赖。安康调查数据显示，15.6% 的退耕农户收入来源一半以上是各类政府补贴，对政府补助有高度的依赖性；在国家停止退耕补助且政府无强制要求时，仍会有超过 1/4 的退耕户会选择复耕种粮食。在 5 个调查区县中，宁陕县的复耕比例最高，将近一半的退耕农户会在补偿期满后选择复耕。在汉滨区和石泉县所调查的退耕户中，有复耕意愿的退耕户均超过三成。在针对退耕还林补贴在延长期之后应再延长多长时间的调查中，认为退耕还林延长期结束后还应延长 9 年以上以及 5~8 年的在被调查的退耕户样本中，分别占

到 72.6% 和 26.08%。农户对政府补偿的依赖将不利于补偿期满后退耕还林工程成果的可持续性。总之，补偿期限的科学设计显得尤为重要，它关系到农户生计和生态保护的可持续发展以及退耕还林政策效果的巩固。

（四）地方政府实施退耕还林或生态公益林建设项目，仍存在监管漏洞

现阶段我国森林生态补偿机制和管理体制还处于起步阶段，在实施和监管过程中仍存在一些漏洞。根据课题组对安康调查地农户、村与乡镇干部的访谈发现，调查地仍存在诸如退耕还林补助、生态公益林补贴未能及时发放等问题，调查当年，有将近 1/4 的被调查农户实际所获得的退耕还林补贴低于现行的标准，更有 84.36% 拥有生态公益林的农户当年没有拿到生态公益林补偿。如果排除农户的低报或虚报的可能性，当地在生态补偿资金的及时足额发放上还是存在一定问题。此外，农户对森林管护不到位，一方面是当地农户的环保意识和对生态补偿政策的认知有待提高；另一方面是地方政府疏于治理，林木管护监督未落实处，同时缺乏强有力的法律保障措施，从而森林生态效益补偿资金使用效率低的情况无法得到改善，直接影响退耕还林的效果及生态效益的可持续性。

五　完善我国森林生态效益补偿政策的建议

1. 逐步建立多元化主体的筹资机制

目前，中央财政专项资金是我国退耕还林、森林生态效益补偿基金、天保工程等森林生态效益补偿资金的主要来源。森林生态效益涉及范围广，也是全国性或区域性的公共产品。目前地方各级财政纵向筹资体系实际上并没有建立起来，区域间横向森林生态效益筹措补偿机制严重缺失。单一的资金筹措机制在一定程度上会影响未来我国森林生态补偿政策成果的可持续性。未来还需要促进地方各级财政纵向筹资体系，尤其是区域间横向资金筹措补偿机制的建立。

2. 提高对农户的补偿标准，保障农户利益

从安康调查数据可以看到，农户对退耕还林和生态公益林的补偿意愿均高于现行的补偿标准，对延长补偿期限也有较高的期望，且补偿期结束后有将近 1/4 的农户可能会复耕，可见农户对政府补贴的高要求和高依赖。所以，中央财政一方面应适当加大对西部贫困地区生态效益补偿的投入，结合农户实际成本和机会成本损失调整补助标准，延长补助年限，给予农户充分的时间来增强其可持续收入能力。

3. 引导退耕后续产业的发展，形成对农户的长期激励机制

发展后续产业不仅能促进劳动力就地转移，保证农民长期稳定的收入，而且有利于退耕还林成果的持续性。从安康调查地情况来看，当地农户退耕之后的替代产业并未有效地发展起来，尤其是退耕未能显著促进当地农户外出务工与非农经营活动。退耕还林后续产业发展是一项综合的农村发展工程，当地政府一方面应根据当地具体的区域条件因地制宜，发展适合的、具有当地特色的生态农业模式，充分发挥当地的资源优势；另一方面应加强技术支持力度和农户的知识文化素质的提升，推进农业生产方式转变，促进产业结构调整，实现农户可持续生计以保证生态效益补偿政策的可持续性。

4. 创新森林生态效益补偿政策的制度设计与补偿方式

退耕还林或森林生态补偿基金主要采用了私人承包、延长退耕后的承包经营权期限、允许依法继承和转让等措施。本质上它们属于产权激励政策。私人承包制并不是在任何情况下都产生足够的激励，尤其表现在市场供求变化会对私人供给机制的微观基础造成不良冲击。如当前我国对粮食生产有综合直补、良种补贴、农机补贴等，种粮的经济效益上升，这对于我国山区农户发展林业、提供森林生态服务的积极性有不利影响。从安康调查地的情况也可以发现，私人承包弱化森林生态补偿政策效果的制度因素依然存在。因此，未来应创新我国森林生态补偿政策的制度设计，鼓励和发展市场化的生态补偿方式，如发展森林碳汇、生态旅游等。

此外，应增加补偿方式的多样性和灵活性。我国退耕还林和森林生态效益补偿基金都采取了对农户直补的方式。尽管调查地绝大多数农户偏好资金补偿方式，但这种方式不利于农户可持续生计的形成，未来应探索真正能够提高农户技能、可持续生计的补偿方式。

5. 提高地方政府对森林生态补偿项目的实施与监管水平

为确保国家补偿资金及时足额发放到农户手中，地方政府应首先在各乡镇自查的基础上对当地退耕还林、生态公益林的保存、成活及管护等情况进行抽查，采用责任追究制，严格确保检查过程的真实性；同时，保证补助发放过程中的信息公开，坚持发放到户或者探索统筹退耕还林补偿、生态公益林资金和农村社会保障资金结合的方式，在避免补助拖欠、冒领、代领、抵扣、挪用等行为的同时，使得补偿资金的发放模式更加符合农户发展的需要。

6. 采用行政与市场等多种手段提高生态投资的效率

我国政府对于森林生态补偿投入了大量资金，需要采用市场与行政等多

种手段进一步提高生态投资效率。如组织区域生态状况评估，以确定下一步退耕还林生态建设目标和项目区域。首先，生态建设目标既要包括森林覆盖率，也要包括生物多样性、水土流失、适应气候变化等；其次，利用遥感、资源和生态监测等手段，对项目区域各种退耕和管护模式将产生的生态效益进行预评估；再次，采用竞标机制来确定退耕投资成本，并根据效益成本分析结果选择优先退耕的区域和退耕户。最后，政府通过检查造林和管护措施，监督农户执行，并据此拨付资金。

第二节　退耕还林政策与西部山区农户收入和农林业生产技术效率

根据课题组 2011 年在安康的调查数据，本节实证分析退耕还林政策对西部山区农户收入的影响，并基于随机前沿生产函数，分析退耕山区农户的农林业生产技术效率情况。

一　退耕还林政策对调查地农户家庭收入的影响

（一）农户收入函数与变量的描述

根据以往的相关研究，如高梦涛和姚洋（2005）、樊新生和李小建（2008），本研究从农户的生计资本要素禀赋、经营结构等方面建立农户收入函数。农户收入函数的计量模型表达见式（6 - 1）。该函数变量的描述见表 6 - 1。为突出分析退耕工程对农户收入的影响，这里设计了农户是否参与退耕的哑变量。由于本研究是当地实施退耕十年之后的截面数据，退耕户和非退耕户的家庭基本特征已经存在差异，即退耕可能已经对家庭劳动力人数、受教育水平等社会人口特征，以及家庭生计资本要素禀赋产生影响，因此，农户收入函数中也增加了退耕与各影响因素的交互作用项。同时，为探讨自然保护区是否会对农户收入产生影响，农户收入函数也包括了是否临近自然保护区。

$$Y = \beta_0 + \beta_1 X_1 + \beta_2 X_2 + \beta_3 X_3 + \beta_4 X_4 + \beta_5 X_5 + \beta_6 X_6 + \beta_7 X_7 + \beta_8 X_8 + \beta_9 X_9 + \beta_{10} D_1 + \beta_{11} D_2 + u \qquad \text{式（6 - 1）}$$

在式（6 - 1）中，u 表示随机误差项；β_0 表示常数项；其余各 β_i 为待估参数。

表 6 – 1　农户收入影响因素的变量

变量	描述	均值	标准差
农户家庭收入的自然对数(Y)	家庭各种现金和实物收入减去生产成本的纯收入的自然对数	9.3494	1.1701
家庭劳动力数量(X_1)(人)	家庭中 18～65 岁人口数	2.6168	1.3486
家庭成员男性比例(X_2)	家庭全部成员中男性的比例	0.5739	0.2218
家庭成员初中以上受教育程度比例(X_3)		0.4186	0.3419
家庭上个月的通信费用(X_4)(元)	调查前一个月的手机和固定电话费用	114.39	140.60
家庭耕地面积(X_5)(亩)		3.914	4.187
家庭林地面积(X_6)(亩)		33.35	65.04
家庭物质资产(X_7)	根据家庭住房、所拥有的生产工具和耐用消费品数量,进行极差标准化后的得分值	0.2677	0.1516
家庭劳动力在农林业工作时间的比例(X_8)		0.8661	0.2982
去年家庭成员外出务工的月数(X_9)(个月)	调查前 12 个月家庭成员外出务工月数之和	7.4054	8.5535
是否退耕户(D_1)	退耕户 = 1,非退耕户 = 0	0.8039	0.3972
是否临近或在自然保护区内(D_2)	临近或在自然保护区内 = 1,否则 = 0	0.3433	0.4750

注:家庭物质资产的综合评分值采用了李小云等的方法①,即根据家庭住房面积和住房类型、家庭所拥有的固定资产（如机动三轮车、拖拉机、摩托车、电视等）进行了综合评分而得到的标准化分值。

（二）模型与参数估计

这里首先采用了多元线性回归分析方法,结果见表 6 – 2。其中,模型 1 无退耕的交互作用项,模型 2 包括了退耕与人力资本、家庭结构和受教育情况的交互项,模型 3 包括了退耕与户耕地、林地面积和农户经营结构的交互作用项,模型 4 包括了退耕与社会资本（家庭上个月通信费用）的交互项,模型 5 包括了退耕与物质资产的交互项,而模型 6 包括了退耕与全部解释变量的交互作用项。其次,采用了分位数回归分析方法,结果见表 6 – 3。

---

① 李小云、董强、饶小龙等:《农户脆弱性分析方法及其本土化应用》,《中国农村经济》2007 年第 4 期。

表6－2　退耕还林对安康农户家庭收入影响的多元线性回归分析

变量	模型1	模型2	模型3	模型4	模型5	模型6
截距项	8.5483 *** (0.1662)	8.578 *** (0.2922)	8.6855 *** (0.234)	8.497 *** (0.1759)	8.510 *** (0.194)	8.9278 *** (0.3615)
家庭劳动力数量 (X_1)	0.0230 (0.0273)	0.0832 (0.0619)	0.0193 (0.0273)	0.0230 (0.0273)	0.0231 (0.0273)	0.0175 (0.0759)
家庭成员男性比例 (X_2)	0.0144 (0.1350)	－0.1740 (0.3135)	(0.0332) (0.1348)	0.0156 (0.135)	0.0160 (0.1351)	－0.1229 (0.3161)
家庭成员初中以上受教育程度比例(X_3)	0.0228 (0.0954)	－.1109 (0.225)	0.0178 (0.0954)	0.0202 (0.0955)	0.0216 (0.0956)	－0.3158 (0.2442)
家庭上个月的通信费用(X_4)	0.0011 *** (0.0003)	0.0011 *** (0.0002)	0.0012 *** (0.0003)	0.0017 ** (0.0006)	0.0011 *** (0.0003)	0.00185 ** (0.0007)
家庭耕地面积(X_5)	0.0771 *** (0.0070)	0.0773 *** (0.0069)	0.0685 *** (0.0188)	0.077 *** (0.007)	0.0771 *** (0.007)	0.0682 *** (0.0193)
家庭林地面积(X_6)	0.0005 (0.0004)	0.0005 (0.0004)	0.0042 ** (0.0018)	0.0005 (0.0004)	0.0005 (0.0004)	0.0044 ** (0.0018)
家庭物质资产(X_7)	1.0143 *** (0.2206)	1.0097 *** (0.2210)	1.0194 *** (0.2205)	1.007 *** (0.2208)	1.1713 ** (0.4677)	0.8709 (0.5628)
家庭劳动力在农林业工作时间的比例(X_8)	－0.4769 *** (0.1048)	－0.4805 *** (0.1051)	－0.8032 *** (0.2308)	－0.4753 *** (0.1048)	－0.476 *** (0.1048)	－0.883 *** (0.2493)
去年家庭成员外出务工的月数(X_9)	0.0260 *** (0.0038)	0.0257 *** (0.0038)	0.0415 *** 0.0092	0.0261 *** (0.0038)	0.0259 *** (0.0039)	0.0436 *** (0.0110)
是否退耕户(D_1)	0.2336 *** (0.0799)	0.2014 (0.3004)	0.0361 (0.2279)	0.2929 *** (0.1037)	0.2786 * (0.1427)	－0.2494 (0.340)
是否临近或在自然保护区内(D_2)	0.2713 *** (0.0651)	0.2706 *** (0.0652)	0.2620 *** (0.0653)	0.2757 *** (0.0653)	0.2717 *** (0.0652)	0.2654 *** (0.0657)
$D_1 \times X_1$		－.0706 (0.0649)				0.0001 (0.0812)
$D_1 \times X_2$		0.2323 (0.3467)				0.1826 (0.3495)
$D_1 \times X_3$		0.1592 (0.2422)				0.3918 (0.2644)
$D_1 \times X_5$			0.0107 (0.0201)			0.0116 (0.0208)
$D_1 \times X_6$			－0.0039 ** (0.0018)			－0.0041 ** (0.0019)
$D_1 \times X_8$			0.4074 (0.2527)			0.4974 * (0.2745)
$D_1 \times X_9$			－0.0176 * (0.0097)			－0.0199 * (0.0117)

续表

变量	模型 1	模型 2	模型 3	模型 4	模型 5	模型 6
$D_1 \times X_4$				− 0.0006		− 0.0008
				(0.0007)		(0.0008)
$D_1 \times X_7$					− 0.1893	0.1853
					(0.4969)	(0.6119)
Adjusted R^2	0.2402	0.2396	0.2446	0.2401	0.2397	0.2433
观测数	1193	1193	1193	1193	1193	1193

注：*** 表示 $p < 0.01$；** 表示 $p < 0.05$；* 表示 $p < 0.1$；括号内为标准误。

表 6 - 3　退耕还林对安康农户家庭收入影响的分位数回归分析

变量	10%分位	25%分位	50%分位	75%分位	90%分位
截距项	7.3599 ***	8.0756 ***	8.5014 ***	9.1224 ***	9.804 ***
	(0.2928)	(0.2152)	(0.1737)	(0.2091)	(0.2609)
家庭劳动力数量(X_1)	− 0.0188	− 0.0123	0.0677	0.0670 *	0.0284
	(0.0547)	(0.0352)	(0.0286)	(0.0351)	(0.0433)
家庭成员男性比例(X_2)	− .0747	− 0.0564	0.0306	− 0.0557	0.2363
	(0.2594)	(0.1775)	(0.1411)	(0.1696)	(0.1981)
家庭成员初中以上受教育程度比例(X_3)	− 0.2525	0.0250	0.0354	0.0757	0.2963 **
	(0.1713)	(0.1210)	(0.0996)	(0.1256)	(0.1388)
家庭上个月的通信费用(X_4)	0.0008	0.0008 **	0.0007 ***	0.0009 **	0.0012 ***
	(0.0005)	(0.0004)	(0.0002)	(0.0003)	(0.0003)
家庭耕地面积(X_5)	0.0605 ***	0.0679 ***	0.0913 ***	0.1048 ***	0.0958 ***
	(0.0204)	(0.0109)	(0.0073)	(0.0084)	(0.0091)
家庭林地面积(X_6)	0.0007	0.0013 **	0.0008 *	0.0008	0.0007
	(0.0008)	(0.0005)	(0.0004)	(0.0006)	(0.0004)
家庭物质资产(X_7)	0.9363 ***	0.7922 ***	0.9062 ***	1.1765 ***	1.1564 ***
	(0.3594)	(0.2715)	(0.2314)	(0.3050)	(0.3932)
家庭劳动力在农林业工作时间的比例(X_8)	0.0866	− 0.4092 ***	− 0.6371 ***	− 0.7032 ***	− 0.7801 ***
	(0.1868)	(0.1350)	(0.1090)	(0.1360)	(0.1623)
去年家庭成员外出务工的月数(X_9)	0.0331 ***	0.0332 ***	0.0254 ***	0.0208 ***	0.0153 ***
	(0.0076)	(0.0052)	(0.004)	(0.0050)	(0.0059)
是否退耕户(D_1)	0.0848	0.3405 ***	0.3024 ***	0.1836 *	0.0473
	(0.135)	(0.1014)	(0.0837)	(0.1049)	(0.120)
是否临近或在自然保护区内(D_2)	0.1187	0.2468 ***	0.4024 ***	0.3862 ***	0.2899 ***
	(0.1087)	(0.0819)	(0.0681)	(0.0908)	(0.1112)
Pseudo R^2	0.1030	0.1357	0.1778	0.1744	0.1784

注：*** 表示 $p < 0.01$；** 表示 $p < 0.05$；* 表示 $p < 0.1$；括号内为标准误。

（三）分析结果与建议

根据表6－2，得出以下结论：①在模型1、模型4、模型5中，参与退耕还林对农户收入有显著的正向作用。在交互作用项中，退耕工程通过户林地面积、打工时间对农户收入有显著的负向作用，但参与退耕与家庭人力资本、社会资本、物质资产、户耕地面积的交互作用项却不显著。②农户收入的影响因素中，户物质资本、家庭上个月通信费用、户耕地面积、家庭成员打工时间均有显著的正向作用；户林地面积在部分模型中对家庭收入有显著的正向作用；而家庭劳动力数量、家庭成员男性比例、家庭初中受教育程度比例对农户收入无显著作用，家庭劳动力在农林业工作时间比例对家庭收入还有显著的负向作用。③在所有模型中，位于自然保护区对农户收入均有显著的正向作用。

根据表6－3的分位数回归分析结果，各影响因素对不同收入水平农户的作用如下：①参与退耕对安康调查地中低、中等和中高收入水平农户的家庭收入有显著的正向作用，其对最低收入和高收入农户的家庭纯收入虽然有正向作用，但不显著；②位于自然保护区对大部分农户，尤其是中等以上收入水平的农户家庭收入有着较大的正向作用，但对最低收入水平的农户家庭收入则无显著影响；③在各家庭要素禀赋中，户物质资产对农户收入都有着显著的正向作用，且从低收入户到高收入户，该因素的作用大致递增；户耕地面积对所有农户的家庭收入有着显著的正向作用，户林地面积仅对中低和中等收入农户有显著的正向作用；户劳动力数量、男性比例、家庭成员初中以上受教育程度比例对所有农户的收入基本上无显著作用；社会资本，即家庭上个月的通信费用对除最低收入农户外的家庭的纯收入有着显著的正向作用，且从中低收入户到高收入户，该因素的作用大致递增；④除了最低收入农户外，家庭劳动力在农林业工作时间比例对家庭纯收入均有显著的负向作用；⑤从低收入到高收入家庭，户打工时间对家庭收入的正向作用大致递减。

总之，这里通过农户生计调查数据发现，参与退耕和位于自然保护区对农户收入基本上有着显著的正向作用。此外，当地人力资本的作用并不显著，劳动力有闲置，而且低收入农户缺乏社会资本，受山区自然条件和农业比较收益低的限制，农林业生产提高农户收入的作用有限，农民增收主要依靠外出务工。

二 基于随机前沿生产函数的陕西安康山区农户农林业生产效率分析

(一) 安康农户农林生产投入和产出的基本情况

针对家中有从事农作物或林作物生产的农户，表6-4分别比较了安康5个区县农户农林生产的投入和产出情况。

表6-4 安康5个调查区县农林年生产投入和产出情况

变量	汉滨区	石泉县	宁陕县	紫阳县	平利县	ANOVA	总体
投入							
土地投入							
农作物播种面积(亩/户)	5.01	4.90	2.46	8.54	5.71	***	5.59
林作物播种面积(亩/户)	3.91	3.70	4.26	4.68	4.91	ns	4.26
耕地面积(亩/户)	3.67	4.68	2.22	6.21	4.19	***	4.28
林地面积(亩/户)	11.36	26.60	69.16	28.79	43.48	***	35.14
农作物复种指数	1.17	1.00	1.21	1.86	1.44	***	1.36
林作物复种指数	0.38	0.31	0.18	0.27	0.30	***	0.29
劳动时间投入(日/户)	134.55	154.32	119.55	159.56	179.80	***	152.33
农作物时间(日/户)	87.56	133.75	82.84	137.06	163.77	***	124.91
林作物时间(日/户)	46.61	20.57	37.05	22.50	16.88	***	27.49
资本投入(元/户)	647.58	904.81	487.93	833.79	712.19	**	728.78
大棚(元/户)	43.12	30.30	150.25	0.00	0.00	**	38.39
化肥农药(元/户)	369.09	517.92	174.03	585.65	479.39	***	439.23
种子(元/户)	152.62	188.94	95.99	145.19	102.19	***	137.24
雇工(元/户)	81.67	167.65	67.66	100.00	130.61	ns	113.20
农家肥(斤/户)	1664.59	1888.6	463.69	4651.1	3724.1	***	2649.1
农业机械等生产工具(元/户)	32.09	70.95	210.91	233.87	282.92	ns	170.39
产出							
农林总产出(斤/户)	1865.74	3731.5	1727.00	3850.0	4379.9	***	3247.85
农产品产量(斤/户)	2420.85	3540.9	1643.29	3783.0	4356.55	***	3387.85
林产品产量(斤/户)	523.69	538.14	495.29	296.08	319.42	+	442.56
农林产品纯收入	2986.76	7001.1	3126.06	21444.7	6268.3	***	8337.74
农产品毛收入(元/户)	3506.74	5339.0	3616.67	22072	5376.0	***	8611.49
林产品毛收入(元/户)	1404.33	3145.0	2521.70	1665.3	2428.0	+	2362.59

续表

变量	汉滨区	石泉县	宁陕县	紫阳县	平利县	ANOVA	总体
农林生产要素产出率							
土地产出率(元/亩·户)	377.90	452.68	232.79	837.6	340.57	***	451.98
劳动产出率(元/日·户)	887.49	1408.3	1192.15	6298.1	968.34	***	2168.75
资本产出率(元/元·户)	7.06	14.28	16.64	40.6	14.35	***	19.29

注：① *** 、** 、* 、+ 分别表示显著性水平为 0.001、0.01、0.05 和 0.1；ns 表示不显著。

②农作物复种指数 = 农作物播种面积/耕地面积；土地产出率 = （农产品毛收入 + 林产品毛收入）/（耕地面积 + 林地面积）；劳动产出率 = （农产品毛收入 + 林产品毛收入）/劳动时间投入；资本产出率 = （农产品毛收入 + 林产品毛收入）/资本投入。

由表 6 - 4 可以看出，5 个区县在土地、劳动、资本和固定资产等方面的投入均有显著差异，相应的，农林产品产量、收入以及各投入要素的产出率也表现出明显的差别，具体如下。

（1）在土地投入方面，耕地利用率较高，有着相对较高的复种指数（≥1），而林地并没有得到充分利用，复种指数低于 0.4。5 个区县中，紫阳县耕地面积和农作物复种指数相对最高，汉滨区、石泉县和宁陕县的复种指数均低于总体平均水平。宁陕县有着最大的林地面积，但林作物复种指数却最低，汉滨区的林地面积和播种面积均相对较少，复种指数却最高（0.38）。

（2）在劳动时间投入方面，农作物平均投入的劳动时间（124.91 日/户）远远高于林作物（27.49 日/户）。平利县、紫阳县和石泉县注重农作物生产，劳动时间投入远远高于其他区县，而林作物劳动时间相对较少。宁陕县有着最小的耕地面积和农作物播种面积，农作物的劳动时间投入也最少。汉滨区林作物复种指数最高，在林作物上的劳动时间也最多。

（3）在资本投入方面，化肥农药在各项平均支出中最高，其次为种子和雇工，大棚最少。对比 5 个区县，石泉县和紫阳县平均资本投入相对较多，尤其是化肥农药、种子和雇工，宁陕县资本投入最低，且除了大棚外其他各项支出均处于较低水平。此外，固定资产投入如农业机械等生产工具，平利县、紫阳县和宁陕县花费相对较多，汉滨区和石泉县较低。

（4）在农林生产的产出方面，农林产品年总产量平均为 3247.85 斤/户，户均纯收入为 8337.74 元。其中，农产品产量为 3387.85 斤/户，毛收入为 8611.49 元/户；林产品产量为 442.56 斤/户，毛收入为 2362.59 元/

户。5 个区县中，农林总产量以及农产品产量最高的均是平利县，最低的为宁陕县，但紫阳县的农林纯收入以及农产品毛收入远远高于其他区县。林产品产量及毛收入最高的为石泉县，紫阳县则相对较低。此外，汉滨区林产品产量相对较高，但是在农林纯收入、农产品毛收入、林产品毛收入方面均处于最低的水平。

（5）有关农林生产投入要素的产出率，每亩土地投入户均产出农林毛收入 451.98 元，每单位劳动力投入户均产出农林毛收入 2168.75 元，每单位生产资本投入户均产出农林毛收入 19.29 元。其中，紫阳县三种要素产出率均远远高于其他区县，宁陕县土地产出率最低，汉滨区劳动和资本产出率最低。

综上所述，5 个区县农林生产投入和产出状况差异很大，其中紫阳县和平利县农户在农林生产尤其是农作物生产中各项投入比较均衡，产出效果也相对较好，前者体现为较高的收入和要素产出率，而后者体现为较高的农林产品产量；汉滨区农户对林作物生产有较高的复种指数，投入了相对较多的播种面积和劳动时间。石泉县则对农林作物生产投入了较多的资本；宁陕县无论是农林生产投入还是产出均不占优势，但其有最大的林地面积、最低的林作物复种指数和土地产出率，如在土地利用效率方面加以提升，大幅促进林产品生产还是具有相当的潜力。

（二）随机前沿生产函数与农户农林生产技术效率的估计

为了进一步准确地反映安康退耕山区农户农林生产效率，采用随机前沿生产函数模型（SFA）对 1234 个从事农林生产的有效样本农户的技术效率进行估计[①]，并探究其主要的影响因素，对资源的合理配置、农业生产技术效率的提升、农林产出以及收入水平的提高具有重要的意义。

随机前沿生产函数反映在既定的技术条件下可以实现的最大产量。技术效率是实际产量与最大可能产量的比率，它反映现实产出与理论最优产出的差距。技术效率的大小反映生产者利用现有技术的有效程度。Aigner、Lovell、Schmidt（1977），Meeusen 和 van den Broeck（1977）提出了随机前沿生产函数的一般形式：

---

① 从事农林生产的样本有 1271 户，即 462 个纯农型和 809 个兼业型农户的总和，删除模型中相关变量有缺失的 37 个样本后得到的有效样本数为 1234 户。

$$\ln(q_i) = X'_i\beta + v_i - u_i \quad i = 1,2,\cdots,n \qquad 式(6-2)$$

式（6-2）中，下标 i 表示 i 个农户，q_i 为第 i 个农户的产出；X'_i 是包含投入对数的向量，β 为待估计参数的列向量；u_i 是与技术无效率相关的非负随机变量，$u_i \sim N(\mu, \sigma_u^2)$；$v_i$ 是代表统计噪声的随机变量，$v_i \sim N(\mu, \sigma_u^2)$，将测量误差和其他的统计噪声从技术无效率造成的偏差中分离出来，产出前沿面的边界为随机变量 $Exp(X'_i\beta + v_i)$，因此，q 的解释包括确定性前沿面、噪声影响和技术无效率三个部分。技术效率 TE 定义为观测产出与相应的随机前沿面产出的比值：

$$TE_i = \frac{q_i}{Exp(X'_i\beta + v_i)} = \frac{Exp(X'_i\beta + v_i - u_i)}{Exp(X'_i\beta + v_i)} = Exp(-u_i) \qquad 式(6-3)$$

由于传统的 C-D 函数暗含的前提假设是各种生产投入要素的替代弹性为 0 或 1，由于事先并不知道各种生产投入要素之间的弹性替代情况，所以采用形式比较灵活、可近似反映任何生产技术的超越对数生产函数比较适合（李桦、姚顺波，2012）。由此，超越对数随机前沿生产函数模型具体形式为：

$$\begin{aligned}
\ln(Y_i) = {} & \beta_0 + \beta_1 Ln(K_i) + \beta_2 Ln(L_i) + \beta_3 Ln(F_i) + 1/2\beta_4[Ln(K_i)]^2 + \\
& 1/2\beta_5[Ln(L_i)]^2 + 1/2\beta_6[Ln(F_i)]^2 + \beta_7 Ln(K_i)Ln(L_i) + \\
& \beta_8 Ln(K_i)Ln(F_i) + \beta_9 Ln(L_i)Ln(F_i) + (V_i - U_i)
\end{aligned}$$

$$式(6-4)$$

在式（6-4）中，下标 i 表示第 i 个农户，如 Y_i 表示第 i 个农户的农林产出变量，K_i 表示第 i 个农户农林生产的资金投入变量，L_i 表示第 i 个农户农林生产的劳动力投入变量，F_i 表示第 i 个农户农林生产的土地投入变量。V_i 是随机误差项，假定服从正态分布，即白噪声，用来测度误差及各种不可控随机因素，例如运气、天气情况等。U_i 是与技术无效率相关的非负随机项，即技术效率的损失，假定服从阶段正态分布，独立于随机误差 V_i。

第 i 个农户的技术效率用存在技术非效率时实际产出的期望值与完全技术有效时产出的期望值的比率来表示，即

$$TE_i = \frac{E(Y_i \mid u_i, X_i)}{E(Y_i \mid u_i = 0, X_i)} = Exp(-u_i) \qquad 式(6-5)$$

式（6-5）中，若 $u_i = 0$，则 $TE_i = 1$，表明第 i 个农户处于完全技术效率状态，实际产出在生产前沿面上；若 $u_i > 0$，则 $0 < TE_i < 1$，则农户处于

技术非效率，其产出位于生产前沿面的下方。

其中，投入和产出变量定义如下：

（1）农林产出变量 Y（元）。采用年度农户家庭农林毛收入来表示，未包含以外出务工为主的工资性收入及其他租赁、利息和政府转移支付等财产性和转移性收入，准确测度了农户实际从事农业生产的产出。农林收入的测算包括现金收入和实物收入两部分，计算现金收入时，考虑到农户自身的禀赋条件可能造成销售价格的差异，以农户自身的销售价格和销售量为准；在计算实物收入时，未销售的农产品大多转化为农户自身的消费，其价值大致相同，所以其价格采用的是该农产品在这一年度销售的平均价格。

（2）资本投入变量 K（元）。包括农户从事农业和林业生产中大棚、化肥农药和种子等生产要素的现金投入。

（3）劳动力投入变量 L（日）。包括农户家庭各成员在农业和林业生产中投入的工作天数和农户家庭雇工劳动时间。根据陕西省 2011 年农林牧渔业在岗职工平均工资将雇工支出折合成雇工劳动天数，计入劳动力投入时间。雇工劳动时间 =（雇工支出×30）/2386。[①]

（4）土地投入变量 F（亩）。包括家庭拥有耕地总面积和林地总面积两部分。

（5）针对农林产品毛收入 Y、农林劳动时间 L、农林生产资本 K 变量值为 0 的情况，为避免丢失样本，根据计量经济学较常用的方法对其进行加 1 处理后再取自然对数。

此外，基于相关研究，构建随机前沿生产函数技术无效率模型如下：

$$u_i = \delta_0 + \delta_1 familysize_i + \delta_2 age_i + \delta_3 edu_i + \delta_4 cadre_i + \delta_5 train_i +$$
$$\delta_6 finance_i + \delta_7 workout_i + \delta_8 county1_i + \delta_9 county2_i + \quad 式（6-6）$$
$$\delta_{10} county3_i + \delta_{11} county4_i + \delta_{12} county5_i$$

其中，下标 i 表示第 i 个农户，$familysize$ 表示农户家庭人口规模；age 表示户主年龄；edu 表示户主受正规教育程度；$cadre$ 表示家庭中有村干部经历的人数；$train$ 表示是否参加过农业技术培训（是 =1，否 =0）；$finance$ 表

---

① 陕西省 2011 年农林牧渔业在岗职工平均工资 28636 元/年，2386 元/月，数据来源于《2012 陕西统计年鉴》中表 5-11 "在岗职工分行业年平均工资"。

示农户在最近一年内是否从银行贷过款（是 = 1，否 = 0）；*workout* 表示家庭是否有外出务工（是 = 1，否 = 0）；*county*1 ~ *county*5 分别表示农户是否属于汉滨区、石泉县、宁陕县、紫阳县、平利县（是 = 1，否 = 0）。

运用 FRONTIER4.1 软件对 SFA 模型进行极大似然估计，结果见表 6 - 5：

表 6 - 5　SFA 模型估计结果

变量		系数	标准误	t 值	变量		系数	标准误	t 值
常数项	β_0	3.71***	0.40	9.28	常数项	δ_0	- 19.57***	3.09	- 6.33
K	β_1	0.12$^+$	0.09	1.28	*familysize*	δ_1	- 1.67***	0.17	- 9.88
L	β_2	0.92***	0.14	6.35	*age*	δ_2	0.03*	0.01	1.70
F	β_3	0.89***	0.15	5.99	*edu*	δ_3	1.04***	0.21	4.98
$K2$	β_4	0.12***	0.02	5.68	*cadre*	δ_4	1.62**	0.66	2.47
$L2$	β_5	- 0.08*	0.05	- 1.78	*train*	δ_5	- 5.85***	1.01	- 5.78
$F2$	β_6	- 0.14***	0.04	- 3.36	*finance*	δ_6	3.11***	0.64	4.82
KL	β_7	- 0.07***	0.02	- 3.84	*workout*	δ_7	2.91***	0.56	5.23
KF	β_8	- 0.01	0.02	- 0.48	汉滨区	δ_8	2.67***	0.72	3.69
LF	β_9	- 0.03	0.04	- 0.80	石泉县	δ_9	- 9.07***	1.82	- 4.98
σ^2		33.88***	3.74	9.07	宁陕县	δ_{10}	10.58***	0.81	13.07
γ		0.97***	0.00	264.70	紫阳县	δ_{11}	- 16.41***	0.81	- 20.21
log likelihood function		- 2227.88			平利县	β_{12}	- 7.34***	1.75	- 4.20
LR test of the one-sided error		475.83							

注：***、**、*、+ 分别表示变量在 0.1%、1%、5%、10% 的置信水平下显著。

首先，随机前沿生产函数模型整体拟合良好。γ 估计值为 0.97，显著大于 0，且在 0.1% 显著水平通过了 t 检验，说明样本中选择的这些农户的实际产出与理想的最优化产出之间的差距主要是由技术无效率 U 造成的，占 97%，随机误差 V 的变异仅占 3%，说明本研究采用随机前沿生产函数来验证技术效率是合适的。LR 检验值 475.83 远远大于卡方分布的临界值 $\chi^2_{0.01}$ (9) = 21.67，说明生产函数存在技术无效率 γ 部分。此外，模型中各变量系数也基本都有显著作用，模型设定比较合理，可以进一步对技术效率部分的影响进行研究。

其次，生产模型中资本、劳动力和土地对农林生产的贡献均为正，增加这些要素的投入能显著提高农林生产技术效率水平。

最后，在技术无效率模型中，家庭人口及生计特征、区县变量均对技术效率有显著影响。如家庭规模和培训的系数为负，且在 0.1% 的水平上显著，说明它们对农户农林生产技术效率有显著的正效应。家庭规模较大的农户一般有更多的劳动力资源，家庭内部合理有效的分工更容易实现，更有利于生产技术效率的提升，而家庭规模较小的农户劳动力安排会受到更多的约束，不利于生产效率的充分发挥；参与培训可以使农户提高自身素质和对新环境和新技术的适应与应用能力，如农业技术培训针对实际的农业生产活动更具应用性，使农户学习先进的种植技术和耕作的理念，提高农业生产中的单位产出，从而提高生产效率。因此，发展现代农业、培养现代农民对于农民整体素质偏低的现状来说就显得尤为重要。

然而，户主年龄和教育程度、是否有银行贷款和外出打工以及家中有村干部经历的人数对农林生产效率有显著的负面影响。户主在农村家庭生产决策中占据着决定性地位，因此户主的状况会对家庭生产效率产生重要影响。一方面由于农业技术发展速度较快，年轻户主接受和适应新技术的能力比较强，因此他们对农业技术效率的贡献也就大于传统农业生产经验丰富但接受新事物较慢的年长的户主；另一方面，由于农业的经济效益相对较低，自身素质较高的劳动力逐渐向二、三产业转移，大多从事非农经营或打工等非农活动，其投入农业的劳动力可能并不太多，而受教育水平较低的农户由于自身条件限制只能投身于农业生产，反而可能农业产出较高，也就造成了户主教育程度对农林技术效率的负向影响。同样，外出务工的家庭成员一般是自身素质相对较高的青壮年劳动力，会对家庭从事农业生产的劳动力造成一定的压力，家庭中从事农业的是老人或妇女，会对实际的农业生产效率产生一定程度的影响，降低技术效率水平。农村信贷则一方面反映农户家庭内部资金状况，有借贷的农户面临着还贷压力，反而更不利于农业生产的投入、销售等，使得技术效率下降；另一方面较好的金融可及性使得农户更有机会从事生产效益更高的非农活动，而很少用于农业生产的情况，因此良好的金融资本并不能对技术效率的提升产生积极影响。李谷成（2008）和曹慧（2006）研究发现家中有人担任村干部会对最终的生产技术效率有显著的负效应，与以往研究一致，本研究家中有村干部经历的人数越多，农林生产技术效率水平越低。这是因为一方面村干部与普通户相比只有较少的时间投入家庭经营活动中，更多时间要配置到地方各种行政事务中；另一方面，他们有较广的社会关系网络，有良好的社会资本，从事非农经营的机会更多，对农户效率可能产生"替代效应"。

此外，区县变量反映了不同县域状况对农户的技术效率在 0.1% 的水平上有显著影响，其中，石泉县、紫阳县和平利县对农户农林生产技术效率有显著的正向影响，而汉滨区和宁陕县有显著的负向效应，说明前者可能在土地质量等农林生产条件方面优于后者。以下进一步分析技术效率的具体分布情况以及在各区县的差异。

调查地 1234 户农户农林生产技术效率的平均水平并不高，为 0.45，即在现有的技术水平和要素投入量下，消除技术损失以后，样本农户的产出还可以通过更好的资源配置增加 55%，因此农林生产技术效率还有很大的提升潜力。图 6－6 展示了农户生产技术效率的散点分布，可以较为直观地看出农户生产技术效率的频数分布情况，多数农户的技术效率集中分布在 0.4 至 0.6 这个区间。本研究调查的 5 个区县农户的编号分别为，汉滨区为 1～222，石泉县为 223～486，宁陕县为 487～683，紫阳县为 684～929，平利县为 930～1234，在图中从左到右依次以实线分割，虚线标注样本的总体均值。可以看出，各区县技术效率散点分布有较大的差异，紫阳县技术效率散点在总体平均水平以上较为集中，技术效率水平相对较高，其次为石泉县和平利县集中在总体平均水平附近，汉滨区的技术效率散点较为均匀地分散在 0.3～0.6 区间，而宁陕县的技术效率水平相

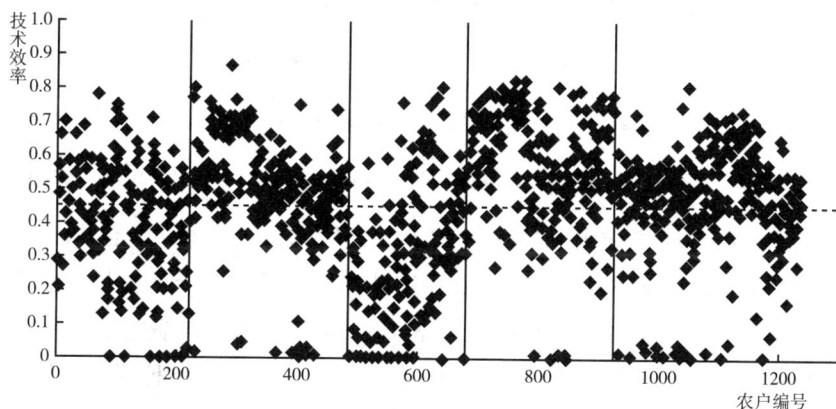

图 6－6　样本农户技术效率的散点分布

对较低，较多地分散在平均水平以下。进一步的计算各区县农户农林生产的平均技术效率，见图 6 - 7。与散点分布图一致，紫阳县技术效率的平均水平最高（0.58），其次为石泉县和平利县，最低的为宁陕县，明显低于其他区县。

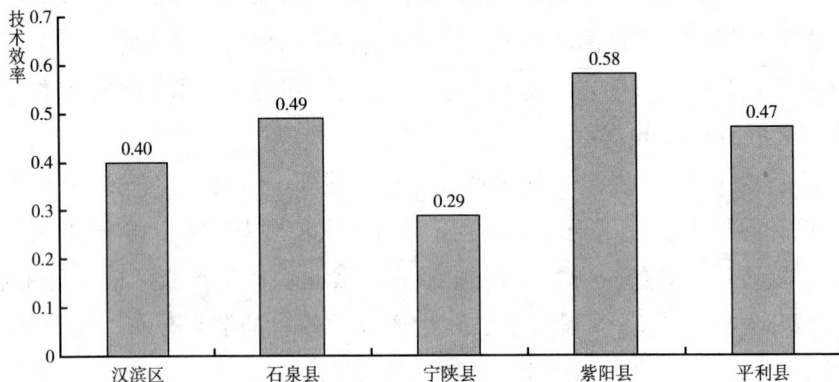

图 6 - 7　各区县农户平均技术效率水平

（三）农户农林生产投入要素的平均产出弹性分析

为了分析生产要素对产出的贡献和主要程度，需进一步测度农户农林生产主要投入要素的平均产出弹性，即在技术水平和投入价格不变的条件下，若其他投入量固定不变，单独一种投入的数量相对变动时所引起的产出的相对变动。

三种生产投入要素的平均产出弹性公式为：

$$\varepsilon_K = \beta_1 + \beta_4 ln(K) + \beta_7 ln(L) + \beta_8 ln(F) \qquad 式(6-7)$$

$$\varepsilon_L = \beta_2 + \beta_5 ln(L) + \beta_7 ln(K) + \beta_9 ln(F) \qquad 式(6-8)$$

$$\varepsilon_F = \beta_3 + \beta_6 ln(F) + \beta_8 ln(K) + \beta_9 ln(L) \qquad 式(6-9)$$

其中，β_i 为随机前沿生产函数的参数，估算结果见表 6 - 5，ln（K）、ln（L）、ln（F）分别为样本总体农林生产资本性投入、劳动力投入和家庭土地面积的算术平均值，计算结果见表 6 - 6。可以看出，资本、劳动和土地三种投入要素的平均产出弹性均为正，表明单独增加这三种要素的投入都会提高农林的产出水平；从弹性大小来看，资本投入的产出弹性最大，其次为土地投入，劳动力投入弹性最小，说明要提高样本农户的产出水平主要依靠资本投入。但是由于它们的产出弹性均小于1，说明这种以增加要素投入来提高产出的方式并不经济。

表6－6　农户生产投入要素的平均产出弹性

指　标	资本投入	劳动力投入	土地投入
投入对数的算术均值	5.29	4.66	3.00
平均产出弹性	0.40	0.13	0.28

（四）安康退耕山区农户农林生产效率及影响因素研究结论

首先，5个区县农林生产投入和产出状况差异很大，其中紫阳县和平利县农户在农林生产尤其是农作物生产中各项投入比较均衡，产出效果也相对较好，前者体现为有较高的收入水平和要素产出率，而后者体现为有较高的产量；汉滨区农户对林作物生产有较高的复种指数，投入了相对较多的播种面积和劳动时间。石泉县则对林作物生产投入了较多的资本，因而他们有着相对较高的林产品产量，但汉滨区林产品收入情况并不乐观，而石泉县林产品收入水平较高；宁陕县农户农林生产的投入和产出均相对较低，但其有最大的林地面积、最低的林作物复种指数和土地产出率，如在土地利用效率方面加以提升，在林作物生产方面还是具有相当的潜力。

其次，对1234个有效样本农户的农林生产技术效率进行估计的结果显示，农林生产平均技术效率水平不高（0.45），即在现有的技术水平和要素投入量下，消除技术损失后，样本农户的产出还可以通过更好的资源配置增加55%，有较大的提升空间。且各区县技术效率水平差异显著，其中紫阳县技术效率的平均水平最高（0.58），其次为石泉县和平利县，最低的为宁陕县（0.29）。

最后，资本、劳动力和土地对农林生产的贡献均为正，增加这些要素的投入能显著提高农林生产技术效率水平，且三种投入要素的平均产出弹性为正，其中最大的为资本投入，其次为土地投入，劳动力投入产出弹性最小。但是由于它们的产出弹性均小于1，说明这种以增加要素投入来提高产出的方式并不经济。此外，区县因素和家庭人口及生计特征，如家庭规模、培训、户主年龄和教育程度以及打工、银行借贷、干部经历等变量均对农林生产的技术效率有显著影响。

第三节　陕北陕南退耕农户参与新一轮退耕还林的
意愿及巩固退耕成果意愿分析①

本节主要基于对陕南陕北退耕地区农户调查数据，围绕农户与新一轮退耕还林政策，分析农户参与新一轮退耕还林的成本收益，包括农户退耕的机会成本、退耕地预期收益、退耕地经营与产品供销以及宏观政策背景影响等；分析农户参与新一轮退耕还林的意愿以及巩固退耕还林成果的意愿。2015年6月，西安交通大学公共政策与管理学院人口与发展研究所课题组在安康市石泉县林业局、扶贫局，宁陕县广货街镇政府、广货街镇林业站等地进行了调研，与部门负责人进行了座谈。2015年7月在陕西省林业厅调研。2015年10月中旬、11月上旬课题组分别在陕西延安吴起县、安康市汉滨区进行了试调查。在此期间，与延安市退耕还林办公室、延安宝塔区退耕办、吴起县退耕办、吴起县林业局、吴起县经济发展局、吴起县农业局农业能源处、吴起县水土保持队、吴起县吴起镇林业站、安康市退耕办、安康市汉滨区退耕办、汉滨区瀛湖镇林业站、安康市发改委等部门主要负责人，以及吴起县吴仓堡乡副乡长、吴仓堡乡仗方台村书记、吴起镇马湾村村主任、安康汉滨区官庙镇负责人、汉滨区官庙镇新增村委会、官庙镇包湾村书记、瀛湖镇清泉村书记等进行了座谈，收集了大量调研资料。

2015年10月28日至11月2日，课题组在延安吴起县、吴起镇马湾村等地进行了为期5天的正式调研，采用了便利抽样。共发放问卷350份，回收300份，其中有效问卷296份，问卷有效率98.67%。

2015年11月16日至11月20日，课题组又在安康汉滨区、宁陕县和紫阳县3个乡镇13个行政村，共发放问卷800份，回收668份，其中有效问卷657份，问卷有效率98.35%。

一　农户对新一轮退耕还林政策的态度及意愿

作为政策的直接参与者，农户对政策的态度及意愿是政策顺利实施和政策成果可持续的关键。因此，以下首先分析农户对新一轮退耕还林政策的态

---

① 本节内容受国家发改委西部司课题"巩固退耕还林成果长效机制研究"（XBS2015 – 06）资助。

度、参与意愿、补偿意愿及政策需求，在此基础上分析不同收入水平、参与自主权及政策实施环境等对农户参与意愿的影响。

（一）农户对新一轮退耕的态度和参与意愿

见图6-8和图6-9，吴起和安康样本农户对新一轮退耕还林政策的态度和参与意愿是一致的：大多数农户对新一轮政策表示满意且愿意参与新一轮退耕。

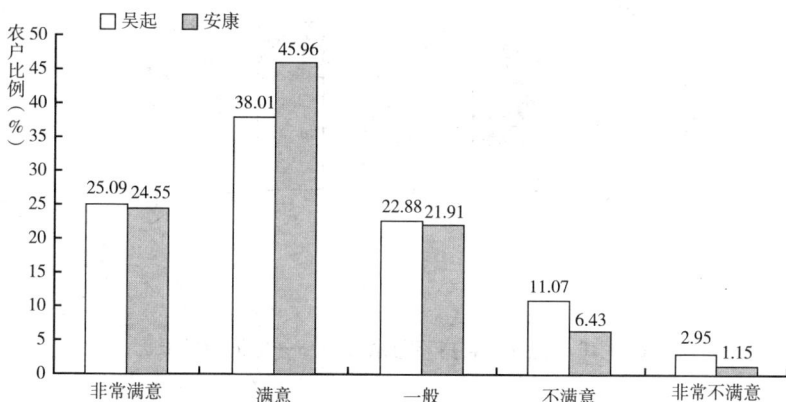

图6-8　农户对新一轮退耕政策的态度

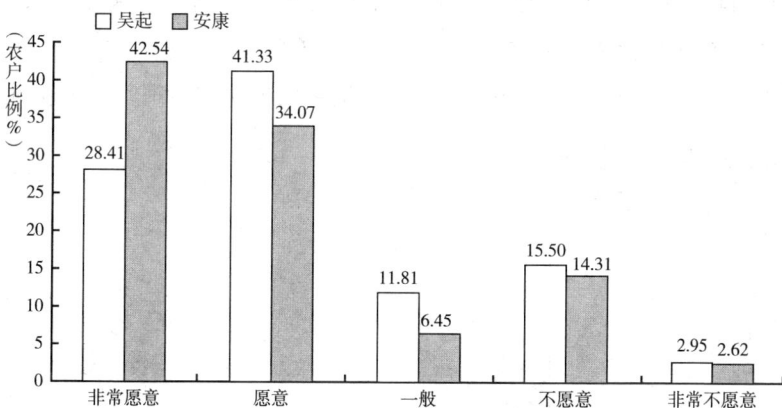

图6-9　农户对新一轮退耕政策的参与意愿

虽然吴起和安康两地农户参与意愿一致，但是不愿意参与退耕的原因有所差别。图6-10反映了两地样本农户不愿意参与新一轮退耕的原因。吴起农户表示的主要原因是补贴标准太低，退耕不划算；而安康农户的主要原因是没有地（"其他"中90%是关于没有土地可退或需要自留地种植）；两地都有超过20%的农户表示不愿意退耕是因为家庭粮食安全问题；只有少数农户认为是环境已经改善而不需要退耕。因此，吴起地区农户对补偿标准有着更高的期望，而安康地区农户对土地及口粮田安全有着更高的要求。

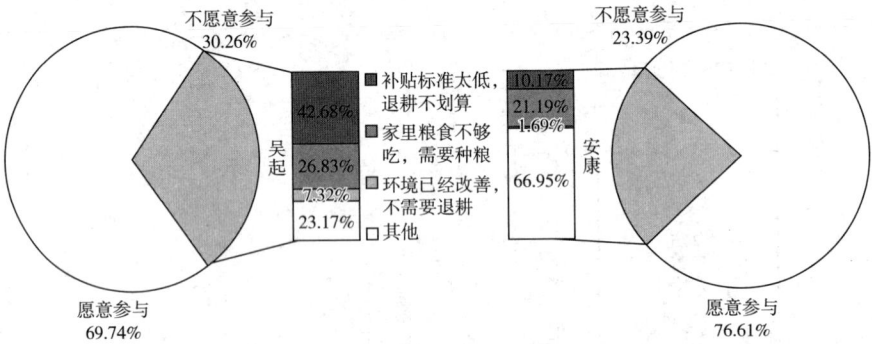

图 6-10　调查地农户不愿意参与新一轮退耕的原因

此外，在地块层面同样可以反映农户参与新一轮退耕的意愿和地块选择偏好。安康地区超过一半样本地块计划被农户退耕（522块，59.59%），总面积达1448.13亩，且主要是旱地；而吴起县农户计划退耕的地块只有13.44%，总面积达209.2亩。

图6-11至图6-14反映了农户计划退耕的地块的特征，如地块地理位

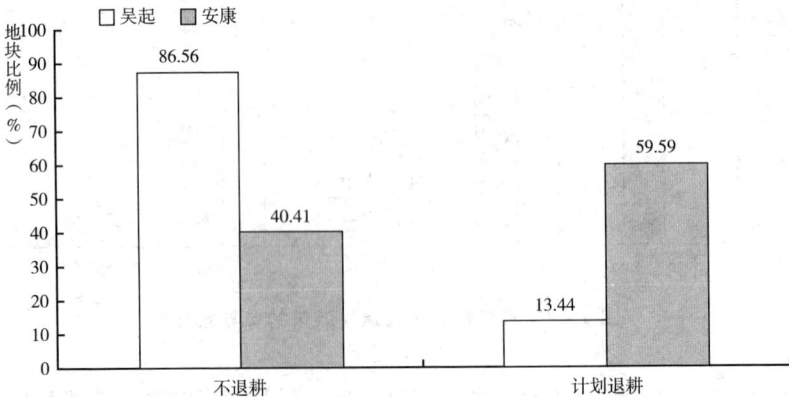

图 6-11　吴起和安康计划退耕地块比例

置、坡度、土壤质量、灌溉条件等。吴起县农户和安康地区农户选择退耕的地块呈现出不同的特征：吴起地区农户倾向退耕高坡度、距离公路较远，且产量产值较低的地块；安康地区农户除了以上特征之外，地理位置、土壤质量和灌溉条件也有明显差别，如计划退耕的地块往往位于山顶和山腰，土壤质量和灌溉条件差，地块距离家较远等。

（二）农户退耕还林的补偿意愿、补偿方式与政策调整需求

图 6 - 15 为安康和吴起退耕农户亩均实际获得补贴额、农户补偿意愿和退耕补偿标准的散点图。亩均实际获得补贴额，即农户实际获得的退耕补贴总额除以其退耕面积。吴起和安康退耕还林的补偿标准分别为 160 元/亩·年和 210 元/亩·年。可以看出，农户实际获得的补偿标准大多低于现行政策

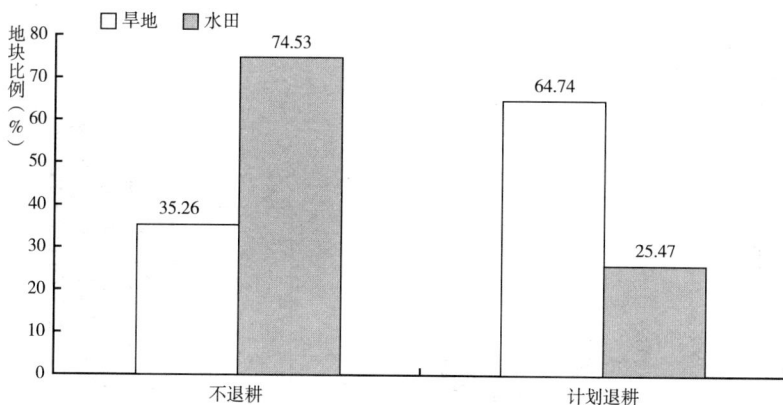

图 6 - 12　安康农户计划退耕地块类型

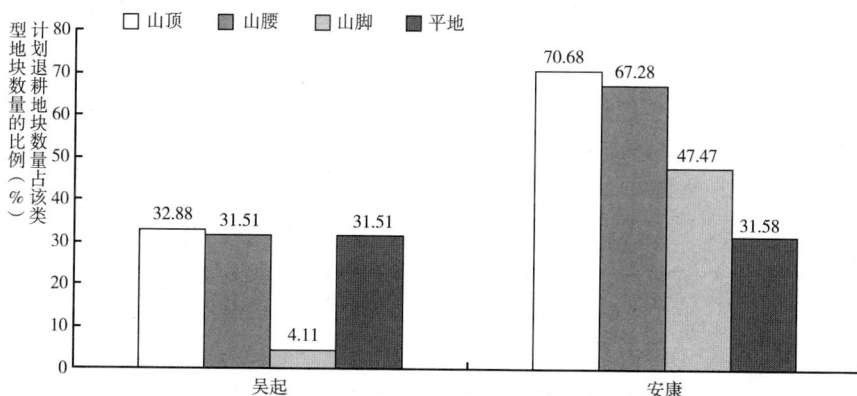

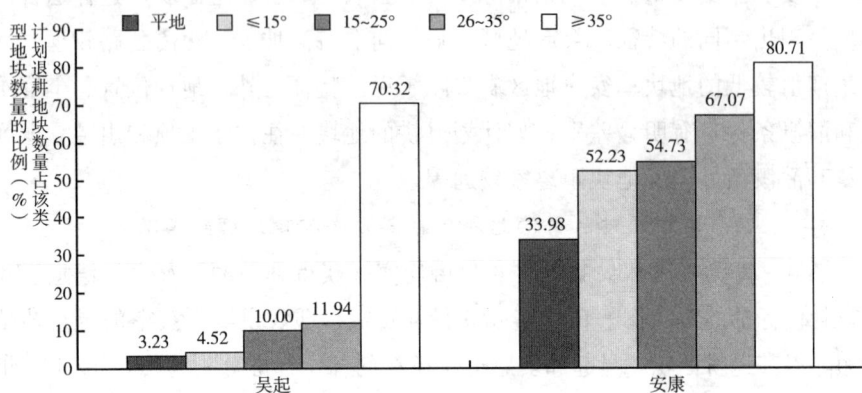

图 6 - 13　吴起和安康计划退耕地块的坡度、位置特征

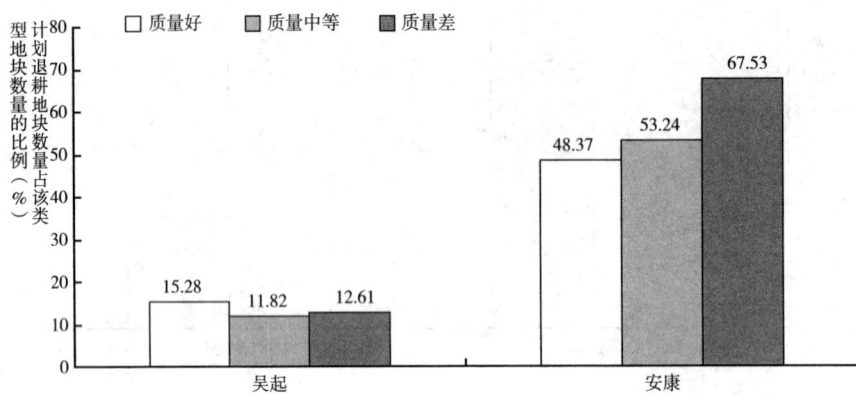

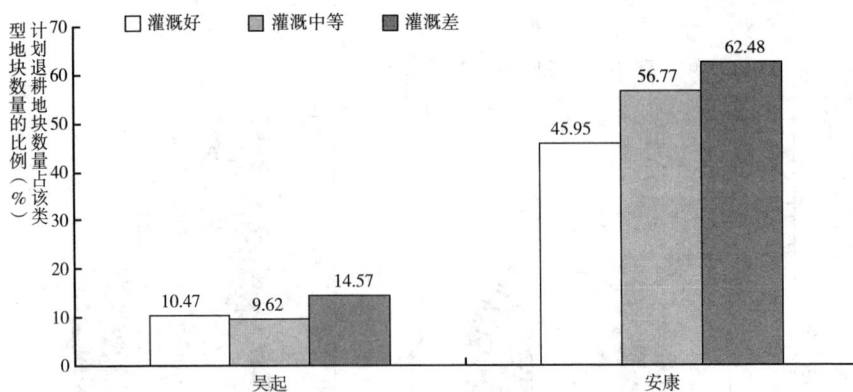

图 6 - 14　吴起和安康计划退耕地块的质量和灌溉特征

的补偿水平，而大部分农户的退耕补偿意愿高于他们实际获得的补贴水平和现行的补偿标准。当然，调查中农户主观回答的结果存在一定偏差，如农户无法将退耕补贴与其他来源的补助相区别，农户不同地块退耕的时间不同等。

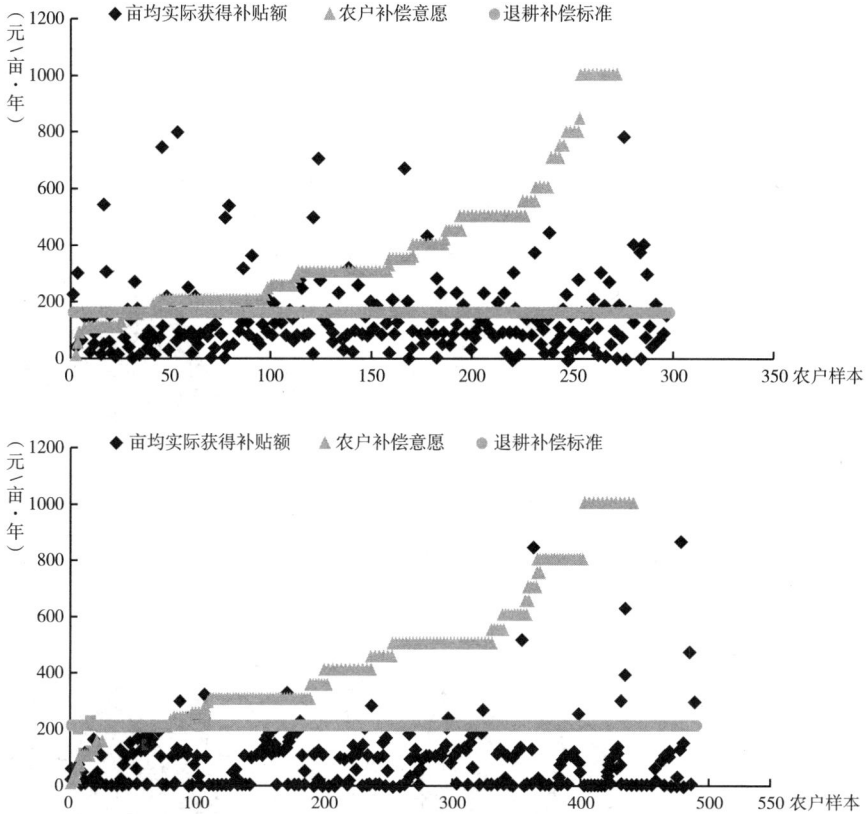

图 6 - 15　吴起（上图）和安康（下图）退耕农户亩均实际获得补贴额、
农户补偿意愿与退耕补偿标准

　　同样，两地区农户补偿方式偏好较为一致（见图 6 - 16）。绝大部分农户偏好现金补偿的方式；其他补偿形式中就业支持、实物补偿比较受欢迎。根据图 6 - 17，农户对退耕政策调整的需求可以看到，维持原政策的农户并不多，仅占 10% 左右；而补助标准的提升是多数农户对政策调整的需求，其次是技术支持、林产品的销售渠道以及增加农户在政策中的自主权。依据访谈记录，农户对补偿标准设计的合理性存在诸多质疑，主要源于两个方面：①补偿标准并没有考虑物价上涨和生活水平提升等因素而进行调整，损害了退耕农户的利益；②补偿标准低于种粮比较收益。此外，安康地区新一轮退耕还林的基本模式是在农户自愿的前提下先通过土地流转集中，再统一搞林业产业项目，这种情况占到50%以上。发展林业及林下经济、生态旅游等产业项目使农户对技术支持有更高的需求。

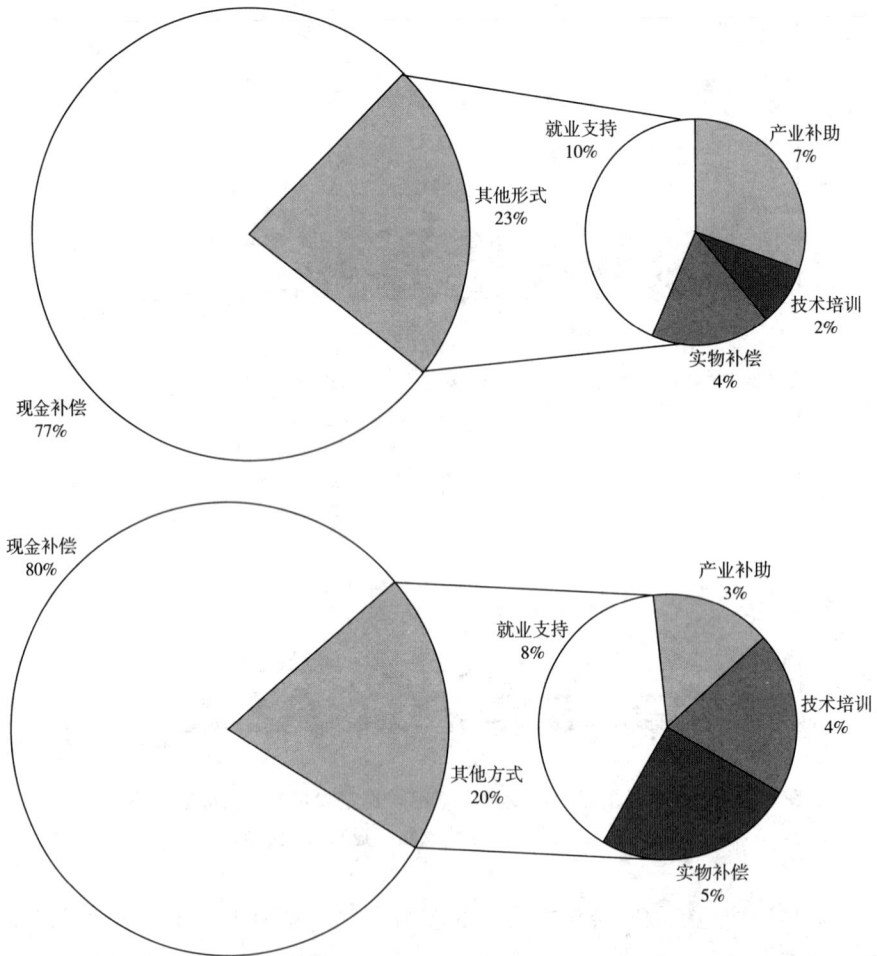

图6－16　吴起（上图）与安康（下图）调查地农户补偿方式偏好

（三）影响农户参与新一轮退耕意愿的关键因素

基于相关研究，以下以吴起县农户为例，从农户经济状况、参与退耕的

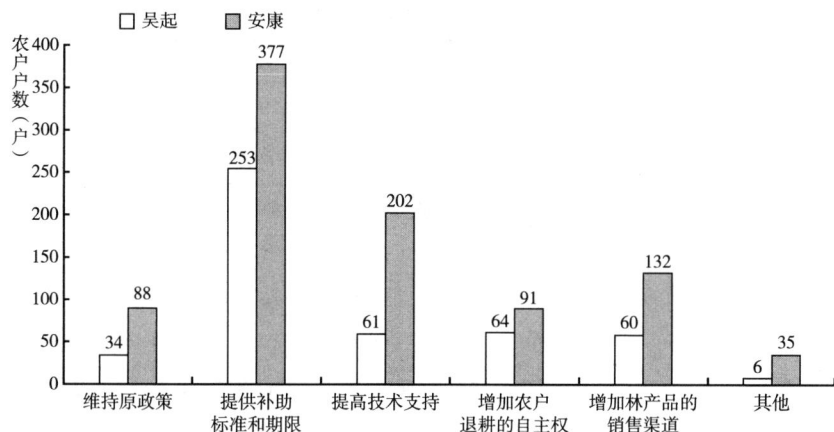

图 6 – 17　调查地样本农户对退耕政策调整的需求

自主权、政策实施过程等方面探究影响农户参与新一轮退耕意愿的关键因素。首先，经比较，农户收入水平高低对其参与新一轮退耕还林的意愿强度并无显著影响（数据略）。其次，农户参与退耕的自主权对参与意愿有显著影响，如吴起县农户参与退耕还林时自主权越多，如自主选择是否参与、参与规模、参与地块、还林树种等，其参与意愿就越强烈。其中，项目参与的自愿性以及退耕地树种选择的自主性对农户参与意愿的作用尤为重要。此外，政策的实施情况（如政策实施的透明度、规范性以及公平性等）对农户参与意愿有重要影响，政策实施过程中的问题越多，农户的参与意愿就越低（数据略）。

二　补偿期满农户继续保持退耕成果意愿

现阶段，随着新一轮退耕还林工程的启动，第一轮退耕还林工程步入后退耕时代，越来越多的退耕户和地块结束了退耕补偿期，退耕还林成果的可持续性迎来了严峻的考验。调查地退耕补偿期满情况见表 6 – 7。吴起县绝大部分样本农户都有补偿到期的地块（275 户，94.5%），共 608 块，总面积达 5703.8 亩，占所有退耕地样本面积的 81%。而安康地区补偿到期户 125 户，占 26.71%，补偿到期地块 144 块，占比 22.91%，总面积达 834.5 亩，占所有退耕地块面积的 1/4。

表 6 – 7　退耕补偿期满基本情况

指标	吴起	安康
补偿到期退耕农户数量(户)/比例	275/94.5%	125/26.71%
补偿到期退耕地块数量(块)/比例	608/82.70%	144/22.91%
补偿到期退耕地块总面积(亩)/占比	5703.8/81%	834.5/25%

注：补偿到期地块指的是 1999 年及以前参加退耕的地块、在 2015 年补偿到期的退耕地块。

(一)　补偿期满农户复耕意愿及影响因素

吴起县样本中，极少数农户有复耕行为或认为村里存在复耕活动。但是，43%的退耕户表示他们有复耕种粮的意愿，一旦退耕补偿期结束，户均计划复耕面积 21.6 亩。安康样本中，10 个农户承认有复耕行为，有将近10%的农户认为本村存在复耕活动，表示补偿期满会复耕的农户仅占不到10%，户均计划复耕面积 5.10 亩。

农户的复耕动机可能源于以下几方面因素：家庭口粮需求，如剩余耕地面积，粮食消费；生计类型，如生计依赖林业生产；政策设计和实施，如退耕补偿发放、实施的规范性、参与自主权等；农户特征，如家庭结构、社会资本等。表 6 – 8 和图 6 – 18 对延安有复耕意愿的农户和无复耕意愿的农户进行对比分析，初步得到有复耕意愿的农户有以下几方面特征：①人口与生计方面，有更多的劳动人口，对农业收入相对更依赖，而从事林业生产的比例较低，对政策补贴的依赖性较小；②粮食安全方面，人均耕地更小且面临更高的食物现金消费；③对政策设计与实施的认知与态度方面，实际补偿标准与他们的补偿意愿水平差距相对更大，认为政策实施存在更多问题，如政策透明性小、参与自主权差等。

(二)　复耕高风险地块的特征

在延安吴起县调查的情况是，补助到期后有复耕意愿的退耕地块比例是35.75%。这些地块离家和村主要公路较近，土地质量较好，退耕机会成本较高（即退耕前土地收入较高）、无退耕造林的林权证等。有复耕意愿的退耕农户，他们的基本特征是愿意继续务农，家里耕地面积较小而家庭劳动力数量较多，个人退耕补贴意愿与国家给的实际补贴水平相差较大等。而一些外出打工收入较为稳定，或者已经进城入镇、就近就地城镇化的农民，则无复耕意愿。因此，巩固退耕还林成果是一项系统工程，也与国家宏观经济形势、新型城镇化发展趋势有着密切的关系。

表 6 - 8 吴起县农户复耕意愿的影响因素分析

变量	有复耕意愿的农户			无复耕意愿的农户			t 检验
	样本	均值	标准差	样本	均值	标准差	
人均耕地	125	2.11	0.21	164	2.89	0.24	2.49 **
食物现金消费	118	734.3	566.2	155	703.58	922.20	− 0.34
是否从事林业生产	126	0.56	0.04	167	0.64	0.04	1.34 +
补偿意愿与实际补偿差距	116	5.62	12.82	148	3.28	6.39	− 1.80 *
政策实施中的问题	126	1.46	1.63	167	1.04	1.27	− 2.35 **
参与自主权	126	1.40	1.41	167	1.96	1.51	3.23 ***
政策公示	124	1.19	0.11	166	1.53	0.10	2.19 *
家庭劳动力人数	125	2.94	1.29	166	2.71	1.56	− 1.31 +

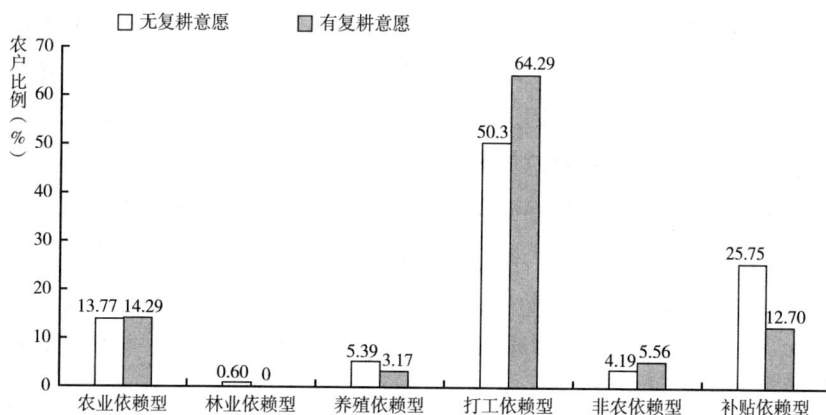

图 6 - 18 吴起县有复耕意愿与无复耕意愿的农户生计依赖情况比较

　　补偿期满复耕带来的影响可以从两个方面考虑：第一，计划复耕地块的生态价值，如生态林比例面积、坡度、灾害风险；第二，计划复耕地块的生产力与生产成本，如土壤质量、与家和主要公路的距离等因素。由此可以看出，吴起调查地复耕或对生态威胁较大，因为延安地区大多退耕为生态林，复耕地块生态林比例相对较高；坡度 25 度以上的地块比例也较高，复耕或对水土流失等造成较大的影响。另外，将近一半复耕地块土壤质量差，且集中在山顶和山腰，离家和主要公路有一定的距离（虽然均值低于未计划复耕的地块），复耕后农户的生产成本和效益并不乐观。此外，安康调查地计划复耕的地块数仅占 7.83% 。安康地区虽然复耕地块中生态林比例较低，但面临与吴起相同的高坡度、低质量、远距离的生产条件（数据略）。

三 农户新一轮退耕参与意愿和巩固退耕成果意愿研究的主要结论

根据我们的研究，第一，农户参与新一轮退耕政策的意愿很强烈，但同时退耕户对政策补偿标准、粮食安全等方面有较高的期望与要求。依据农户需求，计划退耕的地块呈现以下特征：①土地质量不佳、坡度高、不宜耕种；②交通不便，距离家和主要公路较远；③地块生产力低。

第二，农户偏好现金补偿方式，但大多数农户退耕补偿意愿远高于现行补偿标准，且农户认知的单位实际补偿收入与补偿标准之间存在明显差距。因此，农户对政策调整的需求主要表现为提高补偿标准。

第三，农户参与新一轮退耕的意愿强度与其收入水平并无明显关系，然而农户参与退耕的自主权以及政策实施情况，如实施规范性和公平性等，对农户参与意愿有显著影响。因此，鼓励农户参与退耕同样需要从规范政策实施过程入手，以建立农户对政策的信心。

第四，在新一轮退耕还林的启动与实施的同时，许多第一轮退耕地块面临补偿结束，延安地区率先参与退耕还林，补偿到期的地块占较大比例，且补偿到期后农户的复耕意愿也相对较高，巩固退耕还林成果面临挑战。

第五，与无复耕意愿的农户相比，有复耕意愿的农户有以下几方面的特征：①人口与生计方面，有更多的劳动人口，对农业收入相对更依赖，而从事林业生产的比例较低，对政策补贴的依赖性较小；②粮食安全方面，人均耕地更小且面临更高的食物现金消费；③对政策设计与实施的认知与态度方面，实际补偿标准与他们的补偿意愿水平差距相对更大，认为政策实施存在更多问题，如政策透明性、参与自主权等。尤其是在生态林比例较高的延安地区，复耕行为会对生态造成较大威胁，且依据计划复耕地块特征，如将近一半计划复耕的地块质量差、交通不便，复耕后对农户的生产收益改善并不乐观。

第七章 退耕还林对西部山区农户福利影响与公平性研究

本章根据第五章生态补偿评估标准的理论研究，结合陕西安康和西安周至县的具体调研数据，实证分析农户对退耕还林工程的公平性感知和退耕还林政策对西部山区农户的福祉的影响等。

第一节 西部山区农户对退耕还林工程的公平性感知

一 研究问题的提出

生态补偿主要用于纠正外部性、增加具有正外部性的公共产品的生产，目的是实现帕累托最优和社会福利最大化基础上的资源配置，同时它也具有收入分配效应。由于生态系统服务和生态产品供给丰富地区往往也是贫困地区，国内外许多理论研究者和实践者均将生态系统服务付费或生态补偿机制（PES）也作为农村发展干预、缓解农村贫困的一种公共政策或发展干预手段。这方面也有着大量理论研究、综述性文献和以案例研究为主的文献（Engel 等，2008；Wunder，2008；Grieg-Gran 等，2005；Subhrendu 等，2010；Vincent，2010）。国外研究认为生态补偿项目不单纯是实现生态环境保护目标，也应有促进农民增收与减贫、维护土地产权和承包权的安全性、提高农户的能力与福祉、发展非农与替代生计、促进农村制度化与组织机构建设等农村综合发展效应。

如第五章所述，生态补偿政策的目标或评估结果是要实现环境效益，成本有效和公平。为了有效地保护生态环境，生态补偿项目必须提供能够被物理测量方法精确定义的环境效益水平。为了有效地节约成本，一个生态补偿政策必须以比别的可行政策更低的成本去达到同等水平的环境效益。从全社会的角度来看，生态补偿项目的成本，不仅包括直接实施的成本，还有项目的交易成本和放弃替代资源的生产性用途的成本，而这通常被称为"机会成本"。交易成本包括合同谈判费用、科学基础研究费用以及监测和执法费用。最后，尽管公平的很多方面都是重要的，但一般研究者仍把生态补偿的公平性评估重点放在扶贫上。

PES 政策三个潜在目标实现的可能性取决于生态补偿项目的设计特征及其实施背景，如生态系统服务付费的激励或补偿的形式，它提供了哪些生态服务，提供者是谁，谁是实施者，项目参与的资格规则，以及如何支付补偿等。

Brown 和 Corbera（2003）提出了一个生态补偿项目公平三要素的分析框架，即可及性或参与公平、决策公平和结果公平。根据该三层次的 PES 公平分析框架，Corbera 等（2007）分析了中美洲流域交易和森林固碳的四个生态补偿案例的公平性及其含义。其中，参与公平涉及生态服务提供者，如个体农户、农村社区或组织参与生态补偿市场的方式，而这依赖于信息、知识和网络的可及性，以及土地森林等资源的产权。决策公平涉及生态补偿项目框架内的程序公平，也与管理决策过程中的认知过程和参与相关。结果公平指的是项目经济结果和非经济结果在参与者之间的分配，包括经济赔偿和参加者感知的公平情况，结果分配也取决于对该项目活动的可及性和决策公平。

本节是一个探索性研究，主要采用描述性统计分析以及背景材料、访谈资料的文本分析，分析退耕还林项目在我国实际运行过程中的参与公平、决策公平与结果公平的感知和评价，以及安康退耕户对公平感知、效率与效果的综合比较。

二 陕西安康退耕还林工程的公平性分析

国内外对我国的退耕还林项目进行了大量研究，但从公平性感知、程序公平的角度来进行研究的并不多。

（一）参与公平性分析

这里从农户有关退耕还林项目的信息共享、参与条件、参与意愿和指标分配几个方面来分析农户参与退耕还林项目的公平性情况。通过课题组对当地政府、农户的调查访谈可知，当地政府、乡镇、村干部对退耕还林政策的宣传比较到位，农户一般情况下都知道此项政策的相关信息。而农户是否具有适合参与退耕还林的坡耕地，与各家农户拥有的土地情况有关，这主要是由村里上一轮土地承包经营权分配情况所决定的。在自愿性上，当地农户都表示是自愿选择是否参与退耕还林项目，不存在农户不愿意参与而被迫参与的情况，存在的是有农户想参与而参与不上的情况，这主要是由于农户不具有合适的退耕地或者农户在退耕初期不想参与，想再参与却又没有机会，或者是每一批的退耕指标数量有限，不是所有想参与的农户都能参与或者说都能及时参与。对于退耕名额的分配问题，当地行政人员表示，每一批的退耕还林政策是依照国家分配的退耕指标，先根据安康各县区、乡镇的土地特征和分布情况，逐级由上向下分配，再在农户自愿的前提下，根据农户家中的耕地情况，按坡度由大到小分配给农户。

根据课题组 2011 年 11 月的安康调查数据，当地被调查农户（包括退耕户和非退耕户）对退耕还林项目指标分配公平性的主观感知和评价情况：以 1~5 级量表依次代表非常公平、公平、一般、不公平、非常不公平。12.3% 的被调查农户认为非常公平，60.3% 的农户认为公平，17.4% 的农户认为一般，8.6% 的农户认为不公平，1.4% 的农户认为非常不公平。总体上，大多数农户认为退耕还林政策指标分配情况是公平的。通过对比退耕户与非退耕户对于退耕指标分配公平性的主观感知可知，退耕户与非退耕户之间有显著差异（$p < 0.01$）。不难理解，在退耕还林指标名额分配上，退耕户认为更公平。

（二）决策公平性分析

对于自家退耕地林木品种的自主决定程度，调查结果见图 7-1，"在政府给定的范围内进行选择"占比最高（45.26%），35.51% 的退耕农户的林木品种完全由政府决定，而由自己提出政府审批和完全由自己决定林木品种这两种方式比较少，均不到 10%。因此，大多数退耕户认为自家退耕地上所种林木品种主要是由当地政府决定，自主决定权还是比较小。这里原因主要有两点：一是作为政策的执行者，政府倾向于让农户种植生态效益更好的生态林，而农户一般更倾向于种植经济效益更好的经济林；二是当地对于连片的退耕地，规划种植的树种也一样，一些农户需要根据整片退耕地的树种情况来选择自家退耕地的林木品种。因此，政府出于保证生态效益的考虑，赋予农户林木品种的自主权比较小。

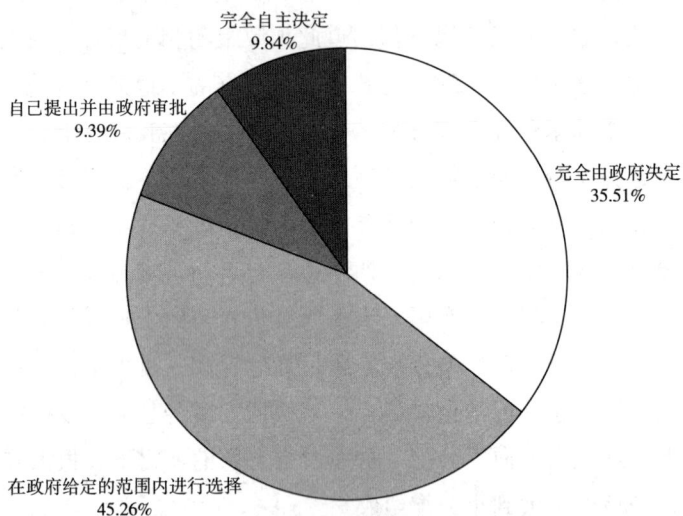

图中：
- 完全自主决定 9.84%
- 自己提出并由政府审批 9.39%
- 完全由政府决定 35.51%
- 在政府给定的范围内进行选择 45.26%

图 7 - 1　退耕户对自家退耕地上所种树种的自主决定程度

退耕还林补贴款能否按时、足额发放与补偿款发放方式有关。通过访谈信息了解到，政策规定对于退耕地，在第一期每年每亩补助 210 元，在延长期每年每亩补助 105 元，当地每一个农户都有一个银行账户，政府会直接把退耕补贴款直接打入农户的账户，由农户自行提取。这种方法总体上保证了农户能够按时、足额地拿到退耕补偿款。

农户管护退耕林地能否得到相应的报酬？通过访谈信息了解到，实施退耕还林后，农户享有自家退耕地上的林木所有权，并大多数持有林权证，农户对于自家退耕地上的林木具有管护责任。政策规定对于农户管护退耕林地，国家每年每亩补助 20 元的管护费，农户管护退耕林地是可以得到相应的管护报酬的。

针对问卷中"退耕还林政策的补偿制度（包括补偿金额、补偿期限、补偿款发放方式）对所有农户来说是否公平"这一问题，在 1123 个退耕户样本中，有 11.1% 的退耕户选择了非常公平，70.7% 的退耕户选择了公平，11.7% 的退耕户选择了一般，5.8% 的退耕户选择了不公平，0.7% 的退耕户选择了非常不公平，总体来看，大多数退耕户认为退耕还林政策补偿制度是公平的。

（三）结果公平性分析

退耕还林工程对山区农户生计有着重要的影响，而农户自评的"与退耕前相比，退耕地的收入变化"情况无疑是其中最重要的项目结果评价指标之一。以下从农户自评或感知的角度来分析参加退耕后的结果评价。在1123个退耕户家庭中，与退耕前相比，退耕地的收入变化情况见图7-2。有63.54%的退耕户认为退耕地收入增加，少于10%的退耕户认为退耕地收入减少，28.95%认为退耕地块上的收入没变化。也即大多数退耕户认为自家退耕地上退耕后的地块收入大于退耕前该地块的收入。

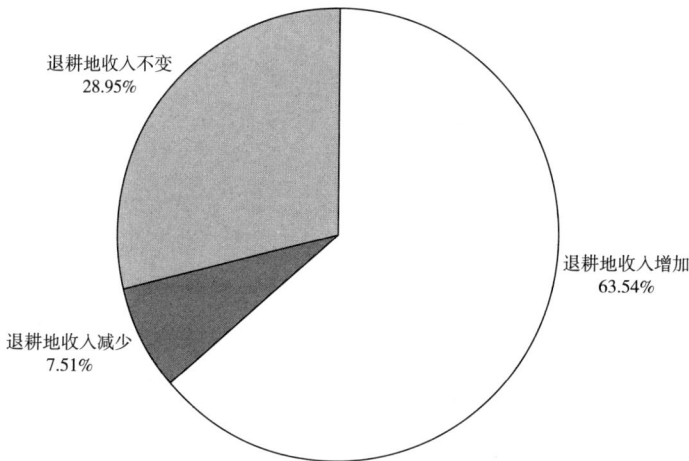

图7-2 退耕地收入与退耕前相比的变化情况

对于退耕还林政策对退耕户与非退耕户的收入影响有何不同，大多数被调查者认为退耕户收入更好（见图7-3和图7-4）。令人感兴趣的是，无论是退耕户或非退耕户，他们大多数（60%以上）认为退耕户的收入要更高，两类样本有着显著差异（$p<0.01$）。

此外，按照退耕时间（样本农户参加退耕还林平均时间为10年）来分类，是否大于参加退耕平均时间，对于"退耕户是否比非退耕户收入更好、不好或差不多"的认知，两者有显著差异（$p<0.1$）。参加退耕时间越长，认为"退耕户比非退耕户收入更好"的比例越高，而认为"非退耕户比退

差不多
27%

退耕户收入更好
68%

非退耕户收入更好
5%

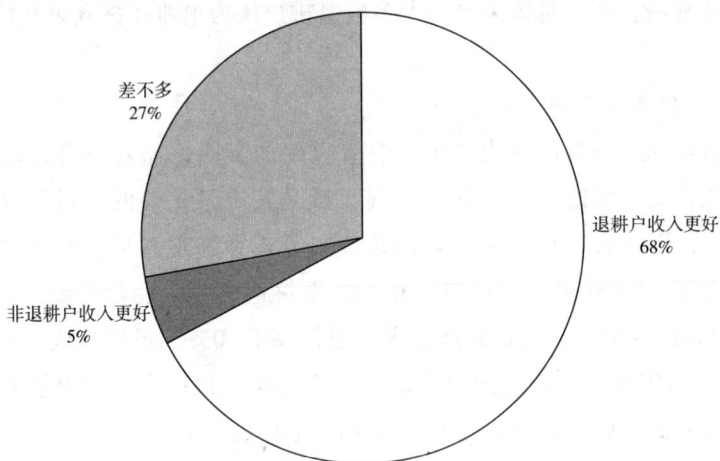

图 7 - 3 退耕户对退耕还林政策对农户收入影响的评价

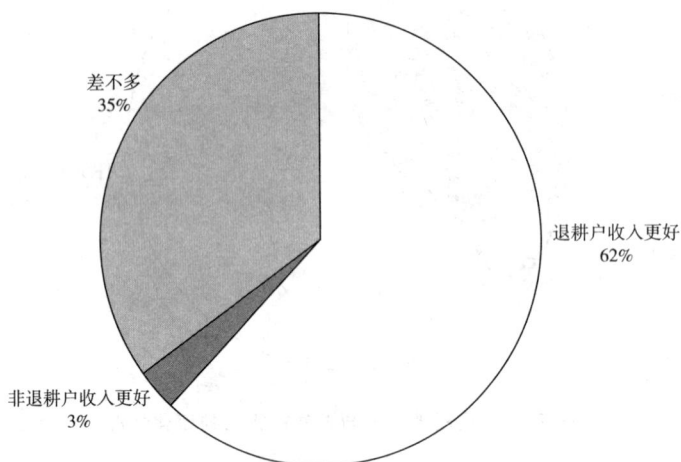

差不多
35%

退耕户收入更好
62%

非退耕户收入更好
3%

图 7 - 4 非退耕户对退耕还林政策对农户收入影响的评价

耕户收入更好"的比例越小。也即人们对于退耕还林项目影响的认识，与时间有一定的关系，农户参与退耕的时间越久，越认可退耕（数据略）。

（四）退耕户与非退耕户的打工情况

在退耕户样本中，有正在或曾经外出务工劳动力的家庭占全部退耕户的比例为 58.65%，男性占七成，且有超过三成的退耕家庭有两个以上劳动力正在或曾经外出务工。退耕户的打工者目前或最近一次打工的地点是外省的

占 76.08%，本省外县的占 15.82%，本县占 8.1%。从地区类型来看，将近
40% 的退耕户的外出务工劳动力分布在省会或直辖市，33.6% 分布在地级
市，17.18% 分布在乡镇或县城，仅有 9.22% 在农村打工。此外，根据调
查，安康退耕户的外出务工者从事的职业类型依次有：工厂工人
（36.45%）、矿工（19.63%）和建筑工（15.47%），从事销售、餐饮、美
发等服务产业的比例约占 10%。

对于询问"您家在参加退耕之后是否增加了非农或者外出打工的情
况"，48% 的被调查退耕户回答"否"，或者有 52% 的样本认为退耕后增加
了外出务工。进一步的数据分析显示，在退耕之后增加了非农或外出务工的
那些退耕家庭有着更大的家庭规模和劳动力数量，家庭成员总体上受教育程
度更高，户主更年轻，退耕的时间更长。据此可以初步推断，调查地的退耕
户是否增加非农和外出务工，主要与家庭成员的受教育程度、是否有更多劳
动力、家庭生命周期（如户主更年轻）有着密切关系（数据略）。

三 陕西安康退耕农户对退耕还林工程公平性感知、经济效益与
生态效益的多重对应分析

作为一个具体的生态补偿项目，退耕还林工程达到的环境效益、社会效
益和经济效益之间是否存在兼容或权衡、替代关系也是一个非常有意义的研
究内容。由于退耕还林工程所带来的生态效益往往是在较大的地理尺度上衡
量的，因此，以往对退耕还林工程的生态、社会、经济效益评估也较多的是
在宏观层面上进行分析的。

这里根据课题组 2011 年安康山区农户调查数据，采用多重对应分析方法，
分析安康山区调查地在退耕 10 年之后退耕户达到的生态效益、经济效益与项
目公平性感知情况（评价指标及其解释见表 7-1），目的是在微观的退耕农户
层面上，直观地比较退耕户对退耕还林项目的公平性感知与评价、所达到的
生态效益与经济效益情况，探索性分析退耕还林工程是否以及在何种程度上
实现了生态效益、减贫与经济效益、公平性的协调统一。需要说明的是，退
耕还林项目参与的可及性和参与人资格主要考虑需要达到生态保护要求的土
地自然生态条件和地理位置，并未考虑土地的机会成本、土地所有者（农户）
的社会经济特征，如农户的身份、收入水平、土地所有权等。这在以往的研
究中得到了许多实证分析和研究的支持（Chen 等，2010）。

表7-1 退耕微观农户层面的生态效益、经济影响与公平性指标

项目	评价指标	指标解释
农户对退耕还林工程的公平性感知	①您认为退耕还林政策的补偿制度(包括补偿金额、补偿期限、补偿款发放方式)对所有农户来说是否公平?	1 = 非常公平,2 = 公平,3 = 一般,4 = 不公平,5 = 非常不公平
	②您认为本村退耕还林地的指标分配是否公平?	1 = 非常公平,2 = 公平,3 = 一般,4 = 不公平,5 = 非常不公平
农户层面的退耕生态效益指标	①退耕地的坡度类型	1 = 15≤坡度<25,2 = 25≤坡度<35,3 = 坡度≥35
	②退耕地与自然保护区的距离	1 = 10里之内,2 = 11~20里,3 = 21~30里,4 = 31~40里,5 = 40里外
	③农户的退耕面积	家庭的退耕地亩数
	④如停止补贴,是否会复耕	1 = 是,0 = 否
退耕还林对农户经济影响的评价指标	①您家退耕地上的收入变化情况	1 = 增加,2 = 无变化,3 = 减少
	②农户调查当年的贫困发生率	0~1之间的数值
	③农户家庭物质资产的标准化值	根据家庭耐用消费品和生产工具数量,进行标准化之后0~1之间的变量

根据2011年课题组安康调研数据,指标结果见表7-2和表7-3。根据表7-2和表7-3,可以得到多重对应分析图7-5和图7-6。

表7-2 根据退耕地收入变化情况分列的安康退耕农户对退耕还林
生态效益、经济影响、公平性感知的评价均值

退耕地的收入变化情况	退耕地坡度类型(c1)	退耕地与自然保护区的距离(c2)	是否会复耕(c3)	对退耕的总体公平性感知(c4)	退耕指标分配公平情况(c5)	物质资产的标准化值(c6)	贫困发生率(c7)	退耕面积(c8)
收入增加(r1)(N=698)	2.2493	3.2849	0.2952	2.13	2.17	0.2825	0.288	4.8734
收入不变(r2)(N=312)	2.4151	3.4937	0.1914	2.21	2.45	0.2567	0.288	4.8734
收入减少(r3)(N=79)	2.4819	3.3976	0.2619	2.24	2.29	0.3056	0.3797	5.3964

注:N为有效样本数。

图7-5显示,首先,r3与c8关系密切,即农户退耕后收入减少与较大的退耕面积有密切关系;其次,农户退耕后收入不变与较高的退耕

指标分配公平感知之间有着密切的关系；再次，退耕后收入增加与退耕地和自然保护区距离较近、对退耕总体公平性感知评分高有着密切的关系；最后，农户是否复耕、农户贫困发生率指标较为独立，与其他指标之间没有联系。

表 7 – 3　根据退耕地坡度和与自然保护区距离分列的安康退耕农户对退耕还林生态效益、经济影响、公平性感知的评价均值

退耕地坡度和与 自然保护区距离	是否会 复耕 （c1）	对退耕的总 体公平感知 （c2）	指标分配 公平情况 （c3）	物质资产 标准化值 （c4）	贫困 发生率 （c5）	退耕面积 （c6）
退耕地坡度 15～25 度 （r1）（N = 96）	0.4519	2.15	2.32	0.3367	0.4227	4.4362
退耕地坡度 25～35 度 （r2）（N = 531）	0.3468	2.25	2.32	0.2735	0.2860	4.2929
退耕地坡度大于 35 度 （r3）（N = 445）	0.112335	2.08	2.21	0.2717	0.3056	5.6249
与自然保护区距离 10 里以内 （r4）（N = 376）	0.346354	2.22	2.21	0.2782	0.2801	4.541
与自然保护区距离 11～20 里 （r5）（N = 74）	0.3421	1.97	2.05	0.2782	0.4267	4.9026
与自然保护区距离 21～40 里 （r6）（N = 65）	0.061538	2.26	2.63	0.2629	0.375	4.5631
与自然保护区距离 40 里外 （r7）（N = 555）	0.215652	2.16	2.32	0.2815	0.3037	5.0067

注：N 为有效样本数。

图 7 – 6 显示，首先，退耕地与自然保护区的距离在 10 里以内与较高的家庭物质资产指数、低贫困发生率关系密切；其次，对退耕还林公平性的总体感知与对退耕地指标分配公平情况的感知密切相关，退耕地坡度在 25～35 度的农户与对退耕还林公平性总体感知评价较差密切相关；再次，较大的退耕地面积和退耕地与自然保护区的距离在 40 里以外关系密切；最后，是否复耕、退耕地坡度大于 35 度、退耕地与自然保护区的距离在 21～40 里这三个指标相对独立，与其他指标基本没有联系。

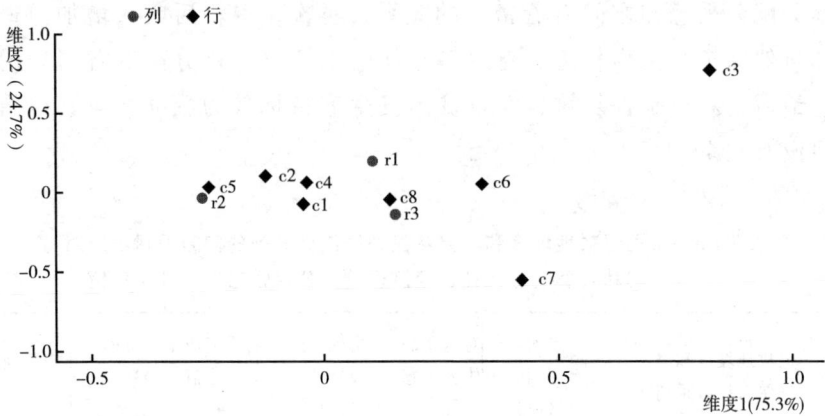

图 7 - 5　根据退耕地收入变化情况分列的退耕农户对退耕还林生态效益、
经济影响、公平性感知的多重对应分析

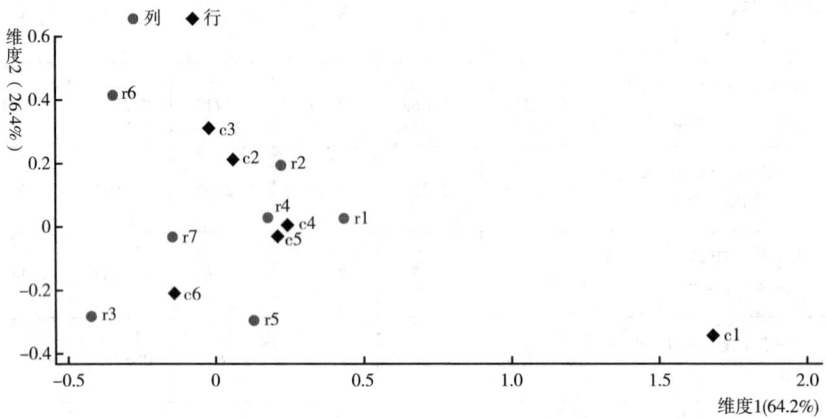

图 7 - 6　根据退耕地坡度和与自然保护区距离分列的退耕农户对退耕
还林生态效益、经济影响、公平性感知的多重对应分析

第二节　基于可行能力理论的西安周至
退耕农户的福利状况分析

我国的贫困问题日益呈现出一些新的特点，如贫困人口集中于生态敏感地区、荒漠化地区等，贫困也呈现出动态性、持久性等特点。这样，如何更全面地测度贫困需要更新的视角和方法。贫困标准传统上是基于人均收入或

者消费，但许多学者认识到在贫困研究中应更多地关注贫困的复杂性、动态性和多元化特征，如"贫困不仅指物质的匮乏，而且还包括低水平的教育和健康。除此之外，贫困还包括风险和面临风险时的脆弱性，以及不能表达自身的需求和缺乏参与机会"。①

我国研究者也十分关注退耕还林政策对农户生计的影响，但多侧重于研究退耕地区农户的收入水平变化或产业结构的调整，未深入分析退耕地区农户在应对风险的能力、参与机会、资源和生存机会的可获得性等方面的情况。因此，在退耕还林政策实施若干年之后，需要对退耕地区农户的福利或者贫困状况进行综合评估，政府应该尽量保证这些地区农户的福利水平不因退耕还林工程的实施而下降。在论述效用、福利、贫困与可行能力几个概念逻辑关系的基础上，本节将结合森的可行能力方法构建农户福利评价指标，并依据陕西周至退耕地区的农户调查资料，采用模糊评价法分析该退耕地区农户的福利状况，发现相关问题和提出对策建议等。

一　福利、贫困与森的可行能力研究概述

（一）福利与贫困概述

福利分析是西方经济学的重要内容。微观经济学理论中，通常假定经济主体的行为目标是实现其福利最大化。福利通常被认为是个人或集体偏好的反映，是由于消费一定的商品或服务而得到的效用，或者说人们所获得的满足程度，这里，福利被定义为效用，效用反映了一个人所获得的幸福、满足程度或者愿望的实现。由于度量"满足程度"比较困难，在实证研究中，往往用收入来代替效用。

以生产和消费的商品量来衡量个人福利的效用理论也同时为将贫困视为物质资源和收入匮乏的传统贫困认识观提供了坚实的经济学理论基础，即传统上评价个人福利和贫困状况是用收入或资源占有量来衡量，如贫困线的确定是根据人均收入或人均消费。但目前许多研究者认为福利经济学用收入或资源占有量来间接衡量贫困的思路既不适合也不充分，福利的定义太狭窄，强调贫困的非收入因素，认为贫困具有多元性，需要研究物质剥夺与非物质

①　王春萍、刘玉蓓、王满仓：《可行能力贫困理论及其衡量方法研究》，《生产力研究》2006年第9期。

剥夺的相互关系和相互影响，从人的自由发展目标层面上来理解和解释贫困，突出了以人为中心的价值标准。其中，阿马蒂亚·森的可行能力理论为新的福利或者贫困测算提供了基础，并具有广泛的影响。

（二）森的可行能力与福利测度

阿马蒂亚·森于 20 世纪 80～90 年代提出了他的可行能力方法框架。森有意识地回避了效用概念，引入了功能概念作为衡量幸福、欢乐的标准。该理论建立在对个人能力的评价上，他提出以"能力"取代传统以效用为基础的福利观。森认为财富或收入固然可以是人们追求的目标，但它们最终只属于工具性的范畴，是为人的发展、人的福利服务的，人的自我发展才是发展的最高价值标准。他根据一个人实际能做什么和能成为什么来描述个人福利。森指出，当我们评价一个人的福利时，我们需要着重关注他的功能或者能力，或者同时关注两者。正如阿马蒂亚·森（1984）自己所表明的"我意在构造一个理论及实证的框架以便从能力剥夺的角度来分析贫困"。

森（1993）认为，一个人的"可行能力"是指此人有可能实现的、各种可能的功能性活动的组合。功能性活动反映一个人认为值得去做或达到的多种多样的事情和状态。获得的功能性活动组成了一个人的福利，能力则反映了一个人可以获得福利的真正机会和选择的自由，是各种可能的功能性活动向量的集合，或者实现不同生活方式的自由。在这一观点下，生活被看作相互关联的功能性活动的集合，对福利的评估可通过评估这些组成成分来实现。此外，可获得的功能性活动与人们的个体特征和社会经济条件紧密相关，相同的资源被不同的人在不同的环境下可转换成不同的功能性活动，即考虑转换性因素（森，1985）（见图 7 - 7）。

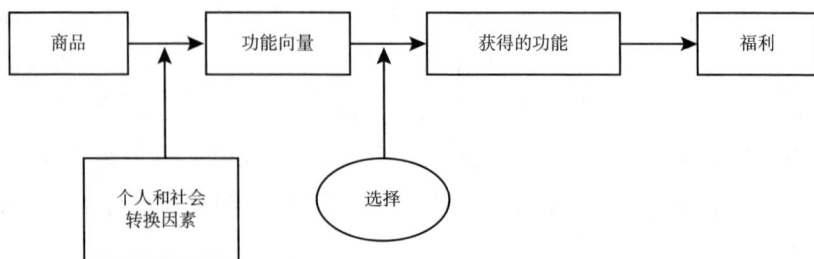

图 7 - 7　森的可行能力方法

　　森凭借他在福利经济学上独创性的见解和贡献获得了诺贝尔经济学奖，但他提出的这一方法应用到社会福利的评估中也有一定的难度。因此，Basu（1987）建议在评价功能的基础上来评价福利，而跳过对能力的评估。总之，森的可行能力方法考虑了除效用之外的组成福利的更多内容，强调人们所追求的目标不仅仅是个人效用的提高，还包括自由、平等、个人权利等伦理方面的保障和提高。他从人的自由发展目标层面上来解释贫困，突出了以人为中心的最高价值标准。通过这一方法，贫困、剥夺和不平等等问题都呈现出一种新的、更清晰的含义。

　　退耕还林政策在我国许多地区已经实施了若干年，农户的福利状况应发生了很大的变化。本节尝试以森的可行能力理论为基础，根据陕西周至山区农户的特征构建农户福利指标体系，并采用模糊评价方法对农户福利状况进行评价和分析。

二　陕西周至山区农户福利的构成与测算方法

（一）山区农户福利的功能性活动及相关指标

　　由上面的理论阐述可知，可行能力是实现各种可能的功能性活动组合的实质自由。因为能力不可直接测量，所以对可行能力或福利的衡量一般建立在对功能性活动进行评估的基础上。森提出可行能力有五种类型的自由：①政治自由；②经济条件；③社会机会；④透明性保障；⑤防护性保障（森，2002）。这些工具性自由能直接扩展人们的可行能力，它们之间相互补充、相互强化。基于森提出的这五种自由，在对个人福利的研究中，一般选取的功能性活动包括居住条件、健康状况、教育和知识、社交、心理状况、劳动力市场状态、家庭经济资源（Martinetti，2000）。由于山区农村居民的经济社会生活状况与其家庭紧密相关，本研究以农户家庭为研究对象，并且根据山区农户的实际特征来确定和设计农户福利的功能性指标，具体包括家庭土地资源、家庭收入与消费、居住状况与环境感知、社区归属感与人际关系、家庭风险策略。

1. 家庭土地资源

　　对大部分农村家庭来说，土地是其赖以生存的基础。传统意义上，土地也是政治权力、社会地位，甚至是个人身份的基础。土地资源不仅可以为农户提供经济收益、就业和养老保障，还可以提供开敞空间、维护生物多样性、保育环境等生态功能。农民通过享用这些功能，从而获得了来自土地的福利。所以，土地资源是农户取得福利的重要功能性活动，这里具体选取了农户的耕地面积与林地面积两个指标。

2. 家庭收入与消费

家庭收入是农户获取社会福利的一个重要途径，特别是在我国经济不发达的大部分农村地区，农户的家庭经济收入仍是其提高生活质量的关键决定因素。此外，消费是一种常用的衡量贫困和福利的指数，例如世界银行通常将人均消费支出作为测量贫困的指标。消费能直接促进农户福利的变化，农户的消费组合是否能满足其基本需求也是农户福利的反映，所以这里把家庭收入和消费列为农户福利的功能性活动。结合调查数据，这里反映家庭收入的具体指标有家庭纯收入、农业和林业收入、非农收入，反映家庭消费的具体指标为家庭年现金消费总额。

3. 居住状况与环境感知

住房是人们的基本需要，Ingrid Robeyns（2003）认为"从工具性角度来讲，好的居住条件与好的心理和生理健康密切相关"。住房状况是身份的一种象征，因此，住房状况是农户福利的组成部分。此外，山区农户通过获取自然环境所提供的清新空气、水、部分食物以及自然景色，可以达到增强体质和使身心健康的效果，而良好的体质和健康也是个人福利的一部分。因此，这里将居住状况和居民对当地自然环境的感知作为衡量农户福利的功能性活动。结合山区农户的实际情况，采用住房结构和住房估价这两个指标来反映居住状况。农户对当地自然环境的感知则选取了被调查者对当地森林覆盖率变化的认知。

4. 社区归属感与人际关系

社区是指那些具有共同价值取向的同质人口，他们是关系密切、出入相友、守望相助、疾病相扶、富有人情味的社会关系和社会利益共同体。社区归属感是指社区的居民对本社区地域和人群集合的认同、喜爱和依恋等的心理感觉。① 社区归属感决定了农民对于居住环境的满意程度，可以影响农户居住方面的福利。这里将社区归属感和人际关系也作为福利的功能性活动。社区归属感的具体指标包括被调查者对于喜欢居住在本村庄、本人思想观念

---

① 潘允康：《社区归属感与社区满意度》，《社会学研究》2007 年第 7 期。

和本村其他村民差不多、朋友在本村、未来还会居住在本村庄等的看法，而人际关系通过对土地承包时本人意见得到尊重、承包过程公平、在需要帮助时其他村民会来帮忙、经常到邻居家串门、与本村其他村民搞好关系很重要等的认知和评价来衡量。

5. 家庭风险策略

风险策略是指农户在遇到自然灾害或经济困难时所采取的应对措施。受气候、技术和市场等多种因素影响，农户暴露于各种风险之中，而且通常缺乏风险处理的手段，因而容易遭受最直接的福利损失。风险导致的损失不单影响农户，还有诸多的间接影响，如减少就业机会，导致涉农部门损失，对城市也有多重的负面影响。这里把风险策略也作为衡量农户福利的功能性活动。根据笔者前期在调查地与农户的深度访谈，农户所采用的风险应对策略一般为外出务工、出售资产、减少消费、借钱和动用储蓄等。

（二）农户福利变化的转换因素

可获得的功能性活动和可行能力与人们的个体特征和社会经济条件紧密相关。森所提出的可行能力的优点之一就是它可以反映将商品向功能性活动转换过程的种种差异。森重点关注了五种差异：个人的异质性、环境的多样性、社会氛围的差异、人际关系的差别以及家庭内部的分配（森，2002）。在这五种差异性的研究中，通常采用家庭特征来反映个人的异质性；环境的多样性差异一般指面临的风险；而社会氛围的差异则通过公共安全等方面来表现；人际关系的差异取决于传统和风俗；而家庭内部分配的研究多见于性别视角的家庭资源分配。结合山区农户的实际情况，用家庭成员的受教育程度来体现个人的异质性，用自然生态政策的实施来反映社会环境的差异，从社会性别视角出发，用家庭中现金的支配权以及重大事务的决定权等性别偏好来反映家庭权利分配的差异，以下进行具体说明。

1. 农户家庭成员的受教育状况

在农村反贫困和农村福利的研究中，教育对消除贫困和提高福利的影响和作用一直是热点。主要的研究结论有：教育可以影响受教育者的劳动生产率，并作用于收入和减少贫困，从而提高农户的福利水平。由于受教育状况的不同会导致农户不同的收入和贫困状况，受教育程度体现了森所提出的"个人异质性"这一差异。所以，这里把农户受教育状况作为一个转换因素，具体采用的指标为家庭成员受初中以上教育的比例。

2. 生态保护政策的实施

陕西周至山区已经实施了退耕还林、天然林保护工程等生态保护政策。由于生态保护政策较大程度上限制了农户对于自然资源的使用，尤其是林木资源的使用，退耕还林政策使农户将耕地转化为林地，从而影响了农户的生计活动和农林业收入。同时，这些生态保护政策也可以改善当地的生态环境。这里将退耕还林政策作为转换因素，以是否参与退耕还林来区分退耕户和非退耕户，从而观察退耕还林政策对农户福利状况的影响。

3. 家庭权利分配与性别平等

我国法律规定对家庭财产的分配权是性别平等的，但实际上，一系列性别不平等现象仍然存在。这里将家庭内部权利分配也看作农户福利的转换性因素之一，按家庭现金的支配权、重大事务的决定权等权利分配情况将农户划分为男性主导或女性主导、性别平等三类家庭。

（三）周至山区农户福利的测算方法

1. 模糊数学及研究领域的模糊性概述

模糊数学是从量的角度来研究和处理模糊现象的科学，在贫困、福利、温饱、小康、生活质量等领域所涉及的综合评价问题中，许多指标都存在模糊性。国外学者尝试在公平性研究、福利分析以及贫困的衡量中使用模糊数学的方法（Martinetti，2000；Cerioli 和 Zani，1990；Cheli 和 Lemmi，1995）。森（1993）自己也认为福利是一个较广泛和在一定程度上较模糊的概念。模糊综合评价是将模糊集合的概念及运算应用于综合评价问题。由前面的理论阐述可知，福利的衡量涉及的指标既有收入、土地资源这些客观指标，也有居住环境、社区归属感这样的主观评价指标。为了全面评价农户的福利，本节在基于可行能力理论所设计的农户福利指标的基础上，尝试对农户福利状况进行模糊综合评价。

2. 福利状况的模糊表达

（1）福利的模糊函数设定

将农户福利状况表示为 X，U 为 X 的模糊子集，$U \rightarrow [0, 1]$，则第 n 个农户的福利函数可表示为 $U = \{u_1, u_2, u_3, u_4, \cdots, u_i\}$，$u_i$ 为福利的功能性活动，$u_i = \{u_{i1}, u_{i2}, u_{i3}, u_{i4}, \cdots, u_{ij}\}$，$u_{ij}$ 为第 i 个功能性活动的子指标。$u_{ij} \rightarrow A_U(x)$，$A_U$ 是指标在功能性活动模糊集 u_{ij} 的隶属函数，$A_U(x)$ 是 u_{ij} 对 u_i 的隶属度。

其中 $x \in X$，$A_U (x)$ 则是 x 对 U 的隶属度，$A_U (x) \in [0, 1]$。一般设定隶属度为 1 时福利处于绝对好的状态，为 0 时状况绝对差，隶属度值越大表示农户的福利状况越好。

（2）隶属函数的设定

在模糊数学的应用中，如何构造隶属函数是一个重要的问题。模糊集合用隶属函数作为桥梁，将不确定性在形式上转化为确定性，即将模糊性加以量化，从而可以利用传统的数学方法进行分析和处理。隶属函数主要是建立一个从论域 U 到 $[0, 1]$ 上的映射来反映某对象具有模糊性质或属于某个模糊概念的程度。在客观事物中，最常见的是以实数 R 作为论域的情形，把实数 R 上 F 集的隶属函数称为 F 分布。本节在现有的研究基础上用 F 分布来确定福利指标的隶属函数。以下是根据几种常见的 F 分布确定农户福利隶属函数的过程。

设 x_i 是由初级指标 x 决定的农民福利的第 i 个功能子集，农民福利的初级指标为 $x = [x_1, x_2, \cdots, x_i]$，其中 $i = 1, 2, \cdots, j$，i 表示衡量农户福利的第 i 个功能。每个功能下有数量为 j 的二级指标，$x_i = [x_{i1}, x_{i2}, \cdots, x_{ij}]$，不同的功能选取的二级指标可能不同。Cerioli 和 Zani（1990）在福利的衡量中，选择 F 分布的半梯形分布作为福利指标变量的隶属函数。本研究中农户福利涉及的指标数据主要有两类：连续型变量和顺序型变量。不同类型的变量采用的具体隶属函数也不同，以下是具体的函数设定。

对于连续型变量，当指标 x_{ij} 与福利状况正向变动的时候，采用偏小型半梯形分布作为指标的隶属函数，如式（7-1）；当指标 x_{ij} 与福利状况反向变动的时候，采用偏大型半梯形分布作为指标的隶属函数，如式（7-2）。定义 $b = x_{ij}^{max}$，$a = x_{ij}^{min}$，其中，x_{ij}^{max} 表示如果农户家庭第 i 个功能子集中第 j 个指标的取值大于或等于这个数，那么其状况肯定是好的；x_{ij}^{min} 则表示如果指标值小于或等于这个数，其状况肯定是差的。$A (x_{ij})$ 值越大，说明福利状况越好。

在对福利进行评估时，除了有连续型变量以外，还包括研究对象对一些状况的主观评价，这些不同程度的评价体现了福利状况的不同，即顺序型变量。针对福利指标包含的每一个顺序型变量，设定有 m 个评价等级，为这 m 种评价等级依次赋值 $x_{ij} = \{x_{ij}^{(1)}, \cdots, x_{ij}^{(m)}\}$，这些值等距分布。通常设：$x_{ij}^{(1)} < \cdots < x_{ij}^{(n)} \cdots < x_{ij}^{(m)}$，且 $x_{ij}^{(n)} = n$（$n = 1, 2, \cdots, m$）（高进云

等，2007）。若随着评价等级 n 的增大福利状况越来越好，则选用式（7-1）所示分布作为 x_{ij} 的隶属函数。同理，若随着 n 的增大福利状况下降则选用式（7-2）所示分布。其中，x_{ij}^{max} 和 x_{ij}^{min} 分别表示指标 x_{ij} 最大和最小时的取值。

$$A(x_{ij}) = \begin{cases} 0 \cdots\cdots\cdots\cdots\cdots 0 \leqslant x_{ij} \leqslant a \\ \dfrac{x_{ij} - a}{b - a} \cdots\cdots\cdots a < x_{ij} < b \\ 1 \cdots\cdots\cdots\cdots\cdots x_{ij} \geqslant b \end{cases} \qquad 式（7-1）$$

$$A(x_{ij}) = \begin{cases} 0 \cdots\cdots\cdots\cdots\cdots 0 \leqslant x_{ij} \leqslant a \\ \dfrac{b - x_{ij}}{b - a} \cdots\cdots\cdots a < x_{ij} < b \\ 1 \cdots\cdots\cdots\cdots\cdots x_{ij} \geqslant b \end{cases} \qquad 式（7-2）$$

（3）指标权重的确定

对于任何多指标的综合评价模型，确定指标权重是模型中重要的一步。确定权重的方法通常有两种。一种称作主观赋权法，例如采用专家赋值，或是按指标重要性进行两两比较，通过数学处理相应的指标权重。另一种是相对客观赋权法，通过数据挖掘确定指标权重。在福利的评价中，权重决定了各功能活动在整体福利评价中的重要程度。本节在福利评价基本假设的基础上用客观法来确定农户福利指标的权重函数。

在对农户福利的评价中，农户福利由功能性活动构成，而每一项功能性活动都由不同的二级指标来衡量。二级指标对功能性活动的重要程度是不同的，不同的功能性活动对福利的作用也不同，这就需要确定二级指标和功能性活动的权重。结合以往的福利和贫困的综合评价的研究，在确定福利指标体系的指标权重时有三个基本假定：一是选定的指标 x_{ij} 彼此之间不相关，也就是不存在替代关系；二是指标 x_{ij} 单调变化时，福利状况也随之单调变化；三是随着评价指标的隶属函数值的增加，该指标对应的权重边际递减，即该指标值对总体福利状况的重要程度逐渐减弱。

高进云（2008）在其博士学位论文中对福利指标的权重函数进行了推导，他提出采用函数 $f(x) = x^a (a < 0)$ 作为权重函数。不同的 a 值，导致福利指数不相同，但它们都具有以下特征：当指标值增加时，其权重值边际递减；当指标值单调变化时，个体和总体福利指数也相应单调变化。本研

究借鉴高进云的权重函数,选取 $a = -0.5$,即 $f(x) = x^{-0.5}$ 作为具体福利指标的权重函数,以 w_{ij} 为权重函数。

三　陕西周至山区农户福利评价的数据来源与测算结果

这里选取陕西省周至山区的农户作为研究对象,数据来自西安交通大学人口与发展研究所农户生计与环境课题组 2008 年 4 月在周至县山区的抽样调查数据,具体见本书第三章第一节。

(一) 农户福利指标变量的隶属函数

在确定隶属函数时,需要确定指标变量的最大值与最小值。连续型变量主要有家庭耕地面积、家庭林地面积、农林业收入、非农收入、户纯收入、年现金消费总额。根据数据的分布特征,家庭的耕地面积最大值定为 18 亩,最小值为 0.8 亩;农林业收入最大值为 10000 元,最小值为 100 元;非农收入最大值为 10000 元,最小值为 0 元;户纯收入最大值为 40000 元,最小值为 0 元;年现金消费总额最大值为 50000 元,最小值为 1000 元。

顺序型变量包含其余三个功能性活动的指标:住房与居住环境、社区归属感与人际关系、家庭风险策略。房屋结构在问卷设计中有四个选项:土木结构、砖木结构、砖混结构和其他结构,给这四个选项分别赋值 1 ~ 4,选择的状态越高,农户的福利就越好。对房屋的估价有五个等级,并对这五个等级赋值,选择的房屋估价等级越高,农户的福利就越好。农户家庭对当地森林覆盖率的感知有五个选项:很大增加、有一些增加、无变化、有一些减少和很大减少,对这五个等级分别赋值 1 ~ 5,选择的数字越大,农户的福利状况越差。对于涉及社区归属感和人际关系的指标变量,针对具体的指标,询问农户对于这个问题的看法,从非常同意到非常不同意设置五个等级,分别赋值 1 ~ 5。由于选取的变量都是体现农户福利状况较好的问题,农户选取的数字越大,福利状况越差。在农户遭受到风险以后采取的策略上,设置了六个选项:卖牲畜等资产、减少消费、外出打工、借钱、动用家里的储蓄和其他方式。对这六个选项分别赋值 1 ~ 6,农户选的值越大就表明农户的福利状况越好。

(二) 农户福利隶属度的计算过程与测算结果

农户福利模糊集合为:$U = \{u_1, u_2, u_3, u_4, u_5\}$,$U$ 为农户福利,$u_1 \sim u_5$ 为农户福利的功能性活动,u_1 为家庭土地资源,u_2 为家庭收入与消费，u_3为住房与居住环境，u_4为社区归属感与人际关系，u_5为家庭风险策略。各功能性活动相应的权重集为 $W = \{w_1, w_2, w_3, w_4, w_5\}$。功能性活动的模糊集合为：$U_i = \{u_{i1}, u_{i2}, \cdots, u_{ik}\}$，$i = 1, 2, \cdots, m$。隶属函数为 $u_{ij} \rightarrow A(x_{ij})$，相应的权重集为 $w_i = \{w_{i1}, w_{i2}, \cdots, w_{ik}\}$。在 Cerioli 和 Zani（1990）提出的测算贫困和福利的公式的基础上，这里提出以下的农户福利指数计算方法。

首先按照上文中确定的隶属函数把二级指标 x_{ij} 转化为隶属度 $A(x_{ij})$，再根据隶属度的均值用权重公式求出 x_{ij} 在相应的功能性活动中的权重 w_{ij}：

$$w_{ij} = \{\bar{A}(x_{ij})\}^{-0.5} \qquad \text{式}(7-3)$$

在得到隶属度 $A(x_{ij})$ 和指标权重 w_{ij} 的基础上计算每个功能 U_i 的评价值 B_i：

$$B_i = \frac{\sum_{j=1}^{J(n)} [\bar{A}(x_{ij}) \times w_{ij}]}{\sum_{j=1}^{J(n)} w_{ij}}, \quad U_i \rightarrow B_i \qquad \text{式}(7-4)$$

然后计算功能性活动的权重 W_i，$W_i = \{B_i\}^{(-0.5)}$

在得到功能性活动隶属度和相应的权重的基础上，求出农户总的福利隶属度 R：

$$R = \frac{\sum_{i=1}^{n} (\bar{B}_i \times W_i)}{\sum_{i=1}^{n} w_i}, \quad U \rightarrow R \qquad \text{式}(7-5)$$

R 即为农户福利 U 的映射。$R \in [0, 1]$，通过比较 R，就可以知道农户福利的总体状况。经过运算得到的结果见表 7-4。

表 7-4 周至退耕地区农户福利状况评价

功能性活动及其指标	隶属度			权重		
	全部样本	退耕户	非退耕户	全部样本	退耕户	非退耕户
家庭土地资源	0.265	0.267	0.257	1.944	1.934	1.974
耕地面积	0.264	0.274	0.239	1.946	1.911	2.043
林地面积	0.265	0.261	0.275	1.943	1.957	1.907

续表

功能性活动及其指标	隶属度			权重		
	全部样本	退耕户	非退耕户	全部样本	退耕户	非退耕户
家庭收入与消费	0.211	0.225	0.164	2.177	2.107	2.468
农林业收入	0.254	0.249	0.266	1.984	2.002	1.938
非农收入	0.205	0.250	0.090	2.208	2.005	3.336
户纯收入	0.200	0.210	0.177	2.234	2.184	2.377
年现金消费总额	0.190	0.197	0.173	2.293	2.252	2.408
居住状况与环境感知	0.369	0.367	0.373	1.646	1.650	1.637
房屋结构	0.223	0.224	0.223	2.115	2.114	2.120
房屋估价	0.325	0.326	0.322	1.753	1.750	1.762
对森林覆盖率的认知	0.688	0.675	0.721	1.206	1.216	1.178
社区归属感与人际关系	0.696	0.693	0.704	1.199	1.201	1.192
土地承包时意见得到尊重	0.695	0.693	0.700	1.199	1.201	1.195
土地承包过程公平	0.705	0.700	0.718	1.191	1.196	1.180
喜欢居住在本村庄	0.692	0.685	0.712	1.202	1.209	1.185
经常串门	0.663	0.662	0.667	1.228	1.230	1.224
与村民搞好关系很重要	0.822	0.822	0.822	1.103	1.103	1.103
朋友在本村	0.635	0.635	0.636	1.255	1.255	1.254
思想观念和其他村民差不多	0.698	0.692	0.714	1.197	1.202	1.183
在需要帮助时其他村民会来帮忙	0.816	0.814	0.821	1.107	1.109	1.103
未来还会居住在本村	0.571	0.569	0.577	1.323	1.325	1.316
家庭风险策略	0.652	0.665	0.622	1.238	1.227	1.268
总福利指数	0.393	0.400	0.369	—	—	—

本研究涉及的转换因素主要有受教育程度、退耕还林政策、家庭权利分配情况，表7-5是不同转换因素下农户的福利状况评价结果。

表7-5　不同转换因素下周至山区农户的福利状况

转换因素		功能性活动					总的福利评价指数
		家庭土地资源	家庭收入与消费	居住状况与环境感知	社区归属感及人际关系	家庭风险策略	
受教育程度（家庭成员受初中以上教育的比例）	0～0.25	0.276	0.177	0.347	0.687	0.650	0.376
	0.25～0.5	0.272	0.220	0.375	0.698	0.633	0.397
	0.5～0.75	0.244	0.245	0.393	0.708	0.674	0.408
	0.75～1	0.206	0.284	0.416	0.708	0.703	0.413

转换因素		功能性活动					总的福利评价指数
		家庭土地资源	家庭收入与消费	居住状况与环境感知	社区归属感及人际关系	家庭风险策略	
退耕还林政策	退耕户	0.267	0.225	0.367	0.693	0.665	0.400
	非退耕户	0.257	0.164	0.373	0.704	0.622	0.369
家庭权利分配	男性主导	0.267	0.215	0.358	0.693	0.647	0.392
	平等	0.269	0.226	0.388	0.699	0.665	0.405
	女性主导	0.271	0.235	0.383	0.702	0.668	0.409

（三）周至山区农户福利状况评价结果的分析

1. 农户福利状况的评价

从表7-4可以看到周至山区农户的福利水平偏低，无论是全部样本农户，还是退耕户和非退耕户的福利总指数均小于0.5。从各个功能性活动来看，农户家庭的社区归属感与人际关系、风险策略的选择都处于较好的状态（均高于0.5），而家庭土地资源、家庭收入与消费、居住状况与环境感知方面的福利水平较差（均低于0.5）。退耕户的福利水平（0.400）高于非退耕户（0.369），说明退耕还林政策在当地的实施确实起到了提高农户福利的作用。以下是各个功能性活动的福利状况分析。

（1）家庭土地资源

评价结果显示，家庭土地资源方面的福利水平不高（小于0.5）。退耕户在这个功能方面的福利要好于非退耕户，说明退耕还林使农户在土地资源方面的福利增加了。同时，非退耕户的土地资源权重略高于退耕户，说明非退耕户更依赖于土地资源。具体的福利指标方面，从全部样本来看，家庭耕地面积与家庭林地面积对农户的福利隶属度大致相等，即农户来自耕地和林地方面的福利状况大致相同。在耕地资源的权重上，退耕户小于非退耕户，而在林地资源的权重上，退耕户却大于非退耕户，说明退耕还林政策促进了耕地转化为林地，退耕户更依赖于林地，而非退耕户更依赖于耕地。但是结果显示，退耕户耕地方面的福利大于非退耕户，而其林地方面的福利小于非退耕户，说明当地参与退耕还林的农户从林地上得到的收益较少，这可能是由于当地退耕后经济林的生产周期较长，短期内农户不能从退耕后的林地获取收益。

（2）家庭收入与消费

由于山区农户家庭的收入和消费水平普遍不高，所以收入与消费方面的福利隶属度为 0.211。在这个功能指标方面，退耕户的福利好于非退耕户。权重方面显示非退耕户的家庭收入与消费对其总的福利状况的贡献较大。在具体的指标上，全部样本农户的农林业收入的隶属度高于其他三项指标，说明山区农户的农林业收入方面的福利水平较高；权重方面则显示了农户更依赖于非农收入、户纯收入和现金消费总额这三项指标的福利。由于退耕会使一部分劳动力释放出来从事非农活动，所以退耕农户的非农收入方面的福利要高于非退耕户。

（3）居住状况与环境感知

居住状况与环境感知这个功能性活动的福利水平也较低，但高于前两个功能性活动，其中居住环境的福利水平较高，也说明了政府生态环境保护措施使当地的整体居住环境得到了改善。

（4）社区归属感与人际关系

全部样本的社区归属感与人际关系这个功能性活动的福利隶属度大于 0.5（为 0.696），说明在这个功能指标上，调查地农户的福利水平较高。非退耕户的社区归属感与人际关系方面的福利要高于退耕户，而权重显示，在这项功能对农户福利水平的重要程度上，退耕户要高于非退耕户。具体的福利指标显示：非退耕户各具体的功能指标的隶属度均高于或等于退耕户，而对总体福利的依赖程度上，各个指标的权重均显示退耕户大于或等于非退耕户。

（5）家庭风险策略

山区农户风险策略选择方面的福利状况也较好，全部样本的福利指数为 0.652。退耕户在风险策略方面的福利水平大于非退耕户，也说明退耕户抵御风险的能力更强一些。

2. 转换因素对农户福利的影响

当受教育程度作为转换因素时，结果显示，随着家庭成员受初中以上教育比例的增大，全部样本农户的福利水平逐渐提高，说明教育能使农户的福利状况得到改善。各功能性活动则显示，当家庭成员受初中以上教育比例增大时，家庭土地资源的福利逐渐下降，体现了教育能促进农户摆脱对土地资源的依赖。其他各项的福利水平均随着受教育程度的增大而得到提高，说明了受教育程度的提高能改善除了家庭土地资源之外的其他功能性活动方面的福利。

针对退耕还林政策对农户福利的影响，由于退耕还林政策使山区的农户得到了一定的收入补偿，同时也使当地的居住环境得到改善，结果显示退耕户的总体福利水平高于非退耕户。如前所述，各功能性活动的福利隶属度显示：退耕户在家庭土地资源、家庭收入与消费、家庭风险策略三个方面的福利水平较高，而非退耕户在居住状况与环境感知、社区归属感及人际关系方面的福利状况较好。针对后两个指标，具体原因如下。①在住房方面，退耕户和非退耕户的住房状况与住房估价方面的福利差不多，退耕户略高一些。由于退耕户和非退耕户的居住环境大致相同，课题组所调查的村庄彼此相邻，村庄内既有退耕户也有非退耕户，但在对森林覆盖率变化的感受和认知上，非退耕户的感受状况要好于退耕户。总体上，非退耕户在住房状况与居住环境方面的福利状况略好于退耕户。②退耕户社区归属感与人际关系的福利水平较低，是由于调查地的退耕户比非退耕户从事外出务工的比例更高。离开本社区外出务工降低了农民与本社区村民交往的密切程度，外出务工也使农民接触到了更多不同的生活方式和思想观念，这些都使退耕户降低了对流出地的社区归属感与人际关系的福利评价。

此外，家庭权利分配方式的不同也使农户的福利水平呈现出不同的状况。女性主导的家庭福利水平最高，其次是性别平等的家庭，最低的是男性主导的家庭。功能性活动的福利评价显示：在家庭土地资源、家庭收入与消费、社区归属感与人际关系、家庭风险策略方面的福利评价上，女性主导家庭大于平等家庭，男性主导家庭最低。而在居住状况与环境感知方面的福利评价上，平等家庭最高，其次为女性主导家庭和男性主导家庭。

四 总结与建议

本书结合森的可行能力理论设计了农户多维福利评价指标体系并进行了实际测算，尤其是结合了退耕地区农户的实际情况。在农户的社区归属感与人际关系方面的功能性活动指标设计，以及家庭权利分配与性别平等的转换因素是以往相关文献所没有关注的。总体上，周至山区农户的福利水平还是偏低，退耕户和非退耕户的福利总指数均小于0.5。但退耕户的总体福利状况好于非退耕户，说明退耕还林政策在保护生态环境的同时也起到了提高农户福利水平的作用。政府应完善退耕还林的后续政策，持续提高山区农户的福利水平，减少山区的贫困现象。此外，从功能性活动来看，调查地农户家庭的社区归属感与人际关系、风险策略都处于较好的状态，家庭土地资源、家庭收入与消费、居住状况与环境感知方面的福利较低。因此，要提高调查地农户的福利水平，应该增加农户土地资源的收益，提高农户收入，促进农户消费，同时改善农户的住房条件和居住环境。而根据转换因素的评价结果，受教育水平越高，农户对土地的依赖性越弱，总体福利水平也越高，而家庭内部权利的平等分配在一定程度上也能提高农户的福利水平。所以，政府在继续推行退耕还林政策的基础上，应该加大对当地的教育投入，同时提高农村女性的地位，促进家庭权利的平等分配。

第八章 易地扶贫移民搬迁与
农户生计研究

2015 年底的中央扶贫工作会议提出了精准扶贫"五个一批",易地扶贫移民搬迁(也称易地扶贫搬迁)是其中之一,也被认为是"五个一批"中最难啃的硬骨头。"十三五"期间,我国易地扶贫移民搬迁的总规模是 981 万人,其中,贵州搬迁建档立卡贫困人口 130 万人,陕西搬迁建档立卡贫困人口 125 万人。

我国的易地扶贫搬迁工程不仅仅是扶贫工程,它与生态脆弱地区的生态保护也密切相关,具有促进农村扶贫、避灾、新型城镇化、生态建设等作用,同时,也与农业现代化、美丽乡村建设、创新农村社会管理、农村综合改革等密切相关。如易地扶贫移民搬迁工程通过在建新区或安置区建立新型农村社区,创新农村社会管理;移民搬迁之后,带来人口、资源要素等的流动,将有助于促进镇村综合改革;搬迁之后,一部分搬迁农户转移就业,从事非农活动,农村人口的聚居、农民转移就业有助于推动新型城镇化;通过促进搬迁户土地林地的流转,尤其是向农业产业化龙头企业、家庭农场、农民专业合作社流转,有利于土地、劳动力等生产要素的聚集和农业生产效率的提高,有利于发展现代化农业。总之,易地扶贫移民搬迁是一个系统工程,集中体现了我国生态脆弱和贫困地区的农民、农村、农业"三农"问题。因此,易地扶贫搬迁工程既需要研究其背景与起源、目的、相关的政策设计、工程的进展、跟踪与监测,工程对搬迁农户的短期与长远影响;也需要对工程进行经济、社会、生态效应等方面的综合评估。

限于篇幅,本章第一节分析我国易地扶贫搬迁工程的起源与概况、陕南避灾扶贫移民搬迁工程的概况与进展等。自 2011 年 5 月开始的陕南陕北避灾扶贫移民搬迁工程在全国实施早，规模最大，其在搬得出、稳得住、能致富方面有许多值得关注的经验、做法或值得深入研究的问题。第二节研究陕南避灾扶贫移民搬迁工程——"搬得出"的资金筹措、土地利用与移民搬迁农户的土地权益。第三节，通过本课题组在陕南陕北对搬迁农户的一手调查数据，分析避灾扶贫移民搬迁工程对农户家庭经济状况的影响，从而简要地说明该工程实施之后，搬迁农户如何更好地适应新的生存环境，政府如何有针对性地帮扶，提出一些值得深入研究的搬迁农户生计问题。

第一节 全国及陕西扶贫移民搬迁工程概况

一 我国易地扶贫搬迁工程概况

（一）我国"十三五"期间对易地扶贫搬迁工程的规划与进展

2015 年 11 月底的中央扶贫开发工作会议提出坚持精准扶贫、精准脱贫，明确到 2020 年我国现行标准下农村贫困人口实现脱贫，贫困县全部摘帽，解决区域性整体贫困。按照贫困地区和贫困人口的具体情况，我国将实施"五个一批"工程。其中包括易地搬迁脱贫一批，即贫困人口很难实现就地脱贫的要实施易地搬迁。

2015 年 11 月中共中央、国务院下发的《中共中央、国务院关于打赢脱贫攻坚的决定》中也明确提出到 2020 年稳定实现我国现行标准下农村贫困人口实现脱贫。同时对居住在生存条件恶劣、自然灾害频发地区的农村贫困人口加快实施易地扶贫搬迁工程，要求坚持群众自愿、积极稳妥的原则，因地制宜选择搬迁安置方式，完善搬迁后续扶持政策，确保搬迁对象有业可就、稳定脱贫，做到搬得出、稳得住、能致富、有保障。

早在 2001 年，我国就已经开始实施易地扶贫搬迁试点工程，"十三五"期间更是把易地扶贫搬迁工作作为精准脱贫工程的重要组成部分。2015 年 12 月国家发展和改革委员会、国务院扶贫开发领导小组办公室会同财政部、国土资源部、中国人民银行五部门联合印发《"十三五"时期易地扶贫搬迁工作方案》（发改地区〔2015〕2769 号）。该方案提出处理好搬得出与稳得住、能脱贫的关系是易地扶贫搬迁工程的关键核心。为了真正实现易地扶贫搬迁工程的"搬迁一户，脱贫一户"目标，首先要把后续产业发展和转移就业摆在更加突出的位置，与搬迁安置工作一体谋划。在安置点的选择上，多以"四靠"为主，即靠近工业园区、靠近产业园区、靠近旅游景区、靠近交通便利地区。对于文化程度较高、具有一定劳动技能的搬迁对象，鼓励他们向城镇产业聚集区、旅游景区安置；对于文化程度较低、劳动技能较差的搬迁对象，引导他们在中心村或移民新村实现农业安置；对于无劳动能力的搬迁户，则通过社会保障政策予以兜底。其次，要摸清不同搬迁农户致贫的原因，通过农业产业扶贫、金融扶贫、教育扶贫等方式来解决贫困问题，真正做到"挪穷窝""换穷业""拔穷根"。

作为我国开发式扶贫的重要内容之一，易地扶贫搬迁旨在通过对生存环境恶劣地区的农村贫困人口实施易地搬迁安置，根本改善其生存和发展环境，实现脱贫致富。移民搬迁工程在我国贫困地区往往同时具备生态建设工程、民生工程、扶贫工程、发展工程和城镇化推进工程的性质。

《"十三五"时期易地扶贫搬迁工作方案》明确了我国"十三五"时期易地扶贫搬迁工作的总体要求、规模、搬迁对象与安置方式、补助标准、投资与资金筹措、投资政策、资金管理办法等，以及建设内容与补助标准、部门职责分工、政策保障等，提出"十三五"时期要坚持与新型城镇化相结合，对居住在"一方水土养不起一方人"地方的建档立卡贫困人口实施易地搬迁，加大政府投入力度，创新投融资模式和组织方式，因地制宜探索搬迁安置方式，加大安置区建设力度，更加注重精准扶持，完善相关后续扶持政策，强化移民技术培训和后续产业培育，促进迁出区生态恢复等，强化搬迁成效监督考核，努力做到搬得出、稳得住、有事做、能致富，确保搬迁对象尽快脱贫，从根本上解决生计问题。① 尤其是这里提出了易地扶贫搬迁要建设"土地集约、产业集聚、人口集聚、城镇化管理"的新型农村社区。

其后，有易地扶贫搬迁任务的中西部省区，如陕西、贵州、甘肃、山西、广西、四川、云南、青海等省级人民政府先后发布了本省区易地扶贫搬迁工作的指导意见，各省发改委也制订了具体的实施方案。

如《陕西省"十三五"易地扶贫搬迁工作实施方案》提出，"十三五"期间陕西省易地扶贫搬迁总规模约为66万户235万人，其中建档立卡贫困

---

① http：//finance. sina. com. cn/roll/20151208/161923963488. shtml.

人口 35.5 万户 125 万人，同步搬迁的其他农户 30.5 万户 110 万人。同时，2016 年 7 月，陕西省政府办公厅发布了《陕西省移民（脱贫）搬迁工作实施细则》（陕政办发〔2016〕66 号），以及《全省移民（脱贫）搬迁工作相关系统职责分工表》《陕西省"十三五"易地扶贫搬迁筹融资工作方案》等。

"十三五"期间，贵州省拟对全省范围内"一方水土养不起一方人"地方的 130 万建档立卡贫困人口实施易地扶贫搬迁，同时对 50 户以下且贫困发生率超过 50% 的自然村寨中的 30 多万非贫困人口实施同步搬迁，总搬迁人口 170 多万人，计划在 2019 年前完成。

2016 年，贵州全省实施易地扶贫搬迁 45 万人，分两批组织实施。第一批实施 7.26 万户 30 万人，全部为 50 户以下、贫困率 50% 以上自然村寨整体搬迁，涉及 3200 个自然村寨，其中建档立卡农村贫困人口 5.3 万户 22.3 万人，农村贫困人口占 74%。第二批实施 15 万人，2016 年 3 月底前完成了对象核准、安置去向、方案编制等前期工作，且已经全面开工建设。据了解，2016 年贵州省易地扶贫搬迁计划总投资 270 亿元，其中住房 180 亿元，配套基础设施 90 亿元。第一批项目计划建设安置点 307 个，集中安置约 98%。其中县城安置点 38 个，集镇安置点 145 个，产业园区安置点 24 个，旅游服务区安置点 24 个，农民新村安置点 76 个。[①] 同时，贵州省人民政府颁布了《关于深入推进新时期易地扶贫搬迁工作的意见》（黔府发〔2016〕22 号）、《贵州省易地扶贫搬迁就业和产业扶持实施意见》、《关于用好用活增减挂钩政策积极支持易地扶贫搬迁的实施意见》、《贵州省易地扶贫搬迁对象识别登记办法》（黔府办发〔2016〕27 号）、《贵州省易地扶贫搬迁工程管理暂行办法》、《贵州省易地扶贫搬迁工作考核办法》等一系列易地扶贫搬迁工作政策措施、管理文件。

2016 年 7 月，甘肃省人民政府发布了《关于加快推进"十三五"时期易地扶贫搬迁工作的意见》（甘政发〔2016〕68 号）。"十三五"期间甘肃省易地扶贫搬迁规模为 17.39 万户 73.14 万人，其中建档立卡户 11.96 万户 50 万人，与建档立卡户同居住地同步搬迁的非建档立卡户 5.43 万户 23.14 万人，5 年建设任务力争 3 年全部下达投资计划，到 2020 年 50 万建档立卡

---

① http://dqs.ndrc.gov.cn/fpkf/201609/t20160929_821185.html.

搬迁群众稳定实现不愁吃、不愁穿，义务教育、基本医疗和住房安全有保障，与全国人民一道同步进入全面小康社会①，并同步发布了《易地扶贫搬迁富民产业发展实施方案》《易地扶贫搬迁项目省级融资平台运营管理方案》。为深入贯彻甘肃省委、省政府《关于扎实推进精准扶贫工作的意见》，切实做好易地搬迁工作，更好助推全省扶贫攻坚，甘肃省发展和改革委员会、省扶贫办制定了《关于精准扶贫易地搬迁支持计划的实施方案》。为加强对搬迁工程的精准管理，甘肃省人民政府发布了《甘肃省易地扶贫搬迁项目建设管理办法》（甘政办发〔2016〕108 号）。

广西 2016 年 7 月公布了易地扶贫搬迁"十三五"规划，计划 2016～2020 年全区移民搬迁 110 万人，其中建档立卡贫困人口 100 万人，同步搬迁的其他农户 10 万人。易地扶贫搬迁工程需要进行住房、生产生活设施、公共服务设施等项目建设，共需投入资金 660.18 亿元。②

此外，根据《山西省"十三五"时期易地扶贫搬迁实施方案》（晋政办发〔2016〕82 号），"十三五"期间山西省 11 市 86 个县（市、区）计划完成 56 万人易地扶贫搬迁任务，其中搬迁 45 万建档立卡贫困人口、11 万确需同步搬迁的农村人口，到 2020 年，搬迁对象生产生活条件得到明显改善。"十三五"时期山西省易地扶贫搬迁总投资 299.2 亿元。

2016 年 9 月，国家发展和改革委员会印发了《全国"十三五"易地扶贫搬迁规划》（发改地区〔2016〕2022 号，以下简称《规划》），计划五年内对近 1000 万建档立卡贫困人口实施易地扶贫搬迁，着力解决居住在"一方水土养不起一方人"地区贫困人口的脱贫问题。《规划》明确了"十三五"时期推进易地扶贫搬迁的指导思想、目标任务、资金来源、资金运作模式、保障措施等，是各地推进易地扶贫搬迁工作的行动纲领。

《规划》明确了易地扶贫搬迁工程要瞄准建档立卡贫困人口，搬迁对象主要是"一方水土养不起一方人"地区经扶贫开发建档立卡信息系统核实的建档立卡贫困人口，约 981 万人。迁出区域范围涉及 22 个省份的约 1400 个县。从迁出区域来看，主要包括四类地区：一是深山石山、边远高寒、荒漠化和水土流失严重，且水土、光热条件难以满足日常生活生产需要，不具

---

① http://www.gansu.gov.cn/art/2016/7/29/art_4785_281553.html.

② http://www.gx.xinhuanet.com/newscenter/20160729/3320528_c.html.

备基本发展条件的地区，这类因资源承载力严重不足需要搬迁的建档立卡贫困人口 316 万人，占建档立卡搬迁人口总规模的 32.2%；二是《国家主体功能区规划》中的禁止开发区或限制开发区，这些地区需要搬迁的建档立卡贫困人口 157 万人，占建档立卡搬迁人口总规模的 16%；三是交通、水利、电力、通信等基础设施，以及教育、医疗卫生等基本公共服务设施十分薄弱，工程措施解决难度大、建设和运行成本高的地区，这类地区需要搬迁的建档立卡贫困人口 340 万人，占建档立卡搬迁人口总规模的 34.7%；四是地方病严重、地质灾害频发地区，这些地区需要搬迁的建档立卡贫困人口 114 万人，占建档立卡搬迁人口总规模的 11.6%。从地区分布来看，西部 12 省（区、市）建档立卡搬迁人口约 664 万人，占 67.7%；中部 6 省建档立卡搬迁人口约 296 万人，占 30.2%；东部河北、吉林、山东、福建 4 省建档立卡搬迁人口约 21 万人，占 2.1%。从政策区域来看，搬迁对象主要集中在国家和省级扶贫开发工作重点地区。其中，集中连片特殊困难地区县和国家扶贫开发工作重点县需要搬迁的农村人口占 72%；省级扶贫开发工作重点县需要搬迁的农村人口占 12%；其他地区占 16%。此外，考虑到迁出区的自然环境和发展条件具有同质性，还有部分生活在同一迁出地的非建档立卡人口需要实施同步搬迁，各地结合自身实际，计划安排实施同步搬迁人口 600 多万人。

《规划》明确了我国易地扶贫搬迁工程的主要建设任务是安置住房、配套基础设施、基本公共服务设施、土地整治和迁出区生态恢复。按照群众自愿、应搬尽搬的原则，在前期进村入户调查研究基础上，结合推进新型城镇化，《规划》提出采取集中安置为主、集中安置与分散安置相结合的方式。集中安置人口占搬迁人口总规模的 76.4%，分散安置人口占搬迁人口总规模的 23.6%。

《规划》根据各地建设总规模、平均工程造价等数据测算，实施 981 万建档立卡贫困人口易地搬迁所需投资约 6000 亿元，加上同步搬迁人口住房建设投资，"十三五"时期我国易地扶贫搬迁工程规划总投资约 9500 亿元。《规划》明确了约 981 万建档立卡贫困人口易地搬迁的资金筹措来源，其中，除大幅增加中央预算内投资外，首次引入了开发性、政策性金融资金，大大拓宽了资金渠道。一是安排中央预算内投资约 800 亿元；二是安排专项建设基金总规模 500 亿元；三是安排地方政府债务资金约 1000 亿元；四是安排低成本长期贷款总规模 3400 多亿元；五是由建档立卡搬迁人口自筹约 300 亿元。此外，与建档立卡贫困人口实施同步搬迁的 600 多万人住房建设资金，以及迁出区土地整治、生态修复等其他投资共计约 3500 亿元，主要由各级地方政府统筹本级财力和相关渠道资金、动员搬迁群众自筹予以解决。

《规划》根据搬迁对象的实际情况，提出通过统筹整合财政专项扶贫资金和相关涉农资金，支持发展特色农牧业、劳务经济、现代服务业等，探索资产收益扶贫方式，确保贫困人口有业可就、实现稳定脱贫。《规划》还提出了促进搬迁人口脱贫的五条路径。一是发展特色农林业脱贫一批，鼓励引导搬迁农户面向市场需求，通过发展特色种植、高效养殖、林下经济、设施农业、休闲农业等产业脱贫。二是发展劳务经济脱贫一批，将发展劳务经济作为持续增加收入的主要途径，加强搬迁人口就业技能培训，努力拓宽就业创业渠道，加强就业指导和劳务输出工作，促进搬迁就业脱贫。三是发展现代服务业脱贫一批，扶持搬迁贫困人口从事农副产品营销、餐饮、家政、仓储、配送等服务业。四是资产收益扶贫脱贫一批，探索"易地扶贫搬迁配套设施资产变股权、搬迁对象变股民"的方式，通过将资产量化到贫困人口，增加其财产性收入，带动脱贫。五是社会保障兜底脱贫一批，将符合相关条件的搬迁对象纳入社会保障兜底脱贫范围，通过政策兜底脱贫。[①]

（二）我国"十三五"期间对易地扶贫搬迁工程的规划与进展

移民搬迁在我国已经有很多年的历史。我国早期的移民搬迁较多为强制性的工程移民或生态移民。工程移民，如我国的三峡移民工程是国内外知名度最高的移民工程。南水北调工程也伴随了大量工程移民，如南水北调中线工程河南南阳水库移民、湖北丹江口水库移民等。宁夏的生态移民也是我国规模较大的生态移民搬迁工程。

国家发展和改革委员会自 2001 年开始组织实施易地扶贫搬迁试点工程，至 2015 年 11 月累计安排易地扶贫搬迁中央补助投资 363 亿元，搬迁贫困人口 680 多万人，建设了一大批安置住房和安置区水、电、路、气、网等基础设施，以及教育、卫生、文化等公共服务设施，大幅改善了贫困地区生产生活条件，有力推动了贫困地区人口脱贫、产业集聚和城镇化进程。[②]

---

① http：//dqs. ndrc. gov. cn/gzdt/201609/t20160923 _ 819310. html；http：//dqs. ndrc. gov. cn/gzdt/201609/t20160923_ 819378. html.

② http：//dqs. ndrc. gov. cn/gzdt/201609/t20160923_ 819310. html.

各省份也实施了一些移民搬迁工程。如在"十二五"期间,针对"一方水土养不了一方人",生存条件恶劣,居住在地质灾害、洪涝灾害地区的人口,陕西省自 2011 年 5 月就启动了搬迁规模在 240 万人口的陕南避灾扶贫移民搬迁工程,尤其是陕南避灾扶贫移民搬迁工程提出了要实现"居住集中化,管理社区化,设施城市化,农民市民化"。山西、贵州等地也实施了避灾扶贫移民工程,宁夏、内蒙古等地则实施了生态移民工程。

2011 年宁夏开始实施"十二五"生态移民工程,计划用 5 年时间,将南部山区 100 万贫困人口中分布于自然条件极差地区的 35 万特困人口迁移出来,强调安置区选择靠镇、近水、沿路的区域建设大村庄。

宁夏生态移民的安置模式,有生态移民安置、劳务移民安置两种。宁夏生态移民属于"有土安置",劳务移民是"无土安置"。宁夏"十二五"扶贫移民工程采取了县外移民和县内移民两大途径,有生态移民、劳务移民、教育移民三种方式,以及开发土地集中安置、适度集中就近安置、因地制宜插花安置、劳务移民务工安置和特殊人群敬老院安置 5 种安置方法。宁夏各地市也根据当地情况创新了生态移民的具体安置模式。如青铜峡市推行生态移民一户一套房、一个就业岗位、一头奶牛、一次职业教育培训机会、人均一亩土地的"五个一"安置模式。红寺堡区制定了户均一套养殖暖棚、两亩设施农业、企业流转经营三亩土地、一个就业岗位的"1231"安置模式。惠农区实行户均一套房、一亩地、一个就业岗位,稳定居住两年后配送一头托管奶牛的"三加一"安置模式。宁夏生态移民政策鼓励土地流转,强调建立健全迁出区土地承包经营权流转机制,允许移民以转包、出租、互换、转让、股份合作等多种形式流转土地承包经营权。迁入区绝大多数市县建立了三个机制:土地集中流转机制、奶牛托管经营机制、移民务工管理服务机制。土地流转、奶牛托管之后,移民户获得土地租金和分红收入,对移民分类实施职业培训,采取双向选择自主就业,鼓励移民由农民转变为产业工人,生活方式向城市居民转变,也即移民的主要收入来源依然是劳务收入。

李培林、王晓毅等(2013)对宁夏生态移民搬迁工程做了深入研究。他们通过实地考察和大量问卷调查,研究了宁夏生态移民的现状与类型、扶贫政策与发展转型,尤其是关注到了宁夏生态移民与城乡一体化发展。他们发现宁夏生态移民除了有利于迁出地的生态修复外,农业条件的重要性在逐步降低，更多的是通过移民新村建设，使贫困地区农民尽快享受到基本公共服务，从而提高新农村建设效率。截至 2012 年底，宁夏生态移民达 10.5 万人。相比吊庄移民、工程移民、易地扶贫搬迁，宁夏新一轮生态移民有较多的城镇化倾向，强调生态移民工程与工业化、城镇化相结合，与新农村建设相结合，与生态文明建设相结合。尤其是宁夏生态移民政策鼓励土地流转，强调建立健全迁出区土地承包经营权流转机制，但认为移民新村的基层组织能力没有跟上产业发展的步伐。

二 陕西避灾扶贫移民搬迁工程

早在 2011 年 5 月，陕西省政府就启动了为期 10 年的计划搬迁 280 万贫困人口的陕西避灾扶贫移民搬迁工程，其中包括了四种搬迁类型：洪涝灾害避险、地质灾害避险、扶贫移民、生态移民，统称为避灾扶贫移民搬迁工程。其中，陕南避灾扶贫移民搬迁工程计划搬迁 240 万人口、陕北计划移民搬迁 40 万人口，为国内规模最大的移民搬迁工程，得到了广泛关注。由于陕南避灾扶贫移民搬迁工程规模和影响大，以下重点论述陕南避灾扶贫移民搬迁工程。

（一）陕南移民搬迁工程的背景、概况与进展

陕南地区的汉中、安康、商洛三市，是我国自然灾害多发区，又处于秦巴集中连片特困地区腹地，灾害与贫困问题更为突出，防灾减贫任务尤为艰巨。2011 年底，陕南三市经济总量仅为全省的 11.4%，农村居民人均收入仅为全国平均水平的 71%；所辖 28 个县（区）中 27 个处于秦巴山区集中连片特殊困难地区，其中 24 个为国家级重点扶贫县。通过 2014 年的贫困识别，陕南三市还有贫困人口 303.5 万人，占全省贫困人口总数的 67%。其中，因灾致贫和因生存条件差致贫的人口为 288 万人，占陕南三市贫困人口的 95%。[①] 同时，陕南大量人口长期依山而居、靠山吃山，传统生产生活方式对自然资源的过度依赖，导致资源承载与生态修复能力下降，生态问题日益严重。而陕南又是我国南水北调中线工程最重要的水源涵养区，也是国家主体功能区划确定的生态保护功能区。

为从根本上解决陕南灾害与贫困、生态保护问题，推动陕南三市 28 个

---

① http://sx.sina.com.cn/news/g/2015 - 07 - 06/detail - ifxesfty0371485. shtml.

县区与全省同步进入小康社会，2011 年 5 月，陕西省委、省政府决定启动陕南移民搬迁工程，计划用 10 年时间，把居住在中高山地质灾害易发区的 240 万山区群众搬迁转移到安全、宜居、宜业的浅丘或川道地带，旨在彻底解决陕南地区长期以来的地质灾害问题，以使普通民众生活在安全便利的居住环境中，同时也从源头上解决生态保护面临的难题，促使陕南通过优化人口布局、转变生产生活方式，实现全面协调可持续发展。规划期内，积极实施城乡一体化发展战略，逐步建立和完善层次结构合理、布局有序的城乡结构体系，建立与经济发展水平相适应的社会保障体系，着力把搬迁安置区建成现代化的新城镇和社会主义新农村，确保移民群众有安全、经济、实用的住房，享受便利、均等的公共服务，收入和生活水平显著提高。

截至 2015 年底，陕南移民搬迁工程五年来共投入资金 595 亿元，其中各级财政投入 258.6 亿元，完成搬迁 32.4 万户 111.89 万人，建设 30 户以上集中安置点 2252 个，集中安置 29.3 万户 102.5 万人，占 90.4%。① 尤其是陕南移民搬迁把贫困户、特困户搬迁作为重点，优先实施搬迁。2011～2014 年已累计搬迁贫困户 13 万户 41 万人，安置特困户 2.6 万户 6.7 万人。

"十三五"期间，陕西省将按照搬得出、稳得住、能致富的目标，全面推进和实施易地扶贫搬迁工程。根据陕西省扶贫办 2016 年 4 月 22 日发布的《陕西省"十三五"易地扶贫搬迁工作实施方案》，未来 5 年，陕西将投资 1320 亿元，实现 235 万人易地脱贫，全省将有 66 万户 235 万人生产生活条件得到明显改善。②

国家统计局调查显示，陕南移民搬迁工程实施以来，搬迁民众的人均收入由 2011 年搬迁前的 4151 元上升到 8689 元，增幅达八成。③

（二）陕南移民搬迁工程的基本政策特征

1. 精准确定搬迁对象

一是限定"五种类型"。突出抓好地质灾害移民搬迁、洪涝灾害移民搬迁、扶贫移民搬迁、生态移民搬迁和工程移民搬迁。"五种类型"之外的，不纳入移民搬迁安置政策。二是坚持"三个优先"。把受地质灾害和洪涝灾害威胁户、居住在危险地段的贫困户以及特困户作为优先搬迁安置对象，确

---

① http：//news. xinhuanet. com/local/2015 - 12/24/c_ 1117572259. htm.

② http：//www. sn. xinhuanet. com/snnews1/20160423/3090375_ c. html.

③ http：//www. ymbq. gov. cn/show. php？articleid＝963.

保有限的资源优先集中用于最需要的群众，确保在 2016 年前"三优先"户全面安置到位。三是精细摸底，严格审定。对纳入搬迁范围的农户逐一进行调查摸底，掌握搬迁意愿和安置意向，把规划期内的搬迁任务一一对应到户到人。严格按照搬迁户申请、村民评议、镇村初审、相关部门审定、县区政府批准的认定程序，坚持村、镇、县区三级公示制度，自下而上逐级审核，公开接受监督，确保搬迁政策实施公平公正。

2. 明确住房标准和住房补助

《陕南地区移民搬迁安置工作实施办法（暂行）》（陕政办发〔2011〕67号）规定人均不超过 25 平方米的住房标准，提供三种住房类型：60 平方米、80 平方米、100 平方米，由移民群众自主选择。确有困难可以适当扩大住房面积，其中集中安置最大不超过 125 平方米，分散安置最大不超过 140 平方米。提供住房补助为：政府对集中安置户每户补助 4.5 万元；分散安置户每户补助 3 万元；特困户和危困户每户增加补助 1 万元；四层以上楼房化安置户每户增加补助 5000 元；对五保户和孤寡老人免费提供住房或纳入公益性敬老院供养。

3. 用地保障

2011 年 5 月 ~ 2015 年 6 月，已安排陕南三市移民搬迁安置用地专项指标 1.2 万亩，通过国土资源部土地支持政策解决 4.5 万亩。[①]

4. 资金保障

2011 年 5 月 ~ 2015 年 6 月，已筹措并投入陕南移民搬迁各类资金 507.14 亿元，其中：建房资金 424.64 亿元，包括中省市财政预算及整合相关部门项目资金 210.52 亿元、群众自筹 214.12 亿元；基础设施、公共服务设施和搬迁群众创业就业扶持资金 82.5 亿元。中央财政已经拨付 25 亿元，陕西陕南移民搬迁工程有限公司累计提供周转资金 54.6 亿元。[②]

5. 权益保障

陕南避灾移民搬迁工程提出了搬迁户三个不变和三个鼓励，即集体所有制的经济形态不变，原集体经济成员应有权益不变，原耕地、林地承包经营的关系不变；在群众自主自愿的前提下，鼓励搬迁户流转土地经营权和林地经营权，鼓励进入城镇安置的搬迁户退出原集体经济组织，鼓励迁出群众将承包土地、林地交由集体经济组织托管或代为经营。

①② http：//sx. sina. com. cn/news/g/2015 - 07 - 06/detail - ifxesfty0371485. shtml.

此外，实行户籍迁移自主和居住证制度。保障移民搬迁户子女就学、养老保障、农村新型合作医疗等政策的落实。

（三）陕南避灾扶贫移民搬迁工程对搬迁户的帮扶措施

"十三五"期间陕西省政府紧紧围绕"易地搬迁脱贫一批"的目标，保障搬迁户后续生计发展，出台一系列帮扶配套政策措施，如产业扶持政策、就业扶持政策、购房贷款、土地（林地）承包政策等。2016 年陕西省发布的《陕西省"十三五"易地扶贫搬迁工作实施方案》，明确提出根据不同的安置方式，提供相应的建房补贴、产业扶持资金等资助。其中，集中安置农户按每户 15 万元标准筹措（建房补助资金 7 万元/户、配套设施资金 4 万元/户、宅基地腾退 1 万元/户、产业扶持 3 万元/户），分散安置农户按每户 8 万元标准筹措（建房补助资金 4 万元/户、宅基地腾退 1 万元/户、产业扶持 3 万元/户），对比以前的相关政策，该方案的扶持补助措施有着明显的提升，精准扶贫、精准脱贫的工作力度也进一步加强。

陕南安康位于秦巴山区，地质洪涝灾害频发，当地政府将"两灾户"、"危困户"以及特困户作为优先搬迁对象，在安置方式、建房面积、基础设施配套、补助办法等方面综合施策，以探索共有产权、推行按揭贷款购房、鼓励为贫困户提供专项贴息贷款等方式，解决易地扶贫搬迁农户"搬得出"的问题。同时，为了避灾群众拥有更好的生计可持续发展，依据《安康市避灾扶贫搬迁安置产业扶持资金管理实施细则》，充分利用好中国农业发展银行、国家开发银行为贫困群众脱贫致富发行的专项债券和长期贴息贷款，以及省级产业扶持资金和政策性金融扶持政策，促进搬迁安置群众就业创业。

安康市政府基本按照以下五种模式大力实施搬迁后续帮扶政策。第一，企业带动模式，将搬迁安置区域与工业园区结合起来，重点扶持农产品加工、生物医药等劳动密集型企业，增加就业岗位，促进搬迁群众就近就业；第二，产业支撑模式，结合当地农业资源，建设一批农业示范园区，突出安康山林经济、水产品和畜禽养殖等特色产业，促进搬迁群众转变生产生活方式，多渠道增加收入；第三，景区辐射模式，依托安康市生态旅游资源，打造休闲度假、田园观光、山水园林景区，发展乡村旅游，通过扶持带动搬迁群众发展休闲观光农家乐、农家宾馆、特色餐饮等集观光、生态、休闲为一体的配套服务，促进搬迁群众致富增收；第四，技能提升模式，面向市场需求，重点扶持培养各类专业技术人员、高级技师，提高劳务输出，加快转移就业；第五，合作互助模式，围绕家庭创业，搭建服务平台，引导搬迁群众自主创业，在积极提供信息、技术等服务的基础上，重点扶持各类合作组织、家庭农场和职业农民，搭建服务平台，促进搬迁安置群众创业增收。

在实践中，陕西安康市形成了"6663"避灾扶贫搬迁工作思路，将避灾扶贫搬迁工作作为统筹城乡发展的重要抓手，形成了移民集中安置与县域经济发展、农民进城入镇、保障性住房建设、产业园区建设、重点镇建设和新农村建设6个结合；推行进城居住、集镇安置、社区安置、产业园区安置、支持外迁和分散安置6种搬迁安置方式；建立分级负责、科学规划、示范带动、资源整合、督查考评和公开运行6个机制；建立市、县（区）、镇（办）三级避灾扶贫搬迁集中安置示范小区，目标是使搬迁户"搬得出、稳得住、能致富"。①

此外，陕南一些地区积极探索，吸纳社会资本，与企业联建移民安置小区，因地制宜发展服务业，帮助搬迁农民转移就业，或积极推进农业产业化。如在陕南安康白河县仓上镇，该县兴达公司主要负责人刘和兴主动回到家乡，投资千万元，山上在天宝村流转土地6000亩，新建苗木花卉、大棚蔬菜基地，订单种植中药材，发展现代特色农业；山下新建裴家生态社区，集中安置天宝三组89户搬迁群众，使其成为公司职工和产业工人，形成了工农互动的发展格局。裴家生态社区由政府负责总体规划，协调征地拆迁，配套基础设施，兴达公司负责征地拆迁、建房资金垫付，实施项目建设，剔除政府项目投资后，以成本价售房给迁移农户。统一装修好后的成品套房平均面积约120平方米，平均成本价约12万元，农户购房资金除由国家补助3万元外，其在兴达公司务工的农户和现已全部转为其公司的产业工人还可以按揭的形式每月从工资中扣除一部分，从而形成有重要推广价值的"集中安置建社区，土地流转建园区，农民就地变工人"的搬迁模式。总之，陕南移民搬迁的目的是促进"居住集中化，管理社区化，设施城市化，农民市民化"。

(四) 陕南避灾扶贫移民搬迁工程的生态效益评估

西安交通大学课题组以生态系统服务的多尺度传递为基础，试图突破政策评估的难点，以南水北调中线水源地陕西安康的移民搬迁安置工程为对

---

① 周福明：《陕南避灾扶贫搬迁的安康实践》，《当地经济》2014年第6期。

象，采用农户调查、生态系统服务评估 InVEST 模型（Integrated Valuation of Ecosystem Services and Tradeoffs）、成本效益分析等方法，定量研究了移民搬迁工程实施过程中搬迁农户、地方政府、下游水资源用户和全球受益者的成本效益及其时间动态，将生态系统服务与多个尺度利益相关者的福祉有机联系起来。[①]

　　该项研究表明，明确生态系统服务传递过程中多个利益相关者的成本、效益及其时间动态，是科学设计、成功实施保护与发展政策的关键。然而，阐明生态系统服务在哪里产生、传递的时间动态怎样、传递给哪些受益者却一直是政策评估的难点。评估发现，尽管政府短期投入成本远大于其短期效益，但从长远来看，移民安置政策增加了生态系统水质净化、土壤保持和固碳服务，将给当地政府、下游水资源用户和全球受益者带来显著的净效益。然而，对移民搬迁农户而言，需要付出较高的安置成本，导致贫困农户由于缺乏支付能力而难以参与移民安置项目。增加移民补贴以及移民安置后的生计扶持、从水质改善和固碳服务增加的受益者中获得补偿等措施将有助于实现项目预期目标。该项研究以生态系统服务的多尺度传递为基础，将生态系统服务与多个尺度利益相关者的福祉有机联系起来，为开展保护与发展政策的综合研究提供了框架和科学方法，研究成果有助于推动保护与发展政策的科学设计、合理评估和高效实施。

第二节　陕南避灾扶贫移民搬迁工程"搬得出"的资金筹措、土地利用与移民搬迁农户的土地权益

　　陕南移民搬迁工程投资巨大，其中有三项重要支出：住房建设、设施配套、征地补偿。本节分析陕南移民搬迁工程的资金筹措和建设用地保障情况。陕南移民搬迁工程采取了中央、省、市、县补助，农民自筹，项目整合，市场化"四大渠道"。为最大限度减轻基层和群众负担、防止出现因搬迁致贫问题，陕西省建立了省级主导、市县配套、社会参与、群众自筹的多

---

① Cong Li, Hua Zheng, Shuzhuo Li, Xiaoshu Chen, Jie Li, Weihong Zeng, et al., "Impacts of Conservation and Human Development Policy across Stakeholders and Scales", *National Academy of Sciences of the United States of America* (*PNAS*), 112 (24), 2015, pp. 7396 – 7401.

元化资金筹措机制。同时，近年来陕南一些地区推动了城乡建设用地增减挂钩和盘活土地收益，获得的土地增值收益又反哺于搬迁费用。

陕南地区山大沟深，地质条件复杂，耕地和基本农田范围大，建设用地十分紧张。陕西省政府和陕南各市县政府在符合土地利用规划和土地用途管制的基础上，强化土地利用总体规划的统筹管控作用，利用各种措施，如城乡建设用地在市域范围内增减挂钩、土地综合整治等，确保搬迁工程的建设用地需要，创新农地征用方法。

一 各级政府与社会力量相结合，多元化的资金筹措

（一）陕西省政府制定了各类相关文件与规定，确保陕南移民搬迁工程的资金筹集

为更好地筹措资金和进行资金的管理，2011 年 10 月 27 日陕西省财政厅专门颁布了《陕西省陕南移民搬迁安置补助资金筹集与管理办法》（陕财办建〔2011〕330 号），同年，陕西省政府发布《陕南地区移民搬迁安置建房资金筹措方案和陕南移民搬迁工程有限公司运行机制的通知》（陕政办发〔2011〕111 号），明确了陕南移民搬迁工程的资金筹措办法、资金管理等的规定。省财政厅会同税务部门制定了移民搬迁和保障性住房建设的有关财税优惠政策，如制定了《陕西省移民搬迁安置税费优惠政策》（陕政发〔2012〕4 号），以降低安置楼的建筑和施工成本。

除了搬迁户安置房的建设外，根据《关于进一步做好陕南陕北地区移民搬迁安置工作的通知》（陕政办发〔2012〕116 号），移民搬迁集中安置点的基础设施分"小配套"和"大配套"两种类型。所谓的"小配套"指安置小区规划红线之内、单体建筑物 2 米之外的公共道路、电力电信线路、给排水管道及环卫设施等；"大配套"则是指集中安置点规划红线之外的公共道路、电力电信线路、给排水管道、环卫、防洪及公共服务设施等。"小配套"的基础设施建设费用在移民搬迁建房补助资金中列支；"大配套"的基础设施和公共服务设施费用，由县（区）人民政府本着"项目捆绑、资金整合、统一使用、各记其功"的原则上报项目，经市级相关部门审查并经市级人民政府审定后，报省发展改革委和省级各项目对口部门、单位。省级相关部门和单位在所报项目审查核实后，制订年度计划，落实项目资金，按有关程序下达，并分别报陕南地区移民搬迁工作领导小组办公室备案。

陕西省级各部门对陕南移民搬迁工程进行了大力支持。省级相关部门把与陕南移民搬迁相关的扶贫搬迁、生态移民、以工代赈、危房改造资金以及退耕还林、地质灾害和洪涝灾害治理等资金重点向陕南三市倾斜,并在涉及专项资金整合之时,在制订中央、省专项资金项目计划时,足额预留用于陕南移民搬迁的资金,确保整合资金落实到位,并规定了各专项资金的安排比例应不低于其规模的50%。同时,积极向国家对口部委进行了沟通汇报,多方争取中央支持。中央、省相关专项资金按"渠道不乱、用途不变、各记其功"的原则下达各县(区),由县(区)进行整合,统筹安排使用。

另外,土地收益、集中安置点配建限价商品房筹措资金部分:各县从盘活土地收益、集中安置点配建限价商品房等政策中解决35.5亿元(每年3.55亿元)。土地收益比例、配建指标每年专项下达。各市县根据实际情况和需要,从土地出让净收益中安排一定的比例用于建房补助,同时动员了社会力量参与移民搬迁建设。

省政府还将积极争取将陕南搬迁列入国家生态搬迁规划并享受相关政策;发挥政府的导向调控作用,积极组织质优价廉的钢材、水泥等建筑材料,以降低建设成本。同时,陕西省也要求搬迁安置群众本着节约从简的原则和自身的经济状况合理选择搬迁户型,并按照规定的自筹标准筹集资金,对超出规定面积部分须提前足额支付建房费用。

根据《关于进一步加强和规范陕南地区移民搬迁工作的意见》(陕政办发〔2014〕47号),自2014年起,陕南移民搬迁工程增加了对集中安置户的补助标准,加大了资金筹措拨付力度,规范了资金拨款方式。一是补助标准。集中安置户每户补助4.5万元、分散安置户每户补助3万元、特困户和危困户每户增加补助1万元、4层以上楼房化安置户每户增加补助5000元;集中安置区基础设施"小配套"每户补助2万元。二是市县承担比例。市、县(区)财政建房补助资金按照2:8比例进行配套。

(二)成立陕南移民搬迁工程有限公司,助推资金流转

为促进移民搬迁工程的资金流转和使用,陕西省政府成立了陕西陕南移民搬迁工程有限公司(以下简称搬迁公司),由陕西有色金属控股集团有限责任公司、陕西省财政厅共同出资组建。搬迁公司在陕西省移民搬迁安置领导小组的指导协调下,积极筹措资金,按照公司化运作,确保搬迁安置群众的住房和相关基础设施工作的全面实施。

搬迁公司是解决陕南移民搬迁工程启动资金、保证工程标准和质量的重要平台。其主要职责为：在陕南地区移民搬迁工作领导小组的具体领导下，承担陕南地区移民搬迁工程所需建设周转资金的筹措工作；选择并代建适量的移民集中安置点，示范引导移民集中安置建设的规范化；搭建陕南地区移民搬迁工程信息平台，负责收集和整理搬迁户、移民安置房及相关基础设施、公共服务设施的有关信息，为陕南地区各级政府后续移民管理提供真实可靠的档案资料。公司按照"封闭运作、快速周转、保本微利"的运作模式，计划10年筹措60亿元用于陕南移民搬迁项目启动和资金周转。

（三）市场化运作，引进社会资金，形成移民搬迁工程多元化筹资机制

陕南各地在移民搬迁工程建设中，采取多元化投资，吸引社会资金、民间资本共同参与陕南移民搬迁安置工程建设。例如，安康市白河县经过多年的实践，先后探索出了"与企业联建、外出老板返乡建设、村组干部带头建设"三种模式。

一是与企业联建模式，如仓上镇裴家生态社区。类似地，安康市宁陕县推行了"政府＋企业＋农户"模式，依托旅游开发重大项目推进移民搬迁。宁陕县政府对生态旅游开发企业给予配套基础设施和公共服务项目、返还土地出让地方留成部分、减免税费等鼓励政策，允许企业按照政策配建一定比例的商品房，并与企业合资建设集中安置小区。皇冠镇朝阳沟大湾安置小区由开发企业按照"拆一建一"原则，选择在集镇区位好、商业价值高的新区为景区移民搬迁户新建框架式农民安置社区，每户一套房屋，一层商业铺面，让农村群众不拿钱就搬进了新居，高标准高质量地解决了农民生活住房和经营用房问题，并对搬迁农民女性年满60周岁、男性年满70周岁的老人给予每月100元的生活补贴。这不仅加快了旅游开发项目进度，降低了政府投入，还让农户得到了实惠，实现了政府、企业、农户"三赢"。

二是外出老板返乡建设模式。白河县大力发展劳务经济，许多农民在外出务工时积累了财富，掌握了市场信息，增强了创业本领，有强烈的创业意愿和热情。白河县委、县政府针对这种情况，加大沟通联系，做好项目储备，吸引了一批外出老板返乡投资农村生态社区建设。冷水镇外出务工老板胡春升，在西安成立陕西春升建筑劳务有限公司后为回报家乡，回到冷水镇独资新建冷水春升小区，占地面积30亩，计划集中安置500户2000人，同

时带动当地 1000 余名群众在其公司务工增收。这样既解决了社区建设的融资问题，又为外出返乡务工能人回乡创业搭建了平台。

三是村组干部带头建设模式。白河县茅坪镇田湾村党支部书记马良平和村主任黄治林为了解决田湾生态社区建设问题，两人带头垫资百万元，带头承包建设，群众只需 6.5 万元就可以搬迁入住社区两层 120 平方米的新房，并且可以分期分批付款。用这样的方式帮助高山农户实现了搬迁梦想。同时他们还整组流转 4000 亩山地资源，耕地用于发展中药材，林地建园栽核桃，林下养羊养鸡，搞农业规模经营。

此外，陕南各市县也积极筹措移民搬迁工程的资金。如自 2011 年起，商洛市历经 5 年多方筹集移民搬迁安置资金 70.3734 亿元，其中，一是从陕西陕南移民搬迁工程有限公司累计借款 7.5 亿元，周转使用；二是对移民搬迁的特困户、集中安置户和分散安置户，财政按照每户 3 万元（其中 2014 年以后每年按照 4.5 万元）的标准补助，筹集中央、省、市、县累计补助资金分别为 6.7774 亿元、13.227 亿元、2.53728 亿元和 10.68972 亿元（合计 33.2314 亿元财政资金）；三是整合与移民搬迁相关的易地移民、扶贫移民、生态移民、农村危房改造、土地整理和地质灾害治理等方面的资金 29.642 亿元，为商洛市搞好移民搬迁工作提供了坚实的资金保障。

截至 2015 年 11 月底，汉中市扶贫移民搬迁共投入建设资金 49.97406 亿元，其中：中省财政扶贫资金 4.5575 亿元，市级配套资金 1.209155 亿元，县级配套资金 5.85372 亿元，部门投入 7.237265 亿元，群众自筹 31.11642 亿元。

仅 2015 年一年，安康石泉县共筹集陕南移民搬迁项目资金 2.44 亿元，其中省级建房补助资金 9759 万元，市级配套资金 660 万元，县级配套资金 2640 万元，整合省级专项资金 2862 万元，群众自筹资金 8455 万元，主要用于实施集中安置点的建房及道路、水电、堤防、环卫等基础设施配套，着力打造了一批设施配套、功能齐全、安全宜居的新型社区。

二　陕南移民搬迁工程的资金管理

首先，根据陕政办发〔2012〕116 号，陕南市、县（区）移民搬迁安置的所有项目保障性住房资金实行了专账核算、专人管理。

其次，陕西省政府规定了陕南移民搬迁工程的资金拨付方式。陕政办发

〔2014〕47 号文件规定：中央、省、市、县级财政补助资金，由省财政统筹拨付。中央、省承担的补助资金由省财政直接拨付到县（区）移民搬迁资金专户；市县承担的补助资金由省财政直接拨付到县（区）移民搬迁资金专户，并相应扣减省对市县均衡性转移支付资金。各项目资金年度验收后据实结算。省财政安排部分资金对建设任务完成好、入住率高、产业带动强的市、县进行以奖代补。奖励资金主要用于移民搬迁建房补助、垃圾污水处理及移民安置区的产业扶持等。

再次，严格资金管理，完善财务管理机构，健全财务管理制度。陕南移民搬迁安置补助资金主要用于陕南移民安置房建设补助和与安置房建设直接相关的基础设施建设补助，实行专款专用，专项管理，单独核算。要求及时足额兑现移民搬迁户建房补助资金，不得挤占挪用和改变资金用途，不得用于平衡财政预算，不得用于机构、人员经费等与安置房建设无关的开支，更不得用于购买交通工具、建设楼堂馆所以及乱发奖金等开支。

陕南移民搬迁工程对资金管理有严格的规定。如按项目建设进度及时拨付建房资金、"小配套"设施建设补助资金。省级按统一标准安排的补助资金，由省财政依据建设任务，将预算直接下达各市县。各县（区）对集中安置房建设可按照工程进度提前预拨 30% 的补助资金，待住房建成回购、安置户入住后，据实清算并拨付剩余的补助资金。对分散安置房建设待工程竣工验收、安置户入住后，一次性清算拨付补助资金。

最后，坚持专款专用原则。在对统规自建及分散安置的移民户，由县移民办、相关镇政府、村委会组织验收合格后，由各镇财政所通过"一卡通"兑付到位，保证移民搬迁安置的建设资金和兑付搬迁群众的补助资金及时足额落实到位。同时，陕南移民搬迁工程进行了定期的项目资金审计，确保所有项目资金规范运行。

三　陕南移民搬迁工程确保安置房建设的土地利用、用地保障方法

陕南地区土地条件差，建设用地尤为稀缺。国土资源部对于陕南移民搬迁用地给予了支持。中央对解决陕南移民搬迁用地问题高度重视，支持开展陕南移民搬迁安置土地综合利用试点。国土资源部出台了《关于支持陕西省陕南地区生态扶贫避灾移民搬迁有关政策措施》（国土资函〔2013〕837号），从加强土地利用规划、计划管控、创新土地利用和管理模式、加强农

村土地整治和地质灾害防治、编制实施生态搬迁土地利用专项规划等五个方面对陕南移民搬迁用地予以支持。2011～2015 年中期，已安排陕南三市移民搬迁安置用地专项指标 1.2 万亩，通过国土资源部土地支持政策解决 4.5 万亩。

陕西省按照中央政策要求，为合理安排移民安置建设用地规模，切实保障移民搬迁安置用地需求和健全陕南移民搬迁工程的土地管理，陕西省政府、省国土资源厅发布了一些具体、详细的土地管理规定。如《陕南移民搬迁土地综合利用实施管理办法（试行）》（陕国土资发〔2014〕17 号），以及《陕南移民搬迁建设用地管理实施细则(试行)》（陕国土资发〔2014〕39 号）。该细则包括四个实施细则：《陕南移民搬迁建设用地管理实施细则》《陕南移民搬迁土地综合整治实施细则》《陕南移民搬迁土地权属管理实施细则》《陕南移民搬迁土地增值收益使用管理实施细则》。

总体上，陕南移民搬迁工程在土地使用上，首先坚持了节约集约用地原则，坚持集中安置为主，提高土地利用率。每个集中安置点规模要达到 30 户以上。规定了按照节约集约用地、规范用地原则，集中安置用地包括基础设施和公共服务设施用地在内，户均控制在 0.2 亩以内；分散安置每户用地包括房基、院落、出行道路用地在内，控制在 0.25 亩以内。对土地审批手续不全的建设项目，不得审核备案。严禁未批先用和占用基本农田，从源头上确保土地高效集约利用。

此外，统筹安排了基础设施、搬迁安置、产业发展、生态恢复和避灾扶贫用地，合理确定搬迁复垦和移民搬迁安置的范围、规模、时序，促进移民向城镇和新型农村社区集中，农村土地承包经营权向经营实体集中，建设用地指标向城镇和工业园区集中。

（一）陕南移民搬迁工程建设用地的保障与土地利用

陕南移民搬迁安置用地分三种类型：①在本集体经济组织范围内安置所需的农村集体建设用地；②跨村组、跨乡（镇）、跨县域安置所需的农村集体建设用地；③迁入城镇规划区安置所需的国有、农村集体建设用地。

陕南移民搬迁工程规范了建设用地原则，即移民搬迁安置需要使用农村集体建设用地的，由县级政府审批；确需使用集体农用地的，由设区市政府依据实施方案审批农用地转用；确需土地征收的，依照法定程序报有批准权的机关审批，并规定在有条件的地方，也可通过探索租赁、转让、出租、作价入股等方式取得集体建设用地。在用地类型上，陕南移民安置用地及基础配套设施要求使用国有建设用地并以划拨方式供地；搬迁产业使用土地可以协议出让方式供地；探索建立工业用地长期租赁、先租后让、租让结合的供应制度；其他经营性用地按照《招标拍卖挂牌出让国有土地使用权规定》执行。

陕南移民搬迁建设用地严控增量、盘活存量，从紧控制新增建设用地规模，注重加强规划引导，优先保护生态，节约集约用地，促进城乡土地要素合理流动和平等交换，统筹安排合理用地需求，促进移民搬迁与新型城镇化、新型农村社区、重点示范镇、文化旅游名镇和统筹城乡发展有机结合。陕西各级国土资源管理部门为移民搬迁安置工作提供以下具体的政策支撑：①各县（区）人民政府组织编制乡（镇）级土地利用总体规划时，要求其与陕南地区移民搬迁安置规划相衔接，并按法定程序审批，确保本行政区域移民搬迁安置计划的顺利实施。②对集中和分散安置的用地，按规定办理农用地转用手续；对集中安置点用地项目可按城乡建设用地增减挂钩等相关规定办理报批手续；对搬迁区建设用地报批建立审批绿色通道。③对移民搬迁后有复垦条件的旧村庄、旧宅基地，市、县（区）国土资源管理部门组织复垦后，依据《陕西省新增耕地指标储备及收购置换暂行办法》，按项目实施复垦验收，并报备案，纳入耕地占补平衡管理。省级分成的新增建设用地有偿使用费投资的土地整理项目向移民搬迁安置区域倾斜，以增加耕地面积，提高耕地质量。

例如，2011~2015年，陕西汉中市西乡县整合农村环境综合整治、美丽乡村、危房改造、灾后重建、扶贫开发、生态移民等项目资金6.82亿元，集中投入用于移民搬迁安置点建设，提高项目综合效益。在用地审批、税费征收等方面给予最大支持和减免，加快建设进度，降低搬迁成本，大力实施城乡建设用地增减挂钩试点工作，累计拆除旧房3116户9348间，腾退用地指标1557.9亩，有效地解决了用地指标不足问题。

（二）实施土地综合利用，对搬迁区进行土地综合整治

按照搬迁区与建新区整体挂钩的原则，陕南移民搬迁工程积极探索农村集体经营性建设用地出让、租赁、入股的方式和途径，鼓励土地的集中

利用、复合利用和立体利用。在符合规划和用途管制的前提下，在确保市域内耕地保有量和基本农田保护面积不减少、质量有提高，建设用地总规模不增加的前提下，探索土地的综合利用，将腾退的农村建设用地首先复垦为耕地。在优先满足被搬迁区移民安置和发展用地需求的基础上，可将腾退节约的建设用地在市域内安排使用，并将土地增值收益及时全部返还搬迁区，促进土地综合整治、生态建设、改善搬迁群众生产生活环境和条件。

搬迁区土地综合整治遵循"宜耕则耕、宜林则林、宜草则草、宜建则建"的原则，实行田、水、路、林、村土地综合整治。腾退的宅基地等建设用地优先整治为耕地，在保证耕地数量的同时，把耕地质量放在首位，并与现代农业、都市农业、农民庄园以及生态恢复等相结合，促进农业产业化和生态文明建设。同时，市、县（区）政府鼓励和支持社会力量、民间资本参与搬迁区土地综合整治，按照"谁开发、谁受益"的原则，保障土地整治参与人的合法权益。腾退宅基地和建设用地复垦增加的耕地，在依法自愿的原则下，交由农村集体经济组织或农业大户经营管理，农民有权获得流转后的土地转包费或租金。

（三）规范土地增值收益管理，土地增值收益用于搬迁工程

陕西颁布了相关文件，如《陕南移民搬迁土地增值收益使用管理实施细则》及《陕南移民搬迁建设用地管理实施细则（试行）》，均规定了腾退节约建设用地指标及土地增值收益管理的办法。腾退节约的建设用地指标是指将搬迁区旧宅基地等废弃建设用地复垦为耕地，置换出的建设用地在满足移民安置、基础设施和配套产业用地的前提下所节余的建设用地。土地增值收益包括县域内、市域内腾退节约的建设用地指标使用后取得的土地收益。市域内节约建设用地指标，是指以县（区）为单位，按照农民宅基地腾退协议核定的总面积减去移民安置建房及基础配套服务设施用地总面积，能够跨县（区）在市域内流转使用的用地面积。

陕南移民搬迁工程在建立兼顾国家、集体、移民的土地增值收益分配机制方面取得了一定的经验，规定土地增值收益及时返还给搬迁区县级政府，优先用于搬迁区土地复垦支出，确保用于搬迁区土地整治、移民安置、基础设施、配套产业建设和地质灾害防治等。同时规定，市、县政府要规范土地增值收益使用管理，建立土地增值收益使用管理专户，实行专户储存、专人

管理、专账核算，严格按照规定用途专款专用。

如陕西商洛市人民政府 2015 年出台了《关于加强移民搬迁土地增值收益收缴使用管理工作的意见》（商政函〔2015〕93 号），规定在使用移民搬迁腾退节约建设用地指标时，建设用地主要安排在土地增值收益较大的地区，土地供应以出让为主，基础设施和公益事业用地可按照划拨用地的规定执行。以划拨方式供应土地，占用耕地、园地、苗圃的，按照每亩 12 万元标准收取土地增值收益；占用林地、草地、未利用地等其他土地按照每亩 8 万元标准收取土地增值收益。使用跨县（区）流转腾退指标的，在以上标准基础上，每亩增加 3 万元；以出让方式供应土地的，严格按照《招标拍卖挂牌出让国有土地使用权规定》执行。出让底价不低于土地取得成本、开发成本、出让成本与确定的划拨土地增值收益之和，并规定移民搬迁土地增值收益专款用于搬迁区土地复垦支出、拆旧房屋奖励支出。

（四）创新"留地安置"等农地证收办法，确保移民搬迁工程建设用地

陕南移民搬迁规范了征地程序，尝试建立征地补偿争议协调裁决机制，完善被征地农民合理、规范、多元保障机制，除对被征地农民进行土地补偿外，对农民住房、社保、就业和培训等必须给予合理保障，并因地制宜探索"留地""换地""留物业""入股"等多种安置方式，确保被征地农民长期受益。

如安康市石泉县池河镇集镇安置小区建设初期，当地政府在农地征收过程中，采用了"留地安置"，即在征收农民土地时，为了切实解决失地农民的后顾之忧，按照征地总面积 8% 的比例，给被征地农民保留了一部分土地，将规划项目区内基础设施和地理位置好的地块留给农民集体使用和建设住房，从而当地未发生征地过程中政府与农民的冲突。这种"留地安置"，保障了被征地农民的部分土地发展权，使其分享了部分土地增值收益。

四 陕南移民搬迁农户的土地权益实现与离土离乡的制度安排

（一）确保搬迁农户的土地权益，解决移民搬迁户的后顾之忧

第一，陕南移民搬迁工程坚持保障移民搬迁群众的合法权益，保障城镇化进程中农民的土地财产权利。陕西省对陕南移民搬迁明确提出并严格落实"三个不变""三个鼓励"，即集体所有制的经济形态不变，原集体经济成员

应有权益不变，原耕地、林地承包经营的关系不变；在群众自主自愿的前提下，鼓励搬迁户流转土地经营权和林地经营权，鼓励进入城镇安置的搬迁户退出原集体经济组织，鼓励迁出群众将承包土地、林地交由集体经济组织托管或代为经营。实行户籍迁移自主和居住证制度，保障移民搬迁户子女就学、养老保险、农村新型合作医疗、农村最低生活保障等政策的有效落实。陕南各市也颁布了相关规定，移民搬迁户原有的集体资产所有权、土地承包权、林木收益权和自留山使用权不变（已享受农村居民进城落户补助政策的除外），鼓励农民依法、有偿流转承包土地和林地，以防耕地、林地撂荒。

第二，对搬迁户的土地进行确权，确保移民搬迁户的农地和林地承包经营权。陕南各地政府积极维护移民权益，搬迁群众原有的土地、山林等承包权维持不变，经营权可自行流转。对自愿交回的，原集体经济组织应予接纳并给予合理补偿。不得强制或变相强制收回农民土地、林地承包经营权。尤其是移民跨村组、跨乡镇安置后，仍可享受原林地、土地承包经营权以及由此产生的收益及各项惠农政策。

早在《陕南地区移民搬迁安置工作实施办法（暂行）》（陕政办发〔2011〕67号）就规定，陕南各市、县（区）国土资源管理部门对移民搬迁安置农户，按现行土地确权、登记发证政策，免费登记发证。2014年4月颁布的《陕南移民搬迁土地综合利用实施管理办法（试行）》（陕国土资发〔2014〕17号），明确了土地权属管理办法，要求建立健全产权明晰、权益完整、规则一致、运作规范的移民搬迁土地权属管理制度，加快推进集体土地所有权、宅基地使用权和集体建设用地使用权确权登记发证工作，鼓励集体建设用地依法、自愿、有偿、规范流转。在《陕南移民搬迁土地综合整治实施细则》（陕国土资发〔2014〕39号）中规定，原宅基地复垦后，在保持所有权不变的前提下，可直接承包、租赁给种养殖大户、农民专业合作社、农业产业化公司或家庭农场，并结合现代农业示范园区建设，促进农业规模化经营。

第三，陕南三市积极建立城乡统一的建设用地使用权确权登记管理制度，保障农民土地财产权益，按照移民搬迁用地类型，依法确定国有土地和集体土地使用权。使用集体土地集中安置的，可依法确定宅基地土地使用权；使用国有土地集中安置的，可依法确定国有土地使用权；使用集体土地分散搬迁安置的，可依法确定宅基地土地使用权。在城镇规划区范围内集中安置移民的住宅用地，由县（区）人民政府依据《中华人民共和国土地管理法》确定国有土地使用权，颁发《国有土地使用证》。对移民进入城镇规划区安置的，根据公安部门户籍证明，经申请，按安置新址城镇居民进行土地登记。县级以上房产主管部门要区别对象，对已按照移民安置建设规划迁移的农户，要优先办理房屋产权证。

（二）资本下乡，促进陕南移民迁出地的土地流转

安康市白河县仓上镇按照"山上建园区，山下建社区，农民变产业工人"的发展思路，节约集约利用土地，落实"一户一宅"政策，实现耕地占补平衡，并流转土地。天宝现代农业示范园区原78户农民不仅通过陕南避灾扶贫搬迁政策实现了生产生活方式的巨大转变，还通过签订《宅基地复退协议书》和《宅基地复垦后期管护协议》，腾退宅基地47.35亩。搬迁农户的宅基地腾退复耕后，继续通过有偿流转的方式提供给天宝农业现代园区用于集约农业生产，进一步增加了搬迁户的收益，促进了农业园区连片集约规模经营。类似地，商洛市山阳县漫川关镇莲花移民搬迁集中安置点采用"土地流转建茶园"，将搬迁户的土地流转到公司建立茶园，而搬迁户中的劳动力在茶园打工增收，平均每个劳动力增收1万元。

（三）促进搬迁户宅基地合理、有偿腾退，确保陕南农地占补平衡

《陕南地区移民搬迁安置工作实施办法（暂行）》（陕政办发〔2011〕67号）提出加强旧宅基地复垦工作。镇（乡）政府要执行"一户一宅、占新腾旧"政策，与搬迁户签订宅基地退出协议，推进旧宅基地复垦工作。暂时难以腾退的，允许其在搬迁入住后3年内退出。鼓励各地结合农村居民进城落户政策，通过奖补等方式引导移民搬迁户加快旧宅基地腾退进度。《陕南移民搬迁土地综合利用实施管理办法（试行）》（陕国土资发〔2014〕17号）更进一步提出完善宅基地自愿有偿退出机制，为拆迁复垦创造条件。凡国家、集体解决了安置建房用地且已享受陕南移民搬迁建房补助和安置区配套服务、财政扶持等相关政策的，按照"住新腾旧、一户一宅"规定，依法退出原宅基地。

汉中市近年来对于进城落户的移民搬迁户，实行有偿退出宅基地，具体执行了《关于举家进城落户农村居民退出宅基地、承包地实施办法》

（陕财办综〔2010〕64号），即进城落户农村居民自愿退出的宅基地，经当地国土资源部门核准后，签订退出合同并办理公证后给予一次性经济补助，每亩12万元。退出的宅基地原则上转为耕地，经批准也可以调剂给本集体经济组织内符合宅基地申请条件的农村居民。转为耕地后的宅基地建设用地指标可由市、县政府统一使用，也可以在省内进行有偿流转。

为鼓励搬迁户加快旧宅腾退，2015年商洛市政府制定出台《关于加强移民搬迁土地增值收益收缴使用管理工作的意见》（商政函〔2015〕93号），要求移民搬迁土地增值收益专款用于搬迁区土地复垦支出、拆旧房屋奖励支出，拆旧房屋奖励费用按平均每户2万元标准执行；复垦资金按照耕地2万元/亩、其他土地0.5万元/亩的标准预算。截至2015年底，商洛市移民搬迁户已腾退旧宅3.75万户1.25万亩。

第三节　避灾扶贫移民搬迁工程对搬迁农户家庭经济状况的影响——以陕南安康市和陕北吴起县为例

一　调查地的背景与调查过程

本节调查数据来自西安交通大学人口与发展研究所课题组的调查数据。课题组2015年10月中旬在陕北延安市吴起县吴起镇县城附近的移民安置小区合沟小区，以及吴起镇马湾村进行了农村入户调查。吴起县有较丰富的石油资源，经济较发达，自2012年起连续三年被评为全国百强县，地方财政状况较好，对移民搬迁户的补助较高。吴起搬迁户一般是入住县城，即入住县城附近的移民安置点。课题组在吴起县共发放问卷350份，回收300份，问卷回收率达85.71%，其中有效或部分有效问卷296份，有效率为98.67%。其中，移民搬迁户89个。

同时，课题组2015年11月15~21日在陕西安康市紫阳县的三个移民搬迁集中安置社区，以及安康宁陕县、汉滨区4个乡镇8个行政村开展了农村入户调查。调查员由西安交通大学、西北大学、西安财经学院的教师、研究生、本科生组成。本次调查对于这些选定的调查村或移民安置社区，采用了便利抽样，随机调查当日在家的农户。本次调查共发放了 800 份问卷，回收 670 份，问卷回收率为 83.75%；其中，有效或部分有效问卷 657 份，有效率为 98.06%。在有效问卷中，移民搬迁户有 459 个。课题组在陕北吴起县和陕南安康市的农村入户问卷调查涉及的内容包括：农户的家庭社会人口特征、家庭房屋、土地等自然资本、家庭生计活动与收入来源、对移民搬迁政策的了解与态度、搬迁后存在的困难等。

课题组在安康调查选择了紫阳县的三个集中安置小区，即高桥镇裴坝粉厂移民安置小区、远元社区，以及双安镇双安社区。其中，高桥镇的远元社区由当地返乡创业的企业家与政府联建，主要发展第三产业，入住的搬迁户以服务业、劳务输出为主；高桥镇裴坝粉厂移民安置小区靠近开源现代农业园区，园区流转了附近农户 500 亩土地，带动了全镇土地 4 万亩，实行了"公司＋合作社＋农户"的经营模式。类似的，紫阳县双安社区也是一个新型移民安置社区，采取了资本注入与土地流转入股相衔接，借助"工商业主资本＋土地流转入股"形式，由业主集中修建农民公寓，对高山农户进行整体搬迁，集中流转土地开发种植油茶 2 万亩。同时农户与业主签订土地流转、置换房屋合同，再通过房产、林权、土地等形式入股，参与企业分配，形成了"公司＋农户＋基地"的移民搬迁经营模式。这三个移民搬迁集中安置社区也都尝试了诸如土地流转、推进农业产业化、财政资金进行资产扶贫、带资入股等对移民搬迁户的精准帮扶或农村综合改革措施。这三个移民安置社区是安康市比较成功的"靠近产业园区"的集中安置社区，也集中体现了地方政府以产定搬、产业园区与集中安置社区共建的思路。而在汉滨区和宁陕县调查的一些移民搬迁户则属于分散安置，也调查了少量的水库移民。

二 调查数据分析

（一）搬迁户的基本社会人口特征与住房情况

表 8-1 比较了两个调查地搬迁户与非搬迁户的基本社会人口特征与住房情况。需要说明的是，在陕西省 2011 年启动大规模避灾移民搬迁工程之前，陕北和陕南两地已经有自发地或者地方政府推动的小规模移民搬迁。因此，一些搬迁户搬迁时间已经超过八年。

表 8－1　安康、吴起调查地农户基本社会人口特征与住房情况

指标	安康			吴起		
	搬迁户 （N＝459）	非搬迁户 （N＝188）	t 或 LR 检验	搬迁户 （N＝89）	非搬迁户 （N＝207）	t 或 LR 检验
耕地（亩/户）	4.2132	2.5411	ns	9.2632	7.1927	***
林地（亩/户）	12.4149	17.1898	ns	41.5741	30.0846	*
家庭总人口（人）	4.5098	4.4545	***	3.7582	3.5561	ns
劳动力数（人）	3.2571	3.2980	ns	2.8571	2.7756	ns
房屋归农户所有的比例（%）	93	88	ns	72	88	**
住房面积（平方米）	155.12	186.27	**	66.15	106.76	***
房屋结构ª	2.84	2.41	***	3.00	3.04	*
通自来水的比例（%）	100	88	***	82	31	***
房屋估价类型ᵇ	2.74	2.41	***	1.86	1.92	ns
房子与村公路的距离ᶜ	1.05	1.11	ns	1.24	1.32	**
房屋海拔高度ᵈ	1.33	1.52	**	3.02	2.82	*
已经搬迁时间（年）	6.8989	/	/	5.18	/	/

注：t 检验用于检验均值，LR 检验用于检验分布；*** 、** 、* 分别表示 p＜0.001、p＜0.01、p＜0.05，ns 表示不显著，以下同。

a. 房屋结构包括：1＝土木结构，2＝砖木结构，3＝砖混结构，4. 其他；b. 房屋估价类型包括：1＝10 万元及以下，2＝11 万～20 万元，3＝21 万～30 万元，4＝30 万元及以上；c. 房子与村主要公路的距离，1＝1 里以内，2＝2～5 里，3＝5 里以外；d. 房子所处的海拔高度，1＝小于 500 米，2＝500～1000 米，3＝1000～1500 米，4＝1500 米以上。

　　根据调查，吴起县搬迁户家庭平均人口 3.76 人。在所调查的移民搬迁户中，扶贫移民占 19.4%，生态移民占 13.6%，避灾移民占 28.4%，其他移民类型占 38.6%。所调查的吴起县移民搬迁户中，来自邻镇山区的占 40%，邻村山区的占 29.5%，本村山区的占 20.5%，其他占 10%。安置方式上，以集中安置为主，分散安置占 10.2%，自主外迁也有较大比例，占 28.4%。

　　安康调查地属于秦岭—大巴山生物多样性保护与水源涵养国家生态功能区，也是秦巴国家级集中连片特困区，因此，当地贫困水平更高。安康调查地搬迁户的基本搬迁特征如下：①被调查的安康搬迁户中，扶贫移民占 23.6%，生态移民占 8.5%，工程移民（即水库移民）占 7.9%，减灾移民占 42.9%，因旅游开发所引起的移民搬迁占 5.9%，其他类型搬迁户占 11.2%，也即所待查的安康搬迁户中，最多的还是减灾移民，其次为扶

贫移民、生态移民等，这与当地移民类型大体保持一致；②大部分搬迁户还是从本村山区、本镇临近村山区搬迁过来，合计占80%，跨乡镇搬迁的很少；③从安置方式来看，集中安置占75.9%，分散安置占9.3%，进城入镇占0.8%，自主外迁占12.5%，其他占1.5%。

此外，根据表8-1，吴起县的搬迁户比非搬迁户的土地和林地都要多，统计上也有显著的差异。与非搬迁户住房情况相比，两地搬迁户的房屋通自来水比例都显著高于非搬迁户，而安康搬迁户的房屋估价、房屋结构、交通便利性也显著好于非搬迁户。由于陕西移民搬迁工程对于安置房的面积有一定限制①，所以两地搬迁户的住房面积均显著小于非搬迁户。

（二）搬迁户的家庭经济状况

1. 总体上，搬迁户的贫困发生率更低

吴起县和安康搬迁户的贫困发生率低于非搬迁户，但统计上差异并不显著（见表8-2）。

表8-2　安康、吴起调查地搬迁户与非搬迁户的贫困发生率

贫困发生率	安康		吴起	
	搬迁户	非搬迁户	搬迁户	非搬迁户
按照人均年收入小于2500元的贫困线	0.4046	0.4371	0.2247	0.2293
按照人均年收入小于2800元的贫困线	0.4359	0.4503	0.2360	0.2390

2. 搬迁户的收入及来源结构与非搬迁户有所不同

根据表8-3，两地搬迁户的家庭纯收入、打工收入、政府转移性收入都高于非搬迁户。由于搬迁户的家庭人口数高于非搬迁户，吴起县搬迁户的人均纯收入低于非搬迁户；受到搬迁后生产条件的限制，两地搬迁户的农业

---

① 根据《陕南地区移民搬迁安置工作实施办法（暂行）》（陕政办发〔2011〕67号），集中安置按照60平方米、80平方米和100平方米三种建房面积，对搬迁户建房面积需求超过100平方米的住户，须经县（区）移民搬迁工作机构审核批准。超面积部分所需建房资金由搬迁户自筹，但每户建房面积不得超过125平方米。分散安置原则上按集中安置点建房面积标准执行。《关于进一步做好陕南陕北地区移民搬迁安置工作的通知》（陕政办发〔2012〕116号）规定，统规自建和分散安置住房，原则上每户最大建筑面积不得超过140平方米。另根据《关于进一步加强和规范陕南地区移民搬迁工作的意见》（陕政办发〔2014〕47号），严格按照人均25平方米确定建房面积，对确有住房困难的，集中安置每户最大住房面积不超过125平方米，分散安置每户不超过140平方米，危困户和特困户每户不超过60平方米。

收入、林业收入、养殖收入低于非搬迁户。

打工是调查地农户重要的收入来源，因此，除了打工收入外，表8-4进一步比较分析了两地搬迁户与非搬迁户的家庭打工人数、打工者累计打工时间和打工收入占家庭纯收入的比例。从表8-4可以看到，吴起县所调查的搬迁户与非搬迁户在家庭打工人数、打工者累计打工时间和打工收入占家庭纯收入的比例之间存在显著差异，搬迁户的打工人数、打工时间和打工收入占家庭纯收入的比例均高于非搬迁户；安康所调查的搬迁户打工收入占家庭纯收入的比例、累计打工时间要显著高于非搬迁户，但搬迁户的家庭打工人数显著小于非搬迁户。

表8-3　安康、吴起调查地农户的收入情况

单位：元

收入类型	安康			吴起		
	搬迁户	非搬迁户	t检验	搬迁户	非搬迁户	t检验
家庭纯收入	24005.04	23047.45	ns	45278.52	40620.79	ns
人均纯收入	5835.04	5338.70	ns	12840.26	13551.98	ns
农业纯收入	100.73	777.66	ns	4755.93	7003.95	ns
林业纯收入	355.18	408.89	ns	-24.51	177.55	ns
养殖纯收入	2289.76	2913.80	ns	224.26	7103.43	***
政府转移性收入	2538.95	804.82	***	4523.19	3090.49	ns
打工收入	13355.08	9367.36	**	30488.11	21238.40	*
非农经营纯收入	4117.35	8402.55	*	4977.01	2423.76	*

注：纯收入指扣减了生产过程中的种子、化肥、雇工等投入后的纯收益。政府转移性收入是包括含粮食补贴、退耕还林补贴、生态公益林补贴、残疾人补贴等在内的各项政府补助之和，但不包括移民搬迁补助、后续产业发展补助等政府一次性补贴。

表8-4　安康、吴起调查地农户打工情况

打工情况	安康			吴起		
	搬迁户	非搬迁户	t检验	搬迁户	非搬迁户	t检验
家庭打工人数	0.6100	0.8838	**	1.1648	0.8976	*
打工者累计打工时间（天）	374.19	265.05	***	327.64	213.1	**
打工收入占家庭纯收入的比例（%）	55.63	40.64	**	67.33	52.29	*

3. 两地移民搬迁户在搬迁之后均有明显的非农化倾向

避灾扶贫移民搬迁工程已经带来了大量农业转移人口，搬迁户已经显示出了就地转产、分工分业的特征和趋势。根据是否还继续从事农业、林业、

养殖业这样的农村传统生计分类，即是否有来自农林业或养殖的收入，吴起县所调查的移民搬迁户中，纯农户占23.1%，生计多样化占27.5%，非农户接近一半，占49.4%。需要说明的是，非农搬迁户虽然不再从事农林业生产、养殖活动了，但由于他们仍然有承包地、林地，仍然获得了政府的各项惠农政策和转移性收入，如退耕补贴、粮食直补等。安康459个搬迁户样本，其生计类型如下：纯农户占13.7%，多样化生计农户占39.9%，纯非农户占46.4%。三种生计类型的搬迁户收入及其结构、贫困发生率的方差分析显示，除了农业收入、政府转移性收入没有显著差异外，三种生计类型的搬迁户在林业收入、养殖纯收入、打工收入、非农经营纯收入、家庭总收入、家庭纯收入、人均纯收入方面均有显著差异。尤其是三者在贫困发生率上有着显著差异，搬迁户中，纯农户、多样化生计户、纯非农户的贫困发生率依次递减（数据略）。

（三）搬迁户获得政府的帮扶措施情况

陕西地方政府对移民搬迁户有许多帮扶措施，想了许多办法，如陕南各县（市、区）按照民生优先和移民搬迁与城镇化建设、农业产业发展"三位一体"的原则，要求移民搬迁布局规划和安置规划与县域经济社会发展规划、城乡建设规划、土地利用总体规划、产业发展规划相衔接。总体上，陕南移民搬迁工程采用了"以产定搬"，移民搬迁安置点要"三靠近"，即靠城、靠镇、靠园区，对搬迁户也有一些帮扶措施，如技能培训、学历教育、组织劳务输出、帮扶搬迁后续产业发展、提供小额信贷、农民创业扶持等。

根据当地情况，本次调查设计了七项当地政府对搬迁户的帮扶措施或相关政策，即购房贷款、产业扶持、劳动力培训、就业扶持、土地林地流转政策、宅基地管理政策、迁入地权益保护政策。其中，购房贷款指对搬迁户购房贷款实行优惠利率，宅基地管理政策指对搬迁户腾退宅基地的补偿和奖励政策，迁入地权益保护政策指搬迁户自主决定是否转移户口，同等享受新居住地教育、医疗、养老保险、最低生活保障等公共服务。

在安康调查地，所调查的移民搬迁户中获得购房贷款的比例约为48%，获得产业扶持的搬迁户比例为15.8%，获得培训的搬迁户比例为22.4%，获得就业扶持的比例为18.1%，享受土地林地流转政策的比例为39.7%，享受宅基地管理政策的比例为46.6%，获得迁入地权益保障的比例为50%。在吴起县调查地，所调查的搬迁户自评获得了购房贷款、产业扶持、劳动力培训、就业扶持、土地林地流转政策、宅基地管理政策、迁入地权益保护政策的比例分别为18.68%、13.19%、14.29%、14.29%、27.47%、38.46%和32.97%。

因此，两地搬迁户获得较多的帮扶措施依次为：宅基地管理政策、迁入地权益保护政策、土地林地流转政策等，而这几个帮扶措施更多涉及搬迁农户的土地权益保护，或者与搬迁户"进城入镇、进城落户的权益保护"密切相关。而对这些搬迁户实施"一户一策""一户一法"的产业发展帮扶措施仍较为有限。除了移民搬迁的购房补助外，两地大部分被调查搬迁户认为自己没有获得过政府的其他帮扶措施。

（四）搬迁户搬迁后收入变化情况

首先，吴起县所调查的搬迁户，约1/3表示搬迁之后收入减少了，约1/5表示收入不变，有40%的搬迁户表示收入增加了。从不同收入来源的变化情况看：①林业收入的变化情况。由于吴起县实施了大规模退耕还林工程，且当地一般种植了生态林，无经济收益。这样，延安移民搬迁之后农户林业收入大多数不变。②搬迁户打工收入变化情况。仅有个别搬迁户表示搬迁之后打工收入减少，大多表示不变或增加了打工收入。③农业收入变化情况。约1/3搬迁户表示农业收入减少了，53%的搬迁户表示农业收入不变，另有13%的搬迁户农业收入增加了。④养殖收入变化情况。养殖收入减少和增加的搬迁户都不足10%，86%的搬迁户表示养殖收入无变化。⑤因为调查地为农村地区，农户从事非农经营的很少，89%的搬迁户表示非农经营收入无变化。

其次，在所调查的安康搬迁户样本中，表示搬迁之后收入减少的占27.3%，收入不变的占41.2%，表示收入增加的占31.5%。总体上，家庭移民搬迁后总收入平均增加了418元，增加不多，且标准差较大，也即各个搬迁户之间的差别较大。①安康大多数搬迁户（82%）表示林业收入无变化，7.7%表示林业收入减少，10.3%表示林业收入增加；②类似的，大多数搬迁户（80%以上）表示养殖收入和非农经营收入无变化；③这里表示变化较大的是打工收入和农业收入，表示打工收入减少、不变和增加的安康搬迁户的比例分别为12.2%、62.3%和25.5%，而表示农业收入减少、不变和增加的搬迁户比例分别为23%、69.3%和7.7%。

（五）搬迁户的满意情况与存在的问题

吴起县搬迁户对于搬迁后的总体评价，表示非常满意和满意的占

70.5%，一般占 15.9%，不满意和非常不满意的占 13.6%。针对"如果当初搬迁时完全自主决定，是否愿意搬迁"，83.1% 的吴起县搬迁户回答会，16.9% 回答不会，也即当地移民搬迁大部分还是自愿性移民搬迁。

移民搬迁费用对于农村居民而言是一大笔支出，针对"您家由于搬迁总共欠别人多少钱"，73.9% 的搬迁户有欠款，欠款从 1000 元至 50 万元不等，众数是 3 万元，欠款均值为 5.54 万元，最多欠款 50 万元。

根据课题组在安康的调查数据，60% 以上被调查的移民搬迁户对搬迁后的总体评价是满意和非常满意，但仍有超过 10% 的被调查搬迁户表示不满意和非常不满意。移民搬迁户对于搬迁后在看病、孩子上学、拜访亲友、买东西、娱乐玩耍的方便程度上评价均较高；绝大多数不后悔搬迁，也不会回迁到原住地；超过 80% 的被调查搬迁户认为，搬迁给家庭带来的好处多于坏处。在所调查的安康搬迁户中，80% 以上的搬迁户由于搬迁而欠债，搬迁家庭平均欠债为 6.69 万元，10 万元为众数。

课题组也调查了搬迁户在搬迁之后生计方面遇到的困难。数据显示，移民搬迁后面临的最大困难或最迫切需要解决的问题是：将近 48.4% 的搬迁户认为是借钱盖房使还钱的压力变大，20.5% 的搬迁户认为搬迁后消费支出变大，11.8% 的搬迁户表示无法找到打工等就业机会，而回答缺少农林业用地，农林业、养殖受损失，缺少公共服务设施等的较少，或者这些方面的问题或困难不是很突出。类似的，在吴起县，对于"移民搬迁后您家面临的最大困难或迫切需解决的问题是什么"，搬迁户认为借钱盖房使还钱的压力变大的最多。

此外，根据课题组的调研和访谈，由于劳动力外出打工、实际未入住等原因，两地的移民搬迁安置点、安置房均有一定的空置。此外，由于缺乏足够的激励措施，许多搬迁户原有的宅基地未腾退，或者老人居住在老屋、年轻人居住在新安置房等，农村建设用地存在低效使用等现象。

三 小结与建议

陕北和陕南避灾扶贫移民搬迁工程近年来提出了"精准搬迁、精准施策、精准管理"的目标，目的是促进搬迁地区"居住集中化，管理社区化，设施城市化，农民市民化"。根据调查，陕北和陕南避灾扶贫移民搬迁工程较大地促进了农民居住条件的改善，移民集中安置点和移民新农村社区的建设也使陕西许多农村地区的面貌有了根本性改善。两个调查地大多数的搬迁户表示搬迁之后家庭收入不变或有所增加，大多数搬迁户对于搬迁后的总体评价也表示非常满意和满意。尤其是搬迁户的打工收入、打工收入占家庭纯收入的比例显著高于非搬迁户，他们在搬迁之后均有明显的非农化倾向。陕南陕北避灾扶贫移民搬迁工程已经带来了大量农业转移人口，搬迁户已经显示出了就地转产、分工分业的特征和趋势。但作为传统农区，这一地区农村仍有大量需要转移的富余劳动力，搬迁后搬迁户由于农林业生产作业地点、地理距离加大，需要更好地就业和增收。调查发现，陕南、陕北移民搬迁地区，一方面仍存在新建区的产业空心化，搬迁户就地就业难、就地转产难，且传统的农林业生产规模小、经营收益低，农村土地流转难，农业产业化、规模经营水平低，与农业现代化仍有较大距离。另一方面，受财力所限，地方政府精准帮扶措施比较有限，资金投入少，效果有限。当前我国城乡资源要素流动加速，城乡互动联系增强，易地扶贫移民搬迁工程应该统筹考虑移民搬迁、精准扶贫、新型城镇化、农村综合改革等，而不是简单地让农民搬出来，让农民进城入镇、上楼，应将易地扶贫搬迁工程作为新型城镇化"三个1亿人"的重要组成部分。陕北陕南移民避灾扶贫搬迁工程不仅要实现农村的社区化，使搬迁户享受更多的基本公共服务，更要推动搬迁农户脱贫、增收与发展，确保搬迁农户"搬得出、稳得住、能致富"。

　　总之，分析和研判我国"十三五"易地扶贫搬迁工程的发展动态，尤其是易地扶贫搬迁如何与新型城镇化、转变农业发展方式、农业现代化有机结合，关注搬迁工程带来的迁出区农村转型发展、农村一二三产业融合情况，以及易地扶贫搬迁工程形成的小城镇在集聚产业、承载人口、辐射带动新农村、推动镇村联动等方面的发展动态具有重要意义。

第九章　小流域治理与农户生计研究

　　我国是一个多山的国家，山区、丘陵约占国土面积的 70%，是水土流失严重的国家之一。由于特殊的自然地理和社会经济条件，加之不合理的开发利用，我国水土流失面广量大，产生的危害严重，影响深远。水土流失不仅导致土地退化、毁坏耕地，制约山区、丘陵地区经济社会发展，使人们失去赖以生存的基础，而且加剧江河湖泊淤积和洪涝灾害，恶化生存环境，制约广大山区农村脱贫致富和经济发展，威胁国家粮食安全和生态安全；不仅影响当前发展，而且影响子孙后代的生存。

　　20 世纪 80 年代初期，我国明确提出并大规模、全面开展"以小流域为单元进行综合治理"，水土保持工作进入了以小流域为单元综合治理的新阶段，把水土保持生态建设引入以大流域为规划单元、小流域为治理设计单元的规模化防治阶段（刘震，2005）。水土保持已由过去单一的坡面工程、沟道工程、蓄水引水工程、植树种草等措施，发展到以小流域为单元，山水林田路统一规划，以村户治理和管护为基础，工程措施、生物措施以及管理措施综合运用，生态、经济、社会三大效益同时发挥的新格局（李妍彬，2007）。2014 年国务院一号文件《关于全面深化农村改革加快推进农业现代化的若干意见》也提出"加大生态保护建设力度，实施江河湖泊综合整治、水土保持重点建设工程，开展生态清洁小流域建设"。

第一节　小流域治理的概况与主要概念

一　小流域治理的界定

小流域是以分水岭和出口断面为界形成的集水单元。我国把面积不超过 50 平方公里的集水单元定义为小流域。小流域综合治理以小流域为单元，对区域内土壤、山地、水资源、光、热、气、肥的合理利用，农、林、牧地和果园、经济林的统一规划与布设，采取工程措施、耕作措施、林草措施，并加以科学管理方法，形成综合的防治措施体系，以达到保护、改良与合理利用水土资源及其他再生自然资源的目的。小流域包括生态子系统、经济子系统和社会子系统。三个系统相互联系，相互影响。小流域综合治理是对这三个子系统的协调过程，是一项复杂的系统工程，它集合了自然生态、社会经济等多方面的内容。

小流域治理措施强调山水林田路综合治理，工程和植物措施并重。植物措施包括造林整地、造林技术和抚育管理；工程措施包括修筑堤坝、沟道削坡以及设立典型的防护林。我国小流域治理实际上就是水土保持工作在山区实施时的具体利用和拓展，不仅仅局限于控制土壤侵蚀，更加关注流域内各种资源的可持续经营（王礼先，2006）。小流域治理和基本农田建设是相辅相成的，小流域治理有利于改善基本农田的生产条件，减少基本农田的灾害发生率；基本农田建设又有利于按照小流域不同地形部位特点及其适宜性，调整用地结构。[①] 农村小流域治理是山区防治水土流失、合理利用土地资源、发展生产、改善当地群众生活条件、帮助山区脱贫致富的一条有效途径。

小流域综合治理以小流域为单元，在全面规划的基础上，合理安排农、林、牧、副各业用地，布设水土保持、农业耕作措施、林草措施与工程措施，做到互相协调、互相配合，形成综合的防治措施体系，以达到保护、改良与合理利用水土资源及其他再生自然资源的目的。以小流域为单元进行综合治理是山丘区有效开展水土保持工作的根本途径。

---

① 《安康市土地利用总体规划（2006～2020 年）》。

二 本章研究意义与研究内容

目前国内对小流域治理的研究多为宏观层面，如治理规划及原则、治理模式及技术、治理的生态效益、整个流域治理的协调发展等，较少触及农户这一微观领域。在小流域治理的水土保持工程实施中，减缓水土流失、改善生态环境是与在流域内生产和生活的农户的生计活动密切相关的。许多水土保持工程从设计到执行都强调农户的参与。农户参与的成败决定了小流域治理水土保持工程的成败。本章试图从农户微观视角出发，从参与行为和态度的角度对农户水土保持工作进行计量分析，在一定程度上丰富有关小流域治理的研究。此外，长期以来，各级政府被视为水土保持和流域治理的主体，投资一般通过国家财政拨款等形式由政府完成。忽视民众的参与性是造成工程进度缓慢、社会效益低、设施违背民意的重要因素。小流域治理项目是一项民生工程，其实施的关键在于符合民意，而农民的有效参与是保证工程顺利进行的关键。

农户作为对水土流失等生态恶化后果体会最为深刻的第一群体，同时也是水土流失治理和农村环境建设的主体。在市场化条件下农户生产决策行为及对水土保持的投资积极性对土地利用及水土保持效果有着强烈的影响，同时农户是否采用符合生态友好的生产方式，是生态脆弱区农业能否可持续发展的关键。尤其是当政府投资进行了大面积的水土流失治理工作之后，在水土流失治理成果的维护方面，必然依赖于农户行为的规范化。本研究以陕西安康小流域治理一手调查数据为基础，从农户参与小流域综合治理项目情况入手，分析农户参与行为和态度情况，探讨影响农户水土保持行为的因素，为西部山区水土保持相关政策的制定提供一定的借鉴。本章研究内容包括：农户参与小流域治理的现状与评价，包括农户参与态度，农户参与小流域治理决策、参与方式和水土保持投资情况，农户对小流域治理的评价，以及小流域治理与农户福祉的关系。

三 农户水土保持行为相关研究综述

水土保持被认为是防治水土流失，保护、改良与合理利用山丘区、丘陵区和风沙区水土资源、维护和提高土地生产力，以利于充分发挥水土资源的经济与社会效益的活动。农户水土保持行为则是农户为防治水土流失，保护、改良与合理利用山丘区、丘陵区和风沙区水土资源，维护和提高土地生产力的活动。

（一）农户水土保持行为的影响因素

水土保持初期的研究包括社会学和经济模型。近期的研究在制度方面综合了经济学和社会学模型，并且用来解释不同个体农户之间的行为（Ervin 和 Ervin，1982；Hansen 等，1987；Lynne 等，1988；Boahene，1995；Boaheneet 等，1999）。

农户水土保持行为有内在因素。农户水土保持行为目标是经济效益最大化和风险最小化（翟文侠，2005），因此，农户的文化程度和身体健康状况、农业收入占家庭收入的比例和水利设施对家庭的重要性对农户有显著的正向影响。而在决定农户以何种方式参与建设时，农户个人身体状况、受教育水平，家庭劳动力、资金状况会对投入产生显著的影响（刘辉、陈思羽，2012）。

此外，区域自然条件等外部因素也可能对农户的水土保持行为产生一定的影响。政策、自然条件、社会服务机构等因素同内在因素共同影响农户的水土保持行为（翟文侠，2005）。社区特征可以归纳为社区经济发展和社区治理两个方面。社区经济发展水平高低可以反映当地经济对农户供给农村公共品的替代程度，经济发展好的地区，农村公共品投资的集体投入就高，农户供给程度可能就低（崔宝玉等，2009）。农村社区治理特征是影响农户供给农村公共产品的最重要因素，有学者认为农户参与灌溉管理是一种集体行为，社会资本网络可以避免"搭便车"行为，以促进集体行动的产生（周利平，2013）。

Mbaga-Semgalawe（2000）认为农户水土保持行为主要受三方面因素影响：对水土流失状况的认知、水保（水土保持）措施的使用角色与投资或投劳的水平。通过问卷调查，运用泊松回归模型对农户水土保持投入进行分析，认为水土流失程度是农户水土保持行为产生的首要问题，农户家庭参与水保（水土保持）治理的投劳水平与非农收入影响农户水土保持行为的自觉性，而适当的经济补偿与刺激也会影响农户具体的水保行为措施。

（二）农户对农田水利建设参与性研究情况

目前小型农田水利设施存在的问题是灌溉能力弱、数量不足，维修资金缺口增大、投入不足，农户收入有限，集体组织功能弱化。小型农田水利建设的受益主体和投资主体为各级政府和农民（刘力，2007）。

农户的参加意愿主要受其农业经济活动特征因素的影响。农户种植经济作物的面积越大、拥有的可灌溉耕地面积越大、农业支出占年总支出的比例越大，越倾向于参加用水者协会；而农户拥有的耕地总面积越多、对现有小型农田水利设施状况越满意，越倾向于不参加用水者协会（孔祥智，2008）。朱红根（2010）利用江西619户种粮大户数据，运用博弈模型和Logistic模型从理论与实证上分析了农户参与农田水利建设意愿的影响因素。研究结果表明，种稻收益、粮食补贴政策评价、农业劳动力人数、易洪易涝面积比重及村庄双季稻种植比重等因素对农户参与农田水利建设意愿有显著正向影响，兄弟姐妹个数对农户参与农田水利建设意愿有显著负向影响，而户主年龄、文化程度、经营规模、区域类型等变量的影响不显著。

董宏纪（2008）将农户参与方式分为报酬性参与和非报酬性参与，建立了小型水利工程农户参与式管理系统中的激励机制理论模型，并将小型水利工程管理系统的投资力度、运行效率、管理惩罚系数、农民心理敏感系数等因素引入模型，结果认为农户的认知水平、对工程组织的关心程度以及当地社区民主情况的落实都显著地影响农户的参与行为，在初期因受政府组织，农户非报酬参与程度比较高，在后期发展中非报酬参与程度会逐渐降低。

综上所述，现有相关研究集中于农田水利建设的主体、机制、投资效率和治理模式等方面，并就农户投资农田水利建设与参与农田水利建设意愿的影响因素进行了分析。

（三）农户水土保持投入行为

作为土地利用投资主体的农户，其行为目标不仅在于实现利益的最大化，由于其承担风险的能力弱小，因此还追求经营风险的最小化。基于这一前提，农户对于水土保持的投资行为也是一个十分复杂的过程，即为了实现利益最大化和风险最小化的目标，其行为可能会偏离土地持续利用的政府既定的政策目标。同时，水土保持过程本身需要农户投入大量劳动，那么农户愿不愿意参与以及愿意以何种方式参与水土保持，决定着水土保持工作的成败。由于对农户水土保持投资行为的研究还不够，水土流失治理的各项技术措施在实际应用中往往不能发挥其应有的效果。[①]

---

① 杨海娟等：《黄土高原丘陵沟壑区农户水土保持行为研究》，《水土保持通报》2001年第2期。

农户水土保持投入是农户生产性投资的一个重要方面。农户投资行为表现为追求利润最大化，是一系列农户经济活动的综合结果。农户水土保持投资决策行为主要受到农户家庭人均收入、非农收入比例、农业经营土地面积、家庭从事农业人口数量以及水土流失减产损失因素的影响（邬震，2004）。于术桐（2007）对农户水土保持行为机理进行了分析，非农收入比重高的农户，水土保持投入的积极性不高。农业人口多的农户，或者受家族传统影响较勤劳的农户，其水土保持投资也多。

根据以往研究，距离城镇近的农村，从事非农业生产的机会多，因此对于以农业为主要目标的水土保持投资的兴趣不大；家庭农业人口数量多的农户，由于受到食物需求的压力，其水土保持投资激励较大；同时，种植业收入比例高的村庄，其从事水土保持的积极性更高。现有相关实证研究主要从农民个人特征、家庭特征和农业政策等方面选取变量，其中农户兼业行为会对水土保持带来双重效应，一方面农户兼业带来非农收入有助于农户克服水土保持投资所需要的资金制约，另一方面农户兼业降低了农户对农业收入的依赖，也会减少投劳所需的时间。但是，以往的研究中缺乏农民的心理认知状况对农户水土保持行为的影响。依据行为经济学理论，行为人对事物的认知程度直接或间接影响其选择偏好和意愿，农民是否有意愿投入水土保持建设，必然会受其心理认知状况的影响。

（四）农户水土保持态度与行为关系研究

Beedell（1999）对农户对水土保持行为的认识进行了研究，并对 TPB（Theory of Planned Behavior）进行了应用和验证，以农户行为理性为前提，认为计划行为理论可以解释农户行为产生的原因和行为过程。Bayard 和 Jolly（2007）把经济变量、社会统计变量和农户心理变量纳入农户环境决策模型，结果表明，心理变量对农户决策存在显著性影响。

当前我国农业可持续发展面临着生态环境恶化的严峻形势，而生态环境意识的缺乏则是形成这种局面的最根本、最主要的原因之一。虎陈霞等（2007）认为增强人们的农业生态环境意识，是改善农业生态环境状况和实现农业可持续发展的根本。生态环境意识包括对使用化肥、农药的态度，对荒地、坡耕地的态度，对可持续发展、保护生态环境、农业生产对环境的影响等的认识。赵京（2012）从农地整理的角度分析农户的认知，包括农户对农地整理政策的了解程度、对农地整理的认识、对农地整理的认同以及农户参与农地整理的意愿等。

关于态度对行为影响的过程方面，根据行为学理论，农户对农地整理的认知影响其行为。钟太洋（2005）的研究表明农户对水土流失的感知情况对农户水土保持行为影响显著。陈厚涛（2013）以计划行为理论为基础并运用结构方程模型，选取陕西省安塞和米脂县6个乡镇21个村为分析样本，探讨退耕农户的行为态度、感知行为控制和主观规范对生态建设意愿的影响及其对生态建设行为的影响。结果表明计划行为理论能够较好地解释退耕农户的生态建设意愿和行为，其中行为态度、感知行为控制和主观规范对退耕农户生态建设意愿有显著的正向影响；生态建设意愿对退耕农户生态建设行为也有显著的正向影响。

（五）小流域治理的实施效果评价

国内研究者从宏观上评价了小流域治理的实施效果，如林积泉等（2005）构建了环境质量综合评价体系来反映小流域治理后环境质量的改善。基于小流域治理具有的综合性，多数学者认为评价内容按类型可分为生态效益、经济效益和社会效益。匡远配等（2010）通过宏观数据研究了水土保持与农业经济增长、减贫的关系。此外，有学者对小流域的可持续发展状况进行了定量评价，从效益显著性、资源与环境可支撑性和系统运行稳定性三个方面评价小流域治理项目的实施是否有效（戴全厚等，2005）。此外，也有一些研究采用了微观调查数据，如庹玉莲等（2012）认为小流域治理后，对农户产生影响较大的是家庭粮食产量、就业结构和经济收入三方面的效益。丁士军等（2012）从农户的视角研究了云贵鄂渝小流域治理项目实施中农户的满意情况，尤其是定量分析了农户对项目措施和组织管理的满意度。结果表明，项目措施评价与组织管理评价存在显著差异；农户对于能够短期直接受益项目措施的满意度高于长期间接受益的项目措施。农户对各类项目措施的满意度最为重要的影响因素是农户在项目实施中的决策参与程度。

四 陕西安康小流域治理工作概况

安康市地处陕西省东南部，同时也是南水北调中线水源地丹江口水库及上游水土保持工程区域。安康市属于秦巴土石山区中度流失区。根据国务院批复的《丹江口库区上游水污染防治及水土保持规划》，安康市有水土流失面积 12968.66 平方公里，其中：轻度流失面积 4219.22 平方公里，占流失面积的 32.5%；中度流失面积 3691 平方公里，占流失面积的 28.5%；强度流失面积 2600.6 平方公里，占流失面积的 20%；极度流失面积 1579.89 平方公里，占流失面积的 12.2%；剧烈流失面积 877.04 平方公里，占流失面积的 6.8%。流失面积占国土面积的 55%，年土壤侵蚀量为 5299 万吨，水土流失的类型以水蚀为主，重力侵蚀及泥石流日益活跃，坡耕地侵蚀最为严重，其次是荒山。

南水北调工程是解决我国北方地区缺水、优化水资源配置的一项重大战略举措。丹江口水库是南水北调中线工程的水源地，做好丹江口库区及上游水污染防治与水土保持工作，不仅对确保南水北调中线工程水质安全，而且对促进该区域经济社会发展、全面建设小康社会、实现人与自然和谐共处都具有重要意义。丹江口水库以上汉江流长 925 公里，其中安康境内 340 公里，占水源段流长的 36.7%，安康市 10 县区均在库区的控制范围内。丹江口水库控制汉江流域面积 9.52 万平方公里，占汉江流域面积的 60%。库区控制范围每年平均径流量为 388 亿立方米，占汉江流域的 66.7%。安康市水资源总量 252 亿立方米，年平均自产径流量 107 亿立方米，水资源总量占库区控制总量的 64.9%，自产量占库区水资源总量的 27.5%。保护好安康水资源及水生态环境，对南水北调中线取水有着十分重要的意义。

安康地处生态脆弱的秦巴山区，属于较为松散的土石山区地质结构，长期以来在自然和人为两种因素的作用下，各种类型的地质灾害对土地利用和规划造成了严重的影响。土地垦殖过度，林木毁坏严重，地质灾害发生率逐年上升，对当地农户的居住安全和农业生产造成极大的影响，同时对南水北调水源地的水环境也造成严重的破坏。为确保丹江口库区为南水北调提供优质、放心的水源和减少洪涝、泥石流等自然灾害，安康市土地利用规划强调以大中流域治理为骨干，以小流域治理为单元，实行分区治理；依法保护林草植被，巩固治理成果；对局部流失区，进行退耕还林、生态修复；对潜在的侵蚀危险区，实施封山育林，保持水土。2009～2010 年，累计完成投资 51394.83 万元，治理小流域 96 条，水土流失面积 1988.47 平方公里，全部完成项目计划。[①]

[①] 高全成：《汉江流域生态治理存在的问题及对策》，《陕西农业科学》2012 年第 3 期。

五　本研究的数据来源

本章数据来自 2013 年 3 月西安交通大学人口与发展研究所课题组组织的安康市小流域治理与农户生计调查。本次调查历时一周，以安康市小流域治理项目区的农户为调查对象，并以调查员入户调查的方式进行问卷调查。本次农村入户调查共涉及安康市的 4 个县（白河、旬阳、汉阴和石泉）8 个乡镇 30 个行政村。问卷实际发放数量为 580 份，回收数量为 507 份，问卷回收率为 87.41%，其中有效问卷数量为 506 份，问卷有效率为 99.8%。

第二节　陕西安康农户参与小流域治理的现状分析

一　小流域治理中农户的参与行为

参与式发展理论将参与过程分为选择、规划、实施、监测、评价、管理几个阶段，小流域综合治理同样可以分为立项规划设计阶段、具体实施阶段和检查验收评估阶段。在治理过程中，不同地区农户参与情况有所差别，大多数情况还是沿袭了传统的工程实施程序，在项目的立项规划、实施和检查验收阶段农户起到不同的作用。

首先，在立项规划设计阶段，广大普通农户难以参与规划的具体制订，只有少数村干部参与了立项咨询和相关准备工作。在工程规划设计上，主要由规划设计的相关部门和工作人员承担，农户的参与更多表现为协助设计人员到现场勘察、提供信息。具体实施阶段的农户参与情况，如在项目宣传动员方面，广大农户参与其中，但这种参与主要表现为被动接受宣传信息。在合同签订方面，多数地区履行法律程序与农户签订合同，明确双方的权利义务。在参与模式选择上，由水利部门按照不同地区的情况进行规划，农户根据自身情况选择参与模式。而在具体小流域治理实施内容上，由水利部门在现场勘测后作出规划，规定采取何种措施，例如经济林和经果林种植由水利部门选择树种，农户负责栽种。工程建设时，农户根据规划好的内容来投资和投劳。在工程报酬发放上，由施工队根据工程进展向上申报，广大农户通过投劳水平获取工资。在检查验收评估阶段，如工程的检查验收和检测评估方面，由上级政府和相关部门组织展开，少数村干部参与检查验收。

其次，农户参与小流域治理决策情况。在农村水利设施建设"自上而下"的决策机制下，农村水利设施的建设决策主要是由政府而非农民做出。这种决策机制是在假设政府机构及其官员比农民更加了解农民需求，能够更好地代表农民实现其利益的前提下运行的。由于政府的决策并非完全理性，所以这种"自上而下"的决策机制并不能真正反映农民需求的偏好。政府所提供的农村设施也并不一定能满足农民的需求。如果农户不能参与决策，就难以调动农户的积极性和使其自动履行义务。小流域治理过程中农户往往熟悉当地农业生产状况，使其参与决策，扩大基层农户的参与水平，由多个利益主体共同参与决策过程，在协商的基础上对小流域综合治理进行决策，使得建设工程反映农民需求，在保证生态效益实现的同时，也能满足农村社会发展的需要。

最后，农户小流域治理的投入行为。小流域治理很难依靠个人的投入行为来实现，因此，这里的投入行为，实际上是一定范围内的农户为了实现共同的目标，采取的一种既有利于自己又有利于他人的集体行动。农户水土保持参与行为要考虑家庭经济效益的最大化与家庭风险的最小化，也就是说农户水土保持投入是农户农业生产性投资的一个重要方面。但由于我国农户，特别是中西部地区的农户家庭收入比较低，水土保持治理的产业化还没有充分实现，农户在分散经营的模式下难以单独完成水土流失治理，因此我国现阶段的水土保持仍然是政府行为主导，以农户投劳或少量投资为主体。

根据以往理论对于参与行为的定义和安康调查地的农户实际情况，本研究将小流域治理过程中农户参与行为界定为以下三个方面：农户参与小流域治理决策、参与方式和水土保持投资行为。

二　陕西安康小流域治理的现状分析

2007 年 10 月，水利部在安康召开了水土保持工程启动会，小流域综合治理项目正式大规模实施。在此之后实行的小流域治理项目属于"丹治一期工程"，白河、旬阳、汉滨、紫阳、汉阴、石泉 6 县区列入综合治理范围。2011～2015 年"丹治二期工程"将安康 10 个县均列入治理范围。小流域治理建设年限一般按 2～3 年确定，建设年限内水土流失面积基本得到治理。

（一）小流域治理的资金投入与管理

国家对生态环境建设日益重视，水土流失治理的投资主体向多元化发展。中央和地方政府加大投资力度，水土流失治理投资规模逐步增大。根据对我国现有的投资主体的不完全统计，其投资渠道见图9-1。

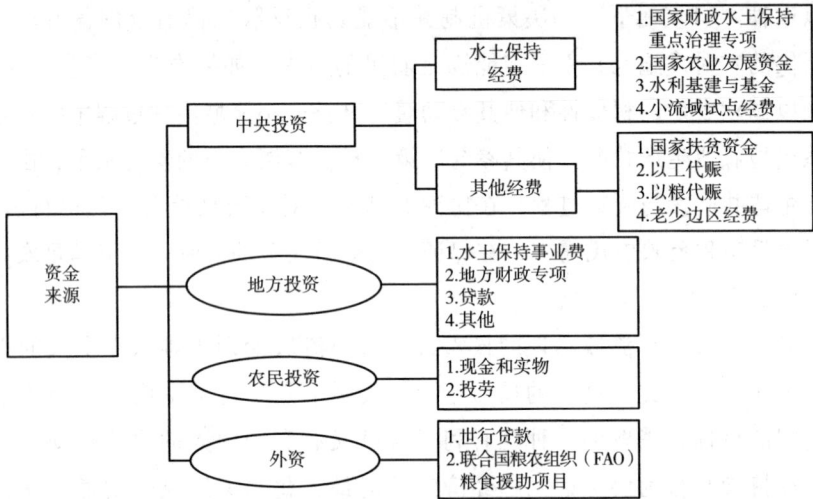

图9-1　水土治理资金投资渠道

在筹集资金过程中，存在地方财政匹配资金难以到位、群众自筹资金少等问题，造成投资渠道单一、数量不稳定，绝大部分投资为国家投资，其中又以中央投资为主，社会参与及其他方面的积极性和主动性不够。

安康地区小流域综合治理的建设和维护资金的来源有政府、村集体、农民、捐款等，按照《陕西省丹江口库区及上游水土保持工程建设管理办法》的规定，工程建设投入由中央、地方和群众共同承担。2007~2010年，丹治工程一期共实际开展了43个项目区166条小流域水土流失治理任务，涉及白河、旬阳、汉滨、紫阳、汉阴、石泉6县区和2010年新增治理任务的宁陕、平利两个县，总投资8.9亿元，其中中央投资4.8亿元，省级配套2600万元，地方配套3.8亿元。"丹治"二期工程中，安康市10个县区均列入"丹治"二期工程治理范围，2011~2015年共新增27个项目区。总投资7.24亿元，其中中央投资占80%。

在调查地区，98.6%的农户认为政府是第一重要的治理资金来源；超过一半农户认为村集体是第二重要的资金来源；77.6%的农户认为农民是仅次于政府和村集体的最主要的资金来源（见表9－1）。调查区的情况与我国水土治理资金来源基本相符，小流域综合治理以政府投资为主，村集体和农户自身出资为辅。

表9－1　被调查农户认为的小流域治理建设和维护资金来源

单位：%

资金来源	治理资金第一来源	治理资金第二来源	治理资金第三来源
政　府	98.6	0.6	1.5
村集体	0.6	68.5	7.5
农　民	0.2	22.4	77.6
捐　款	0	6.1	9.0
其　他	0.6	2.4	4.5

在资金管理方面，为了充分发挥资金使用效率，专门设立"丹江水保工程财务专户"，专款专用，严禁将"丹江口库区及上游水土保持"工程专款挪作他用。

小流域综合治理工程项目资金管理实行县级报账制，对于施工单位的资金拨付，每期工程结束后，经工程指挥部初验后报请项目法人单位，由法人单位会同施工单位、管理单位、项目所在地的有关负责人一起对照合同、图纸等工程资料组织验收，工程验收合格后，资料齐全，手续完善，经水保局同意后由县财政直接向施工单位拨付建设资金。

为了筹集资金，政府相关部门积极实行项目资金的捆绑，例如在汉滨区小流域治理中，严格按照《汉滨区重点项目建设资金捆绑使用管理暂行办法》，将各类水利项目资金进行整合。将退耕还林口粮田建设、小型水利与农田建设、灌溉区节水改造项目以及防汛抢险应急资金与"丹治"工程进行捆绑配套，实行的原则为"统一规划，分项实施，集中使用，各记其功"[1]。

（二）治理主体与政府支持

安康市小流域治理的决策主体是政府部门，采取自上而下的流程，重大决策主要来自水土保持部门。前期工作分规划、项目区可行性研究和小流域

---

[1]　王建安：《浅议汉滨区"丹治"工程实施的管理措施》，《陕西水利》2010年第4期。

初步设计三个阶段。

项目实施的责任主体为县水利部门,是项目建设的法人单位。为了规范项目管理,已初步制定了切实可行的"水土保持项目实施、管护制度""项目建设工作规程、细则",并将水土保持相关要求纳入项目区村规民约中,使项目治理的后期管护责任得到落实。县委、县政府专门成立了"丹江口库区及上游水土保持重点防治工程项目领导小组",组长由县长担任,分管副县长为副组长,县水利、计划、财政、林业、国土、农业、农发办等部门负责人为成员,领导小组下设办公室,办公室设在县水保站,具体负责项目实施及项目管理,水土保持情况监督、监测等。

政府支持行为是促进农户参与小流域综合治理的重要因素,支持内容主要分为技术支持和资金支持。技术支持是指在开工前,由县水保站技术负责人组织技术人员,同项目所在乡镇水保站一起现场向项目村组介绍"丹江口库区及上游水土保持重点防治"工程规划设计内容。

技术培训包含两个层次:一是管理技术的培训,培训内容主要有丹江口库区及上游水土保持重点防治工程管理办法和水土保持治理技术,培训对象为市、乡行政管理人员和县、乡水保站技术人员,培训采取办班的方式,聘请专业老师授课。二是治理技术的培训,培训内容主要有水土保持重点治理工程管理技术、水土保持治理技术、坡改梯施工技术、坡面水系工程施工技术要点、水保林整地及栽植技术要点等,严格按照水利部颁布的《水土保持工程施工规范》《水土保持工程质量评定规程》中的质量标准要求,对修地、修渠、建蓄水池、谷坊等工程项目实施统一的施工标准。培训对象为项目区分管行政人员、广大干部群众,培训以现场指导为主,确保每个单项工程的质量。

本次调查调研了政府在小流域治理中提供资金补贴和技术支持的情况。根据调查结果,在治理中获得政府提供资金补贴的农户比例较小,仅占15%,平均金额为6274.41元/户,85%的农户表示没有得到政府的资金补贴;且有一半的农户在小流域治理过程中获得了政府提供的技术支持。另外,就农户在小流域治理中对政策支持的需求来说,大多数农户最希望政府提供的是资金支持,占比90.3%;在第二选择中,67.3%的农户希望政府提供技术服务;在第三选择中,人员培训(48.6%)和帮助建立管理制度(42.3%)成为更多农户的需要(见表9-2)。

表 9 - 2　农户希望的小流域治理的政策支持类型

单位：%

希望政府提供哪些政策支持	第一选择	第二选择	第三选择
资金支持	90.3	4.1	2.8
技术服务	4.7	67.3	3.5
人员培训	1.2	9.7	48.6
帮助建立管理制度	3.2	17.4	42.3
其他	0.6	1.5	2.8

（三）小流域治理农户参与状况分析

本次调查选择了小流域治理具有代表性的白河、旬阳、汉阴和石泉四个县，506 个参与小流域治理项目的样本农户在四个县的分布分别为 23.7%、26.3%、27.67% 和 22.33%。以下从农户参与时间、参与决策情况、参与方式、投资情况几个方面来描述农户参与小流域治理的状况。

1. 参与时间

在 506 个小流域参与户样本中，删除缺失值，农户参与小流域治理工程的平均年限为 5 年，最长为 21 年，其中参与年限为 1～5 年的农户占比最大，占总样本的 72.1%。

2. 参与决策情况

根据调查，仅有 17% 的农户参与了小流域治理的决策过程，决策的内容涉及选址、模式决策（如承包、招标、拍卖等）、资金决策（如村民出资、政府出资、民间集资等）以及劳动组织形式决策等。其中，选址是农户参与治理决策的主要内容（54 户），其次是劳动组织形式决策（32 户）和资金决策（25 户），模式决策参与程度最低（11 户）。在目前小流域综合治理工程建设"自上而下"的决策模式下，决策过程中听取农户意见的程度还不高，同时农户在建设决策中缺少表达意识。

3. 参与方式

流域综合治理植保措施以项目村组群众投劳为主，各村出具投工承诺书；石坎水平梯地施工中的运石、砌石由专业施工队承包，土坎梯地和石坎梯地基础土方开挖与平整主要由受益群众组织劳动力或机械完成；小型水利水保工程由专业施工队承包施工。实施生态修复中的造林及整地等由镇政府组织，项目村组组织群众义务投劳完成。

在西部贫困山区，因为自然条件和农户自身的限制，仅凭农户自主治理的情况非常少，并且水土治理项目投入量大，因此此类工程多在政府主导下进行。农户参与小流域治理主要有以下四种劳动组织形式：①政府出资，农民打工；②自家治理，政府补贴；③集体统一治理；④政府承包给个人或公司，农户参与劳动并获得工资。本次安康小流域治理农户问卷调查结果显示，49.9%的农户表示以政府承包给个人或公司，农户参与劳动并挣取工资的形式进行治理，30.3%的农户表示小流域治理是以政府出资、农民打工的方式进行，而采取集体统一治理（18%）或自家治理、政府补贴（1.8%）的形式进行小流域治理的农户占比较少。

4. 农户投劳和出资情况

地方各级水利水土保持部门负责本辖区投劳的监督管理工作；乡镇级人民政府负责投劳的组织协调工作；村民委员会负责投劳的具体组织实施工作。

项目具体实施中，以村为单位统一组织，遵循谁受益、谁负担，农民自愿、量力而行、民主决策、数量控制的原则，要求项目实施区内召开村民大会或村民代表大会征求群众对工程投劳的意见。村民委员会在受益区群众签字认可投劳的基础上，出具投劳承诺书。县级水利水土保持部门根据落实的投资计划，确定工程的投劳任务，报县级人民政府备案，下达到有关乡级人民政府，落实到各行政村。

表9-3显示了农户参与小流域治理出工、出资及收入情况。大部分农户表示小流域治理项目为其提供了务工机会，农户为自家小流域治理出工时间的平均水平为22.42天/户；户均获取用工工资1153.83元，最高为80000元；农户为小流域治理出资的比例非常低，93.5%的农户未出资。农户为小流域治理出资的平均水平为147.66元/户，最高为15000元/户。

表9-3 农户参与小流域治理出工、出资及收入情况

农户参与小流域治理情况	样本数	最小值	最大值	平均值
农户从小流域治理工程中获取用工工资收入（元/户）	480	0	80000	1153.83
农户为自家小流域治理出工时间（天/户）	480	0	900	22.42
农户为小流域治理出资额（元/户）	474	0	15000	147.66

（四）农户对生态保护的认知及小流域治理的影响评价

1. 农户对生态保护的认知及农户意愿

本次调查主要以两个问题来考察农户对生态保护的认知。首先，在农户对生态保护的认知方面，大多数农户对生态保护有一定的了解，非常了解和了解的农户占 73.7%，不了解生态保护的农户不到 10%；其次，在对生态环境重要性的认知方面，认为生态保护非常重要和重要的农户占 90.5%，认为不重要和非常不重要的仅占 1.4%；调查区农户对现行的土地政策"土地使用权 30 年不变，增人不增地、减人不减地"了解的占 88.7%，不了解的占 11.3%。

农户参与小流域治理的意愿情况。这里农户的意愿包括：愿意为小流域治理出工、出钱还是放弃部分耕地和农户愿意采取的水土保持措施（单选）。49.6% 的农户表示愿意为小流域治理出工，这也是现阶段农户参与小流域治理的最主要方式，表示愿意为小流域治理而放弃部分耕地的农户占 19.6%，愿意为小流域治理出资的农户占比最小，仅占 4.7%。此外，农户愿意采取的具体水土保持措施主要有等高种植、修筑梯田、植树种草、休闲轮作等。其中，植树种草和修筑梯田是农户最愿意的两种水保措施，分别占 68% 和 21%，而愿意以等高种植和休闲轮作等方式保持水土的农户所占比例非常小，分别为 5.5% 和 4.4%，其他措施占 0.8%。

2. 农户对小流域治理的影响评价

小流域治理后农户所处的生态环境有了一定的改善。调查地区在小流域治理前，所在河段经常发生洪水，多数农户表示所在河段 1~2 年发生一次洪水（45%）或者 5 年发生一次洪水（18%），只有 18.6% 的农户表示所在河段不发生洪水。而小流域治理后，68% 的农户认为河段的防洪能力有了显著提高。可见，小流域治理项目对于减少该地区洪涝灾害的发生效果显著。此外，从表 9-4 可以看出，农户认为小流域治理对生产和生活很重要和重要的占 68.8%，仅 11% 的农户认为小流域治理对生产和生活不重要和很不重要。可见，大多数农户的生态保护意识较强，同时对生态环境和小流域治理项目的重要性认知较好。农户非常愿意和愿意对土地进行长期投资的占 61.2%，而不愿意和非常不愿意的农户分别占 12.1% 和 1.2%。

表9-4 农户对小流域治理的判断

农户对小流域治理项目重要性的判断	频数（户）	比例（%）	农户对土地进行长期投资的判断	频数（户）	比例（%）
很重要	50	9.9	非常愿意	34	6.7
重要	298	58.9	愿意	276	54.5
一般	102	20.2	无所谓	129	25.5
不重要	31	6.1	不愿意	61	12.1
很不重要	25	4.9	非常不愿意	6	1.2

调查农户对小流域治理工程综合影响的评价显示，60%参与小流域治理的农户认为该项目对生产和生活有积极影响，39%的农户认为没有影响，认为有不利影响的仅占1%。其中，有利影响主要包括提高粮食产量、减轻劳动强度、减少自然灾害等；不利影响包括增加经济负担、增加劳动投入、减少耕地面积等。

在表9-5农户对小流域治理有利影响的评价中，73.5%的农户认为小流域治理最大的优势是提高粮食产量；在第二选择中，分别有将近一半的农户认为小流域治理项目减轻了农户的劳动强度和减少了自然灾害；79.9%的农户认为减少自然灾害是小流域治理第三重要的有利影响。

表9-5 农户对小流域治理有利影响的评价

小流域治理的有利影响	第一重要	第二重要	第三重要
提高粮食产量（%）	73.5	3.8	2.2
减轻劳动强度（%）	8.5	48.2	16.5
减少自然灾害（%）	16.6	47.2	79.9
其他（%）	1.4	0.8	1.3

此外，根据调查，仍有65.5%的农户在小流域治理过程中面临着一些矛盾和问题。在这些农户中，75%的农户认为资金不足是小流域治理项目的主要矛盾，7.5%的农户认为资金使用不合理，分别有12.4%和4.2%的农户认为治理后农林地产权不清和小流域治理对水土流失防治作用有限，0.9%的农户认为小流域治理项目限制了当地农业发展。

（五）不同类型农户参与状况分析

根据从事非农活动的程度将农户划分为两种生计模式，仅从事农业生产

的纯农农户和从事了非农活动的非纯农农户。其中纯农农户占样本的比例为
25%，非纯农农户占样本的比例为75%。

　　纯农和非纯农农户在小流域治理中参与行为上的差异见表9－6。纯农
农户参与决策的比例（17.83%）高于非纯农农户，但是二者的差异在统计
上并不显著。在参与方式上，纯农农户采用自家治理的比例（37.21%）高于
非纯农户。在投劳情况上，纯农农户与非纯农农户存在显著的差异，纯农农
户平均投劳天数为28.58（天），高于非纯农农户投劳天数（20.34天）。

表9－6　不同生计模式农户参与行为差异

参与行为	纯农	非纯农	t检验或卡方检验
参与决策(%)	17.83(129)	16.71(377)	ns
参与方式(%)	(129)	(367)	ns
自家治理	37.21	30.32	
集体治理	17.83	18.09	
公司治理	44.96	51.60	
出工天数(天)	28.58(121)	20.34(254)	**

注：** 表示 p < 0.05；ns 表示不显著；括号内为样本量。

　　农户的贫困情况与农户收入紧密相关，按2012年划定的陕西省贫困线
人均纯收入2500元/年计算的贫困发生率为16.39%，并且以此划分贫困户
和非贫困户，贫困户与非贫困户的参与决策水平存在显著差异（见表9－7）。
非贫困农户参与决策的平均水平（17.65%）高于贫困农户（11.25%）。贫
困与非贫困农户相比，参与公司治理的比例相对较高，但在统计上并不显
著。在投劳天数上，非贫困农户的平均投劳天数为21.56天，贫困农户的平
均投劳天数为16.01天，但二者的差异在统计上并不显著。

表9－7　贫困与非贫困农户参与行为差异

参与行为	贫困	非贫困	卡方检验
参与决策(%)	11.25(80)	17.65(408)	***
参与方式(%)	(80)	(407)	ns
自家治理	31.25	32.43	
集体治理	16.25	17.20	
公司治理	52.50	50.50	
出工天数(天)	16.01(76)	21.56(386)	ns

注：*** 表示 p < 0.01；ns 表示不显著；括号内为样本量。

第三节　安康小流域治理与农户福祉

一　小流域治理前后安康农户的福利变化

（一）小流域治理前后安康农户经济福利状况的比较

福利通常可理解为"效用""偏好""幸福度""快乐水平"等不同含义。阿马蒂亚·森提出将功能和能力作为指标来考察福利水平。根据这一流派的观点，个人的福利不仅在于其所占有的资源及其效用，更取决于个人功能及其能力的集合。该理论阐述了多维度的福利概念，福利的内容不仅包括经济收入，还应该包含食品、住房、健康和心理等因素。

经济福利是指社会福利中可直接或间接地与货币尺度挂钩的部分，传统的福利理论注重的是经济福利，一般以经济收入作为福利的测度元素。以往对农户经济福利的测度，通常采用了农业收入、非农业收入、家庭纯收入以及家庭消费支出等指标。

本节依据当地具体情况，对农户经济福利的分析包括农户的农业收入、非农收入、家庭消费支出三个方面。被调查农户的收入和支出对应于调查前的12个月。

首先，根据问卷调查结果，安康小流域综合治理项目实施后，被调查农户认为改善了当地生态环境，减少了自然灾害对农业的损害，提高了农业生产效率，最终体现为农户农业收入的改变。农业收入包括种植业收入、林业收入和养殖收入。由图9-2可以看到，小流域治理前32.9%的农户农业收入在1000元以下，而这一比例在小流域治理后下降到16.6%；农业收入4000元以上的农户比例由治理前的32.3%大幅增长到治理后的48.3%。

其次，农户的非农收入主要包括打工收入和非农经营收入。根据调查，非农收入在5000元以下的农户比例由治理前的47.7%下降到治理后的33.2%，家庭非农收入在15001～25000元、25001～35000元以及35000元以上的农户比例由小流域治理前的12.3%、11.2%、14.9%分别上升至治理后的17%、16.4%、20.8%。

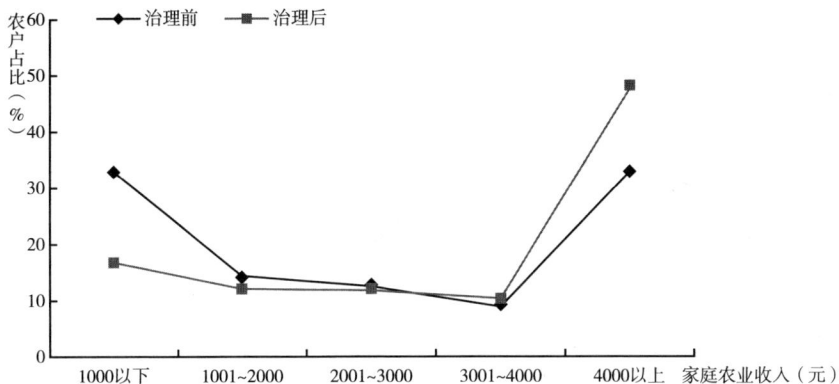

图 9 - 2　小流域治理前后农户农业收入对比

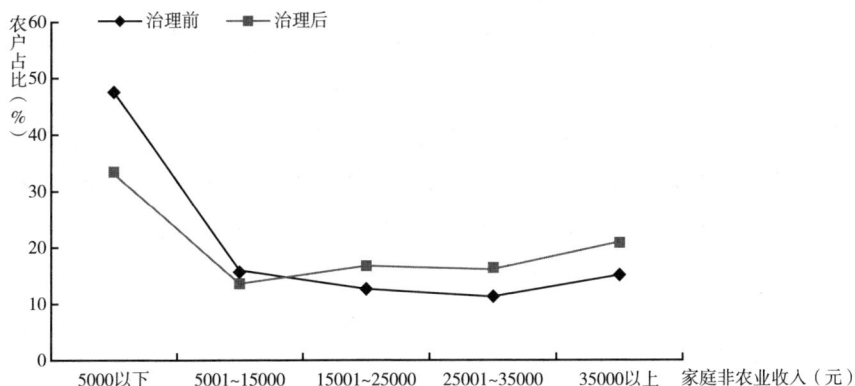

图 9 - 3　小流域治理前后农户非农业收入对比

最后，图9-4反映了小流域治理前后被调查农户的家庭月支出分组变化情况。本次调查的家庭生活支出主要包括食品支出、教育支出、医疗支出以及通信费用等。从图9-4可以看到，小流域治理之后，月支出水平低的农户占比减少，而月支出水平高的农户占比显著增加了。如家庭生活月支出在400元以下、401~800元、801~1200元的农户比例由小流域治理前的14.3%、25.3%、19.8%下降至治理后的6.2%、14.3%、16.5%；而月支出在1601~2000元、2000元以上的农户比例在治理后明显提高，其中月支出在2000元以上的农户比例由16.1%大幅增长到35.1%。

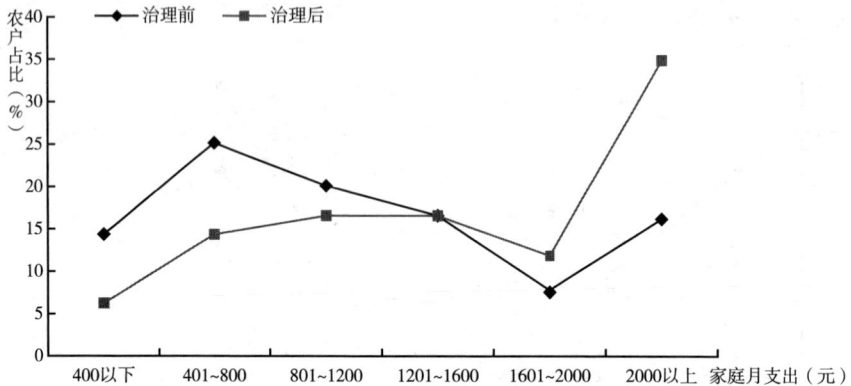

图 9 - 4　小流域治理前后农户家庭月支出对比

（二）安康农户对小流域治理生态效益的评价

在以往的研究中，农户非经济福利包括：农户居住条件、社会保障情况、自然环境和心理状况等。这里说明小流域综合治理的生态效益和农户对小流域治理的评价。如前面所述，当地在小流域治理前，所在河段经常发生洪水，45% 的被调查农户表示所在河段 1～2 年发生一次洪水，18% 表示 5 年发生一次洪水。而小流域治理后，68% 的农户认为河段的防洪能力有了显著提高。可见，小流域治理项目对于减少该地区洪涝灾害的效果显著。此外，通过小流域工程的治理，92.3% 的被调查农户表示上一年度本家庭耕地没有发生水土流失的状况，且有 91% 的农户对小流域治理后的环境感到满意。可见，小流域治理工程显著地改善了当地的生态环境。此外，大多数被调查农户对小流域治理项目的重要性认知度较高。68.8% 的被调查农户认为小流域治理对生产和生活很重要和重要，仅 11% 的农户认为小流域治理对生产和生活不重要。

（三）农户的个体差异与小流域治理后的经济福利

森在研究福利的不平等问题时引入了异质性因素，如个体内在或外在条件的差异、环境的多样性、社会氛围的不同、人际关系的差别以及家庭内部分配等因素会影响福利状况的好坏。对于本研究而言，由于农户的社会人口特征、农户参与当地小流域治理项目情况等存在个体差异，这些差异会直接影响小流域治理项目实施后同一区域农户的受益程度。

　　安康市小流域治理的决策主体是政府，采取自上而下的流程，重大决策主要来自水土保持部门，在征得村民代表大会意见的基础之上，与所辖村进行协调。农户参与相关决策的主要类型包括小流域治理在何处实施，选择何种模式进行治理，治理的资金来源和劳动组织形式。在项目的实施过程中，农户参与小流域治理项目以投工为主。依据农户对参与该工程建设的意愿和能力，农户对相关工程进行投工。小流域治理项目区投工、投劳通常以村为单元对县水保站提出承诺书，镇政府牵头组织群众，村委会负责督促。在此过程中，政府也提供相应的支持。

　　以下采用对应分析模型，重点分析被调查农户家庭特征、参与小流域治理程度与项目实施后农户经济福利之间的关系。对应分析方法是在 R 型和 Q 型因子分析的基础上发展起来的一种多元统计方法。通过对应分析模型，可在同一个坐标轴图形中将农户经济福利、家庭特征、参与程度等差异性指标同时反映出来。

　　这里，农户家庭特征包含户主和家庭的社会人口特征，如户主性别、户主年龄、家庭成员受初中及以上受教育程度的比例、家庭负担比（见表9－8）。农户参与小流域治理项目的特征包括：农户是否参与了小流域治理的决策、参与时间、是否从项目获取工资和是否获得来自政府的支持（见表9－9）。根据表9－8和表9－9，可以得到对应分析图9－5和图9－6。

　　根据不同家庭特征农户收入与支出对应分析图9－5，有以下发现。

　　第一，高初中比例散点不仅与家庭非农收入散点位置相邻，且与家庭月支出关系密切，即具有较高受教育程度的农户能够获得更多非农就业的机会和月支出水平。

表9－8　不同家庭特征农户的经济福利情况

家庭特征	家庭年收入/元	非农收入/元	农业收入/元	家庭月支出/元
户主为男性	31547.974	21839.313	6906.222	1878.048
户主为女性	16904.619	12227.273	4123.182	1155.357
户主为青年	28682.816	19408.696	4837.967	1964.816
户主为中年	34099.202	24371.569	7154.320	1965.933
户主为老年	22379.921	13364.667	7473.622	1311.300
低初中比	27014.736	17490.496	7041.349	1655.149

续表

家庭特征	家庭年收入/元	非农收入/元	农业收入/元	家庭月支出/元
高初中比	34645.295	24804.621	6755.447	2116.288
低负担比	32564.376	22250.000	7711.862	1888.937
高负担比	30250.475	21183.905	6074.651	1957.697

注：①青年指年龄小于 40 岁，中年指年龄大于或等于 40 岁且小于 60 岁，老年指年龄大于或等于 60 岁。高初中比指家庭成员初中及以上受教育程度的人数占家庭人口的比例高于样本的平均水平（57%），低初中比指该比例小于样本的平均水平。家庭负担比 =（65 岁以上人数 + 18 岁以下人数）÷ 18 ~ 65 岁家庭劳动力人数，高负担比指家庭负担比大于样本平均水平（0.32），低负担比指家庭负担比小于样本平均水平。

②家庭年收入 = 农林收入 + 养殖收入 + 家庭打工成员的汇款收入 + 非农经营收入 + 其他收入。

表 9 - 9　按照农户参与小流域治理的不同情况分列的农户经济福利

农户参与小流域治理情况	家庭年收入/元	非农收入/元	农业收入/元	家庭月支出/元
参与小流域治理决策	32368.580	17163.954	10107.500	2361.912
未参与小流域治理决策	30637.252	22154.810	6231.881	1802.184
获得政府支持	33540.394	22118.251	7975.439	2052.413
未获得政府支持	28223.923	20535.353	5720.905	1711.583
获取工资	30376.751	20380.511	7390.438	2031.679
未获取工资	31578.979	22221.225	6448.648	1747.427
3 年以下	27118.205	18468.506	1453.769	5892.052
3 ~ 6 年	36278.405	26241.951	2086.209	7549.639
6 年以上	27380.548	17228.347	2177.066	7202.460

注：家庭年收入 = 农林收入 + 养殖收入 + 家庭打工成员的汇款收入 + 非农经营收入 + 其他收入。政府支持指政府在小流域治理过程中为农户提供技术支持和资金补贴。获取工资指的是农户从小流域治理工程中获取了劳务工资。

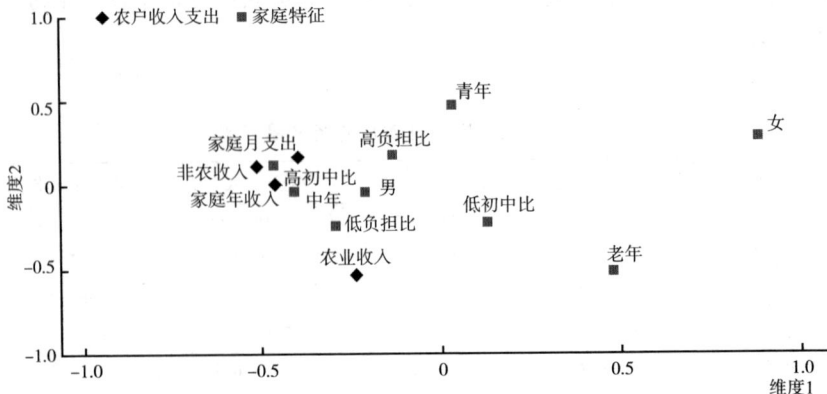

图 9 - 5　不同家庭特征农户收入与支出对应分析

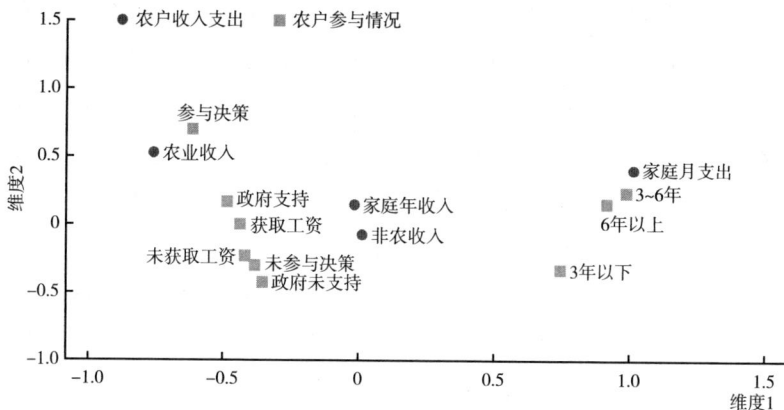

图 9 - 6　不同参与情况农户家庭收入与支出对应分析

第二，非农收入散点同家庭年收入散点和家庭月支出点相邻，农业收入点与家庭年收入点和家庭月支出点相距较远。这表明非农收入在家庭年收入中的作用越来越重要，同时仅靠农业收入无法维持当地农户家庭日常生活的需要。相较于农业，非农收入是农户增收更有效的途径。

第三，低家庭负担比、户主为中年与家庭年收入关系密切。家庭抚养负担是影响家庭人口生产能力的重要因素。低负担比表明家庭中需要供养的老人和儿童较少，有更多可用劳动力，农户能更好地从事农业劳动，而且高负担比的家庭支出比低负担比的家庭支出更多。中年户主拥有丰富的生产生活经验，在家庭中处于核心地位，对大多数家庭主要事务享有主要决定权和责任，对家庭收入情况有重要影响。

第四，户主为老年散点和女性散点比较孤立，它们与农户经济状况指标关系都很弱。

根据不同参与情况农户家庭收入与支出对应分析图 9 - 6，有以下发现。

第一，参与小流域治理决策同农户的农业收入关系密切。根据调查，参与了小流域治理决策的农户平均农业收入为 10107 元，远高于未参与决策农户的平均农业收入（6232 元）。一方面，农户对当地生产条件、气候、资源适宜性较为熟悉，在参考农户的意见后所制订的项目计划更加符合当地情况，对改善农业基础条件、促进农民增收作用更加明显。另一方面，农业收入比重较大的农户对当地自然环境的依赖较大，更愿意积极参与小流域治理，他们会更加积极地参与项目选址、模式选择等决策活动。

第二，获得政府支持和获取工资与农户家庭年收入、非农收入关系密切。当地较大规模的小流域治理工程通过招标承包给一些工程公司，农户被雇用成为工人，项目给当地劳动力提供了就业机会，而规模较小的工程采取了政府给予补贴等形式。有政府支持的农户更容易在小流域治理实施过程中获得经济上的帮助，同时在政府的技术指导下，小型农田水利设施会更好地服务于农户，这些将促进农户收入的增加。

第三，参与小流域治理时间在3~6年以及6年以上的点同家庭月支出点位置相距较近。这表明农户参与小流域时间在3年以上与其家庭消费水平关系密切。目前安康小流域治理属于丹治工程，第一期工程时间为2007~2010年。参与3年以上的农户基本上结束了第一期的工程。小流域治理效益逐步显现，从而对家庭消费水平产生积极影响。

第四，参与时间在3年以下的点同其他的点关系不密切。这表明农户参与小流域治理3年以下与农户家庭经济状况无明显联系。由于小流域综合治理的长期性、艰巨性，水土保持项目的效果尚未明显影响农户生产生活，因此农户的经济福利并没有发生明显的改变。

第五，未参与决策、未获得政府支持以及未获取工资的散点相距较近，且这些点同表示农户家庭经济状况指标的点相距较远。这表明未参与决策和未获得政府支持的农户在小流域治理中获取工资的可能性较小，获得收益的机会小，也未明显改变家庭经济福利状况。

二 总结与建议

本章分析显示小流域治理后，安康农户经济福利有了明显的改善，如小流域治理之后农户的农业收入、非农收入、家庭消费支出都有所提高；小流域治理项目减少了当地自然灾害的发生，缓解了水土流失状况。大部分农户对治理后的生态环境满意，大多数农户对于小流域治理项目实施成果持肯定态度；被调查农户参与小流域治理情况与农户经济福利的状况关系密切。小流域治理项目是政府投资、兼顾生态效益与经济效益、造福农村群众的一项基础设施。安康小流域综合治理项目的设计、执行和实施应重视当地群众的参与，应结合和充分考虑当地农户的生计特点，调动农户参与的积极性，同时，地方政府应给予农户更多的技术支持，对适龄劳动力进行职业技能培训和指导，提高信息透明度，增进农户了解和参与小流域治理项目的渠道和方式，提高农户获益机会。

　　总之，小流域治理通过调整土地利用结构，修建水利设施，调整农、林、牧、副业结构，促进生态环境向良性循环方向发展，同时提高当地居民的生活水平，取得明显的社会、经济、生态效益。小流域综合治理在农村是一项基础性工程，能够有效地保护水土资源，促进农村经济和农业生产的发展。农户作为农村生产经营的基本单位，如果其拥有小流域综合治理的积极性和热情，将有利于水土保持措施和技术在水土流失地区的推广与应用。

第十章 农户生计与环境可持续 发展的若干拓展研究

　　前面各章从农村社会经济的个体单元农户或家庭微观层面，阐述了农户生计的内涵与构成、农户生计活动的选择与决策等，分析了农户生计如何利用森林资源、农户对林业及生态保护政策的态度等，探讨了农户生计与环境可持续发展之间的关系，并结合陕西安康市、西安周至县地区背景，林业与生态保护政策特征以及课题组在两地的多次农村入户调查资料，分析了农户生计、生态保护政策与生态环境之间的相互作用机制。

　　在农户生计与环境可持续发展这一大的主题下，仍有许多值得探索的理论与现实问题。农户往往是生态服务的生产和提供者。前面结合森的可行能力理论，对福利、农户福利进行了界定，分析和评价了退耕还林地区的农户福利、小流域治理与农户福利关系等。本章从以下几个方面继续拓展这一主题。首先，探讨生态服务与人类福利这一大的主题；其次，目前我国生态补偿项目采取了政府对生态服务生产者（如农户）的直接补贴形式，如退耕补贴、森林生态效益补偿等。未来我国生态补偿机制可能会采取公共财政税收形式，如将现有的环境保护税费、政府基金等纳入统一的生态补偿税。这样，需要分析该生态税的可行性，尤其是其对地区价格水平的宏观经济影响。本章将基于陕西省投入产出表和社会核算矩阵，定量分析森林生态效益税对陕西价格水平的影响。

第一节　生态系统服务与人类福祉

一　生态系统服务与人类福祉的关系

(一) 人类福祉的概念界定

不同学科对福祉概念的界定与探讨已经有很长一段历史了，但最近几年才真正开始把福祉运用于实践之中（Vemuri 和 Costanza，2006）。基于不同的研究背景和目的，不同研究领域的学者选取不同的要素构建了福祉概念。人类福祉是有关人类学、经济学、心理学、社会学和其他社会科学的概念，是一种人们正在享受的有价值的体验。[①] Cummins 等（2003）认为人类福祉是一个总体衡量人们生活满意度的概念，包括生活水平的满意度、健康、生活成就、人际关系、安全、社区联系和未来的安全 7 个主要领域。联合国 1990 年发布的人类发展报告选取寿命（由出生时预期寿命衡量）、知识（由成年人的识字率和平均受教育年限衡量）和获取所需资源的能力（由以美元为基准的人均国民生产总值的购买力评价衡量）等指标来测度人类福祉。在哲学文献里，通常将人类福祉分为主观福祉和客观福祉两种。主观福祉理论认为福祉是由人们的好恶态度决定的，取决于内心的感受与情景体验。客观福祉理论否定了这种决定的形式，认为个人福祉是区别于个人的喜好态度的（Varelius，2004）。

联合国《千年生态系统评估》报告对人类福祉的概念也进行了界定，这一概念被广泛地应用于生态系统和人类福祉的研究中。在这一报告中，提出人类福祉包括 5 个方面的内容：①维持高质量生活所需要的物质。包括维持安全和生计所需的物质、收入、资产、足够的食物、住所、家居设备、衣服和获取商品的途径。②健康。包括身体健康、良好的感觉和健康的生活环境。③良好的社会关系。包括社会凝聚力、获得相互的尊重、良好的家庭关系以及给孩子或其他人提供帮助的能力。④安全。包括安全地获得自然资源和其他资源、个人和财产的安全、生活在可控可预期的环境中以及免受自然

[①] Millennium Ecosystem Assessment, *Ecosystems and Human Well-being*: *Synthesis*（Washing DC: Island Press, 2005）.

和人为灾害的影响。⑤自由权和选择权。包括对发生事情的控制能力和实现个人成就的能力。在这5个方面的构成要素中，它们相互作用，一个要素状况的改变通常会给其他要素产生积极或消极的影响。

也即，《千年生态系统评估》报告将福祉定义为人类的体验和经验（阅历、感受、体验），可以进一步理解为，福祉即为人类能力——个体体验各种生活的能力，而个体具备基本能力并进行选择和增加可能性的选择机会则增加或改善了个体的福祉。因此，运用能力框架，在资源（需要）基础上，将效用与生活质量相重叠，构建完整的福祉概念（Vemuri 和 Costanza，2006）。

（二）生态系统服务的概念界定

生态系统服务特指人类从生态系统功能中获得的好处或福利，当且仅当生态系统功能影响人类的需要或价值时（Cummins 等，2003）。如 Costanza 认为生态系统服务是指人类从生态系统中获得的利益。Costanza 等（1997）将生态系统服务分为气候调节、气体调节、水文调节、保持土壤、废物处理、维持生物多样性、食物生产、原材料生产和提供美学景观9项功能，按供给服务、调节服务、文化服务三大类服务价值进行估算。

联合国《千年生态系统评估》报告将生态系统服务定义为生态系统给人类提供的各种产品和给人类提供服务的能力：包括供给功能，如提供食物、水；调节功能，如控制洪水、干旱、土地退化，控制人类疾病；支持功能，如形成土壤、养分循环；文化功能，如娱乐、丰富精神生活、认知和其他精神上的益处。

生态系统功能或生态系统服务，通过自然生态系统为人类提供的产品及功能的量化和衡量而实现了自然资源的评估。生态系统服务评估得以实现的经济学基础是，将各种服务看作效用，当效用被定义为一个指标（作为一个标量，但不可衡量）时，不同的效用可以简单地通过相加来得到整体的效用。因此生态系统服务可以被看作效用，并通过对生态系统各功能的分别估值，加总得到整体的生态系统服务的价值，即总效用。

（三）生态系统服务与人类福祉的关系

1. 生态系统服务是人类福祉的载体

生态系统服务是通过生态系统服务对人类的效用而定义的，而福祉是人类为实现有价值的生活对生态系统产生的功能性活动进行选择的能力和自由。自然生态系统为人类提供资源、物质、健康、景观等生态系统服务，并为人类提供食物、燃料、住房、供水的质量和数量的调节、控制自然灾害等的产生等功能福祉，是幸福、良好的生活质量、宗教文化等福祉功能的载体。运行良好的、健康的、有修复力的生态系统服务在很大程度上为人类带来了福祉，保护生态系统服务对提高人类福祉具有决定性意义。即便是同样的生态系统环境，个体由于需求差异、性格、教育、过往的经验差异导致功能性选择的差异，进而导致福祉差异。

2. 生态系统服务的人类福祉内涵

生态系统服务功能的变化及其对人类福利的影响是生态系统评估的核心内容。诸多学者认为生态系统服务产生了福祉，并尝试用各种理论和媒介来建构二者的框架。《千年生态系统评估》报告非常明确地定义和区分了生态系统服务和人类福祉：生态系统产生的支持服务（土壤形成、养分循化、基本生产）是供给服务、调节服务、文化服务等其他三大生态系统服务的基础。而供给服务（从生态系统获得的初级产品，如提供食物、新鲜的水、燃料、木材和纤维、生物化学循化、生物基因库）、调节服务（即从生态系统获得的好处，如气候调节、疾病调节、水调节和净化）、文化服务（从生态系统获得的非物质好处，如精神和信仰、休闲和娱乐、美、激励、教育、文化遗产、归属感）形成了人类福祉的安全、良好生活的物质基础，健康、良好的社会关系等功能，而人类为追求有价值的生活而对功能的自由和选择——能力便是人类福祉（李惠梅等，2013）。

3. 生态系统服务对人类福祉的贡献

生态系统提供了几乎所有的人类福祉要素，尤其是在经济和社会发展水平落后的地区，社区居民最基本的食物和能源等生计必需品在很大程度上依赖于自然生态系统服务的供给，生活条件改善受制于生态系统服务供给的程度。比如，森林生态系统为人类提供木料、非木质林产品和动物蛋白，数量庞大的人群以这些产品为生，为农户生计提供了生计"安全网"。据估计，世界上90%的穷人依赖于森林提供的产品作为他们收入的一部分。[①] 森林地区的林产品为当地农户收入贡献的比例为20%～40%。

---

① World Bank, *World Development Report*: *Attacking Poverty* (Washington D. C.: World Bank, 2000).

在非洲，大约有6亿人的生计依赖于森林和林地；在印度，估计有5000万人直接依赖于森林生活；在巴西，有超过200万的人口依靠棕榈林生活，尤其是在农业歉收的时候，棕榈林成为他们最重要的生活来源。[1] 生态系统服务在表面上是人人可以均等享有的，但是在社会系统内，不同社会群体的生态服务收益分配与消费是一个复杂的问题。生态系统提供的服务并不是自动地、均衡地让该区域的所有人都能享受到，产生的利益往往并未带给那些最脆弱的人群。生态服务利益的分配与消费受到生态系统服务的可及性、家庭大小、受教育程度、贫困、脆弱性、社会关系、规制、能力、性别、权利和各种资本所形成的复杂的获得机制的影响。[2][3][4] 一些研究表明，在森林产品的利用方面，妇女是主要的使用者，呈现出明显的性别差异。在印度北方邦，妇女收入的33%~45%来自森林和公共土地，然而男性在这方面的比例仅为13%。[5] 杨莉等（2012）从生态系统服务的供给消费平衡关系入手，分析了我国黄河流域食物供给消费时空差异和薪柴供给消费时空差异，分析结果表明，生态保护政策、土地利用政策、自然条件和生活方式等因素对人类生态系统服务消费的满足程度产生了重要影响，从而对人类福祉的改善和提高产生了重要影响。魏云洁等（2009）对内蒙古典型牧区生态系统服务中的食物供给和燃料供给的消费进行了实证分析，分析结果表明社会经济因素、生态系统服务的可获得性或可及性以及消费行为，如消费偏好等，均影响人类对生态系统服务的分配与消费，也影响生态系统服务分配与消费的空间差异。全球贸易体制也是影响生态服务利益分配与消费的重要因素。国际贸易一方面可以增加收入，帮助数以百万计的人摆脱贫困；但另一方面，它也带来了不平等的消费方式，将自然资源开采、大部分生产和制造，以及它们的危险废物的产生和

---

① Anderson, J., Benjamin C., Campell B., et. al., "Forests, Poverty and Equity in Africa: New Perspectives on Policy and Practice", *International Forestry Review*, 8 (1), 2006, pp. 44 – 53.

② Tim Daw, Katrina Brown, Sergio Rosendo, et. al., "Applying the Ecosystem Services Concept to Poverty Alleviation: The Need to Disaggregate Human Well-being", *Environmental Conservation*, 38 (4), 2011, pp. 370 – 379.

③ 联合国环境规划署：《全球环境展望》，中国环境科学出版社，2008。

④ 甄霖、刘雪林、魏云洁：《生态系统服务消费模式、计量及其管理框架构建》，《资源科学》2008年第1期。

⑤ FAO, Gender and forestry [EB/OL], http://www.fao.org/gender/en/fore – e.htm, 2006 – 03 – 07/2013 – 01 – 26.

处理转移到了其他国家，对依赖自然资源生存的最贫困人群的福祉构成了威胁。

（四）生态系统服务与减贫的关系

国外研究者也十分关注生态服务、福祉与贫困人群及公共政策之间的关系，如十分关注以下两个问题：一是在全球范围内，穷人是否从生态系统的保护手段中获益？无论他们从保护和管理生态服务的行为中直接获益，还是从改善的生态服务功能间接获益。二是在公共政策设计和实施中，将生态服务务和人类发展目标结合起来的关键步骤有哪些？需要哪些指标、工具、政策变化、示范案例或者项目以更好地推进这一目标？如何使生态服务管理的相关项目和政策，包括生态补偿政策，能够更好地确定实施对象以及使穷人更好地受益？图 10 - 1 提供了一个很好的分析框架。

二 国内外关于生态系统服务与人类福祉研究的趋势

生态系统服务对人类福祉的影响已成为学术界的研究热点，该研究领域将围绕 4 个方面开展。

（一）人类福祉的多指标测度

生态系统服务对人类福祉的影响是全方位的，涉及人类福祉的各个方面，但是在目前的研究中，对人类福祉的测度还主要围绕生态系统在食物、饮水等物质方面服务的指标，对其他福祉指标的研究还不够深入，没有正确地测度生态系统服务对人类福祉的影响与贡献。在未来的研究中，既要关注人类的客观福祉，又要关注主观福祉，构建包含经济、社会、教育、文化、健康和生态等指标的人类福祉测度模型，将收入水平、公共服务水平、投资水平、现代化水平、可持续发展能力、人均预期寿命和时间等变量纳入评价模型测度人类福祉。

（二）生态系统服务消费模型构建

生态系统服务消费包括消费水平、消费能力、消费结构、消费模式等方面的内容，目前的研究还处于起步阶段。在已开展的研究中，专家学者考察了特定生态系统的服务消费，没有全面地测度生态系统服务对人类福祉的影响，主要是着眼于自然资源的合理利用，从基本的生态系统服务消费——食物和薪柴消费入手，测度该生态系统服务供给消费均衡状况，分析影响生态系统服务的因素。还没有分析生态系统服务的消费机制，不同群体在生态系

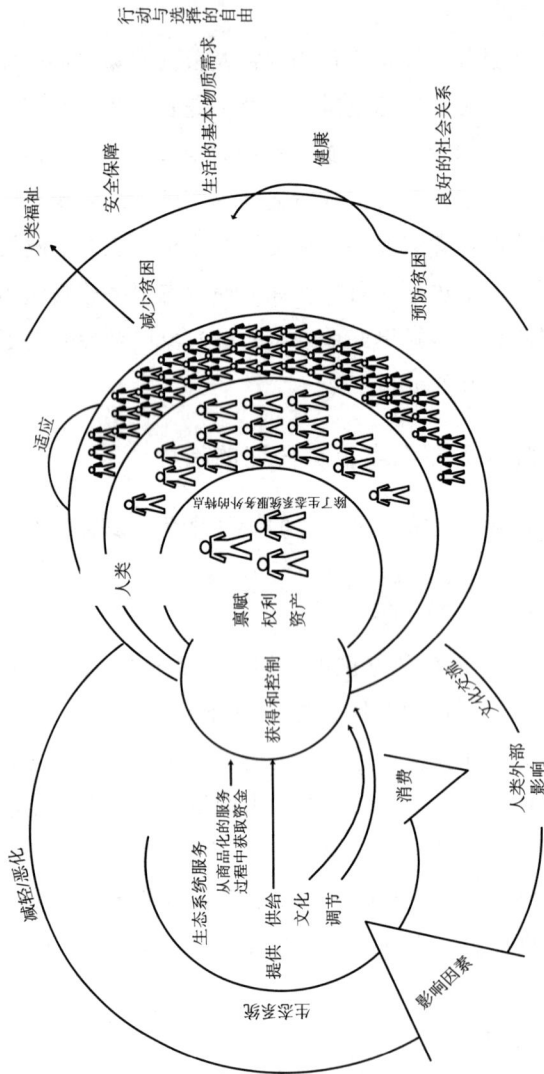

图 10 - 1　生态服务与减贫

生态系统服务："人类从生态系统获得的益处"（MA, 2005）。
人类：通过不同的特点来区分（禀赋、权利、资产，偏好和安全因素，良好的社会关系、良好的社会关系和压力下的创造。
人类福祉：包括物质、健康和预防贫困组成。
减贫：由减少贫困和预防贫困组成。
适应：在预期上的有意识改变，或者是在外部刺激和压力下的创造。
从商品化的服务中获取收益：从生态系统产出的商品获取收入。

资料来源：Fisher J. A., Patenaude G., Giri K., " Understanding the Relationships between Ecosystem Services and Poverty Alleviation: A Conceptual Framework", *Ecosystem Services*, 7, 2014: 34 -45。

统服务消费中的行为差异，比如消费途径、消费能力，特别是采取限制性保护措施的情势下，原社区居民被拒绝而不能进行原有的生态系统服务消费时的消费替代模式。要深入研究这一问题，需要全面考察生态系统服务的提供方式、经济水平、资源禀赋、气候条件、收入、市场价格、全球贸易格局、政策、人口动态特征、文化背景、宗教信仰、习俗、偏好和意识等影响因素，在前人的基础上探索构建更为符合实际的计量模型。

（三）弱势群体的生态系统服务收益

地理位置差、基础设施差、气候条件恶劣、空气污染、饮用水不安全、卫生及卫生设施差等常常导致弱势群体从生态系统获取的福祉受到严重影响。强势群体面临恶劣的生态服务情景时会采取积极有力的替代行为消除其不良影响，比如通过搬迁、移民等行为将居住地定在生态环境良好，生态系统服务状况良好的区域。但是，对于弱势群体来讲，由于经济条件等方面的限制，搬迁、移民等替代行为很难实现。在以往的生态保护实践中，很大程度上是关注生态环境的变化，较少关注生态环境变化后生态系统服务的成本与收益问题，尤其是对极易受到外界冲击的生计脆弱的贫困弱势群体生态保护净收益的测量问题。所以在实施为了更大区域生态利益的工程中，当地社区弱势群体是不是真正从某项保护中受益将成为关注的焦点。这种受益既包括对他们良好的生态管理的直接补偿，也包括从改善了的生态系统服务传递的间接获益。

（四）自然科学与社会科学的融合研究

生态系统服务对人类福祉的影响是一个综合性的问题，单纯的自然科学或者单纯的社会科学不能解决这样的问题，需要两者在研究方法、手段、数据信息等方面结合。某项生态系统服务能够影响人类福祉的多种要素（赵士洞、张永民，2006）。人类福祉的某项要素来源于多项生态系统服务。科学地测定评估不同时空尺度的生态系统服务和量化生态系统服务与人类福祉的关系所需要的信息需要从自然科学（如淡水状况、土壤状况和森林状况）转换为与社会科学有关的变量（如健康、生计和安全），实现生态系统领域数据向人类福祉领域数据的转换。

此外，发表于 2015 年 5 月《美国科学院院刊》（PNAS）上，由多名全球生态与环境科学领域具有杰出成就的科学家共同完成的《将自然资本与生态系统服务作为决策依据：从承诺到行动》（*Natural Capital and Ecosystem*

Services Informing Decisions：From Promise to Practice）一文，① 从以下三个方面回顾并总结了自《千年生态系统评估：生态系统和人类福祉》发布以来，生态系统服务功能评估领域十年来的前沿研究进展与挑战：对生态系统与人类福祉相互依存的认识；跨学科的生态系统服务研究的推进；政策与管理决策中生态系统服务研究的融入。该论文认为，目前我们对人类依赖自然的认识愈加深入、生态系统服务科学发展迅猛，有关自然资本的讨论在政府、企业中日渐普遍，但生态系统服务的研究在具体决策、实施和应用中仍处在初级阶段。为此，该论文提出了在全球范围内推进可持续发展进程的路径和策略，提出了要有可靠严谨的证据以反映决策、自然资本和生态系统服务、人类福祉之间的关系；政府、企业、公民社会之间要开展密切合作，开发必要的知识、工具和实践以促进自然资本和生态系统服务更好地融入日常决策；推进制度改革、完善政策与实践，使个人的短期目标与社会长期目标更好地匹配。

三　生态服务、人类福祉与公共政策的研究

如前所述，生态服务与人类福祉之间有着密切的关系，而公共政策，特别是与生态服务密切相关的自然生态保护政策、环境政策与规制、农村扶贫与发展政策可以作用于这一过程，尤其是需要不断创新和探索生态服务和人类福利之间关系的新方法、研究将生态服务和人类福利两者联系起来、实现双赢目标的新公共政策和资金机制。

"自然资本项目"（The Nature Capital Project）是由美国斯坦福大学WOODS 环境研究所、大自然保护协会（TNC）、世界自然基金会（WWF）三方合作开展，通过计量大自然的经济和其他价值、开发相应工具及方法，将自然资本更为容易地纳入决策体系，并在全球生物多样性保护重要地区展示这些工具的力量，将经济因素与保护有机结合。"自然资本项目"在中国的研究合作方主要有西安交通大学人口与发展研究所和中国科学院生态环境研究中心等。

---

① Guerry, A. D., Polasky, S., Lubchenco, J., Chaplin-Kramer, R., Daily, G. C., et. al. "2015, Natural Capital and Ecosystem Services Informing Decisions：From Promise to Practice", *National Academy of Sciences of the United States of America* (*PNAS*), 112 (24), 2015, pp. 7348 – 7355.

Gretchen C. Daily 教授是"自然资本项目"的发起人和负责人之一。她现任斯坦福大学生物学系、保护生物学中心主任，美国国家科学院（NAS）院士，美国艺术与科学研究院（AAAS）院士，21 世纪科学家奖获得者。其研究领域涉及生物多样性、与环境相关的财政政策评估、生态服务、生态经济学、人类对环境的影响、世界变化和人口等。她曾在联合国、世界银行、私人基金会和科学研究机构担任过许多职务。

Stephen Polasky 教授也是"自然资本项目"的负责人之一。他是美国明尼苏达大学生态/环境经济学教授，美国艺术与科学研究院院士，美国国家科学院院士，总统经济顾问委员会环境和资源高级经济学家。他的研究兴趣包括生态系统服务、自然资本、生物多样性保护、濒危物种政策、生态与经济整合分析、可再生能源、环境管理和公共财产资源。

自然资本团队提出的生态服务、人类福祉的一个概念分析框架，见图 10 - 2，即决策—生态系统—生态服务—价值—制度—决策，形成了一个循环。近年来，在以上的框图中，他们将其中的"价值"修改为"福祉"，从而更体现和突出生态服务与人类福利之间的关系。

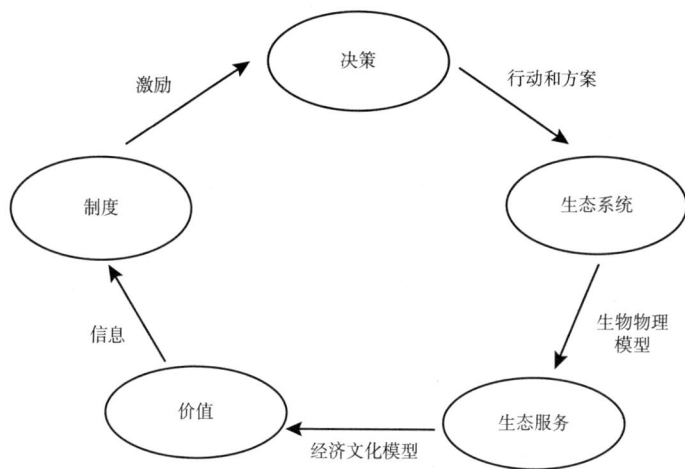

图 10 - 2　生态服务与福祉

资料来源：Polasky & Segerson, "Integrating Ecology and Economics in the Study of Ecosystem Services: Some Lessons Learned", *Annual Review of Resource Economics*, 1, 2009, pp. 409 - 434。

联合国《千年生态系统评估》提出了生态服务与人类福祉之间的关系、影响这一关系变化的各种驱动力（见图 10 - 3），其中变化的许多间接驱动力与公共政策、宏观环境密切相关。

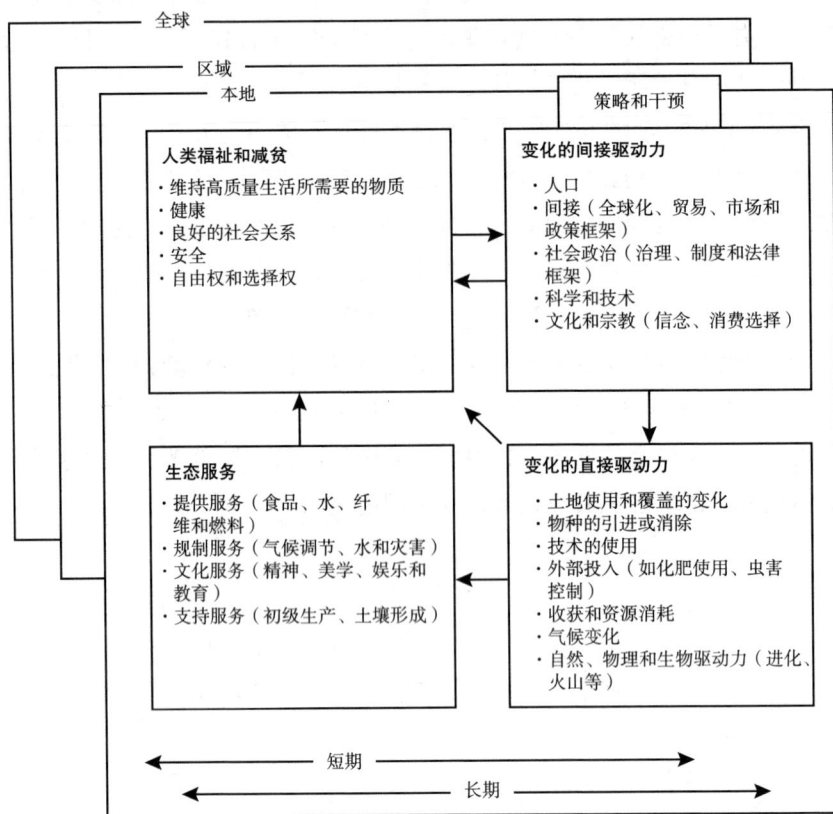

图 10 - 3　生态服务、人类福祉与变化的驱动力

资料来源：Millennium Ecosystem Assessment. Ecosystems and Human Wellbeing：A Framework for Assessment（Washington，DC：Island Press，2003）。

笔者也提出了公共政策、生态服务与人类福祉的分析框架（见图 10 - 4），其中公共政策通过影响土地和水利用变化引起生态服务变化，从而影响人类福祉。其中公共政策对生态服务变化的影响和作用，以土地与水资源利用变化为中介，进而影响人类福祉。

进一步地，西安交通大学农户生计与环境课题组深入研究了农户生计（家庭决策）、生态系统（生态服务）、公共政策、人类福祉（或减贫）之

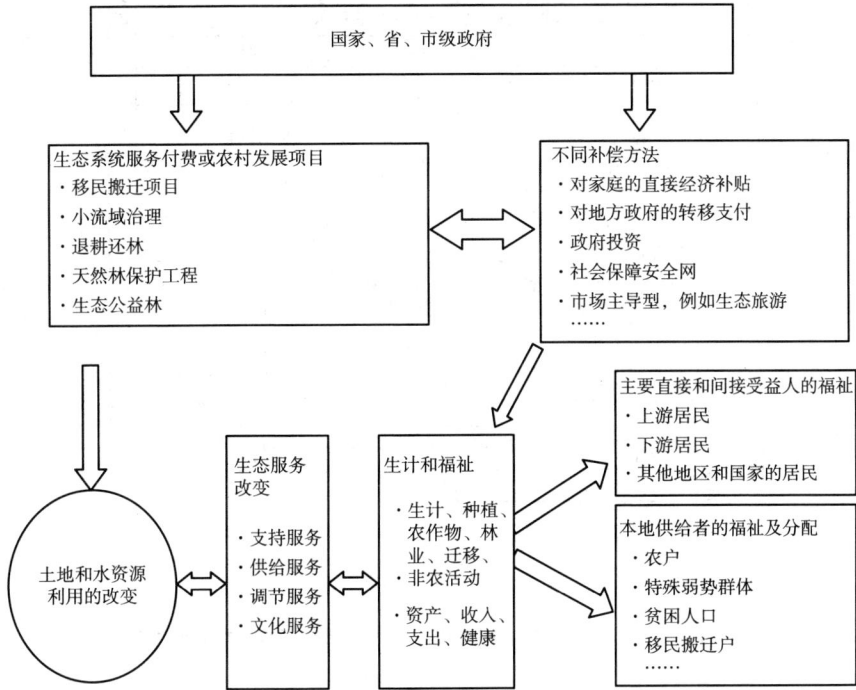

图 10－4　公共政策、生态服务与生态服务供给者、受益者福祉的分析框架

资料来源：笔者绘制。

间的关系（见图 10－5）。图 10－5 的上半部显示了农户的家庭生计活动，尤其是生计多样化、时间分配和农业集约化与家庭生计资本之间的关系。根据研究需要，这里生计资本分为自然资本（如土地、林地）、生态服务和家庭其他资本。图 10－5 下半部显示了各类公共政策，尤其是与贫困山区生态服务和福祉密切相关的公共政策（如生态补偿、反贫困政策、林业政策），在不同政策情境下公共政策的设计、实施和评价对农村生态服务供给者，尤其是各类弱势群体（如农村老年人、贫困者和移民搬迁安置户）福祉产生的影响和作用。这里的福祉包括了健康、收入和安全等维度和内涵。

　　图 10－4 和图 10－5 复杂的相互作用关系中，生态服务、公共政策与农户生计之间有以下三个方面值得关注的问题。

　　首先，生态服务与农户生计的关系与相互作用。一方面，农户生计，如农户在生产和生活过程中，会改变生态服务和生态系统服务功能，改变土地利用方式、耕作技术、保墒方法、环境保护行为（回收、举报等）。例如陕

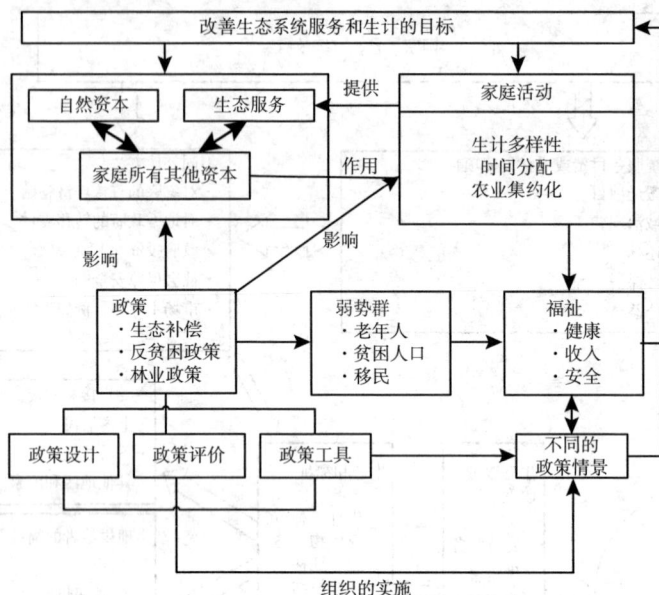

图 10-5 农户生计与生态服务、公共政策、福祉的作用关系

资料来源：笔者绘制。

西洋县农户通过改变农业耕作技术而影响朱鹮栖息地的特征、生物多样性的特征等。此外，农村的人口特征、人口动态性，如人口迁移、男女两性不同的生计活动特点（如采药多为男性所为等）也会影响生态系统服务功能的作用，使生态服务发生改变。另一方面，生态服务对农户生计有直接和间接影响和作用，从而改变农户生计（如农户的生计资本、生计活动及其组合），并影响其生计后果（如贫困、收入与消费、福祉状况等）。如生态服务有可能使一些农林业生产条件发生改变，如基础设施、水利、生物授粉条件等，会提高或改变农户农林业经营的外部条件，影响农林业生产的生产力、生产效率。生态服务会改变农户的生计资本，如生态服务会提高自然资本、物质资本等的水平和结构。生态服务（支持服务、规制服务、调节服务和提供服务等）的变化会促使农户采用和发展一些生计活动，如农林业生产，或发展生态旅游、文化旅游等非农活动，影响农户在农业、林业、非农经营等的劳动时间、生产要素等资源配置方法，并进而导致农户生计策略的改变。

其次，政府公共政策和（农户）家庭生计决策会影响和作用于土地利用和水使用的变化等，最终影响和作用于生态服务。

最后，公共政策（如生态补偿项目、农村扶贫与发展项目、林业与生态保护政策等）与农户生计的关系与相互作用。这两者之间的直接、间接相互联系和作用关系更为复杂些。公共政策可以作用于家庭的生计和决策行为。与生态服务相关的公共政策有建立自然保护区、林权下放和森林资源规制的非集中化、激励性生态补偿项目等。一些农村扶贫与发展项目，如小流域治理、整修梯田、农村基础设施建设、性别平等、能力提高、实用技能培训、医疗或养老社会保障等，虽然项目本身可能并没有直接的生态保护目标，但它往往会间接地有助于实现环境保护目标。如基础设施建设提高了农业生产率，实用技术培训等提高了非农活动、外出打工效率，社会保障减少了农户风险，减少了农户发生偷猎、上山采药等破坏生态的行为，从而减少了农户对土地的利用面积或土地利用强度，减少了对资源使用的诸多压力。公共政策对农户生计和福祉的影响需要特别关注农村的一些弱势群体，如农村老年人、贫困人群、计划生育双女户、易地扶贫移民搬迁安置户等，需要分析公共政策对这些特殊群体的影响。

总之，农户生计位于以上研究内容的核心，农户生计是打开黑箱和理解生态服务、福祉、公共政策作用机制的关键。

四　未来进一步研究的方向

生态服务与人类福祉是国内外生态经济学的热点研究问题之一。生态系统和生态系统服务与人类福祉关系的研究将成为现阶段生态学研究的核心内容，并引领 21 世纪生态学发展的新方向。生态系统服务支持和维护人类福祉的意义不仅仅在生态学领域发挥作用，同时在福利经济学、生态经济学等学科也引起学者们的广泛关注。长期生态研究（LTER）计划指出，未来 10年的相关研究应集中于一个新的核心区：生物多样性、环境政策上的相互关系、生态系统和人类系统的相互关系，尤其应充分研究生物多样性和加强生态保护的福祉评估以摆脱复杂的社会困境，而农户生计和公共政策是其中的一个关键环节。

针对未来生态服务、福祉与公共政策研究在我国的实际和未来发展，西安交通大学人口与发展研究所课题组和中国科学院生态环境研究中心于2012 年联合提出了一个分析框架（见图 10－6）。图 10－6 更突出了公共政

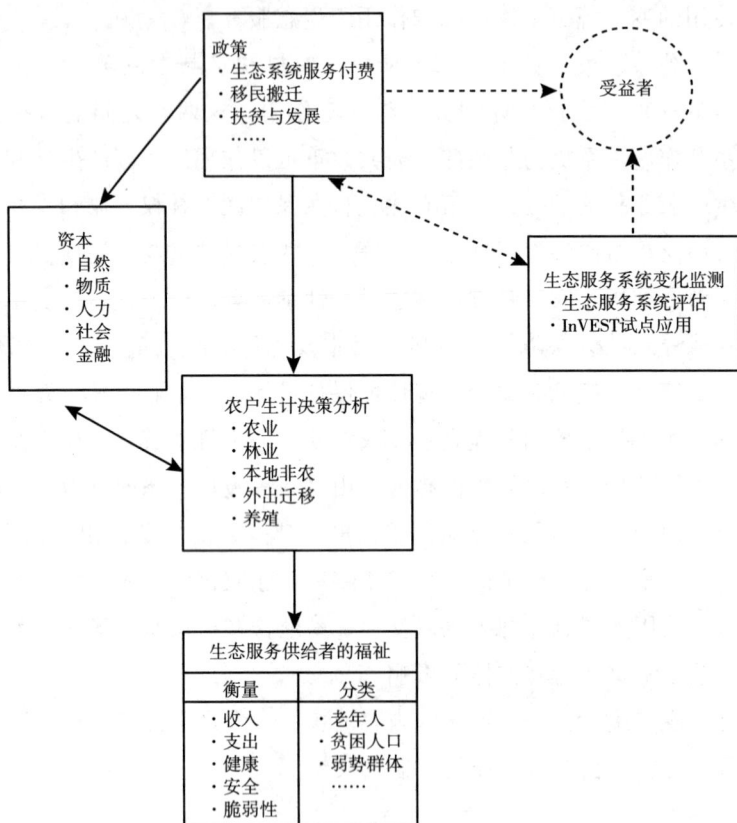

图 10-6　生态服务、人类福祉与公共政策未来研究方向的框架

资料来源：本书课题组。

策、生态服务对生态服务供给者和受益者等多个利益主体的影响和作用。其中，图 10-6 的左半部分强调公共政策对贫困山区生态服务供给者，即农户生计资本、农户决策，进而农户福祉的影响和作用，图的右半部分则突出了生态服务变化的监测、生态服务对受益者和供给者双方的影响。图 10-6 显示了生态服务、人类福祉、公共政策相互关系和未来的研究方向。

第二节　基于投入产出表的森林生态效益税对陕西价格水平的影响

我国森林资源有限，人口众多，与森林密切相关的生态问题也十分突出。生态补偿是以保护和可持续利用生态系统服务为目的，以经济手段为主要方式，调节相关者利益关系的制度安排。自 20 世纪 80 年代末，森林生态效益补偿就已经引起我国政府及相关部门的高度关注，正逐步建立森林生态效益补偿制度，并以政府的公共财政手段为主，如天然林保护工程、退耕还林工程、森林生态效益补偿基金等。

我国学者对森林生态补偿机制进行了大量研究，提出了需要加大财政转移支付力度，发展森林生态效益补偿的多元化融资渠道。尤其是环境税收政策是调节发展与生态环境保护的经济手段，包括环境税、与生态环境保护有关的税收和优惠政策、消除不利环境影响的补贴政策以及生态环境的收费制度。通过实施环境税费制度，一方面为生态环境保护与建设筹措必要的资金，另一方面通过调整市场信息，使企业和消费者选择有利于生态环境保护的生产和消费方式。

我国环境税费制度已经具备一定的基础，目前正在征收的环境税费包括排污费、矿产资源补偿费、水资源费、水土保持补偿费、育林费、耕地占用税、城乡维护建设税、资源税等。这些税费的征收对调节生产者行为、筹集生态环境资金发挥了重要作用。[①]

我国目前并没有专门的生态税，但许多税收政策做出了有利于生态环境保护的规定，可以被认为是生态补偿的一种方式。这样的税收政策包括增值税、营业税、消费税、所得税、城市维护建设税以及土地、矿产等开发的资源税方案等。征收森林生态效益补偿税可以促进森林资源的合理开发和利用。目前我国对森林生态效益税虽有一定的研究，但对于该税收的影响和效应尚未有定量的预测分析。本章将以陕西省为例，根据陕西省 2007 年投入产出表，将预测和定量分析森林生态效益税给陕西省各产业价格所带来的影响，从而为设计和实施我国的"森林生态效益税"提供参考。

一　我国林业税费概况与森林生态效益税的设计

（一）我国现行林业税费概况

近十几年来，国家对林业生态建设的重视不断加强，出台了各种林业税

[①]　中国生态补偿机制与政策研究课题组：《中国生态补偿机制与政策研究》，科学出版社，2007。

收优惠政策，使得林业赋税总体变轻。我国林业企业的现行税费有增值税、企业所得税、林业收费和政府性基金、天然林资源保护工程区的税收政策规定。如根据财政部、国家税务总局的通知，对天然林保护工程区内的企业和单位就用于天然林保护工程的房屋、土地和车船使用所征收的税收给予优惠。林业收费和政府性基金制度包括：林业收费（维简费和林业保护建设费）、林业政府性基金，如育林基金和更新改造资金。目前森林生态补偿资金主要来源于政府财政的转移支付，没有设立专项的税收。育林基金也有生态补偿的性质，但育林基金的征收对象只针对国有林区和集体林区，不包括利用森林资源进行生产活动的下游企业和个人，征收范围较窄（见表 10 - 1）。

表 10 - 1　我国主要林业税费项目

名称	征收标准	征收方式	备　注
增值税	6% ,13% ,17%	从价	根据不同纳税人征收
企业所得税	25%	从价	按利润额征收
育林基金	26% ,12%	从价	在南方集体林区按 12% 提取；在国有林区按 26% 提取
维简费	8%	从价	
林业保护建设费	5 元/m³	从量	林业保护建设费按从量计征
植物检疫费	2‰	从价	
市场管理费	<1%	从价	未进入市场的不征收

（二）森林生态效益税的理论依据

森林资源属于公共资源，具有稀缺性，按照使用者付费原则，由生态环境资源占用者向国家或公众利益代表提供补偿。该原则可应用在资源和生态要素管理方面，如占用耕地、采伐利用木材和非木质资源、矿产资源开发。企业在取得资源开发权时，需要向国家缴纳资源占用费。

以往研究者，如中国生态补偿机制与政策研究课题组提出了完善我国森林生态补偿机制的设想，即逐步实现生态效益补偿基金的完善、补偿基金与生态税并行、到 2016 ~ 2020 年完成生态税的独立运行。[①] 从长远来看，我国未来需要建立"生态税"制度。森林生态效益是一种公共产品，必须通

---

① 中国生态补偿机制与政策研究课题组：《中国生态补偿机制与政策研究》，科学出版社，2007。

过政府行为，根据"使用者付费原则"（UPP）和"受益者付费原则"（BPP），征收森林生态效益税。该森林生态效益税可以用以补偿生产森林生态效益所耗费的成本，维持生态产品的再生产，以实现效益最大化。由于税收有宏观调控和融资的双重功能，具有法律效力和长期的稳定性，森林生态效益税能够有效地保护森林，促进森林生态系统功能的保护。

1. 森林生态效益税的课征对象

森林资源也属于生态环境稀缺资源，凡在我国境内受益于森林生态效益，从事生产经营活动，对森林资源进行开发利用，对森林资源造成破坏的单位和个人，都应该按规定缴纳森林生态效益税。这样，一般而言，森林生态效益税的征收范围是：有经营收入的大中型水库、大中型水力发电厂（站）、大中城市自来水厂（公司）、以森林景观为依托的风景旅游区的经营单位和个人，以及内河航运企业、淡水养殖、采集林区野生植物资源等单位和个人都应按规定缴纳森林生态效益税。考虑到现实可行性，本章仅选取直接和间接利用森林资源的产业进行征税，即林业，家具制造业，木材加工及木、竹、藤、棕、草制品业和造纸及纸制品业，并将它们组合成三种征税方案。

2. 森林生态效益税的征收方式

生态补偿税的征收方式有两种，一种是从量征收，即按量收取固定的税额；一种是从价征收，即按售价收取一定比例的税额。从量征收的方式比较简单、便利，但征的数额与价格无关，弹性较小，税收不会随着价格的波动而变化，因此，从量征收的方式在各国使用得较少，一般都采用弹性较大的从价征收方式，这里也采用从价征收。

3. 森林生态效益税税率的确定

从理论上看，森林生态效益税的征收标准应当满足生态资源恢复的需要和弥补生态环境价值的损失，如森林资源的利用和破坏所造成的水土流失。在实际生活中，生态环境价值的损失很难用科学的手段进行估量。除此之外，在确定生态补偿税率的时候还要考虑征税所带来的经济影响，如由征税所引起的价格上涨是否在社会经济的可承受范围之内，是否会限制国家或地方财政收入和经济发展等。根据以往林业相关税费的标准，这里确定的森林生态效益税的税率为10%。以下以税率10%进行价格影响的定量分析。

二 研究方法

(一) 投入产出价格模型

投入产出法是在一定经济理论指导下，编制投入产出表、建立投入产出模型，综合分析国民经济各部门、再生产各环节之间数量依存关系的一种经济数量分析方法。由于投入产出法可以将复杂的经济内涵通过简洁的数学模型清晰地表现出来，所以在社会的各个领域得到广泛的应用，如被用作经济预测、政策效应的模拟分析、经济—环境的依存关系等的工具。投入产出分析方法有一些内在假设，如产业的规模报酬不变，每个产业只生产一种产品，并由固定比例的中间投入和主要的生产要素构成，部门收益为零等。

投入产出模型可以用于模拟和定量分析税费等政策对于国民经济整体价格和各产业价格水平的影响。如 Tan 等 (2011) 应用投入产出价格模型分析了对中国能源密集型产业征收差异化的电费对国内生产总值和消费者价格指数的影响。Lopez-Morales (2011) 使用投入产出表分析政府政策对墨西哥农业灌溉技术、灌溉用水和农产品价格所产生的影响。Liu 等 (2009) 采用调整的投入产出价格模型分析了中国实施不同的能源政策、能源价格对生产价格、消费价格和居民收入的影响，同时，也使用了能源投入产出表，定量分析了中国西部进行资源税改革，如对煤炭课征 5% 的从量税，对生产价格和消费价格、地区就业、单位地区生产总值能耗水平等的影响。

国内外一些学者也利用投入产出表来研究森林生态补偿，如学者们构建了宁夏地区资源—能源—经济—环境绿色综合投入产出表，预测了退耕还林对宁夏的产业总产出规模、种植业和林业增加值的影响，即从地区经济产业关联的角度分析了退耕还林工程对宁夏地区经济的影响 (雷明等，2005)。其他如采用投入产出法对天然林保护工程对我国以及云南省的经济影响进行了分析和预测 (Shen 等，2006；Wang 等，2008)。

投入产出价格模型主要用于分析个别产品部门价格变动对其他产品部门价格变动的影响。国民经济体系的各部门是彼此联系的，若第 n 个部门的产品价格发生变化，由 p_n 变成了 $p_n + \Delta p_n$，那么其他 $n-1$ 个部门的价格也会相应变化。这样可以把第 n 个部门看成外生变量，它对其他 $n-1$ 个部门的产品价格产生影响，因此，根据投入产出表的平衡关系，只需关注前 $n-1$ 个方程：

$$\begin{cases} p_1 = a_{11}p_1 + a_{21}p_2 + \cdots + a_{n-1,1}p_{n-1} + a_{n1}p_n + a_{N1} \\ p_2 = a_{12}p_1 + a_{22}p_2 + \cdots + a_{n-1,2}p_{n-1} + a_{n2}p_n + a_{N2} \\ \cdots\cdots\cdots\cdots\cdots\cdots\cdots\cdots\cdots\cdots\cdots\cdots\cdots\cdots\cdots \\ p_{n-1} = a_{1,n-1}p_1 + a_{2,n-1}p_2 + \cdots + a_{n-1,n-1}p_{n-1} + a_{n,n-1}p_n + a_{N,n-1} \end{cases}$$

写成矩阵形式：

$$P_{(n-1)} = A'_{n-1}P_{n-1} + RP_n + A_{N(n-1)} \qquad \text{式（10-1）}$$

其中

$$P_{(n-1)} = \begin{pmatrix} p_1 \\ p_2 \\ \vdots \\ p_{n-1} \end{pmatrix} \qquad R = \begin{pmatrix} a_{n1} \\ a_{n2} \\ \vdots \\ a_{n,n-1} \end{pmatrix} \qquad A_{N(n-1)} = \begin{pmatrix} a_{N1} \\ a_{N2} \\ \vdots \\ a_{N,n-1} \end{pmatrix}$$

$$A'_{(n-1)} = \begin{pmatrix} a_{11} & a_{21} & \cdots & a_{n-1,1} \\ a_{12} & a_{22} & \cdots & a_{n-1,2} \\ \vdots & \vdots & & \vdots \\ a_{1,n-1} & a_{2,n-1} & \cdots & a_{n-1,n-1} \end{pmatrix}$$

整理可得：

$$P_{(n-1)} = \left[I - A'_{(n-1)} \right]^{-1} \left[RP_n + A_{N(n-1)} \right] \qquad \text{式（10-2）}$$

当第 n 个部门的价格由 p_n 变成 $p_n + \Delta p_n$ 时，由上式可得出：

$$P_{(n-1)} + \Delta P_{(n-1)} = \left[I - A'_{(n-1)} \right]^{-1} \left[R(P_n + \Delta P_n) + A_{N(n-1)} \right] \qquad \text{式（10-3）}$$

两式相减得：

$$\Delta P_{(n-1)} = \left[I - A'_{(n-1)} \right]^{-1} R\Delta P_n \qquad \text{式（10-4）}$$

将 R 还原为向量形式得：

$$\Delta P_{(n-1)} = \left[I - A'_{(n-1)} \right]^{-1} \begin{pmatrix} a_{n1} \\ a_{n2} \\ \vdots \\ a_{n,n-1} \end{pmatrix} \Delta P_n \qquad \text{式（10-5）}$$

同时可以证明，式（10-5）的形式还可以表示成式（10-6）：

$$\Delta P_{(n-1)} = \begin{pmatrix} \bar{b}_{n1}/\bar{b}_{nn} \\ \bar{b}_{n2}/\bar{b}_{nn} \\ \vdots \\ \bar{b}_{n,n-1}/\bar{b}_{nn} \end{pmatrix} \Delta P_n \qquad \qquad 式(10-6)$$

其中 b_{ij} 表示完全需求系数。

上述是一种产品价格变化对整个价格体系的影响，用同样的方法可以推导出两种产品价格变化对整个价格体系的影响以及 k 种产品价格变化对整个价格体系的影响：

$$\Delta P_{(n-k)} = \left[I_{(n-k)} - A'_{(n-k)} \right]^{-1} \begin{pmatrix} a_{n-k+1,1} & a_{n-k+2,1} & \cdots & a_{n-1,1} & a_{n1} \\ a_{n-k+1,2} & a_{n-k+2,2} & \cdots & a_{n-1,2} & a_{n2} \\ \vdots & \vdots & & \vdots & \vdots \\ a_{n-k+1,n-k-1} & a_{n-k+2,n-k-1} & \cdots & a_{n-1,n-k-1} & a_{n,n-k-1} \\ a_{n-k+1,n-k} & a_{n-k+2,n-k} & \cdots & a_{n-1,n-k} & a_{n,n-k} \end{pmatrix} \times \begin{pmatrix} \Delta P_{n-k+1} \\ \Delta P_{n-k+2} \\ \vdots \\ \Delta P_{n-1} \\ \Delta P_n \end{pmatrix}$$

$$式(10-7)$$

(二) 产业产品的两种定价形式

现实中，企业定价有两种方式：一种是成本定价法，另一种是溢价定价法（Llop 和 Pie，2008）。以下我们将企业的两种定价方法结合进入前面的投入产出价格模型。成本定价法假设企业价格等于生产的平均成本。假定一个地区有 42 个产业部门，如果我们记 $j = 1,2,\cdots,42$，则产业 j 的价格结构可以表示成：

$$p_j = \sum_{i=1}^{42} p_i a_{ij} + wl_j + rk_j \qquad \qquad 式(10-8)$$

其中，p_j 表示 j 产业的产品价格，w、r 分别表示劳动力的价格（工资）和资本的价格。a_{ij} 表示投入产出直接消耗系数；l_j 和 k_j 分别代表劳动力和资本系数，其经济含义就是 1 单位 j 部门产出所使用的劳动力和资本的数量。

式（10-8）表示的是一种价格均衡状态。当我们对产业 e 征收森林生态效益税 t_e 时，如果企业使用成本定价法，我们就可以使用以下模型来评估其对产业 j 价格的影响：

$$p_j = \sum_{i \neq e}^{42} p_i a_{ij} + (1 + t_e) p_e a_{ej} + wl_j + rk_j \qquad \qquad 式(10-9)$$

其中，e 代表了所要征税的产业，t_e 代表所征收的森林生态税税率。

溢价定价法可以表示为以下形式：

$$p_j = (1 + b_j)\left(\sum_{i=1}^{42} p_i a_{ij} + wl_j\right)$$
式（10 – 10）

b_j 表示的是 j 产业的溢价，即超过生产成本的那部分价格，或企业预计的盈利水平。当征收森林生态效益税时，则上式可以表达成：

$$p_j = (1 + b_j)\left[\sum_{i \ne e}^{42} p_i a_{ij} + (1 + t_e) p_e a_{ej} + wl_j\right]$$
式（10 – 11）

这两个不同的投入产出价格模型的区别在于对待产业部门收益的方式不同。就成本定价法来说，我们假设 r 是常量，这就意味着所有生产活动都有着固定不变的收益（rk_j），在这种情况下，资本价格和收益是常量。而溢价定价法则假设生产部门有自己的一个固定的利润率（b_j），这也同时意味着每个生产部门都有一个固定的资本回报率，在这种情况下，生产价格维持在部门收益的一个固定百分比的水平（Llop 和 Pie，2008；Llop，2008）。如果是对多个部门征收森林生态效益税，则依据式（10 – 7）、（10 – 9）和（10 – 11）进行计算。本节中陕西省各产业部门的利润率利用《2007 年陕西投入产出表》中营业盈余与总产出的比例进行了估算。

三　构建陕西省 2007 年林业投入产出简表及征税方案设定

《2007 年陕西投入产出表》分别编制了 9 部门、42 部门和 142 部门的基本流量表，为保证数据的准确性，我们选择 142 部门基本流量表进行合并。为突出本节的研究问题，同时借鉴以往文献对林业内涵或产业分类的研究（中国社会科学院经济政策与模拟重点研究室，2009；高敏雪，2008），从 142 部门中选出 4 个林业及林产品加工部门。它们分别是：林业，家具制造业，木材加工及木、竹、藤、棕、草制品业，造纸及纸制品业。农业和林业同为基础性产业，其关联性较强。这里将农业有关的部门也分别单独列出；此外，还单独列出与林产品有关的食品加工业，如谷物磨制业和植物油加工业。根据《2007 年陕西投入产出表》142 部门表和陕西省生产总值的构成，将与林业联系不是十分紧密的第二、三产业中相似或相近的部门适当合并，最后第二产业合并为 17 个部门，第三产业合并为 15 个部门，最终形成一个突出林业的 2007 年陕西省 42 部门投入产出表。

在 10% 的森林生态效益税率下，本节考虑了三个征收森林生态效益税的方案。方案一是仅对林业部门征收森林生态效益税；方案二是针对家具制造业，木材加工及木、竹、藤、棕、草制品业和造纸及纸制品业三部门同时征收森林生态效益税；方案三是对林业，家具制造业，木材加工及木、竹、藤、棕、草制品业和造纸及纸制品业四部门同时征税。

四　结果与分析

根据前述投入产出价格模型，分别构建投入产出成本定价模型和溢价定价模型，在三个方案下征收 10% 的森林生态效益税对陕西省各产业所带来的价格变化结果见表 10 - 2。

表 10 - 2　征收 10% 的森林生态效益税三种方案下的陕西各产业价格变化

单位：%

产业	方案一		方案二		方案三	
	成本定价	溢价定价	成本定价	溢价定价	成本定价	溢价定价
1. 农业	0.0302	0.0377	0.0949	0.1245	0.1234	0.1589
2. 林业	/	/	0.0824	0.1088	/	/
3. 畜牧业	0.0493	0.0610	0.1484	0.1938	0.1960	0.2515
4. 渔业	0.0535	0.0643	0.1389	0.1810	0.1908	0.2423
5. 农林牧渔服务业	0.3591	0.4012	0.2675	0.3184	0.6178	0.7049
6. 家具制造业	0.1274	0.2042	/	/	/	/
7. 木材加工及木、竹、藤、棕、草制品业	0.3549	0.5459	/	/	/	/
8. 造纸及纸制品业	0.0101	0.0163	/	/	/	/
9. 谷物磨制业	0.0253	0.0349	0.0921	0.1324	0.1158	0.1642
10. 植物油加工业	0.0289	0.0451	0.1497	0.2242	0.1772	0.2659
11. 煤炭开采和洗选、石油和天然气开采业	0.0272	0.0400	0.1218	0.1779	0.1474	0.2147
12. 金属采矿业、非金属矿和其他采矿业	0.0070	0.0132	0.1130	0.1636	0.1181	0.1727
13. 食品制造业	0.0162	0.0244	0.8832	1.0236	0.8971	1.0434
14. 烟草制品业	0.0081	0.0110	0.7179	0.7374	0.7246	0.7458
15. 纺织、鞋帽皮革羽绒及其制品业	0.0575	0.0712	0.1665	0.2101	0.2218	0.2773
16. 印刷及文教体育用品制造业	0.0096	0.0171	3.5499	4.0607	3.5521	4.0645
17. 石油加工、炼焦及核燃料加工业、化学工业	0.0157	0.0258	0.1751	0.2417	0.1892	0.2638

续表

产业	方案一		方案二		方案三	
	成本定价	溢价定价	成本定价	溢价定价	成本定价	溢价定价
18. 非金属矿物制品业	0.0095	0.0179	0.2152	0.2956	0.2220	0.3079
19. 金属制品、金属冶炼及压延加工业	0.0092	0.0171	0.1061	0.1661	0.1137	0.1797
20. 通用、专用设备制造业	0.0084	0.0164	0.1663	0.2355	0.1714	0.2453
21. 交通运输设备制造业	0.0088	0.0156	0.1871	0.2408	0.1926	0.2500
22. 电气机械及器材制造业	0.0120	0.0229	0.3318	0.4293	0.3373	0.4397
23. 通信设备、计算机及其电子设备制造业	0.0098	0.0184	0.2633	0.3451	0.2692	0.3555
24. 仪器仪表及文化办公机械制造业及其他制造业	0.0212	0.0386	0.5703	0.6944	0.5751	0.7030
25. 废品废料	0.0000	0.0000	0.0000	0.0000	0.0000	0.0000
26. 电力、热力、燃气和水的生产与供应业	0.0099	0.0178	0.0875	0.1397	0.0962	0.1549
27. 建筑业	0.1087	0.1250	0.2392	0.3089	0.3416	0.4227
28. 交通运输及仓储业	0.0063	0.0112	0.1065	0.1533	0.1117	0.1622
29. 邮政业	0.0104	0.0132	0.2965	0.3083	0.3047	0.3180
30. 信息传输、计算机服务和软件业	0.0053	0.0095	0.1620	0.2062	0.1657	0.2122
31. 批发零售业	0.0037	0.0061	0.1061	0.1368	0.1089	0.1412
32. 住宿餐饮业	0.0222	0.0256	0.3447	0.3640	0.3652	0.3867
33. 金融业	0.0072	0.0131	0.3513	0.4952	0.3563	0.5032
34. 房地产业	0.0021	−0.0180	0.0811	−0.5419	0.0827	−0.5545
35. 租赁和商务服务业	0.0106	0.0150	0.4485	0.5113	0.4571	0.5225
36. 研究与试验发展、综合技术服务业	0.0096	0.0162	0.3940	0.4538	0.3980	0.4597
37. 水利、环境和公共设施	0.0028	0.0043	0.1244	0.1390	0.1258	0.1409
38. 居民服务和其他服务业	0.0092	0.0150	0.3832	0.4465	0.3895	0.4561
39. 教育	0.0061	0.0093	0.1805	0.2005	0.1833	0.2044
40. 卫生、社会保障和社会福利业	0.0125	0.0201	0.2688	0.3063	0.2743	0.3149
41. 文化、体育和娱乐业	0.0067	0.0092	1.1832	1.1044	1.1863	1.1082
42. 公共管理和社会组织	0.0062	0.0088	0.2653	0.2964	0.2698	0.3021

　　首先，根据表10-2中方案一的数据结果，对林业征收10%的森林生态效益税引起了陕西省各产业部门价格普遍略有上涨，尤其是农林牧渔服务业，在成本定价法和溢价定价法情况下将分别上涨0.3591%和0.4012%，其次是木材加工及木、竹、藤、棕、草制品业，在成本定价法和溢价定价法

下将分别上涨 0.3549% 和 0.5459%。从表 10-2 中也可以看到征收该森林生态效益税引起其他产业部门价格上升的情况。其中，相对于其他产业，征收森林生态效益税对家具制造业和建筑业价格的影响较大。

其次，在方案二下，从成本定价法的计算结果来看，征收 10% 的森林生态效益税引起价格升高最大的几个产业分别是印刷及文教体育用品制造业，文化、体育和娱乐业，食品制造业和烟草制品业。在成本定价法下，它们的价格将分别上升 3.5499%、1.1832%、0.8832% 和 0.7179%。在溢价定价法的计算结果中，印刷及文教体育用品制造业，文化、体育和娱乐业，食品制造业这 3 个产业的价格上升幅度都达到了 1% 以上。

再次，由于扩大征税范围，采用方案三比方案二应给陕西省价格体系产生更大的冲击，但总体上看，方案二和方案三对陕西价格体系所产生的影响相差不大。部分产业在两种方案下的产品价格变化几乎相同，如邮政业，教育，住宿餐饮业，水利、环境和公共设施，烟草制品业等。从溢价定价法的结果来看，在征收 10% 森林生态效益税的情况下，印刷及文教体育用品制造业、食品制造业，文化、体育和娱乐业这 3 个部门产品价格上升都超过了 1%。

最后，在三种不同方案下，两种定价方式所得的结果大致相同，采用溢价定价法计算的结果略高于采用成本定价法的结果，但差别不大。这说明企业无论采用何种定价方式，征收森林生态效益税对陕西价格体系的影响差异不大。

五 总结与讨论

政府财政手段是我国生态补偿机制的主要措施。当前扩大资金来源、建立多元化融资渠道日益成为我国完善生态补偿机制的关键。税收是政府按照一定的标准、强制无偿地取得财政收入的一种形式，具有强制性、无偿性、固定性特征。生态税费可以改变市场信号，提高生态效益的占用和利用成本。同时，依据环境经济学理论，相比于行政管制手段，生态税费对相关利益主体具有经济激励机制，也有利于提高生态补偿机制的实施效率。

未来我国将逐步建立和完善生态环境税费体系。本节提出了森林生态效益税，依据"使用者付费原则"（UPP）和"受益者付费原则"（BPP），该税是以那些受益于森林生态效益，对森林资源开发利用、森林生态环境产生不良影响的生产、经营、开发者为征收对象，向相关受益产业所征收的税费，如木材加工、家具制造、造纸及纸制品企业等。当然，实施该森林生态效益税必须进行科学、严谨的论证，如立法依据、课征方法、税收所带来的资源配置效应、公平与效率情况，也包括对地区经济总量和价格水平的影响等。

本节在论证和设计森林生态效益税的基础上，通过构建 2007 年陕西省林业投入产出简表，利用投入产出法分析了征收森林生态效益税对陕西省价格体系产生的影响。在确定课征对象、征收 10% 的森林生态效益税的三种方案中，方案一、方案二和方案三所引起的价格体系的变动幅度依次上升，且方案二和方案三的差别不大。因此，征收森林生态效益税不会对陕西省价格体系造成大的影响，在我国实施森林生态效益税具有一定的可行性。在大多数情况下，如方案二和方案三中，食品制造业、印刷及文教体育用品制造业、文化体育和娱乐业这三个产业对征收森林生态效益税的反应都较为敏感。因此，政府在制订森林生态效益税方案时应重点考虑该税收对这三个部门的影响及其承受能力。此外，投入产出分析中两种价格模型的计算结果略有差异，溢价定价法得到的结果略高于成本定价法的结果。这两种定价方式现实中都存在，企业也经常采用这两种定价方式，两种结论可以同时参考和借鉴。当前我国一些地区发展资源采掘业造成了较严重的污染和生态破坏问题。本节的研究方法也适用于政府对煤炭、石油、天然气等资源采掘业征收生态补偿税时，该税收对该地区各产业价格水平的影响。

第三节　基于社会核算矩阵的森林生态效益税对陕西价格水平的影响

一　社会核算矩阵原理概述

联合国编写的 *System of National Accounts* 1993 将社会核算矩阵（SAM）定义为以矩阵形式表示的 SNA 账户。它刻画了供给表和使用表与部门账户之间的关系。在许多情况下，SAM 已经被用于分析经济体的结构特征与住户阶层的收入分配及支出之间的相互关系。SAM 与国民经济核算账户有着密切的关系，通过住户部门的特殊分类和劳动力市场的详细描述，可以反映出 SAM 对人在经济中的作用的特别关注。

基于 SAM 的模型方法，有以下假设：价格为常量，并且在一定时期内，生产技术不变，资源充分供给。在这些假定下，利用乘数方法可以估计外生账户受到冲击时对整个经济系统的影响。SAM 反映了生产活动、要素收入分配、最终消费和投资等各个经济主体间的联系。它是分析国家或地区生产和收入分配的有力工具，同时也是建模和政策分析的数据基础。

（一）社会核算矩阵的基本结构

出于分析的需要，SAM 将其账户分为内生账户和外生账户。在表 10 - 3 简化的社会核算矩阵（SAM）表中，内生账户包含了三个大类——要素、机构和活动（包括居民和企业）。要素账户集结了劳动力、土地和资本等生产要素，机构账户主要包括企业和居民，活动账户综合了经济系统中各类生产活动。居民又可以按照城乡和收入水平的高低划分为若干类。政府、资本和其他地区账户等统一归结为外生账户[①]（见表 10 - 3）。

表 10 - 3   一个简化的社会核算矩阵

		内生账户			外生账户	合计
		1. 要素	2. 机构	3. 活动		
内生账户	1. 要素	0	0	T_{13}	x_1	y_1
	2. 机构	T_{21}	T_{22}	0	x_2	y_2
	3. 活动	0	T_{32}	T_{33}	x_3	y_3
外生账户		L_1	L_2	L_3	R	
合 计		y'_1	y'_2	y'_3		

在以分块矩阵表示的内生账户中，T_{33} 反映了生产活动之间的中间投入需求，实质上就是投入产出表的中间流量部分；T_{32} 反映了各个机构（通常为各类居民和企业）对产品的支出模式；T_{13} 反映了生产活动创造的增加值在要素间的分配；T_{21} 反映了要素收入在不同类别居民和企业之间的分配模式；T_{22} 反映了收入在机构内部，即企业和各组居民之间的转移。

---

① 一般而言，内生账户中的"机构"特指居民和企业，政府被归入"外生账户"中。因为内生化选择的不同，机构也可以包括企业、居民和政府。

（二）社会核算矩阵与投入产出表的异同分析

投入产出表描述的是机构单位的交易（不包括按照货物和服务类以及产业部门双重分类的投入产出表）。投入产出表中第四象限是空白的，即没有描述增加值和最终支出的相互关系。投入产出表着重于对生产领域以及收入初次分配的核算，因此具有一定的片面性。

SAM 类似于投入产出表，但可以弥补其不足。通过采用灵活的分类原则，对投入产出表的一系列账户进行拓展以描述中间环节的整个收入流量，就可以得到 SAM。SAM 提供了一个建立在内生账户逆矩阵基础上的线性模型框架。与系数固定的投入产出模型相比，建立在 SAM 基础上的逆矩阵使得相关乘数的拓展与分析更加完整，并可以对外生冲击（比如政府支出和外贸等变化）的影响进行分析，可以研究收入分配与再分配效应。这一点是投入产出表所不能解决的。

SAM 是以复式记账原则为基础建立的，但是 SAM 比投入产出表需要用到更多的数据，在投入产出表的基础上增加一定的行和列，从而增加了各类机构的信息，是对投入产出表的拓展，更进一步地细化了投入产出模型，描述了经济体系的整体面貌，并且将投入产出表与宏观经济账户统一在一个一致的框架下，通过矩阵的均衡反映生产账户、要素账户和各类机构账户间的联结关系。SAM 方法的应用范围广泛，尤其适合分析和预测现阶段我国经济快速发展中出现的问题。

（三）SAM 账户乘数

类似于投入产出模型中的直接消耗系数矩阵，在 SAM 中可以定义平均支出倾向矩阵（Matrix of Average Expenditure Propensities）。该矩阵中各元素的值是由内生账户中的每个元素除以其所在列的合计值得到的。以 A_n 表示平均支出倾向矩阵，并依照表 10 – 3 简化 SAM 中内生账户的形式对 A_n 进行分块，得到：

$$A_n = \begin{bmatrix} 0 & 0 & A_{13} \\ A_{21} & A_{22} & 0 \\ 0 & A_{32} & A_{33} \end{bmatrix} \qquad \text{式（10 – 12）}$$

定义了 A_n 后，就可以将社会核算矩阵的内生账户和外生账户间的数学平衡关系厘清（见表 10 – 4）需要说明的是：表 10 – 4 中的 A_l 表示平均漏出倾向矩阵，因本节不研究内生账户对外生账户的影响，这里仅在表 10 – 4 中列出 A_l 与其他数字矩阵的关系，但并不加以解释。

表 10 - 4　社会核算矩阵账户平衡关系[*]

	内生账户	外生账户	合计
内生账户	$T = A_n \hat{y}_n$	X	$y_n = A_n y_n + x$
外生账户	$L = A_l \hat{y}_n$	R	$y_x = A_l y_n + Re$
合计	$y_n' = (e'A_n + e'A_l)\hat{y}_n$ $\therefore e' = e'A_n + e'A_l$	$y_x' = e'X + e'R$ $\therefore A_t y_n - X'e = (R' - R)e$	$\lambda'_a y_n = x'e$
$A_n = T\hat{y}_n^{-1}$	内生变量的平均支出倾向矩阵		
$A_l = L\hat{y}_n^{-1}$	平均漏出倾向矩阵		
$\lambda'_a = e'A_l$	矩阵 A_l 的列和向量		
T	内生账户之间的交易矩阵		
X	从外生账户到内生账户的注入矩阵		
L	从内生账户到外生账户的漏出矩阵		
R	外省账户之间的交易矩阵		

资料来源：引自 Graham Pyatt, Jeffery I. Round, "Accounting and Fixed Price Multipliers in a Social Accounting Matrix Framework", *The Economic Journal*, 89 (December 1979), p. 856。

如表 10 - 4 所示，内生账户所在的行合计，即内生账户总收入 y_n 就可以表示成：

$$y_n = A_n y_n + x = (I - A_n)^{-1} x = M_a x \qquad 式(10 - 13)$$

在式 (10 - 13) 中，$y_n = [y_1 \quad y_2 \quad y_3]^T$；$x = [x_1 \quad x_2 \quad x_3]^T$。

M_a 称为账户乘数矩阵（Accounting Multiplier Matrix），它反映了 SAM 数据流之间的基本关联，M_a 中的第 (i, j) 个元素反映了来自外生账户 x_j 的冲击对内生账户 y_i 产生的总效应。具体如下所示：

$$y_1 = A_{13} y_3 + x_1 \qquad 式(10 - 14)$$

$$y_2 = A_{21} y_1 + A_{22} y_2 + x_2 \qquad 式(10 - 15)$$

$$y_3 = A_{32} y_2 + A_{33} y_3 + x_3 \qquad 式(10 - 16)$$

变形为：

$$y_1 = A_{13} y_3 + x_1 \qquad 式(10 - 17)$$

$$y_2 = (I - A_{22})^{-1}(A_{21} y_1 + x_2) = (I - A_{22})^{-1} A_{21} y_1 + (I - A_{22})^{-1} x_2$$

$$式(10 - 18)$$

$$y_3 = (I - A_{33})^{-1}(A_{32}y_2 + x_3) = (I - A_{33})^{-1}A_{32}y_2 + (I - A_{33})^{-1}x_3$$

式（10 – 19）

SAM 账户乘数效应不仅反映账户直接影响和间接影响，而且反映由要素、家庭收入和活动产出所导致的效应。这种效应产生于外生的（政策决定的或客观的）冲击。同时，它反映了 SAM 中的账户平衡情况，以其独特的视角展示了经济—社会系统结构。

二　陕西省 2007 年林业细化社会核算矩阵（FSAM – 2007）的构建与数据来源

（一）陕西省林业细化社会核算矩阵（FSAM – 2007）的账户设置

在上一节投入产表的基础上，本节所构建的陕西省细化社会核算矩阵包括了 42 个产业分类。由于本研究侧重考察林产品价格变化对陕西省社会经济的冲击影响，因此需要把与林业密切相关的产业从 142 部门的陕西投入产出表中提取出来，它们分别是林业，家具制造业，木材加工及木、竹、藤、棕、草制品业，造纸及纸制品业 4 个产业部门。在考察林业相关产业的价格变化对陕西省经济的影响时需要着重考察对农村居民的影响，因此在产业分类时也要考虑与农村居民生活密切相关的产业，如农业、林业以及农林牧渔服务业等。此外，再考虑数据的可得性和与准确性，我们把《2007 年陕西投入产出表》中的 142 部门的产业分类根据研究的需要合并成 24 部门的产业分类，即确定了陕西林业细化社会核算矩阵活动账户中的产业分类（见表 10 – 5）。

除了上述产业部门分类外，本社会核算矩阵还有要素账户（包括了劳动力、土地资本和非土地的资本 3 项）；为了说明林业相关产业的价格变化对社会经济体系产生的外生冲击给农村居民生活产生的影响，本研究把居民账户中的农村居民按照纯收入划分了 5 组，还包括 1 个企业账户以及政府账户、国外账户、省际账户、资本账户 4 个外生账户。陕西细化社会核算矩阵共包括 34 个内生账户和 4 个外生账户（见表 10 – 5）。

（二）2007 年陕西省林业细化社会核算矩阵（FSAM – 2007）数据来源的简要说明

编制本节 2007 年陕西省林业细化社会核算矩阵（FSAM – 2007）的数据来源较多，主要有：2007 年 142 部门的《陕西省投入产出表》、《中国统

表 10 - 5   2007 年陕西省林业细化社会核算矩阵账户设置一览

内生账户			外生账户
活动账户	要素账户	机构账户	
1. 农业	13. 电力、热气、燃气、水的生产和供应业	25. 劳动力	28. 城镇居民	资本
2. 林业	14. 建筑业	26. 土地	29. 农村低收入户	省际
3. 畜牧业	15. 交通运输、仓储和邮政业	27. 非土地资本	30. 农村中低收入户	国外
4. 渔业	16. 信息传输、计算机服务业和软件业		31. 农村中等收入户	政府
5. 农林牧渔服务业	17. 批发和零售业		32. 农村中高收入户	
6. 家具制造业	18. 住宿和餐饮业		33. 农村高收入户	
7. 木材加工及木、竹、藤、棕、草制品业	19. 金融业		34. 企业	
8. 造纸及纸制品业	20. 房地产业			
9. 采矿业	21. 租赁和商务服务业			
10. 食品制造及烟草加工业	22. 教育			
11. 纺织、纺织服装鞋帽皮革羽绒及其制品业	23. 文化、体育和娱乐业			
12. 加工、制造业、废品废料	24. 其他行业			

注：其他行业包括居民服务业，水利、环境和公共设施管理业等。
资料来源：笔者研究。

计年鉴 2008》、《中国统计年鉴 2003》、《陕西统计年鉴 2008》、《中国金融年鉴 2005》、陕西海关统计报表、《2007 年中国国际收支平衡表》等，并利用 GTAP 4.0 系数测算土地资本报酬，"海关综合信息资讯网"得到按 HS8 位编码统计的进口产品关税税率等，少部分数据经推算而得到。

（三）采用交叉熵法对 FSAM - 2007 进行账户的平衡

SAM 数据采用多种来源进行收集往往导致 SAM 账户数据的不平衡，需要采用一些技术手段来进行校正和平衡。目前通常采用的 SAM 表的平衡方法有 RAS 法和交叉熵法（Cross-Entropy，简称 CE 法）。CE 方法的核心思想在于找到一个新的数据矩阵，使得新、旧数据矩阵之间的差异最小化，这种差异通过 Kullback-Leibler 提出的 Cross-Entropy 距离来体现。将 CE 方法应用到平衡 SAM 的问题可以表述成：在满足所有约束条件下，通过最小交叉熵差值的方法，找到一个与初始的社会核算矩阵 X^0 尽可能接近的新的社会核算矩阵

X^1。运用 CE 方法平衡后的 SAM 的系数矩阵更加与初始的系数矩阵相似。

本节采用 GAMS 23.5 软件对前述收集的 FSAM – 2007 的初始数据进行了 CE 平衡。

三　基于 SAM 价格乘数模型的森林生态效益税对陕西省价格水平的影响分析

本节确定的森林生态效益税的税率仍为 10%，并以 10% 的税率进行价格影响的定量分析。

依据前述所构建的 2007 年陕西林业细化社会核算矩阵数据表，以下考察在征收 10% 的森林生态效益税的情况下陕西省价格体系的变化情况。根据社会核算矩阵价格乘数模型可得到以下数据结果（见表 10 – 6）。

表 10 – 6　2007 年陕西省产品部门、机构和要素的 SAM 价格乘数

产业	农业	林业	农林牧渔服务业	家具制造业	木材加工及木、竹、藤、棕、草制品业	造纸及纸制品业
农业	1.0061	0.0000	0.0001	0.0003	0.0001	0.0015
林业	0.0102	1.0000	0.0002	0.0004	0.0002	0.0023
畜牧业	0.0266	0.0088	0.0650	0.0004	0.0003	0.0086
渔业	0.0082	0.0000	0.0002	0.0004	0.0001	0.0020
农林牧渔服务业	0.0184	0.1351	1.0002	0.0005	0.0005	0.0043
家具制造业	0.0468	0.0000	0.0002	1.0002	0.0021	0.0081
木材加工及木、竹、藤、棕、草制品业	0.0158	0.0000	0.0002	0.0004	1.0005	0.0032
造纸及纸制品业	0.0272	0.0000	0.0002	0.0003	0.0007	1.4013
采矿业	0.5093	0.0001	0.0010	0.0004	0.0003	0.0227
食品制造及烟草加工业	0.1736	0.0000	0.0001	0.0003	0.0004	0.0705
纺织、纺织服装鞋帽皮革羽绒及其制品业	0.2438	0.0132	0.0976	0.0003	0.0004	0.0027
加工、制造业、废品废料	0.0823	0.0001	0.0004	0.0003	0.0038	0.0142
电力、热气、燃气、水的生产和供应业	0.1021	0.0000	0.0003	0.0004	0.0004	0.0062
建筑业	0.0494	0.0001	0.0004	0.0004	0.0013	0.0063
交通运输、仓储和邮政业	0.0234	0.0000	0.0002	0.0005	0.0008	0.0041
信息传输、计算机服务业和软件业	0.0218	0.0000	0.0002	0.0006	0.0005	0.0039

续表

	农业	林业	农林牧渔服务业	家具制造业	木材加工及木、竹、藤、棕、草制品业	造纸及纸制品业
批发和零售业	0.0115	0.0000	0.0001	0.0005	0.0003	0.0022
住宿和餐饮业	0.0510	0.0000	0.0002	0.0006	0.0003	0.0091
金融业	0.0176	0.0000	0.0002	0.0044	0.0004	0.0031
房地产业	0.0224	(0.0000)	(0.0001)	0.0006	0.0007	0.0032
租赁和商务服务业	0.0239	0.0000	0.0002	0.0004	0.0006	0.0052
教育	0.0230	0.0000	0.0002	0.0006	0.0005	0.0042
文化、体育和娱乐业	0.0307	0.0000	0.0002	0.0004	0.0012	0.0056
其他行业	0.0266	0.0000	0.0002	0.0005	0.0007	0.0098
劳动力	0.0161	0.0000	0.0002	0.0007	0.0003	0.0034
土地资本	0.0038	0.0000	0.0001	0.0001	0.0001	0.0010
非土地资本	0.0082	0.0000	0.0002	0.0004	0.0001	0.0020
农村低收入户	0.0304	0.0000	0.0001	0.0001	0.0014	0.0056
农村中低收入户	0.0173	0.0000	0.0001	0.0000	0.0005	0.0046
农村中等收入户	0.0158	0.0001	0.0008	0.0002	0.0002	0.0047
农村中高收入户	0.0164	0.0001	0.0007	0.0006	0.0002	0.0070
农村高收入户	0.0400	0.0001	0.0006	0.0042	0.0002	0.0042
城镇居民	0.0111	0.0000	0.0001	0.0002	0.0003	0.0018
企业	0.0025	0.0000	0.0000	0.0000	0.0001	0.0004

注：（ ）代表其数值为负。

结果分析如下：

（1）就生产部门来看，表 10-6 的结果显示，农业部门的价格乘数较其他部门大，这说明农业对整个经济的价格水平影响较大，同时也反映了在陕西省的经济结构中，农业所占的比重较大。对林业征收森林生态效益税除了会对林业部门本身的价格产生较大影响外，还会对农林牧渔服务业产生较大影响。对林业征收 10% 的森林生态效益税，会使农林牧渔服务业产品价格上涨 1.351%，也会使纺织、纺织服装鞋帽皮革羽绒及其制品业产品价格上涨 0.132%。木材加工及木、竹、藤、棕、草制品业和家具制造业的价格乘数都非常小，对陕西省价格体系的影响十分有限。对造纸和纸制品业征收 10% 的森林生态效益税会使采矿业，食品制造及烟草加工业和加工、制造业、废品废料的产品价格分别上涨 0.227%、0.705%、0.142%。

（2）就要素账户中的土地资本和非土地的资本来看，征税行为对土地

资本和非土地资本的价格影响都不大；从相对数上来看，非土地资本的价格
涨幅比土地资本大。

（3）从居民账户来看，对林业征收 10% 的森林生态效益税对城镇居民
和农村居民的消费价格指数（CPI）影响都较小，对城镇和农村居民的生活
影响不大。这其中的原因可能是陕西省的商品林较少，大部分农村居民使用
森林资源较少。家具制造业和木材加工及木、竹、藤、棕、草制品业对农村
居民中的中高收入组和高收入组的居民以及城镇居民的消费价格指数
（CPI）有一定影响。在农村居民中，受森林生态效益税的影响整体上并不
十分明显。这可能是由于农村居民限于国家政策在林业方面的收入来源
较少。

（4）通过对各产业部门和居民的价格乘数平均值的计算，这里分析了
部分产业产品价格对整体价格水平的影响。计算结果见表 10 - 7。

表 10 - 7 2007 年部分陕西省产品部门的价格乘数平均值

产品部门 生产部门和居民	农业	林业	农林牧 渔服务业	家具 制造业	木材加工及木、竹、 藤、棕、草制品业	造纸及 纸制品业
生产部门	0.1072	0.0482	0.0487	0.0423	0.0424	0.0487
农村居民	0.0240	0.0001	0.0004	0.0010	0.0005	0.0052
城镇居民	0.0111	0.0000	0.0001	0.0002	0.0003	0.0018
居民	0.0175	0.0000	0.0003	0.0006	0.0004	0.0035

从表 10 - 7 中可以看出对林业，家具制造业，木材加工及木、竹、藤、
棕、草制品业和造纸及纸制品业征收 10% 的森林生态效益税，分别会使经
济中的整体价格水平平均上升 0.482%、0.423%、0.424%、0.487%。这
说明在陕西省的经济结构中，这些产业所占的比重并不高。此外，征收
10% 的森林生态效益税对居民消费价格指数（CPI）的影响并不大。总之，
林业及相关各产业并不是陕西省的支柱产业，其价格变化对整个陕西经济体
系的影响不大。

四 总结与建议

本节继续构建了陕西省林业细化社会核算矩阵，利用社会核算矩阵的价
格乘数模型定量分析了征收森林生态效益税对陕西省价格体系所产生的影

响，得到的主要结论如下。

（1）陕西省各产业部门对征收森林生态效益税的反应都不敏感。从分析结果上来看，对林业，家具制造业，木材加工及木、竹、藤、棕、草制品业和造纸及纸制品业征收 10% 的森林生态效益税，分别会使经济中的整体价格水平平均上升 0.482%、0.423%、0.424%、0.487%。

（2）与基于投入产出表的分析结果类似，森林生态效益税的征收对居民的影响较小。从研究结果来看，森林生态效益税的征收对农村居民的影响不大，这与国家对农村居民的林地和林木资源管理较为严格有关，另外也说明与林业相关的产业给农村居民带来的收入占总收入的比重较小，农村居民对森林的管护激励不足，不利于促进森林资源的可持续发展。

根据上述分析得出的结论，这里也有如下建议。

（1）森林生态效益税可以对开发利用森林资源的企业生产行为进行调节，促进陕西省森林资源的合理开发和利用，兼具税收的公平性，也可以为森林生态补偿筹措到更多的资金。

（2）需要进一步对森林生态效益税的方案进行完善。由于本章仅对森林生态效益税所引起的价格影响进行评估，对生态效益税可能会产生的其他影响还有待进一步的研究。

（3）政府应加大对农村居民的扶持力度，改善农村居民的生活，体现森林资源对农村居民生活改善的作用。森林资源与农村居民的生活关系密切，由于国家限制农民对森林的砍伐，山区农民对森林资源的使用大多限于自家的自留山，且仅能保证基本薪柴使用。政府应使森林资源产权更加明晰，使农村居民拥有更多的林地和林木使用权、处置权，改善农村居民生活。

参考文献

［1］Adams, W. M. , Aveling, R. , Brockington, D. , et. al. , "Biodiversity Conservation and the Eradication of Poverty", *Science*, 306 (5699), 2004.

［2］Adams, W. M. , *Against Extinction: the Story of Conservation* (London: Earthscan Publications, 2004).

［3］Adhikari, B. , Falco, S. D. , Lovett, J. C. , "Household Characteristics and Forest Dependency: Evidence from Common Property Forest Management in Nepal", *Ecological Economics*, 48 (2), 2004.

［4］Agrawal, A. , "Common Property Institutions and Sustainable Governance of Resources", *World Development*, 29 (10), 2001.

［5］Agrawal, A. , Chhatre, A. , "Explaining Success on the Commons: Community Forest Governance in the Indian Himalaya", *World Development*, 34 (1), 2006.

［6］Agrawal, A. , Yadama, G. , "How do Local Institutions Mediate the Impact of Market and Population Pressures on Resource Use", *Development and Change*, 28 (3), 1997.

［7］Aigner, D. J. , Lovell, C. A. K. , Schmidt, P. , "Formulation and Estimation of Stochastic Frontier Production Function Models", *Journal of Econometrics*, 6 (1), 1977.

［8］Alkire, S. , Foster, J. , "Counting and Multidimensional Poverty

Measurement", *Journal of Public Economics*, 95 (7 – 8), 2011.

[9] Anderson, J., Benjamin, C., Campell, B., et. al., "Forests, Poverty and Equity in Africa: New Perspectives on Policy and Practice", *International Forestry Review*, 8 (1), 2006.

[10] Araral, E. J. R., "What Explains Collective Action in the Commons? Theory and Evidence from the Philippines", *World Development*, 37 (3), 2009.

[11] Arneson, R. J., "Human Flourishing Versus Desire Satisfaction", *Social Philosophy & Policy*, 16 (1), 1999.

[12] Ashley, C., Carney, D., "Sustainable Livelihoods: Lessons from Early Experience", *Department for International Development*, 1999.

[13] Atmiş, E., Iśmet, Dasdemir, Lise, W., et. al., "Factors Affecting Women's Participation in Forestry in Turkey", *Ecological Economics*, 60 (4), 2007.

[14] Babulo, B., Muys, B., et. al., "Household Livelihood Strategies and Forest Dependence in the Highlands of Tigray, Northern Ethiopia", *Agricultural Systems*, 98 (2), 2008.

[15] Barnum, H. N., Squire, L., "An Econometric Application of the Theory of the Farm Household", *Journal of Development Economics*, 6 (1), 1979.

[16] Basu, K., "Achievements, Capabilities and the Concept of Well-being", *Social Choice and Welfare*, 4 (1), 1987.

[17] Bayard, B., Jolly, C., "Environmental Behavior Structure and Socio-economic Conditions of Hillside Farmers: A Multiple-group Structural Equation Modeling Approach", *Ecological Economics*, 62 (3), 2007.

[18] Bebbington, A., "Capitals and Capabilities: A Framework for Analyzing Peasant Viability, Rural Livelihoods and Poverty", *World Development*, 27 (12), 1999.

[19] Beedell, J. D. C., Rehman T., "Explaining Farmers' Conservation Behavior: Why Do Farmers Behave the Way They Do?", *Journal of Environmental Management*, 57 (3), 1999.

[20] Bennett, M. T., "China's Sloping Land Conversion Program: Institutional

Innovation or Business as Usual?", *Ecological Economics*, 65 (4), 2008.

[21] Bernstein, M. , "Well-being", *American Philosophical Quarterly*, 35 (1), 1998.

[22] Bhim, A. , Salvatore, D. F. , Jon, C. L. , "Household Characteristics and Forest Dependency: Evidence from Common Property Forest Management in Nepal", *Ecological Economics*, 48 (2), 2004.

[23] Bina, A. , "Participatory Exclusions, Community Forestry, and Gender: An Analysis for South Asia and a Conceptual Framework", *World development*, 29 (10), 2001.

[24] Boahene K. , "Innovation Adoption as a Socio-economic Process", *Journal of Industrial Economics*, 62 (1), 1995.

[25] Boahene, K, Snijders, T. A. B. , Folmer, H. , "An Integrated Socioeconomic Analysis of Innovation Adoption: The Case of Hybrid Cocoa in Ghana", *Journal of Policy Modeling*, 21 (2), 1999.

[26] Bourguignon, F. , Chakravarty, S. R. , "The Measurement of Multidimensional Poverty", *Journal of Economic Inequality*, 1 (1), 2003.

[27] Bowlus, Audra, Terry, S. , "Moving Toward Markets? Labor Allocation in Rural China", *Journal of Development Economics*, 71 (2), 2003.

[28] Brendan, Fisher, Kassim, Kulindwa, Iddi, Mwanyok, R. , Kerry, Turner, Neil, D. , Burgess, "Common Pool Resource Management and PES: Lessons and Constraints for Water PES in Tanzania", *Ecological Economics*, 69 (6), 2010.

[29] Brian, Belcher, Manuel, Ruiz-Pe'rez, Ramadhani, Achdiawan, "Global Patterns and Trends in the Use and Management of Commercial NTFPs: Implications for Livelihoods and Conservation", *World Development*, 33 (9), 2005.

[30] Brooke, A. Z. , Barbara, A. K. , "Participation Rhetoric or Community-based Management Reality? Influences on Willingness to Participate in a Venezuelan Freshwater Fishery", *World Development*, 32 (5), 2004.

[31] Brown, K. , Corbera, E. , "Exploring Equity and Sustainable Development in the New Carbon Economy", *Climate Policy*, 3 (3), 2003.

[32] Buckner, J. C. , " The Development of an Instrument to Measure Neighborhood Cohesion", *American Journal of Community Psychology*, 16 (6), 1988.

[33] Bulte E. H. , Lipper L, Stringer R. , Zilberman D. , "Payments for Ecosystem Services and Poverty Reduction: Concepts, Issues, and Empirical Perspectives", *Environment and Development Economics*, 13, 2008.

[34] Carney, D. , "Implementing the Sustainable Rural Livelihoods Approach", *Paper presented to the DFID Natural Resource Advisors Conference*, London: Department for International Development UK, 1998.

[35] Carter, M. R. , "Environment, Technology, and the Social Articulation of Risk in West African Agriculture", *Economic Development and Cultural Change*, 45 (3), 1997.

[36] Cerioli, A. , Zani, S. , " A Fuzzy Approach to the Measurement of Poverty", *Income and Wealth Distribution, Inequality and Poverty, Studies in Contemporary Economics*, ed. Dagum, C. , Zenga, M. (Berlin: Springer Verlag, 1990).

[37] Chambers, R. , Conway, G. , "Sustainable Rural Livelihoods: Practical Concepts for the 21st Century", *IDS Discussion Paper*, 296, 1992.

[38] Cheli, B. , Lemmi, A. , "A Totally Fuzzy and Relative Approach to the Multidimensional Analysis of Poverty", *Economic Notes*, 24 (1), 1995.

[39] Chen, X. , Lu, P. F. , Vina, A. , He, G. , Liu, J. , "Using Cost-Effective Targeting to Enhance the Efficiency of Conservation Investments in Payments for Ecosystem Services", *Conservation Biology*, 24 (6), 2010.

[40] Clark, C. G. , et. al. , "Local Enforcement and Better Forests", *World Development*, 33 (2), 2005.

[41] Clements, T. , John, A. , Nielsen, K. , et. al. , " Payments for Biodiversity Conservation in the Context of Weak Institutions: Comparison of Three Programs from Cambodia", *Ecological Economics*, 69 (6), 2010.

[42] Constance, D. B. , "Grassroots to Grassroots: Why Forest Preservation was Rapid at Loma Alta, Ecuador", *World Development*, 31 (1), 2003.

[43] Coomes, O. T. , Barham, B. L. , Yoshito, T. , "Targeting Conservation

Development Initiatives in Tropical Forests: Insights from Analyses of Rain Forest Use and Economic Reliance among Amazonian Peasants", *Ecological Economics*, 51 (1 – 2), 2004.

[44] Cooper, J. C. , Osborn, C. T. , "The Effect of Rental Rates on the Extension of Conservation Reserve Program Contracts", *American Journal of Agricultural Economics*, 80 (1), 1998.

[45] Corbera, E. , Brown, K. , Adger, W. N. , "The Equity and Legitimacy of Markets for Ecosystem Services", *Development and Change*, 38 (4), 2007.

[46] Corbera, E. , Kosoy, N. , Martınez, T. M. , "Equity Implications of Marketing Ecosystem Services in Pro tected Areas and Rural Communities: Case Studies from Meso-America", *Global Environmental Change*, 17 (3 – 4), 2007.

[47] Corbera, E. , Soberanis, C. G. , Brown, K. , "Institutional Dimensions of Payments for Ecosystem Services: An Analysis of Mexico's Carbon Forestry Program", *Ecological Economics*, 68 (3), 2009.

[48] Costanza, R. , D'Arge, R. , Groot, R. D. , et. al. , "The Value of the World's Ecosystem Services and Natural Capital", *Nature*, 387 (15), 1997.

[49] Cummins, R. A. , Eckersley, R. , Lo, S. K. , et. al. , "The Australian Unity Wellbeing Index: An Overview", *Social Indicators Research*, 76, 2003.

[50] Daily, G. C. , *Nature's Services: Societal Dependence on Natural Ecosystems* (Washington D. C. : Island Press, 1996).

[51] Daily, G. C. , Matson, P. A. , "Ecosystem Services: From Theory to Implementation", *Proceedings of the National Academy of Sciences*, 105 (28), 2008.

[52] Daily, G. C. , Polasky S. , Goldstein J. , et. al. "Ecosystem Services in Decision Making: Time to Deliver", *Frontier in Ecology and Environment*, 7 (1), 2009.

[53] Dang, V. Q. , Anh, T. N. , "Commercial Collection of NTFPs and

Households Living in or Near the Forests: Case Study in Que, Con Cuong and Ma, Tuong Duong, Nghe An, Vietnam", *Ecological Economics*, 60 (1), 2006.

[54] Davies, S., *Livelihoods Coping with Food Insecurity in the Malian Sahel* (London: Macmillan Press, 1996).

[55] DFID, Sustainable Livelihoods Guidance Sheets, London: DFID, 1999.

[56] Dietz, T., Rosa, E., York, R., "Environmentally Efficient Wellbeing: Rethinking Sustainability as the Relationship between Human Wellbeing and Environmental Impacts", *Human Ecology Review*, 16 (1), 2009.

[57] Dorward, A., et. al., "Asset Functions and Livelihood Strategies: a Framework for Propoor Analysis", *Adu Working Papers*, 2001.

[58] Ehrlich, P. R., Kareiva, P. M., Daily, G. C., "Securing Natural Capital and Expanding Equity to Rescale Civilization", *Nature*, 486 (68 – 73), 2012.

[59] Ellis, F., "Household Strategies and Rural Livelihood Diversification", *Journal of Development Studies*, 35 (1), 1998.

[60] Ellis, F., *Rural Livelihoods and Diversity in Developing Countries* (New York: Oxford University Press, 2000).

[61] Engel, S., Pagiola, S., Wunder, S., "Designing Payments for Environmental Services in Theory and Practice: An Overview of the Issues", *Ecological Economics*, 65 (4), 2008.

[62] Enrica, Chappero, Martinetti, "A Multidimensional Assessment of Wellbeing Based on Sen's Functioning Approach", *Rivista Internazionale Di Scienze Sociali*, 108 (2), 2000.

[63] Ervin, C. A., Ervin, D. E., "Factors Affecting the Use of Soil Conservation Practices: Hypotheses, Evidence, and Policy Implications", *Land Economics*, 58 (3), 1982.

[64] Evans, Ngau, "Rural-urbanRelations, Household Income Diversification and Agricultural Productivity", *Development and Change*, 22 (3), 1991.

[65] FAO, Gender and Forestry [EB/OL], http://www.fao.org/gender/en/fore-e.htm, 2006-03-07/2013-01-26.

[66] García-Amado, L. R. , Ruiz Pérez, M. , Escutia, F. R. , et. al. , "Efficiency of Payments for Environmental Services: Equity and Additionality in a Case Study from a Biosphere Reserve in Chiapas, Mexico", *Ecological Economics*, 70 (12), 2011.

[67] Gauvin, C. , Uchida, E. , Rozelle, S. , et. al. "Cost-Effectiveness of Payments for Ecosystem Services with Dual Goals of Environment and Poverty Alleviation", *Environmental Management*, 45, 2010.

[68] Geisler, C. , Sousa, R. D. , "From Refuge to Refugee: The African Case", *Public Administration and Development*, 21 (12), 2001.

[69] Gibson, C. C. , Williams, J. T. , Ostrom, E. , "Local Enforcement and Better Forests", *World Development*, 33 (2), 2005.

[70] Giles, J. , "Is Life More Risky in the Open? Household Risk-coping and the Opening of China's Labor Markets", *Journal of Development Economics*, 81 (1), 2006.

[71] Giovannini, E. , Hall, J. , Morrone, A. , et. al. , "A Framework to Measure the Progress of Societies", *OECD Statistics Working Paper*, 2011.

[72] Graham, Pyatt, Jeffery, I. , Round, "Accounting and Fixed Price Multipliers in a Social Accounting Matrix Framework", *Economic Journal*, 89 (356), 1979.

[73] Grieg-Gran, M. , Porras, I. , Wunder, S. , "How Can Market Mechanisms for Forest Environmental Services Help the Poor? Preliminary Lessons from Latin America", *World Development*, 33 (9), 2005.

[74] Groom, B. , Grosjean, P. , Kontoleon, A. , et. al. , "Relaxing Rural Constraints: a 'Win-Win' Policy for Poverty and Environment in China?" *Oxford Economic Papers*, 62 (1), 2010.

[75] Grosjean, P. , Kontoleon, A. , "How Sustainable are Sustainable Development Programs? The Case of the Sloping Land Conversion Program in China", *World Development*, 37 (1), 2009.

[76] Guerry, A. D. , Polasky, S. , Lubchenco, J. , Chaplin-Kramer R. , Daily G. C. , et. al. "2015, Natural Capital and Ecosystem Services Informing Decisions: From Promise to Practice", *National Academy of Sciences of the*

United States of America (*PNAS*) , 112 (24) , 2015 .

[77] Hansen, D. O. , Erbaugh, J. M. , Napier, T. L. , "Factors Related to Adoption of Soil Conservation Practices in the Dominican Republic", *Journal of Soil and Water Conservation*, 42 (5) , 1987 .

[78] Hausman, Mcfadden, D. , "Specification Tests for the Multinomial Logit Model", *Econometrica*, 52 (5) , 1984 .

[79] Ingrid, Robeyns, "Sen's Capability Approach and Gender Inequality: Selecting Relevant Capabilities", *Feminist Economics*, 9 (2) , 2003 .

[80] Jack, B. K. , Kousky, C. , Sims, K. R. E. , "Designing Payments for Ecosystem Services: Lessons from Previous Experience with Incentive-based Mechanism", *Proceeding of National Academy of Science of the USA*, 105 (28) , 2008 .

[81] Joachim, Nyemeck, Binam, Jean, Tonye, Njankoua, Wandji, "Factors Affecting the Technical Efficiency among Smallholder Farmers in the Slash and Burn Agriculture Zone of Cameroon", *Food Policy*, 29 (5) , 2004 .

[82] Jon, Hutton, William, M. , Adams, James, C. , Murombedzi, "Back to the Barriers? Changing Narratives in Biodiversity Conservation", *Forum for Development Studies*, 32 (2) , 2005 .

[83] Kemkes, R. J. , Farley, J. , Kolib, C. J. , "Determining When Payments are an Effective Policy Approach to Ecosystem Service Provision", *Ecological Economics*, 69 (11) , 2010 .

[84] Kendra, Mcsweeney, "Natural Insurance, Forest Access and Compounded Misfortune: Forest Resources in Smallholder Coping Strategies before and after Hurricane Mitch, Northern Honduras", *World Development*, 33 (9) , 2005 .

[85] Kosoy, N. , Corbera, E. , Brown, K. , "Participation in Payments for Ecosystem Services: Case Studies from the Lacandon Rainforest, Mexico", *Geoforum*, 39 (6) , 2008 .

[86] Kosoy, N. , Corbera, E. , "Payments for Ecosystem Services as Commodity Fetishism", *Ecological Economics*, 69 (6) , 2010 .

[87] Kosoy, N. , Martinez-TunaM, Muradian, R. , Martinez-Alier, J. ,

"Payments for Environmental Services in Watershed: Insights from a Comparative Study of Three Cases in Central America", *Ecological Economics*, 61 (2 – 3), 2007.

[88] Lei, M., Gao, Y., "Application of Green Input-Output Analysis: the Slopping Land Conversion Programs", *Theories and Practice of China Input-Output Tables in 2002*, ed. Xu X. C. & Liu Q. Y. (Beijing: China Statistics Publishing House, 2005).

[89] Leibenstein, H., "Allocative Efficiency vs. X-Efficiency", *American Economic Review*, 56 (3), 1966.

[90] Leventhal, G. S., "What Should be done with Equity Theory? New Approaches to the Study of Fairness in Social Relationships", *Social Exchange Advances in Theory and Research*, ed. Gergen, K., Greenbery, M., Willis, R. (New York: Plenum Press, 1980).

[91] Li, C., Zheng, H., Li, S., Chen, X., Li, J., Zeng, W., Liang, Y., Stephen, Polasky, Marcus, W. Feldman, Mary, Ruckelshaus, Ouyang, Zhiyun and Gretchen, C. Daily, "Impacts of Conservation and Human Development Policy across Stakeholders and Scales", *Proceedings of the National Academy of the Sciences of the United States of America (PNAS)*, 112 (24), 2015.

[92] Li, J., Feldman, M. W., Li, S., Daily, G., "Rural Household Income and Inequality under the Sloping Land Conversion Program in Western China", *Proceedings of the National Academy of Sciences of the United States of America (PNAS)*, 108 (19), 2011.

[93] Liu, J., Dietz, T., Carpenter, S. R., et. al., "Complexity of Coupled Human and Natural Systems", *Science*, 317 (9), 2007.

[94] Llop, M., "Economic Impact of Alternative Water Policy Scenarios in the Spanish Production System: an Input-Output Analysis", *Ecological Economics*, 68 (1), 2008.

[95] Llop, M., Pie, L., "Input-Output Analysis of Alternative Policies Implemented on the Energy Activities: an Application for Catalonia", *Energy Policy*, 36 (5), 2008.

[96] Lopez-Feldman, A. , Taylor, J. E. , "Labor Allocation to Non-timber Extraction in a Mexican Rainforest Community", *Journal of Forest Economics*, 15 (3), 2009.

[97] Lopez-Morales, C. , Duchin, F. , "Policies and Technologies for a Sustainable Use of Water in Mexico: a Scenario Analysis", *Economic Systems Research*, 23 (4), 2011.

[98] Lynne, G. D. , Shonkwiler J. S. , Rola, L. R. , "Attitudes and Farmer Conservation Behavior", *American Journal of Agricultural Economics*, 70 (1), 1988.

[99] Mbaga-Semgalawe, Z. , Folmer, H. , "Household Adoption Behavior of Improved Soil Conservation: the Case of the North Pare and West Usambara Mountains of Tanzania", *Land Use Policy*, 17 (4), 2000.

[100] Meeusen, W. , Broeck, J. V. D. , "Efficiency Estimation from Cobb-Douglas Production Functions with Composed Error", *International Economic Review*, 18 (2), 1977.

[101] Mehmet, Blzoglu, Bedat, Ceyhan, "Measuring the Technical Efficiency and Exploring the Inefficiency Determinants of Vegetable Farms in Sansun Province, Turkey", *Agricultural Systems*, 94 (3), 2007.

[102] Michael, Cernea, "The Risks and Reconstruction Model for Resettling Displaced Populations", *World Development*, 25 (10), 1997.

[103] Michael, M. , Cernea, Kai, Schmidt-Soltau, "Poverty Risks and National Parks: Policy Issues in Conservation and Resettlement", *World Development*, 34 (10), 2006.

[104] Monica, Fisher, Gerald, Shively, "Can Income Shocks Reduce Tropical Forest Pressure? Income Shocks and Forest Use in Malawi", *World Development*, 33 (7), 2005.

[105] Muñoz-Piña, C. , Guevara, A. , Torres, J. , Braña, J. , "Paying for the Hydrological Services of Mexico's Forests: Analysis, Negotiations and Results", *Ecological Economics*, 65 (4), 2008.

[106] Natural Capital Project [EB/OL], http: //www. natural capital pro - ject. org/collaborators. html, 2013 - 01 - 26.

[107] Neef, A. , Singer, J. , "Development-induced Displacement in Asia: Conflicts, Risks and Resilience", *Development in Practice*, 25 (5), 2015.

[108] Nelson E. , Polasky S. , Lewis D. , et. al. "Efficiency of Incentives to Jointly Increase Carbon Sequestration and Species Conservation on a Landscape", *Proceedings of the National Academy of Sciences of the United States of America (PNAS)*, 105 (28), 2008.

[109] Nygren, A. , "Community-based Forest Management within the Context of Institutional Decentralization in Honduras", *World Development*, 33 (4), 2005.

[110] Örjan, B. , Crona, B. I. , "Management of Natural Resources at the Community Level: Exploring the Role of Social Capital and Leadership in a Rural Fishing Community", *World Development*, 36 (12), 2008.

[111] Orr, A. , Mwale, B. , "Adapting to Adjustment: Smallholder Livelihood Strategies in Southern Malawi", *World Development*, 29 (8), 2001.

[112] Ostrom, E. , Gardner, R. , Walker, J. , *Rule, Games and Common Pool Resources* (Ann Arbor, MI: University of Michigan Press, 1994).

[113] Ouyang, Z. , Zheng, H. , Xiao Y. , et. al. , "Improvements in Ecosystem Services from Investments in Natural Capital", *Science*, 352 (6292), 2016.

[114] Pagiola, S. , Arcenas, A. , Latais, G. , "Can Payments for Environmental Services Help Reduce Poverty? An Exploration of the Issues and the Evidence to Date from Latin America", *World Development*, 33 (2), 2005.

[115] Palmer, C. , Macgregor, J. , "Fuel Wood Scarcity, Energy Substitution, and Rural Livelihood in Namibia", *Environmental and Development Economics*, 14 (6), 2009.

[116] Pamela, J. , John, P. , et. al. , "Trading off Environmental Sustainability for Empowerment and Income: Woodlot Devolution in Northern Ethiopia", *World Development*, 33 (9), 2005.

[117] Parfit, D. , *Reasons and Persons* (Oxford: Clarendon Press, 1984).

[118] Pascual, U. , Muradian, R. , Rodríguez, L. C. , Duraiappah, A. ,

"Exploring the Links between Equity and Efficiency in Payments for Environmental Services: a Conceptual Approach", *Ecological Economics*, 69 (6), 2010.

[119] Grosjean P. , Kontoleon A. , "How Sustainable Are Sustainable Development Programs? The Case of the Sloping Land Conversion Program in China", *World Development*, 37 (1), 2009.

[120] Peter, F. , Bruce, C. , "In Search of Improved Rural Livelihoods in Semi-arid Regions through Local Management of Natural Resources: Lessons from Case Studies in Zimbabwe", *World Development*, 35 (11), 2007.

[121] Perz, S. G. , "The Effects of Household Asset Endowments on Agricultural Diversity among Frontier Colonists in the Amazon", *Agro Forestry Systems*, 63 (3), 2005.

[122] Philippe, Delacote, "Agricultural Expansion, Forest Products as Safety Nets and Deforestation", *Environment and Development Economics*, 12 (2), 2007.

[123] Polasky, Segerson, "Integrating Ecology and Economics in the Study of Ecosystem Services: Some Lessons Learned", *Annual Review of Resource Economics*, 1 (1), 2009.

[124] Porter, M. , Mwaipopo, R. , Faustine, R. , et. al. , "Globalization and Women in Coastal Communities in Tanzania", *Development*, 51 (2), 2008.

[125] Rands, M. R. W, Adams, W. A. , Bennun L. , et. al. , "Biodiversity Conservation: Challenges Beyond 2010", *Science*, 329, 2010.

[126] Raudsepp-Hearne, C. , Peterson, G. D. , Teng, M. , et. al. , "Untangling the Environmentalist's Paradox: Why is Human Well-being Increasing as Ecosystem Services Degrade?" *Bio Science*, 60 (8), 2010.

[127] Reid, W. V. , Mooney, H. A. , Cropper, A. , et. al. , *Millennium Ecosystem Assessment, Ecosystems and Human Well-being: Synthesis* (Washing DC: Island Press, 2005).

[128] Rodrígueza, L. C. , Pascual, U. , Muradian, R. , et. al. , "Towards a

Unified Scheme for Environmental and Social Protection: Learning from PES and CCT Experiences in Developing Countries", *Ecological Economics*, 70 (11), 2011.

[129] Sanjay, K. , "Does Participation in Common Pool Resource Management Help the Poor? a Social Cost-benefit Analysis of Joint Forest Management in Jharkhand India", *World Development*, 30 (5), 2002.

[130] Scoones, I. , "Sustainable Rural Livelihoods: a Framework for Analysis", *IDS Working Paper*, 72, 1998.

[131] Sen, A. , "Rights and Capabilities", *Resource Values & Development*, ed. Sen A. (Oxford: Basil Blackwell, 1984).

[132] Sen, A. , *Commodities and Capabilities* (Amsterdam: North-Holland, 1985).

[133] Sen, A. , *the Standard of Living* (Cambridge: Cambridge University Press, 1987).

[134] Sen, A. , Amartya Sen, Sen A. , "Food and Freedom", *World Development*, 17 (6), 1989.

[135] Sen, A. , "Capability and Well-being", *The Quality of Life*, ed. Nussbaum M, Sen A. (Oxford: Clarendon Press, 1993).

[136] Shackleton, C. E. , Shackleton, S. E. , "Household Wealth Status and Natural Resource Use in the Kat River Valley, South Africa", *Ecological Economics*, 57 (2), 2006.

[137] Shen, Y. , Liao, X. C. , Yin, R. S. , "Measuring the Socioeconomic Impacts of China's Natural Forest Protection Program", *Environment and Development Economics*, 11 (6), 2006.

[138] Singh, L. , Squire, L. , "A Survey of Agricultural Household Models: Recent Findings and Policy Implications" , *The World Bank Economic Review*, 1 (1), 1986.

[139] Smith, C. L. , Clay, P. M. , "Measuring Subjective and Objective Well-being: Analyses from Five Marine Commercial Fisheries ", *Human Organization*, 69 (2), 2010.

[140] Sommerville, M. , Jones, J. , Rahajaharison, M. , et. al. , "The Role of

Fairness and Benefit Distribution in Community-based Payment for Environmental Services Interventions: a Case Study from Menabe Madagascar", *Ecological Economics*, 69 (6), 2010.

[141] Soussan, J., et. al., "Planning for Sustainability: Access to Fuel Wood in Dhanusha District, Nepal", *World Development*, 19 (10), 1991.

[142] Southgate, D., Haab, T., Lundine, J., Rodríguez, F., "Payments for Environmental Services and Rural. Livelihood Strategies in Ecuador and Guatemala", *Environment and Development Economics*, 15 (1), 2009.

[143] Stark, O., "TheMigration of Labor", *Cambridge Massachusetts/Oxford England Basil Blackwell*, 26 (4), 1991.

[144] Strong, M., *Evidence for Hope: the Search for Sustainable Development* (London: Earthscan Publications, 2003).

[145] Subhrendu, K., Pattanayak, Sven, Wunder, Paul, J. Ferraro, "Show Me the Money: Do Payments Supply Environmental Services in Developing Countries?" *Review of Environmental Economics and Policy*, 4 (2), 2010.

[146] Sunil, R., Mahendra, B., "Power Relations and Institutional Outcomes: a Case of Pastureland Development in Semi-arid Rajasthan", *Ecological Economics*, 62 (2), 2007.

[147] Takasaki, Y., "Risk Coping Strategies in Tropical Forests: Floods, Illness & Resource Extraction", *Environment and Development Economics*, 9 (2), 2004.

[148] Tan, Q. N., "Forest Devolution in Vietnam: Differentiation in Benefits from Forest among Local Households", *Forest Policy and Economics*, 8 (4), 2006.

[149] Tan, Z., Li, L., Wang, J., Chen, Y., "Examining Economic and Environmental Impacts of Differentiated Pricing on the Energy-Intensive Industries in China: Input-Output Approach", *Journal of Energy Engineering-ASCE*, 137 (3), 2011.

[150] Tanvir, A., Munir, A., et. al., " Impact of Participatory Forest Management on Financial Assets of Rural Communities in Northwest

Pakistan", *Ecological Economics*, 63 (2 – 3), 2007.

[151] Thomas, R., "Links between Rural Poverty and the Environment in Development Countries: Asset Categories and Investment Poverty", *World Development*, 23 (9), 1995.

[152] Thomas, S., Tan, Q. N., "Why May Forest Devolution not Benefit the Rural Poor? Forest Entitlements in Vietnam's Central Highlands", *World Development*, 35 (11), 2007.

[153] Tim, Daw, Katrina, Brown, Sergio, Rosendo, et. al., "Applying the Ecosystem Services Concept to Poverty Alleviation: The Need to Disaggregate Human Well-being", *Environmental Conservation*, 38 (4), 2011.

[154] Toma, L., Mathijs, E., "Environmental Risk Perception, Environmental Concern and Propensity to Participate in Organic Farming Programmes", *Journal of Environmental Management*, 83 (2), 2007.

[155] Tony, Saich, *Governance and Politics of China* (New York: Palgrave Macmillan Ltd, 2004).

[156] Uchida, E., Xu, J., Xu, Z., Rozelle, S., "Are the Poor Benefiting from China's Land Conservation Program?" *Environment and Development Economics*, 12, 2007.

[157] Uchida, E., Rozelle, S., Xu, J. T., "ConservationPayments, Liquidity Constrains, and Off-Farm Labor: Impact of the Grain-for-Green Program on Rural Households in China", *American Journal of Agricultural Economics*, 91 (1), 2009.

[158] UNDP: Human Development Report 1997 [M], http: //hdr. undp. org, 1997.

[159] Varelius, J., "Objective Explanations of Individual Well-being", *Happiness Studies*, 5 (5), 2004.

[160] Vatn, A., "An Institutional Analysis of Payments for Environmental Services", *Ecological Economics*, 69 (6), 2010.

[161] Vedeld, P., Angelsen, A., Bojö, J., et. al., "Forest Environmental Incomes and the Rural Poor", *Forest Policy and Economics*, 7 (9), 2007.

[162] Vemuri, A. W. , Costanza, R. , "The Role of Human, Social, Built, and Natural Capital in Explaining Life Satisfaction at the Country Level: Toward a National Well-being Index (NWI)", *Ecological Economics*, 58 (1), 2006.

[163] Vincent, J. R. , "Microeconomic Analysis of Innovative Environmental Programs in Developing Countries", *Review of Environmental Economics and Policy*, 4 (2), 2010.

[164] Vishwa, B. , Kulbhushan, B. , Shibani, D. , "Why Local Resources Management Institutions Decline: a Comparative Analysis of Van Panchayats and Forest Protection Committees in India ", *World Development*, 30 (12), 2002.

[165] Wan, J. , Zhang, H. Y. , Wang, J. N. , et. al. , "On the Evaluation and Framework of Eco-compensation Policies in China", *Environmental Science*, 18 (2), 2005.

[166] Wang, Z. , Margaret, M. , Calderon, F. , "Economic Impacts of the Natural Forest Protection Program in Yunnan Province, China: An Input-Output Analysis", *Ecological Economy*, 4 (1), 2008.

[167] William, D. S. , "Poverty Alleviation through Community Forestry in Cambodia, Laos and Vietnams: an Assessment of the Potential", *Forest Policy and Economics*, 8 (4), 2006.

[168] William, D. S. , Angelsen, A. , Belcher, B. , et. al. , "Livelihoods, Forests and Conservation in Developing Countries: An Overview", *World Development*, 33 (9), 2005.

[169] Willock, J. , Deary, I. J. , et. al. , "Farmers' Attitudes, Objectives, Behaviors, and Personality Traits: The Edinburgh Study of Decision Making on Farms", *Journal of Vocational Behavior*, 54 (1), 1999.

[170] Wilmsen, B. , Wang, M. , "Voluntary and Involuntary Resettlement in China: a False Dichotomy", *Development in Practice*, 25 (5), 2015.

[171] World Bank, *World Development Report: Attacking Poverty* (Washington D. C. : World Bank, 2000).

[172] Wu, J. J. , Zilberman, D. , Babcock, B. A. , "Environmental and

Distributional Impacts of Conservation Targeting Strategies", *Journal of Environmental Economics and Management*, 41 (3), 2001.

[173] Wunder, S., "Payments for Environmental Services and the Poor: Concepts and Preliminary Evidence", *Environment and Development Economics*, 13 (1), 2008.

[174] Wunder, S., Alban, M., "Decentralized Payments for Environmental Services: the Cases of Pimampiro and PRO - FAFOR in Ecuador", *Ecological Economics*, 65 (4), 2008.

[175] Wunder, S., Engel, S., Pagiola, S., "Taking Stock: a Comparative Analysis of Payments for Environmental Services Programs in Developed and Developing Countries", *Ecological Economics*, 65 (65), 2008.

[176] Xia, Q. J., Simmons, C., "Diversify and Prosper: Peasant Households Participating in Emerging Markets in Northeast Rural China", *China Economic Review*, 15 (4), 2004.

[177] Xue, L., Wang, M., Xue, T., "Voluntary Poverty Alleviation Resettlement in China", *Development and Change*, 44 (5), 2013.

[178] Zilberman D., Lipper L., Mccarthy N., "When Could Payments for Environmental Services Benefit Poor?" *Environment and Development Economics*, 13, 2008.

[179] 〔印〕阿马蒂亚·森：《以自由看待发展》，任赜、于真译，中国人民大学出版社，2002。

[180] 〔英〕阿特金森、〔美〕斯蒂格利茨：《公共经济学》，上海人民出版社，1995。

[181] 〔美〕鲍莫尔、〔美〕奥兹：《环境经济理论与政策设计》，严旭阳译，经济科学出版社，2003。

[182] 陈厚涛：《退耕农户生态建设意愿与行为分析——基于安塞和米脂的调研数据》，《中国农业大学学报》2013年第34期。

[183] 陈立中：《转型时期我国多维度贫困测算及其分解》，《经济评论》2008年第5期。

[184] 陈潭、罗晓俊：《中国乡村公共治理研究报告（1998~2008）》，《公共管理学报》2008年第5期。

[185] 陈维杰等：《浑椿河小流域综合治理效益分析》，《生态学杂志》2003年第2期。

[186] 成定平：《退耕还林工程的环境改善功能对种植业的影响分析》，《生态经济》2011年第5期。

[187] 崔宝玉、张忠根：《农村公共产品农户供给行为的影响因素分析》，《南京农业大学学报（社会科学版）》2009年第1期。

[188] 崔海兴、郑风田、王立群：《退耕还林工程对耕地利用影响的实证分析——以河北省沽源县为例》，《农村经济》2009年第3期。

[189] 戴全厚等：《小流域生态经济系统可持续发展评价——以东北低山丘陵区黑牛河小流域为例》，《地理学报》2005年第2期。

[190] Daily G. C.、欧阳志云、郑华等：《保障自然资本与人类福祉：中国的创新与影响》，《生态学报》2013年第3期。

[191] 邓维杰：《精准扶贫的难点、对策与路径选择》，《农村经济》2014年第6期。

[192] 〔澳〕蒂莫西·J. 科埃利、〔澳〕D. S. 普拉萨德·拉奥、〔澳〕克里斯托德·J. 奥唐奈：《效率和生产率分析导论》，刘大成译，清华大学出版社，2008。

[193] 丁士军等：《农户参与水土保持项目的满意度分析——以云贵鄂渝小流域治理世界银行项目为例》，《农业技术经济》2012年第3期。

[194] 东梅：《退耕还林对我国宏观粮食安全影响的实证分析》，《中国软科学》2006年第4期。

[195] 董宏纪：《小型水利工程农户参与式管理的激励机制设计》，《中国农村水利水电》2008年第10期。

[196] 杜富林：《黄河上中游地区实施退耕还林还草政策对农业生产的影响——以内蒙古乌兰察布市卓资县为例》，《干旱区资源与环境》2008年第4期。

[197] 范金、郑庆武：《中国地区宏观金融社会核算矩阵的编制》，《当代经济科学》2003年第5期。

[198] 范金、郑庆武：《中国地区保险–经济–社会核算矩阵的编制与分析》，《开发研究》2004年第1期。

[199] 范金、伞锋、王艳等：《中国城乡居民消费取向的情景分析和政策研

究》，中国社会科学出版社，2008。

[200] 范金、袁小慧等：《江苏农村居民收入差距、消费差异与消费潜力研究——基于江苏农村细化 SAM 的乘数分析》，《系统工程理论与实践》2006 年第 11 期。

[201] 樊胜根、邢骊、陈志刚：《中国西部地区公共政策和农村贫困研究》，科学出版社，2010。

[202] 方黎明、张秀兰：《中国农村扶贫的政策效应分析——基于能力贫困理论的考察》，《财经研究》2007 年第 12 期。

[203] 方迎风：《中国贫困的多维测度》，《当代经济科学》2012 年第 4 期。

[204] 冯伟林、李树苗、李聪：《生态系统服务与人类福祉——文献综述与分析框架》，《资源科学》2013 年第 7 期。

[205] 甘犁、徐立新、姚洋：《村庄治理、融资和消费保险：来自 8 省 49 村的经验证据》，《中国农村观察》2007 年第 2 期。

[206] 高进云等：《农地城市流转前后农户福利变化的模糊评价》，《管理世界》2007 年第 6 期。

[207] 高敏雪：《现代林业统计范围和产出测算相关问题探讨》，《统计研究》2008 年第 1 期。

[208] 高全成：《汉江流域生态治理存在的问题及对策》，《陕西农业科学》2012 年第 3 期。

[209] 高艳云：《中国城乡多维贫困的测度及比较》，《统计研究》2012 年第 11 期。

[210] 高颖、雷明：《资源—经济—环境综合框架下的 SAM 构建》，《统计研究》2007 年第 9 期。

[211] 葛志军、邢成举：《精准扶贫：内涵、实践困境及其原因阐释——基于宁夏银川两个村庄的调查》，《贵州社会科学》2015 年第 5 期。

[212] 国家林业局经济发展研究中心：《2014 国家林业重点工程社会经济效益检测报告》，中国林业出版社，2014。

[213] 国家统计局农村社会经济调查司：《2001～2004 年中国农村贫困监测报告》，中国统计出版社，2005。

[214] 郭建宇、吴国宝：《基于不同指标及权重选择的多维贫困测量——以山西省贫困县为例》，《中国农村经济》2012 年第 2 期。

[215] 郭菊娥、余小方、何建武：《基于陕西省产业结构比较优势的税收政策影响效应研究》，《科技进步与对策》2005 年第 12 期。

[216] 韩洪云、喻永红：《退耕还林的土地生产力改善效果：重庆万州的实证解释》，《资源科学》2014 年第 2 期。

[217] 何得桂、党国英：《秦巴山集中连片特困地区大规模避灾移民搬迁政策效应提升研究——以陕南为例》，《西北人口》2015 年第 6 期。

[218] 何得桂：《山区避灾移民搬迁政策执行研究：陕南的表述》，人民出版社，2016。

[219] 虎陈霞等：《黄土丘陵区农户环境意识和退耕还林（草）政策的态度分析》，《农业经济》2007 年第 5 期。

[220] 黄欣、黎洁：《社会资本视域下的林权制度改革与参与式森林资源保护》，《东南学术》2013 年第 5 期。

[221] 金艳鸣、雷明：《居民收入和部门产出变化的研究——基于中国社会核算矩阵的乘数分析应用》，《南方经济》2006 年第 9 期。

[222] 课题组：《中国生态补偿机制与政策研究》，科学出版社，2007。

[223] 孔凡斌：《中国生态补偿机制：理论、实践与政策设计》，中国环境科学出版社，2010。

[224] 孔祥智、史冰清：《农户参加用水者协会意愿的影响因素分析——基于广西横县的农户调查数据》，《中国农村经济》2008 年第 10 期。

[225] 匡远配、罗荷花：《水土保持与农业经济增长、减贫关系的实证研究》，《农业经济问题》2010 年第 1 期。

[226] 雷明、高颖：《绿色投入产出核算应用——退耕还林政策分析》，《2004 年中国投入产出理论与实践》，中国统计出版社，2005。

[227] 雷明、李方：《中国绿色社会核算矩阵（GSAM）研究》，《经济科学》2006 年第 3 期。

[228] 李斌、李小云、左停：《农村发展中的生计途径研究与实践》，《农业技术经济》2004 年第 4 期。

[229] 李博、左停：《遭遇搬迁：精准扶贫视角下扶贫移民搬迁政策执行逻辑的探讨——以陕南王村为例》，《中国农业大学学报》（社会科学版）2016 年第 2 期。

[230] 李聪、黎洁、李亚莉：《个人与家庭：西部贫困山区女性劳动力外出

务工的影响因素分析》，《妇女研究论丛》2010 年第 4 期。

[231] 李聪、李树苗等：《微观视角下劳动力外出务工与农户生计可持续发展》，社会科学文献出版社，2014。

[232] 李聪、柳玮、冯伟林等：《移民搬迁对农户生计策略的影响——基于陕南安康地区的调查》，《中国农村观察》2013 年第 6 期。

[233] 李谷成、冯中朝、占绍文：《家庭禀赋对农户家庭经营技术效率的影响冲击——基于湖北省农户的随机前沿生产函数实证》，《统计研究》2008 年第 1 期。

[234] 李国平、李潇：《国家重点生态功能区转移支付资金分配机制研究》，《中国人口·资源与环境》2014 年第 5 期。

[235] 李国平、刘倩、张文彬：《国家重点生态功能区转移支付与县域生态环境质量——基于陕西省县级数据的实证研究》，《西安交通大学学报（社会科学版）》2014 年第 2 期。

[236] 黎红梅、李明贤：《体水管理对农户水稻生产技术效率的影响研究——对湖北漳河灌区的实证分析》，《农业技术经济》2009 年第 3 期。

[237] 李桦、姚顺波：《不同退耕规模农户生产技术效率变化差异及其影响因素分析——基于黄土高原农户微观数据》，《农业技术经济》2012 年第 12 期。

[238] 李桦、姚顺波、郭亚军：《不同退耕规模农户农业全要素生产率增长的实证分析——基于黄土高原农户调查数据》，《中国农村经济》2011 年第 10 期。

[239] 李惠梅、张安录：《生态环境保护与福祉》，《生态学报》2013 年第 3 期。

[240] 黎洁：《生态旅游发展与社区居民自然生态保护行为关系的实证研究——以陕西太白山农村社区为例》，《中国人口·资源与环境》2007 年第 5 期。

[241] 黎洁、邰秀军：《西部山区农户贫困脆弱性的影响因素：基于分层模型的实证研究》，《当代经济科学》2009 年第 5 期。

[242] 黎洁、李亚莉、邰秀军、李聪：《可持续生计分析框架下西部贫困退耕山区农户生计状况分析》，《中国农村观察》2009 年第 5 期。

[243] 黎洁、杨林岩、刘俊：《西部农村社区参与式森林资源管理的影响因

素研究》，《中国行政管理》2009 年第 11 期。

[244] 黎洁、李树苗、费尔德曼：《山区农户林业相关生计活动类型及影响因素研究》，《中国人口·资源与环境》2010 年第 8 期。

[245] 黎洁：《西部山区农户采药行为分析》，《资源科学》2011 年第 6 期。

[246] 黎洁、妥宏武：《基于可行能力的陕西周至退耕地区农户的福利状况分析》，《管理评论》2012 年第 5 期。

[247] 黎洁、刘峥男：《基于投入产出表的森林生态效益税对陕西省产业价格水平的影响分析》，《生态学报》2013 年第 3 期。

[248] 黎洁、任林静、李树苗：《我国森林生态效益补偿政策与贫困山区农户生计分析》，西安交通大学，中国管理问题研究中心编《2013 中国社会管理发展报告》，科学出版社，2013。

[249] 黎洁、陆昕、李树苗：《小流域治理后农户福利变化与差异的研究：以陕西安康市为例》，《西安交通大学学报》（社会科学版）2014 年第 2 期。

[250] 黎洁：《陕西安康移民搬迁农户的生计适应策略与适应力感知》，《中国人口·资源与环境》2016 年第 9 期。

[251] 黎洁：《陕西安康移民搬迁农户生计选择与分工分业的现状与影响因素分析——兼论陕南避灾扶贫移民搬迁农户的就地就近城镇化》，《西安交通大学学报》（社会科学版）2017 年第 1 期。

[252] 李金龙、肖雪峰：《我国公共政策，公平性治理研究》，《当代世界与社会主义》2010 年第 2 期。

[253] 李培林、王晓毅：《生态移民与发展转型：宁夏移民与扶贫研究》，社会科学文献出版社，2013。

[254] 李仁辉等：《国内外小流域治理研究现状》，《水土保持应用技术》2010 年第 3 期。

[255] 李荣耀：《后退耕时代农民退耕还林意愿的实证分析——基于陕西省吴起县 248 个农户的调查》，《林业资源管理》2011 年第 4 期。

[256] 李树苗、梁义成、Marcus Feldman 等：《退耕还林政策对农户生计的影响研究——基于家庭结构视角的可持续生计分析》，《公共管理学报》2010 年第 2 期。

[257] 李文华、李芬、李世东等：《森林生态效益补偿的研究现状与展望》，

《自然资源学报》2006 年第 5 期。

[258] 李小云、董强、饶小龙等:《农户脆弱性分析方法及其本土化应用》,《中国农村经济》2007 年第 4 期。

[259] 李宪印、陈万明:《农户人力资本投资与非农收入关系的实证研究》,《农业经济问题》2009 年第 5 期。

[260] 李妍彬:《北京山区小流域治理措施综述》,《环境科学与管理》2007 年第 2 期。

[261] 李应春:《我国竹林产权的界定及绩效分析——以福建省三明市竹林产权制度改革为例》,《中国农村经济》2004 年第 11 期。

[262] 李志南等:《西双版纳勐宋哈尼族藤资源社区管理探讨》,《林业与社会》2004 年第 2 期。

[263] 李周:《森林资源丰富地区的贫困问题研究》,中国社会科学出版社,2004。

[264] 联合国环境规划署:《全球环境展望》,中国环境科学出版社,2008。

[265] 梁流涛、许立民:《生计资本与农户的土地利用效率》,《中国人口·资源与环境》2013 年第 3 期。

[266] 梁义成、Marcus Feldman、李树苗、Gretchen C. Daily、黎洁:《离土与离乡:西部山区农户的非农兼业研究》,《世界经济文汇》2010 年第 2 期。

[267] 梁义成、Marcus Feldman、李树苗、Gretchen C. Daily、黎洁:《农户的非农参与和农业劳动供给研究——来自中国西部山区的证据》,《统计与信息论坛》2010 年第 5 期。

[268] 梁义成、李树苗、李聪:《非农参与对农业技术效率的影响:农户层面的新解释》,《软科学》2011 年第 5 期。

[269] 梁义成、李树苗、黎洁等:《微观经济学视角下中国农村可持续生计和发展研究》,社会科学文献出版社,2014。

[270] 廖明球:《投入产出及其扩展分析》,首都经济贸易大学出版社,2009。

[271] 林积泉等:《小流域治理环境质量综合评价指标体系研究》,《水土保持研究》2005 年第 1 期。

[272] 刘璨:《1978～1997 年金寨县农户生产力发展与消除贫困问题研

究——前沿生产函数分析方法》，《中国农村观察》2004 年第 1 期。

[273] 刘璨：《社区林业制度绩效与消除贫困研究——效率分析与案例比较》，经济科学出版社，2005。

[274] 刘辉、陈思羽：《农户参与小型农田水利建设意愿影响因素的实证分析——基于对湖南省粮食主产区 475 户农户的调查》，《中国农村观察》2012 年第 2 期。

[275] 刘慧：《实施精准扶贫与区域协调发展》，《中国科学院院刊》2016 年第 3 期。

[276] 刘金龙等：《参与式林业政策过程方法——一个新的林业政策形成路径》，《林业经济》2011 年第 2 期。

[277] 刘力、谭向勇：《粮食主产区小型农田水利建设投入机制探析》，《农业经济问题》2007 年第 4 期。

[278] 刘世雄：《基于文化价值的中国消费区域差异实证研究》，《中山大学学报（社会科学版）》2005 年第 5 期。

[279] 刘伟、黎洁：《西部山区农户多维贫困测量：基于陕西安康市 1404 份问卷的调查》，《农村经济》2014 年第 5 期。

[280] 刘伟、黎洁、李聪、李树茁：《移民搬迁农户的贫困类型及影响因素分析——基于陕南安康的抽样调查》，《中南财经政法大学学报》2015 年第 6 期。

[281] 刘晓宇：《甘南县永久小流域水土流失现状及治理措施》，《黑龙江水利科技》2012 年第 11 期。

[282] 刘彦随、周扬、刘继来：《中国农村贫困化地域分异特征及其精准扶贫策略》，《中国科学院院刊》2016 年第 3 期。

[283] 刘洋等：《村级水资源的管理与利用研究——来自南方四个村的案例分析》，《中国人口·资源与环境》2005 年第 2 期。

[284] 刘震：《我国水土保持小流域综合治理的回顾与展望》，《中国水利》2005 年第 22 期。

[285] 龙花楼、屠爽爽、戈大专：《新型城镇化对扶贫开发的影响与应对研究》，《中国科学院院刊》2016 年第 3 期。

[286] 陆文聪、吴连翠：《兼业农民的非农就业行为及其性别差异》，《中国农村经济》2011 年第 6 期。

[287] 毛显强、钟瑜、张胜：《生态补偿的理论探讨》，《中国人口·资源与环境》2002 年第 4 期。

[288] 欧阳志云、王效科、苗鸿：《中国陆地生态系统服务功能及其生态经济价值的初步研究》，《生态学报》1999 年第 5 期。

[289] 欧阳志云、王如松、赵景柱：《生态系统服务功能及其生态经济价值评价》，《应用生态学报》1999 年第 5 期。

[290] 欧阳志云、郑华、岳平：《建立我国生态补偿机制的思路与措施》，《生态学报》2013 年第 3 期。

[291] 潘允康：《社区归属感与社区满意度》，《社会学研究》2007 年第 7 期。

[292] 彭代彦、吴翔：《中国农业技术效率与全要素生产率研究——基于农村劳动力结构变化的视角》，《经济学家》2013 年第 9 期。

[293] 平新乔：《财政原理与比较财政制度》，三联书店，1992。

[294] 〔美〕普兰纳布·巴德汉、克利斯托弗·尤迪：《发展微观经济学》，陶然等译，北京大学出版社，2006。

[295] 钱文荣、郑黎义：《劳动力外出务工对农户农业生产的影响——研究现状与展望》，《中国农村观察》2011 年第 1 期。

[296] 屈小博：《不同规模农户生产技术效率差异及其影响因素分析——基于超越对数随机前沿生产函数与农户微观数据》，《南京农业大学学报（社会科学版）》2009 年第 3 期。

[297] 任林静、黎洁：《陕西安康山区退耕户的复耕意愿及影响因素分析》，《资源科学》2013 年第 12 期。

[298] 任勇、俞海、冯东方等：《建立生态补偿机制的战略与政策框架》，《环境保护》2006 年第 10（A）期。

[299] 尚卫平、姚智谋：《多维贫困测度方法研究》，《财经研究》2005 年第 12 期。

[300] 水利部、中国科学院、中国工程院：《中国水土流失防治与生态安全：水土流失数据卷》，科学出版社，2010。

[301] 孙伟等：《公平理论研究述评》，《科技管理研究》2004 年第 4 期。

[302] 孙新章、谢高地、张其仔等：《中国生态补偿的实践及其政策取向》，《资源科学》2006 年第 4 期。

[303] 邰秀军、黎洁、李树苗：《贫困农户消费平滑研究述评》，《经济学动态》2008 年第 10 期。

[304] 唐丽霞、林志斌、李小云等：《谁迁移了——自愿移民的移民搬迁对象特征和原因分析》，《农业经济问题》2005 年第 4 期。

[305] 田杰、姚顺波：《退耕还林背景下农业生产技术效率研究——基于陕西省志丹县退耕农户的随机前沿分析》，《统计与信息论坛》2013 年第 9 期。

[306] 庹玉莲等：《小流域综合治理对农村家庭经济的影响研究——以永川区狮子村为例》，《重庆大学学报》2012 年第 6 期。

[307] 万军、张惠远、王金南等：《中国生态补偿政策评估与框架初探》，《环境科学研究》2005 年第 2 期。

[308] 万树：《我国国民福祉演进轨迹及其政策效应》，《改革》2011 年第 4 期。

[309] 王博文、姚顺波、李桦、刘广全：《黄土高原退耕还林前后农户农业生产效率 DEA 分析——以退耕还林示范县吴起县为例》，《华南农业大学学报》（社会科学版）2009 年第 2 期。

[310] 王昌海：《农户生态保护态度：新发现与政策启示》，《管理世界》2014 年第 11 期。

[311] 王昌海、温亚利、杨丽菲：《秦岭大熊猫自然保护区周边社区对自然资源经济依赖度研究——以佛坪自然保护区周边社区为例》，《资源科学》2010 年第 7 期。

[312] 王大尚、郑华、欧阳志云：《生态系统服务供给、消费与人类福祉的关系》，《应用生态学报》2013 年第 6 期

[313] 王国逮、张众博：《杠头沟小流域沟壑综合治理模式及其成效》，《水土保持应用技术》2012 年第 5 期。

[314] 王建安：《浅议汉滨区"丹治"工程实施的管理措施》，《陕西水利》2010 年第 4 期。

[315] 王介勇、陈玉福、严茂超：《我国精准扶贫政策及其创新路径研究》，《中国科学院院刊》2016 年第 3 期。

[316] 王金南、万军、张惠远：《关于我国生态补偿机制与政策的几点认识》，《环境保护》2006 年第 10 期。

[317] 王礼先:《小流域综合治理的概念与原则》,《中国水土保持》2006年第 2 期。

[318] 王其文、李善同:《社会核算矩阵原理、方法和应用》,清华大学出版社,2008。

[319] 汪三贵、艾伯特·帕克、舒布哈姆·乔杜里、高拉夫·达特:《中国新时期农村扶贫与村级贫困瞄准》,《管理世界》2007年第 1 期。

[320] 汪三贵、王姮、王萍萍:《中国农村贫困家庭的识别》,《农业技术经济》2007年第 1 期。

[321] 汪三贵:《在发展中战胜贫困——对中国 30 年大规模减贫经验的总结与评价》,《管理世界》2008年第 11 期。

[322] 汪三贵:《改进考核机制实现精准扶贫》,《时事报告》2014年第 3 期。

[323] 汪三贵、郭子豪:《论中国的精准扶贫》,《贵州社会科学》2015年第 5 期。

[324] 汪三贵、曾小溪、殷浩栋:《中国扶贫开发绩效第三方评估简论——基于中国人民大学反贫困问题研究中心的实践》,《湖南农业大学学报(社会科学版)》2016年第 3 期。

[325] 王小林、Sabina Alkire:《中国多维贫困测量——估计和政策含义》,《中国农村经济》2009年第 12 期。

[326] 汪阳洁、姜志德、王晓兵:《退耕还林(草)补贴对农户种植业生产行为的影响》,《中国农村经济》2012年第 11 期。

[327] 王新清、孔祥智:《制度创新与林业发展》,中国人民大学出版社,2008。

[328] 王占礼、彭珂珊:《小流域治理在水土保持中的作用及发展途径》,《农业技术经济》1999年第 5 期。

[329] 魏云洁、甄霖、Ochirbat Batkhishig 等:《蒙古高原生态服务消费空间差异的实证研究》,《资源科学》2009年第 10 期。

[330] 邬震:《江西红壤区农户水土保持行为机理——以兴国县为例》,《南京大学学报(自然科学)》2004年第 3 期。

[331] 夏庆利、罗芳:《土地利用效率影响因素分析——基于湖北的调查》,《农业经济问题》2012年第 5 期。

[332] 向蓉美：《投入产出法》，西南财经大学出版社，2007。

[333] 徐志刚、马瑞、于秀波等：《成本效益、政策机制与生态恢复建设的可持续发展》，《中国软科学》2010 年第 2 期。

[334] 薛彩霞、姚顺波、郭亚军等：《陕西省吴起县农户种植技术效率及影响因素分析——基于随机前沿分析方法》，《北京林业大学学报（社会科学版）》2011 年第 1 期。

[335] 杨光梅、闵庆文、李文华等：《我国生态补偿研究中的科学问题》，《生态学报》2007 年第 10 期。

[336] 杨海娟等：《黄土高原丘陵沟壑区农户水土保持行为研究》，《水土保持通报》2001 年第 2 期。

[337] 杨俊等：《农业劳动力年龄对农户耕地利用效率的影响——来自不同经济发展水平地区的实证》，《资源科学》2011 年第 9 期。

[338] 杨莉、甄霖、潘影等：《生态系统服务供给——消费研究：黄河流域案例》，《干旱区资源与环境》2012 年第 3 期。

[339] 杨向阳、赵蕾：《公共投资对农业生产率和非农就业的影响研究》，《农业经济问题》2007 年第 12 期。

[340] 杨云彦：《南水北调工程与中部地区经济社会可持续发展研究》，经济科学出版社，2011。

[341] 杨云彦等：《南水北调与湖北区域可持续发展》，武汉理工大学出版社，2011。

[342] 杨云彦、石智雷：《家庭禀赋对农民外出务工行为的影响》，《中国人口科学》2008 年第 5 期。

[343] 杨云彦、徐映梅、胡静等：《社会变迁、介入型贫困与能力再造——基于南水北调库区移民的研究》，《管理世界》2008 年第 11 期。

[344] 杨云彦、赵锋：《可持续生计分析框架下农户生计资本的调查与分析——以南水北调中线工程库区为例》，《农业经济问题》2009 年第 3 期。

[345] 姚顺波、张晓蕾：《退耕还林对农业生产结构影响的实证研究——以陕北吴起县为例》，《林业经济问题》2008 年第 5 期。

[346] 俞海、任勇：《中国生态补偿：概念、问题类型与政策路径选择》，《中国软科学》2008 年第 6 期。

[347] 于金娜、姚顺波：《退耕还林对农户生产效率的影响——以吴起县为例》，《林业经济问题》2009 年第 5 期。

[348] 于术桐：《红壤丘陵区农户水土保持投资行为研究——以江西省余江县为例》，《水土保持通报》2007 年第 2 期。

[349] 翟文侠：《农户水土保持行为机理：研究进展与分析框架》，《水土保持研究》2005 年第 6 期。

[350] 张海鑫、杨钢桥：《耕地细碎化及其对粮食生产技术效率的影响——基于超越对数随机前沿生产函数与农户微观数据》，《资源科学》2012 年第 5 期。

[351] 张红霄、张敏新：《集体林产权安排与农民行为取向——福建省建瓯市叶坊村案例研究》，《中国农村经济》2005 年第 7 期。

[352] 张建华、陈立中：《总量贫困测度研究述评》，《经济学季刊》2006 年第 3 期。

[353] 张三：《可再生自然资源的社区管理研究》，中国社会科学院研究生院博士学位论文，2002。

[354] 赵冠楠、金世华等：《后退耕时代：成果管护行为、意愿与激励机制研究》，《中国人口·资源与环境》2011 年第 2 期。

[355] 赵慧卿、周国富：《我国农业剩余劳动力转移影响因素分析——农户劳动时间分配决策过程》，《统计研究》2006 年第 4 期。

[356] 赵京：《农地整理对农户农业生产及福利的影响研究》，华中农业大学博士学位论文，2012。

[357] 赵京、杨钢桥、汪文雄：《政府农村公共产品投入对农业生产效率的影响分析——基于 DEA 和协整分析的实证检验》，《经济体制改革》2013 年第 3 期。

[358] 赵敏娟、姚顺波：《基于农户生产技术效率的退耕还林政策评价——黄土高原区 3 县的实证研究》，《中国人口·资源与环境》2012 年第 9 期。

[359] 赵士洞、张永民：《生态系统与人类福祉——千年生态系统评估的成就、贡献和展望》，《地球科学进展》2006 年第 9 期。

[360] 赵雪雁：《生态补偿效率研究综述》，《生态学报》2012 年第 6 期。

[361] 赵雪雁、李巍、王学良：《生态补偿研究中的几个关键问题》，《中国

人口资源与环境》2012 年第 2 期。

[362] 甄霖、刘雪林、魏云洁：《生态系统服务消费模式、计量及其管理框架构建》，《资源科学》2008 年第 1 期。

[363] 郑华、李屹峰、欧阳志云等：《生态系统服务功能管理研究进展》，《生态学报》2013 年第 3 期。

[364] 郑家喜、杜长乐：《我国农户的非农劳动力资源分配决策研究》，《农业经济问题》2008 年第 11 期。

[365] 中国社会科学院经济政策与模拟重点研究室：《经济政策与模拟研究报告》，经济管理出版社，2009。

[366] 中国生态补偿机制与政策研究课题组编：《中国生态补偿机制与政策研究》，科学出版社，2007。

[367] 钟太洋、黄贤金：《区域农地市场发育对农户水土保持行为的影响及其空间差异——基于生态脆弱区江西省兴国县、上饶县、余江县村域农户调查的分析》，《环境科学》2006 年第 2 期。

[368] 钟太洋：《区域兼业农户水土保持行为特征及决策模型研究》，《水土保持通报》2006 年第 6 期。

[369] 周侃、王传胜：《中国贫困地区时空格局与差别化脱贫政策研究》，《中国科学院院刊》2016 年第 1 期。

[370] 朱红根等：《农户参与农田水利建设意愿影响因素的理论与实证分析——基于江西省 619 户种粮大户的微观调查数据》，《自然资源学报》2010 年第 4 期。

[371] 庄天慧等：《新阶段西南民族地区农户扶贫需求实证研究》，《农业经济问题（月刊）》2011 年第 10 期。

[372] 邹薇、方迎风：《关于中国贫困的动态多维度研究》，《中国人口科学》2011 年第 6 期。

[373] 左停等：《社区为基础的自然资源管理（CBNRM）的国际进展研究综述》，《中国农业大学学报》2005 年第 6 期。

附录 安康地区农户生计与环境调查问卷

被访人编码 　　　　　　　　　　　　□□□□□□□

被访人姓名＿＿＿＿＿＿＿＿＿＿

本家庭户属于：□　　（1）本地户（2）搬迁户（迁入年份＿＿＿＿＿年）

被访人住址＿＿＿＿县（区）＿＿＿＿镇（乡）＿＿＿村＿＿＿村民小组

	月	日	时	分	如果调查未完成，原因是：
第一次访问 从	□□	□□	□□	□□	＿＿＿＿＿＿＿＿＿＿＿
到	□□	□□	□□	□□	
第二次访问 从	□□	□□	□□	□□	
到	□□	□□	□□	□□	

调查员姓名＿＿＿＿＿＿＿＿＿＿＿

核对人姓名＿＿＿＿＿＿＿＿＿＿＿

核对人的检查结果　　　　　　　　　合格（　）　　不合格（　）

请把下面的这段话读给被访问人：

　　您好！西安交通大学人口与发展研究所与安康市统计局正在做一项有关农户生计与老年人健康的社会调查，特邀请您参加本次调查，谢谢您的合作！

　　调查中将询问有关您家基本情况、农业与非农活动及老年人健康情况等方面的一些问题。整个调查需要 40~50 分钟。课题组向您郑重承诺：本次调查的信息严格保密。

　　感谢您的合作！

西安交通大学人口与发展研究所

安康市统计局

2011 年 11 月

第一部分 101. 家庭基本情况（家庭成员信息表）

户主姓名＿＿＿＿＿＿　　　　　　　　　　　　被访对象与户主关系＿＿＿＿＿＿

序号 成员情况（与户主关系见下代码）	是否为常住人口 1.是 0.否	性别 1.男 0.女	年龄	民族 1.汉族 0.少数民族	健康状况 1.好 2.一般 3.不好	文化程度 1.文盲 2.小学 3.初中 4.高中 5.中专技校 6.大专及以上	婚姻状况 1.未婚 2.初婚 3.再婚 4.离异 5.丧偶	政治面貌 1.中共党员（含预备）2.民主党派 3.共青团员 4.群众	曾有以下哪种经历（多选）1.村干部或国家公务员 2.农村智力劳动者（技术员、教师、医生等）3.企事业职工 4.军人 5.无以上经历	目前职业（单选）1.专业技术 2.行政管理 3.商业或服务业 4.农业、养殖业 5.工人 6.业主或企业家 7.军人 8.无工作（如做家务、上学等）9.其他	是否掌握了某项手艺和技术（如厨艺、兽医术、养蜂技能、编织技能、泥瓦匠、裁缝、木匠等）1.是 0.否	接受过以下何种培训（多选）1.农林业培训 2.外出务工 3.环保培训 4.都没有
									16 岁以下和 65 岁以上的家庭成员不填写以下信息			
1	□□	□□	□□□	□□	□□	□□	□□	□□	□□	□□	□□	□□□□
2	□□	□□	□□□	□□	□□	□□	□□	□□	□□	□□	□□	□□□□
3	□□	□□	□□□	□□	□□	□□	□□	□□	□□	□□	□□	□□□□
4	□□	□□	□□□	□□	□□	□□	□□	□□	□□	□□	□□	□□□□
5	□□	□□	□□□	□□	□□	□□	□□	□□	□□	□□	□□	□□□□
6	□□	□□	□□□	□□	□□	□□	□□	□□	□□	□□	□□	□□□□
7	□□	□□	□□□	□□	□□	□□	□□	□□	□□	□□	□□	□□□□
8	□□	□□	□□□	□□	□□	□□	□□	□□	□□	□□	□□	□□□□
9	□□	□□	□□□	□□	□□	□□	□□	□□	□□	□□	□□	□□□□
	A	B	C	D	E	F	G	H	I	J	K	L	M

成员代码：户主－10；配偶－20；长子女－31；长子女配偶－32；次子女－33；次子女配偶－34；三子女－35；三子女配偶－36；…
父母－50；配偶父母－51；兄弟姐妹－60；孙子女－71；孙子女配偶－72；…；曾孙子女－81，…。

第二部分　家庭的资本情况

201. 如果您家是移民搬迁户，您家的迁移类型是： □

   1. 不是移民搬迁户 **（跳到 205 题）**   2. 扶贫移民

   3. 生态移民   4. 工程移民

   5. 减灾移民（地质灾害、洪涝灾害避险等）   6. 其他

202. 您家是从哪里搬迁过来的？ □

   1. 本村山区   2. 本村平原   3. 邻近村山区（本镇）

   4. 邻近村平原（本镇）   5. 邻镇山区   6. 邻镇平原

   7. 本县（除邻镇外）其他乡镇   8. 其他县   9. 其他

203. 您家搬迁后的安置方式属于哪一种？ □

   1. 集中安置   2. 分散入住闲置房（插花）

   3. 进城入镇   4. 自主外迁   5. 其他

204. 您家搬迁时是否接受过政府的搬迁补贴？

                       1. 是，□□□□□元   0. 无 □

205. 家庭经营土地情况（没有填0）：

   205.1 目前您家正在使用的耕地构成情况：

       1. 水田面积：□□□亩□分

       2. 旱地面积：□□□亩□分

       3. 茶园面积：□□□亩□分

       4. 其中，承包他人土地：□□□亩□分；

       5. 另外，自家转租出去的土地面积□□□亩□分，

       6. 撂荒土地：□□□亩□分

   205.2 林地构成情况：

       1. 您家的自留山、承包林的林地总面积：□□□亩□分

       2. 其中，生态公益林面积：□□□亩□分

       3. 其中，退耕还林面积：□□□亩□分 **（如无退耕地，跳到 206 题）**

       4. 退耕地坡度主要为：□

       （1）15°≤坡度＜25°   （2）25°≤坡度＜35°   （3）坡度≥35°

       5. 您家退耕地与最近的自然保护区的距离： □

（1）10 里之内　　（2）11～20 里　　（3）21～30 里

（4）31～40 里　　（5）40 里以外

206. 家庭住房情况：

206.1 您家的住房面积为：　□□□平方米

206.2 您家现在居住的房屋的主要结构是：　　　　　　　　　　□

　　1. 土木结构　　　　2. 砖木结构　　　　3. 砖混结构

　　4. 其他（请注明_____）

206.3 您家房屋的估价（现价）是多少？　　　　　　　　　　□

　　1. 10 万元及以下　2. 11 万～20 万元　3. 21 万～30 万元

　　4.30 万元以上

206.4 您家的房子与村主要公路的距离：　　　　　　　　　　□

　　1. 一里之内　　　　2. 二至五里　　　　3. 五里以外

206.5 您家所处的海拔高度是：　　　　　　　　　　　　　　□

　　1.500 米及以下　　2. 501～1000 米　　3. 1001～1500 米

　　4.1500 米以上

207. 您家以下生产性工具、交通工具或耐用品的数量（有则添数字，无则填 0）：

A 挖掘机	B 铲车	C 机动三轮	D 拖拉机	E 摩托车	F 汽车	G 水泵	H 电视	I 冰箱/柜	J 洗衣机	K 电脑
□	□	□	□	□	□	□	□	□	□	□

208. 最近三年内，您有没有从亲朋好友处借钱？

　　1. 有，合计□□□□□元　　0. 无　　　　　　　　　　□

209. 最近三年内，您家是否得到过政府的小额到户扶贫贴息贷款？　□

　　1. 有（合计□□□□□元）　　0. 无

210. 最近三年内，您家是否从银行借过钱？　　　　　　　　　　□

　　1. 有（合计□□□□□元）　　0. 无

211. 您家在银行的信用记录情况：1. 优　2. 一般　3. 差　　　□

212. 您家是否有在银行申请过贷款或资助却没有成功的经历？1. 有　0. 无

　　　　　　　　　　　　　　　　　　　　　　　　　　　　　□

213. 目前您家在银行是否有存款？1. 有　0. 无（**跳到 215 题**）　□

214. 存款主要在谁的名下？ 1. 男性成员　 2. 女性成员　 3. 两种都有　　☐

215. 户主是否有宗教信仰（佛教、道教、基督教、伊斯兰教等)？

　　1. 有　 0. 无　　☐

216. 目前您家庭成员上个月的通信费用（包括手机、固话）共是多少元？

☐☐☐☐元

217. 您亲戚中目前有几个村干部及国家公务员？　　☐☐个

218. 您或您家人是否参加了以下专业合作协会（可多选）：

☐　　1. 是　 0. 否

　　1. 农林产品的种植或购销协会（含茶叶协会）　　☐

　　2. 农家乐等旅游协会　　☐

　　3. 农机协会　　☐

　　4. 其他＿＿＿＿＿＿＿＿　　☐

219. 当您家急需大笔开支（如婚嫁、生病及经营）时，您估计可向多少户求助？　　☐☐户

第三部分　家庭生计

一　家庭的生产行为

（一）农业生产

301. 过去的 12 个月里，您家是否有农作物或林作物生产：

☐1. 有，　 0. 无（跳问 306 题）

302. 过去的 12 个月里，您家农作物和林作物的情况（多选）：

　　302.1　农作物　　☐1. 有　 0. 无（跳到 302.2 题）

　　1. 玉米☐　 2. 水稻☐　 3. 小麦☐　 4. 大豆☐　 5. 红薯☐

　　6. 土豆☐　 7. 黄姜☐　 8. 茶叶☐　 9. 药材（地里种的）☐

　　10. 烤烟☐　 11. 油菜☐　 12. 其他（请注明＿＿＿＿＿）

　　302.2　林作物　　☐1. 有　 0. 无（跳到 303 题）

　　1. 沙树☐　 2. 香菇木耳等食用菌☐　 3. 核桃☐　 4. 板栗☐

　　5. 生漆☐　 6. 桑树☐　 7. 油桐籽☐　 8. 药材（树上长的）☐

　　9. 果树（木瓜等）☐　 10. 其他（请注明＿＿＿＿＿）☐

303. 主要农、林产品产量及出售数量（按种植面积和收入的多少各填最多的三种；没有填 0）：

代码	农作物（见 302.1 题选项）			林产品（见 302.2 题选项）		
	□A	□B	□C	□D	□E	□F
1. 面积（亩/分）	□□·□	□□·□	□□·□	□□·□	□□·□	□□·□
2. 总产量（斤）	□□□□	□□□□	□□□□	□□□□	□□□□	□□□□
3. 出售（斤）	□□□□	□□□□	□□□□	□□□□	□□□□	□□□□
4. 售价（元/斤）	□□·□	□□·□	□□·□	□□·□	□□·□	□□·□

304. 过去的 12 个月里，您家使用的木材砍伐指标？　　　　　□□·□m³

305. 过去的 12 个月里，您家使用的生产资料及雇工情况：

1 大棚	2 化肥和农药	3 种子	4 雇工	5 农家肥
□□□□元	□□□□元	□□□□元	□□□□元	□□□□斤

306. 过去的 12 个月里，您家养殖了哪些牲畜、禽类或其他小动物（多选）？

　　□1. 是　0. 否（**跳到 308 题**）

　　1. 牛、羊□　　2. 猪□　　3. 鸡、鸭□　　4. 蜂□

　　5. 娃娃鱼□　　6. 鳄鱼龟□　　7. 蚕□

　　8. 其他（请注明_____）□

307. 过去的 12 个月里，您家的养殖信息（不包括宠物）：

	A 牛、羊	B 猪	C 鸡、鸭	D 养蜂/蚕	E 其他养殖□
1. 出栏数量	□□头/只	□□头/只	□□□只	（不填）	（不填）
2. 目前存栏数量	□□头/只	□□头/只	（不填）	□□箱/张	（不填）
3. 出售收入（元）	□□□□□	□□□□□	□□□□□	□□□□□	□□□□□

　　（二）打工行为

　　过去的 12 个月里，您家中是否有成员正在或有过打工（工作）的经历？1. 有　0. 无（**跳到 318 题**）　　　　　　　　　　　□

家庭成员序号(指家庭第几个成员，见问卷101题第一列)	A□（外地）	B□（外地）	C□（外地）	D□（本地）	E□（本地）	F□（本地）
308. 您家中打工成员目前是什么状态？ 1. 正在打工（含正在外的） 2. 有打工经历（曾经打过工，但目前在家）	□	□	□	（不填）	（不填）	（不填）

续表

家庭成员序号(指家庭第几个成员,见问卷101题第一列	A□ (外地)	B□ (外地)	C□ (外地)	D□ (本地)	E□ (本地)	F□ (本地)
309. 您家庭中打工者目前或最近一次打工的地点是在:1. 本县　2. 本省外县　3. 外省(市)	□	□	□	(不填)	(不填)	(不填)
310. 您家庭中外出务工者目前或最近一次打工的地区类型: 1. 农村　2. 乡镇或县城　3. 地级市 4. 省会或直辖市　5. 其他(注明)_____	□	□	□	(不填)	(不填)	(不填)
311. 目前或最近一次打工所从事的职业: 1. 农业帮工　2. 矿工　3. 建筑工 4. 工厂工人　5. 销售员　6. 餐饮娱乐服务员　7. 美容美发　8. 废品收购　9. 家政　10. 司机　11. 其他	□□	□□	□□	□□	□□	□□
312. 他/她过去 12 个月累计打工几个月?	□□	□□	□□	□□	□□	□□
313. 他/她现在一个月打几天工?	□□	□□	□□	□□	□□	□□
314. 他/她通常打工一天收入多少?	□□	□□	□□	□□	□□	□□
315. 过去的 12 个月里,他/她一共给了家里多少元钱?(没有给的填0)	□□□ □□	□□□ □□	□□□ □□	□□□ □□	□□□ □□	□□□ □□

316. 过去 12 个月您的家庭成员在附近旅游企业（森林公园、景区、饭店、餐厅）打工人数：□人

317. 过去的 12 个月，您全家在附近旅游企业打工所获得的收入合计约为：□□□□□元

（三）非农经营及其他

318. 过去的 12 个月，您家里从事了以下哪些非农经营活动？□　1. 有　0. 无（**跳到 321 题**）

1. 住宿餐饮（农家乐）□

2. 商业（小商店、购销等）□

3. 交通运输（货运、客运等）□

4. 农产品加工与农业服务（如碾米、榨油、药材加工、灌溉、机器收割等）□

5. （汽车、农机具等）修理服务□

6. 其他（请注明_____）□

319. 请从318题的选项中选择最重要的两种非农经营活动，按下表填入信息（没有填0）。

项　目	A	B
1. 经营类型（见318题的选项）	☐	☐
2. 开始时间（年份）	☐☐☐☐	☐☐☐☐
3. 是否有营业证：①有②没有	☐	☐
4. 总固定资产（如房屋、机器）	☐☐·☐万元	☐☐·☐万元
项目（以下均指过去12个月内的情况）	A	B
5. 总固定资产投资支出	☐☐☐☐☐☐元	☐☐☐☐☐☐元
6. 现金经营性支出（原料、雇工、利息）	☐☐☐☐☐☐元	☐☐☐☐☐☐元
7. 税费支出	☐☐☐☐☐元	☐☐☐☐☐元
8. 年营业额	☐☐☐☐☐☐元	☐☐☐☐☐☐元
9. 年纯收入（亏损加"－"号）	☐☐☐☐☐☐元	☐☐☐☐☐☐元

320. 您家从事非农经营活动的初始资本的来源包括（按重要性高低排序前三位）　　　　　　　　　　　☐☐☐

　　1. 家庭积累　　2. 银行贷款　　3. 亲友借贷　　4. 政府补助

　　5. 打工　　6. 高利贷　　7. 其他

321. 您家现在是否有经营农家乐？　　　☐　1. 有　0. 无（跳到324题）

322. 您家经营的农家乐现有多少床位？　　　　　☐☐☐张

323. 过去12月农家乐接待游客数（包括未住宿的仅餐饮消费）大约多少人？　　　　　　　　　　　☐☐☐☐人

324. 您家是否想经营农家乐？　　　☐　1. 是　0. 否（跳到327题）

325. 近两三年内，您家是否有可能扩大农家乐、餐饮、商店、搞景区运输的规模，或者虽然目前无此类经营，您家未来开办农家乐、餐饮、商店等活动的可能性？　　　　　　　　　　　☐

　　1. 很有可能　　2. 有可能　　3. 不确定　　4. 不可能

　　5. 非常不可能

326. 如果您家想办或扩大农家乐，或者想参与当地的生态旅游经营活动，您家会面临以下哪些困难？（按重要性高低排序前三位，最多三项）

　　　　　　　　　　　☐☐☐

　　1. 缺乏资金　　2. 缺乏劳动力　　3. 缺少必要的技能和技术

4. 缺乏信息　　5. 缺乏关系　　6. 其他

327. 以下询问过去的 12 个月里，您全家劳动力在各种生产活动（农业、非农等）中的劳动时间分配。请您大致估算：

    327.1　农忙农闲时间合起来，您全家劳动力在农作物上一共干了几个月的活？　　　　　　　　　　　　　　　□□月

    327.2　农忙农闲时间合起来，您全家劳动力在林产品上一共干了几个月的活？　　　　　　　　　　　　　　　□□月

    327.3　您全家劳动力在非农经营（**见 318 题**）上一共干了几个月的活？　　　　　　　　　　　　　　　　　□□月

328. 过去的 12 个月里，您家获得以下哪些政府补助或补贴？

    328.1　粮食补助（良种补贴、综合直补）、农机补贴、家电补贴　　　　　　　　　　　　　　　　　　　　□□□□元

    328.2　退耕还林补助：　　　　　　　　　□□□□元

    328.3　生态公益林补助　　　　　　　　　□□□□元

    328.4　村干部的工资、护林员工资　　　　□□□□元

    328.5　移民搬迁住房补助　　　　　　　　□□□□元

    328.6　残疾人补贴　　　　　　　　　　　□□□□元

    328.7　政府对非农经营性活动（如农家乐、开商店等）的补助　　　　　　　　　　　　　　　　　　　　□□□□元

329. 过去的 12 个月里，您家土地转租或转包的收入是多少？　□□□□元

330. 过去的 12 个月里，您家收到亲友馈赠（含礼金）的数额？□□□□元

331. 您家庭是否是低保户？　　　　　□　1. 是　0. 否（**跳到 333 题**）

332. 政府过去一年里给您家庭成员的低保补贴合计是多少元？　　　　　　　　　　　　　　　　　　　　□□□□元/年

333. 您是否了解这两年本村低保户的名额确定和分配情况？　　□

    1. 非常了解　2. 了解　3. 一般　4. 不了解　5. 非常不了解

334. 您近一年对于本村集体事务的参与情况或程度？

    1. 很多　2. 多　3. 一般　4. 少　5. 很少　　　　□

335. 与去年的收入相比，您家今年收入的变化情况：　　　　□

    1. 增加□□□□□元　　2. 不变　3. 减少□□□□□元

336. 您未来最希望发展的生产或经营意愿是（单选）：　　　□

1. 从事或扩大做生意，如商店、农家乐等
2. 发展农业生产　　3. 发展林业生产　　4. 扩大养殖
5. 增加外出打工　　6. 其他　　　　　　7. 没想过

二　家庭的消费行为

337. 您家过去 12 个月里用于做饭、取暖的薪柴使用量：　□□□□□斤

338. 您家今年薪柴使用量比去年增加还是减少了？　　　　□
　　　1. 增加　　2. 无变化　　3. 减少

339. 过去 12 个月里，您家收集、捡拾薪柴共花费了多少天？　□□□天

340. 您家过去 12 个月里上山采草药的数量（没有的填 0）：　□□□□斤

341. 您家过去 12 个月里上山采草药的收入（没有的填 0）：　□□□□□元

342. 您家里遭受风险或者经济困难之后，您是否会增加上山采集草药的活
　　　动？　　　　　　　　　　　　　　　　　　　　　　　□
　　　1. 非常可能　　2. 可能　　3. 不可能　　4. 无此技能或无条件

343. 您家是否建了沼气池？　　　　□　　1. 有　　0. 没有（**跳到 345 题**）

344. 您家建沼气池的资金来自：　　　　　　　　　　　　　□
　　　1. 政府补贴　　2. 个人出资　　3. 政府与个人共同出资

345. 您家里是否使用了煤气？　　　　　　　　　　　　　　□
　　　1. 是，过去 12 月使用了□□罐　　0. 否

346. 您家里是否使用了煤炭？　　　　　　　　　　　　　　□
　　　1. 是，过去 12 月使用了□□□□斤　　0. 否

347. 一般情况下，您家每月用于吃饭的粮食、油、肉、菜等花了多少钱（现
　　　金）？　　　　　　　　　　　　　　　　　　　□□□□元

348. 请您填写您家过去 12 个月里的现金消费明细，若无此类消费，请填
　　　"0"（单位：元）。

A. 盖房、家具、电器等耐用品消费	B. 子女上学支出	C. 医疗费用	D. 煤炭、煤气、电	E. 用于人情、礼金费用	F. 办理婚丧嫁娶（红白事）	G. 农业机械等生产工具
□□□□□	□□□□□	□□□□□	□□□□	□□□□	□□□□□	□□□□□

349. 在过去 12 个月里，您家有无遭受自然灾害（如洪水、泥石流、天气异
　　　常等）、重大意外损失的情况？　　1. 有　　0. 均无（**跳到 350 题**）　　□

349.1　由于自然灾害而遭受的农林业损失约多少？　□□□□□□元

349.2　由于意外和灾害而遭受的财产受损（如房屋倒塌等）约多少？

□□□□□□元

349.3　养殖意外损失（如家畜、蜂、蚕、娃娃鱼病死、丢失等）约多少元？　□□□□□□元

350. 您觉得遭受经济上的困难之后，

（1）您家短期内的应急办法是什么？（单选）　□

（2）如果时间允许，您家应对困难的办法是什么？（单选）　□

1. 外出打工　　2. 卖存粮、牲畜等资产

3. 减少消费，如孩子退学、减少开支

4. 借钱　　5. 动用家里的储蓄　　6. 其他（请注明_____）

第四部分　生态补偿、扶贫政策与移民搬迁

如果当地为非山区、无林地，则从 417 题开始回答；如果调查村虽为山区但无退耕地，则请从 412 题开始回答；如果调查村有退耕地，则从 401 题开始回答。

您家是否参与了退耕还林？　　□1. 是　0. 否 **（跳到 409 题）**

401. 您家参加了哪一期退耕还林？

□1. 第一期□□□□年　□2. 第二期□□□□年

402. 您家退耕地的收入与退耕之前相比，收入的变化情况？　□

1. 增加　　2. 减少　　3. 无变化

403. 根据目前的情况，您期望政府对退耕还林地的补贴是多少？

□□□□元/年·亩

404. 您家在参加退耕之后是否增加了非农或外出打工的情况？

1. 是　0. 否　□

405. 对于您家退耕地上所种植的林木品种，您家的自主决定情况：　□

1. 完全由政府决定　　2. 在政府给定范围内进行选择

3. 自己提出，政府审批　　4. 自主决定

406. 如果国家停止了退耕还林补助并且政府也无强制要求，您家是否可能会复耕种粮食？　□

1. 会　　0. 不会

407. 您认为国家对退耕还林林地的补贴在第二期之后应再延长多长时间？ □

　　1. 1~4 年　　2. 5~8 年　　3. 9 年以上

408. 您认为退耕还林政策对退耕户与非退耕户的收入影响有何不同？ □

　　1. 退耕户收入更好　　2. 非退耕户收入更好　　3. 差不多

409. 以下询问您对于退耕公平性的看法：

　　1. 非常公平　　2. 公平　　3. 一般　　4. 不公平　　5. 非常不公平

| 1. 您认为本村退耕还林地的名额分配是否公平？ | □ |
| 2. 您认为退耕还林政策的补偿制度（包括补偿钱数、补偿期限、补偿款发放方式）对所有农户来说是否公平？ | □ |

410. 您对于现行的退耕还林补偿政策的总体看法： □

　　1. 非常满意　　2. 满意　　3. 无所谓　　4. 不满意

　　5. 非常不满意

411. 您对于本地区林业部门严格限制林木采伐等制度的看法： □

　　1. 非常支持　　2. 支持　　3. 无所谓　　4. 不支持

　　5. 非常不支持

412. 您是否愿意将自己的林地纳入生态公益林中？ □

　　1. 非常愿意　　2. 愿意　　3. 无所谓　　4. 不愿意

　　5. 非常不愿意

413. 如果国家对退耕还林或纳入生态公益林的集体林、自留山、责任山等给予一定的补偿，您最希望哪一种补偿方式？（单选） □

　　1. 资金补偿　　2. 实物补偿（如粮食、种苗）

　　3. 技术培训　　4. 发展非农产业

414. 对于生态公益林的补偿，您认为什么样的补偿水平比较合理？

□□元/年·亩

415. 您对于集体林权制度改革（如允许承包集体林、允许林地流转、给予农户更多林地和林木自由处置权利等）的总体看法： □

　　1. 非常支持　　2. 支持　　3. 无所谓　　4. 不支持

　　5. 非常不支持

416. 最近三年内，您家接受了哪些政府扶贫救助措施？　□　0. 无（**跳到 419 题**）1. 有

1. 受灾时政府救济□

2. 政府各类免费培训□

3. 发展产业，政府给予了补助□

4. 以工代赈（参加基础设施建设获得劳务报酬）□

5. 其他（请注明_____）□

417. 您家接受的政府扶贫救助方式对您的家庭生产和生活的总体影响：　□

1. 有很大积极影响　　2. 有积极影响　　3. 无影响

4. 有不利影响　　5. 有很大不利影响

418. 政府扶贫政策与措施中，您家希望的扶贫方式：（**按重要性高低排序前三位**）□□□

1. 扶贫移民搬迁　　2. 小额到户扶贫贴息贷款　　3. 增加低保

4. 受灾时政府救济　　5. 技能培训　　6. 发展生产，实施产业扶贫

7. 以工代赈　　8. 延长义务教育时间

419. 您认为目前政府的扶贫政策对贫困农户来说是否公平？　□

1. 非常公平　　2. 公平　　3. 一般　　4. 不公平

5. 非常不公平

420. 您对于目前本地区政府的农村扶贫政策的总体看法：　□

1. 非常满意　　2. 满意　　3. 无所谓　　4. 不满意

5. 非常不满意

421. 如果您是搬迁户，您对于本家庭搬迁后情况的总体评价：（**非搬迁户，本调查结束**）□

1. 非常满意　　2. 满意　　3. 无所谓　　4. 不满意

5. 非常不满意

422. 移民搬迁后您家面临的困难或迫切需解决的问题：（**按重要性高低排序前三位**）□□□

1. 农林业、养殖受损失　　2. 借钱盖房使还钱的压力大

3. 无法找到打工等就业机会　　4. 缺少农林业用地

5. 与周围的村民无法融合　　6. 缺少公共服务设施

7. 其他（　　）

423. 移民搬迁后您家的收入变化情况：（**若无变化，本调查结束**） □

    1. 有很大减少　　2. 有一些减少　　3. 无变化

    4. 有一些增加　　5. 有很大增加

424. 与搬迁前相比，您家移民搬迁后的年收入变化了多少元？

    □□□□□元

后　记

　　农村贫困人口面广、贫困程度深，需要统筹解决人口、资源与环境可持续发展，需要同时实现农村脱贫攻坚和生态保护的双重目标，这也是我国建设生态文明、全面建成小康社会、促进社会和谐发展的重要任务。

　　本书研究内容为本人所主持的国家自然科学基金面上项目"生态补偿政策对贫困山区农户可持续生计的作用机制及评估的理论与实证研究"（71273204）、"西部重点生态功能区农村社区参与旅游发展的途径、减贫机制与可持续发展研究：以陕南为例"（71573205）、陕西高校人文社会科学青年英才支持计划（HSSTP）研究成果的一部分。同时，本书的部分内容，如第六章第三节来自国家发展和改革委员会西部开发司资助的"巩固退耕还林成果长效机制研究"（XBS15－06）的部分研究成果；第八章来自西安交通大学中央单位基本科研业务费"精准扶贫视角下易地移民搬迁工程的减贫机制与政策创新研究：以陕南为例"（skzd16004）的部分研究成果。此外，本书部分研究内容已经在国内外学术期刊上发表，如《中国人口·资源与环境》、《中国农村观察》、《管理评论》、《生态学报》、《资源科学》、《西安交通大学学报》（社会科学版）、《南京农业大学学报》（社会科学版）、《农村经济》、《中南财经政法大学学报》、《美国科学院院报》（*Proceedings of the National Academy of Sciences of the United States of America*，PNAS）等。本书是这些研究内容的深化和总结。

　　本书侧重于研究我国贫困地区农户的可持续生计，兼顾生态保护、农村减贫与发展的公共政策创新。在研究方法上，在对农户生计与可持续生计分析框架、相关公共政策进行理论研究的基础上，本书作者在秦岭—大巴山生物多样性保护与水源涵养重要区，即陕西安康贫困山区多次开展了大规模农村入户问卷调查。通过开展大规模农村入户调查，以及对各类调查对象的组访和个访活动，本书作者获取了大量一手调查资料，从而较全面地掌握了西部贫困山区农户生计、农村扶贫与发展的现状等，并从多个方面分析了贫困山区人口资源与环境可持续发展的现状、生态保护政策和农村发展项目对农户生计的影响与作用机制等，并提出了若干对策和建议。本书实证分析的结论和政策建议具有较好的现实意义，可以为相关政府部门决策提供参考。

这里感谢西安交通大学经济与金融学院李聪副教授以及西安交通大学农户生计与环境课题组已毕业和在读的博士生、硕士生等在农村入户调查、课题研究等方面所做的贡献和支持。我也特别感谢美国国家科学院院士、"自然资本项目"发起人和负责人之一、美国斯坦福大学生物系 Gretchen C. Daily 教授给予我的许多帮助。感谢世界自然基金会（WWF）刘晓海先生、陕西林业厅周灵国处长、陕西延安市退耕还林办公室白小安，陕西安康市政府办公室夏丽娜等对于课题组调研工作的支持。

也感谢社会科学文献出版社高雁、史晓琳、王丽华编辑的辛勤工作！

感谢我的家人以及所有关心和爱护过我的人们！

黎　洁

2017 年 2 月

图书在版编目（CIP）数据

农户生计与环境可持续发展研究／黎洁，李树茁，
（美）格蕾琴·C. 戴利（Gretchen C. Daily）著 . －－北
京：社会科学文献出版社，2017. 5

（西安交通大学人口与发展研究所·学术文库）

ISBN 978 - 7 - 5201 - 0612 - 2

Ⅰ. ①农… Ⅱ. ①黎… ②李… ③格… Ⅲ. ①农业经
济 - 关系 - 生态环境 - 可持续性发展 - 研究 - 中国 Ⅳ.
①F323 ②X321. 2

中国版本图书馆 CIP 数据核字（2017）第 070998 号

西安交通大学人口与发展研究所·学术文库

农户生计与环境可持续发展研究

著　　者／黎　洁　李树茁　〔美〕格蕾琴·C. 戴利

出 版 人／谢寿光
项目统筹／周　丽　高　雁
责任编辑／高　雁　史晓琳　王丽华

出　　版／社会科学文献出版社·经济与管理分社（010）59367226
　　　　　地址：北京市北三环中路甲 29 号院华龙大厦　邮编：100029
　　　　　网址：www. ssap. com. cn
发　　行／市场营销中心（010）59367081　59367018
印　　装／三河市尚艺印装有限公司

规　　格／开　本：787mm × 1092mm　1/16
　　　　　印　张：22.5　字　数：378 千字
版　　次／2017 年 5 月第 1 版　2017 年 5 月第 1 次印刷
书　　号／ISBN 978 - 7 - 5201 - 0612 - 2
定　　价／79.00 元